国家社科基金
GUOJIA SHEKE JIJIN HOUQI ZIZHU XIANGMU
后期资助项目

中国城市协同创新问题研究

范斐 著

WUHAN UNIVERSITY PRESS
武汉大学出版社

图书在版编目(CIP)数据

中国城市协同创新问题研究 / 范斐著. -- 武汉 : 武汉大学出版社,2025.8. -- ISBN 978-7-307-24885-4

Ⅰ. F299.2

中国国家版本馆 CIP 数据核字第 2025EY1909 号

责任编辑:唐　伟　　责任校对:鄢春梅　　版式设计:韩闻锦

出版发行: **武汉大学出版社**　(430072　武昌　珞珈山)

(电子邮箱: cbs22@ whu.edu.cn　网址: www.wdp. com.cn)

印刷:武汉邮科印务有限公司

开本:720×1000　1/16　印张:27.5　字数:474 千字　插页:1

版次:2025 年 8 月第 1 版　2025 年 8 月第 1 次印刷

ISBN 978-7-307-24885-4　定价:148. 00 元

国家社科基金后期资助项目(20FJLB001)

国家社科基金后期资助项目
出版说明

后期资助项目是国家社科基金设立的一类重要项目，旨在鼓励广大社科研究者潜心治学，支持基础研究多出优秀成果。它是经过严格评审，从接近完成的科研成果中遴选立项的。为扩大后期资助项目的影响，更好地推动学术发展，促进成果转化，全国哲学社会科学工作办公室按照“统一设计、统一标识、统一版式、形成系列”的总体要求，组织出版国家社科基金后期资助项目成果。

全国哲学社会科学工作办公室

前　　言

习近平总书记指出："科学技术从来没有像今天这样深刻影响着国家前途命运，从来没有像今天这样深刻影响着人民生活福祉。"①随着知识经济发展和科技全球化的到来，国家创新能力对实现社会经济发展目标将起到关键性的作用，创新已经成为衡量一个国家核心竞争力的关键因素。作为创新活动物质基础的科技资源通常被称为"第一资源"，其是指为了实现科学技术的不断进步而进行的人力、财力、物力、信息等科技要素投入的总和。研究表明，科技资源投入的数量与质量是构成国家创新能力的重要基础，从根本上决定着这个国家的创新水平和创新绩效。科技资源的优化配置对于合理分配科技资源，盘活科技资源存量，实现国民经济的创新驱动和高质量发展具有重要意义，已越来越成为当前经济学、管理学和地理学研究的热点议题。

本书共由 17 章组成，其中第 1 章为绪论，第 2 章为文献综述，第 3 章为理论基础，第 4 章剖析了区域协同创新能力结构，第 5 章揭示了区域创新供给系统与需求系统的协同演化，第 6 章研究了区域协同创新和区域创新效率的关系，第 7 章揭示了产学研协同创新绩效的收敛机制与空间溢出效应，第 8 章研究了产学研政策协同对企业创新绩效的影响，第 9 章研究了政治周期对协同创新效率的影响，第 10 章揭示了城市技术转移的时空格局及其影响因素，第 11 章从技术转移网络的角度研究了其对城市创新能力的影响，第 12 章研究了行政边界对专利跨界转移的影响，第 13 章探究了创新要素的集聚流动和区域创新效率之间的关系，第 14 章对粤港澳大湾区知识创新网络及其外部性进行了研究，第 15 章揭示了跨国知识转移对区域全要素生产率的促进作用，第 16 章剖析了城市间技术转移对全要素生产率的影响效应，第 17 章为结论及启示，各章具体内容如下所示：

---

① 习近平. 努力成为世界主要科学中心和创新高地[J]. 求是，2021(6).

第 1 章绪论。通过对本研究的研究背景与研究意义的梳理，提出本研究的研究内容、研究思路与方法等内容。

第 2 章国内外研究现状综述。本章通过对城市内部和城市之间的协同创新研究进行系统梳理，总结关于城市协同创新研究的现状、特征、方法与区域尺度，揭示目前国内外关于城市协同创新研究的不足，并提出深化城市协同创新研究的具体思路。

第 3 章理论基础。本章依次对创新及其相关概念，区域协同创新相关理论以及技术转移相关理论进行了梳理和总结，为下文的展开提供一定的理论与方法支撑。

第 4 章区域协同创新能力结构。本章尝试利用能力结构关系模型对中国省级区域的创新能力结构进行评价，从时空维度揭示不同区际创新能力结构的均衡与匹配程度，并在此基础上，辨析不同省级区域在区域协同创新中获益效果的相对变化趋势及时空关联。

第 5 章区域创新供给系统与需求系统的协同演化。本章选取全国 31 个省级区域作为研究对象，以 TOPSIS 模型构建区域创新供给和需求系统的评价框架，利用哈肯模型分析创新需求和创新供给之间的协同效应及两个子系统的相互关系，并进一步利用泰尔系数分解中国区域创新供给系统、创新需求系统以及创新供需系统差异。

第 6 章区域协同创新与区域创新效率。本章利用中国分城市面板数据测算城市创新效率，根据区域创新系统的内涵，从知识创新、技术创新、产业创新、服务创新与创新环境 5 个方面表征区域创新能力。基于耦合协调度模型测度区域内部协同创新程度，并构造能力结构模型测度区域之间的协同创新，在此基础上采用空间杜宾模型实证考察了区域内部协同创新和区域之间协同创新对区域创新效率的影响。

第 7 章产学研协同创新绩效的收敛机制与空间溢出效应。本章基于创新系统效率评价理论，从投入产出视角综合分析高等院校系统、研发机构系统和创新企业系统的互动关系，构建从高等院校到研发机构的“学转研”、从研发机构到创新型企业的“研转产”理论框架体系。在此基础上，基于创新价值链活动，将城市内部产学研三螺旋环形结构解构为知识创新阶段和技术创新阶段两阶段链式结构，揭示 2004—2018 年中国 285 个地级以上城市知识创新绩效、技术创新绩效以及城市产学研协同创新整体绩效的时空演化格局和收敛机制，并借助空间计量模型检验中国城市产学研协同创新绩效的空间溢出效应。

第 8 章产学研政策协同与企业创新绩效。本章以 2011—2021 年中国沪深A股上市公司样本为研究对象，通过爬取筛选中国各主要城市产学研协同创新政策，并利用挖掘分词和文本分析法构建出年度政策部门协同、政策措施协同、政策整体协同指标，实证考察了政策协同对企业创新绩效的影响及其内在作用机理。

第9章政治周期与协同创新效率。本章将城市内部协同创新效率和城市综合协同创新效率统筹在城市协同创新效率的研究框架下进行分析，分别利用网络DEA模型测算2004年到2019年中国285个城市内部协同创新效率，用引力模型测算城市综合协同创新效率，基于面板数据固定效应模型，从省级党代会召开角度探究城市协同创新效率变动与政治周期之间的关系，揭示创新效率变动的政治性原因。

第10章城市技术转移的时空格局及其影响因素。本章以国家知识产权局专利检索及分析平台中的历年专利转让记录为数据源，采用大数据挖掘技术、空间自相关、系统GMM回归、时空地理加权回归、地理探测器等方法对中国城市技术转移的时空分布特征及影响因素进行了研究。

第11章技术转移网络与城市创新能力。本章以技术转移为视角，通过大数据挖掘技术爬取城市间技术转移数据，运用社会网络分析方法构建2000—2020年中国286个地级及以上城市间技术转移网络，运用双向固定效应模型检验了嵌入技术转移网络的结构特征对城市创新能力的影响，探究了技术转移伙伴创新水平及知识吸收能力对这一影响的调节作用。最后，采取空间计量方法分析了技术转移网络所带来的空间溢出效应及其对城市创新能力的影响。

第12章专利转移的边界效应。本章基于微观主体间专利转移数据，首先刻画专利转移边界效应的典型事实，进而构建专利转移“边界效应”的因果识别框架，最后结合实证模型考察专利转移边界效应的弱化路径，系统考察了省、市两级行政边界对专利跨界转移的影响。

第13章创新要素的集聚和流动与区域创新效率。本章采用2004—2017年中国283个地级以上城市的面板数据，测算区域创新效率、区域创新要素集聚度，并从区域间创新要素流动视角建立空间权重，运用空间计量模型与中介效应模型，实证考察了创新要素集聚、流动对区域创新效率的溢出效应及传导机制。

第14章粤港澳大湾区知识创新网络及其外部性。本章基于论文合作数据，利用社会网络分析法和空间计量模型对2001—2019年粤港澳大湾区知识创新网络的空间格局和演化特征进行分析，并对其外部性进行检验。

第 15 章跨国知识转移与全要素生产率。本章利用 SYS-GMM 估计法，在考虑跨国知识转移内生性的情况下，分析了跨国知识转移对中国 31 个省市全要素生产率的影响以及中国对国外知识吸收能力的动态演变，并检验了 FDI 技术溢出、OFDI 技术溢出、进口贸易技术溢出、出口贸易技术溢出以及无形技术溢出五种国际技术溢出渠道在跨国知识转移与全要素生产率之间可能存在的中介效应。

第 16 章城市技术转移与全要素生产率。本章以国家知识产权局专利检索平台的专利转让记录为数据源，采用数据挖掘与分析等技术获取 2005—2019 年中国 283 个地级及以上城市发明专利和专利转让详情数据，采用 DEA-Malmquist 方法测算 2005—2019 年中国城市及不同区域全要素生产率。在实证检验部分，将高校异地机构的设立作为一次准自然实验，选用双重差分模型实证研究技术转移对中国城市全要素生产率的影响。

第 17 章结论及启示。分析本研究所得到的主要结论，并提出具有可操作性的政策启示。

本书第 1 章由曲馨乐完成，第 2 章、第 11 章由温子林完成，第 3 章由杨泉完成，第 4 章由范斐完成，第 5 章、第 10 章由翁宗源完成，第 6 章由范斐、连欢完成，第 7 章由杨博完成，第 8 章由杨帅政完成，第 9 章由张雪蓉完成，第 12 章由卢飞完成，第 13 章、第 15 章、第 16 章由于海潮完成，第 14 章由杨文毅完成，第 17 章由邵小彧完成。

本书得到国家社会科学基金后期资助项目(项目编号：20FJLB001)和武汉大学理论经济学双一流建设经费资助。本书有部分内容参考了相关学者的研究成果，已在参考文献中列出，在此一并表示由衷的感谢。

目　录

第1章　绪　　论

1.1　研究背景

1.1.1　创新要素在全球范围快速流动

近年来，在经济全球化推动下，在国际范围内出现了新一轮的以知识、技术、人才为核心的创新要素转移现象，这为中国建设创新型国家提供了难得的历史机遇，也提出了更为艰巨的挑战(张来武，2013)。2018年5月28日，习近平总书记在两院院士大会上强调："科学技术是世界性的、时代性的，发展科学技术必须具有全球视野。不拒众流，方为江海。自主创新是开放环境下的创新，绝不能关起门来搞，而是要聚四海之气、借八方之力。"新时代，我国加快建设创新型国家和世界科技强国，需要以全球视野谋划和推动创新，全方位加强国际科学技术的协同创新。

放眼今天的世界，全球科技创新空前密集、空前活跃。把地球各个角落的人们紧紧联系在一起的，不仅是火车、飞机、轮船这些传统的交通工具，更有互联网、物联网、云计算、人工智能等新的科技手段。新一轮科技革命和产业变革，正在重构全球创新版图、重塑全球经济结构(柳卸林和高太山，2015)。随着全球经济一体化程度和全球价值链分工的不断深化，创新资源越来越明显地突破组织的、地域的、国家的界限，在全球范围内自由流动(王缉慈，2001；陈昭等，2017)，世界正进入以创新要素全球流动为特征的开放创新时代，创新全球化趋势日益明显，开放与合作创新日益普遍(范柏乃，2004；陈劲，2018)。受经济全球化、新兴经济体崛起、技术进步速度加快、产品生命周期缩短等多种因素影响，技术和人才等创新要素跨国流动的规模和水平不断提高，全球研发网络在世界范围内不断扩张与耦合，加速了创新资源的国际流动，极大地改变了创新资源的空间配置格局(刘凤朝等，2013；孙才志等，2018)。单个国家的资源供给和需求往往存在数量和结构矛盾，因此，利用海外资源促进自身科技发展已成为一个重要的选择。

在此背景下，全球生产网络下(Global Production Networks，GPNs)的全球等级体系正不断瓦解，且正在被以跨国公司为主导的全球研发网络与以大学为主导的全球知识合作网络交织耦合形成的全球创新网络(Global Innovation Networks，GINs)重塑(杜德斌，2015；司月芳等，2016)。学者们一致认为，全球创新网络的形成源于以跨国公司为主导的全球研发国际化(Ernst，2006)，即研发不再集中于公司内部，创新离岸外包(Innovation Offshoring)成为当前跨国公司研发的主要形式(Chen，2004；Prato 和 Nepelski，2012)。在全球创新网络下，经济贸易时代中形成的国家间非对称相互依存关系在全球知识合作和创新资源转移过程中被刻画得更加清晰，全球创新资源的流动性致使当今任何一个国家或地区都不可能在某一科学领域和产业技术领域长期保持领先和垄断地位(段德忠等，2018)，而协同创新成为技术领先国家或地区实现创新经济价值和控制全球创新网络，以及技术落后国家或地区实现技术追赶、发展本国经济的主要方式。

全球科技创新的实践表明，固有的地域区隔往往会阻碍科技创新，以全球视野谋划和推动科技创新成为必然(邓羽和司月芳，2016)，加强科学技术的国际协同创新、主动融入全球科技创新网络，是一些国家创新实力不断增强的重要原因(范柏乃，2004；洪银兴和安同良，2015)。国家和特定区域的创新能力提升不再局限于独立的内部研发，也包括在更大范围内运用技术和资本等手段整合外部创新资源(王凯等，2016)。通过全方位的国际科学技术协同创新，聚四海之气、借八方之力，将促进国内外技术、资本、知识等创新要素有效对接，助推科技创新与经济深度融合，助力新动能成长和传统动能改造提升。在经济全球化、信息化、网络化深入发展的条件下，唯有充分适应创新要素愈来愈多的开放性、流动性趋势特征，坚持“引进来”和“走出去”相结合，积极融入全球创新网络，全面提高我国科技创新的国际合作水平，才能真正推进转型发展，从而积极应对世界格局变化和国际竞争。

1.1.2　协同创新是推进形成自主创新的强大合力

当前，我国科技创新已从以跟踪为主转向跟踪和并跑、领跑并存的新阶段，急需以国家目标和战略需求为导向，瞄准国际科技前沿，优化配置人财物资源，形成协同创新新格局(樊杰等，2016)。习近平总书记指出，

“只有把核心技术掌握在自己手中，才能真正掌握竞争和发展的主动权，才能从根本上保障国家经济安全、国防安全和其他安全”。① 如何才能突破核心技术的瓶颈，逐步解决“卡脖子”的问题？一个行之有效的路径，就是发挥市场经济条件下新型举国体制优势，集中力量、协同攻关，为攀登战略制高点、提高我国综合竞争力、保障国家安全提供支撑（王业强，2017）。

重大科技攻关具有复杂性和高度综合性，仅靠一个部门、一个单位很难完成任务，需要在党的统一领导下，全国一盘棋、大力协同、集智攻关（何郁冰，2012；黄菁菁，2017；段云龙等，2019）。当前，我国面临的国际环境更为复杂，特别是随着我国发展逐步接近世界前沿，西方主要发达国家的高科技一直对我们封锁，一些重大核心技术和关键装备买不来、求不来，靠市场自发的力量也是很难搞起来的。在这种情况下，我们必须形成集中力量办大事的新机制，采取人力、财力、物力等资源集中配置的方式，发挥各方力量，推动核心科技不断迈上新水平。2016 年 5 月 30 日，习近平总书记在全国科技创新大会、中国科学院第十八次院士大会和中国工程院第十三次院士大会、中国科协第九次全国代表大会上指出：“要着力加强科技创新统筹协调，努力克服各领域、各部门、各方面科技创新活动中存在的分散封闭、交叉重复等碎片化现象，避免创新中的‘孤岛’现象，加快建立健全各主体、各方面、各环节有机互动、协同高效的国家创新体系。”

2014 年 6 月 9 日，习近平总书记在中国科学院第十七次院士大会、中国工程院第十二次院士大会上明确指出：“我国社会主义制度能够集中力量办大事是我们成就事业的重要法宝。我国很多重大科技成果都是依靠这个法宝搞出来的，千万不能丢了！要让市场在资源配置中起决定性作用，同时要更好发挥政府作用，加强统筹协调，大力开展协同创新，集中力量办大事，抓重大、抓尖端、抓基本，形成推进自主创新的强大合力。”协同攻关、协同创新，有利于发挥我国集中力量办大事的制度优势。中华人民共和国成立以来，我们成功地运用了举国体制，在“两弹一星”、航空航天等领域集中攻关，取得了举世瞩目的科技突破。中国高铁的发展成就，则为新型举国体制的有效性提供了最新注脚。我国高铁形成了世界上最丰富的产品谱系，综合技术指标达到世界先进水平，部分指标国际领先，创造了多个世界纪录。中国高铁为什么能做到？这是因为在高铁的研

---

① 习近平. 努力成为世界主要科学中心和创新高地[J]. 求是，2021(6).

发和试制生产过程中，整合了包括中科院、清华大学、北京大学在内的近30家国内一流科研院所与高校，与近50家骨干企业组成产学研用密切结合的自主创新联合体，形成了强大的协同创新势能，从而实现了多项高水平的技术创新。未来，在体现国家战略意图的重大科技项目中，要更好地运用新型举国体制，通过各方协同、团结协作形成整体的创新势能。

协同攻关、协同创新，有利于更好地处理政府和市场的关系，激发市场主体的创新活力(程叶青等，2014；程强，2016)。企业对市场需求感知最灵敏，也是最具活力的创新单元，突破核心技术更需要激发企业创新的微观活力。当前，互联网创新发展与新工业革命形成历史性交汇，全球新一轮科技革命和产业变革将重新改写全球经济格局，我国的科技企业面临难得的发展机遇。阿里巴巴的云计算、百度的人工智能、大疆的无人机……企业创新活力能够得到充分释放，就能在某个领域占据一席之地，甚至是进入第一梯队。与此同时，在传统行业，中国企业的创新活力也在进一步激发，比如我国家电企业海尔和美的分别建立了高水平的科技创新开放平台，实现了家电产业的技术赶超。可以说，当越来越多的企业进入创新行业，就能有无数个分散的创新引擎，客观上形成以"协同创新"推进自主创新的强大合力。

总的来看，推动产学研深度融合是顺应当今世界科技创新发展趋势的有力举措，针对当前存在的"学""研"与"产"脱节的突出问题，应建立科学有效的产学研深度融合机制，建设和完善国家创新体系。为充分调动企业、高校和科研院所创新积极性，大力推进人才、科研成果、市场对接，产学研深度融合，党的十八届三中全会通过的《中共中央关于全面深化改革若干重大问题的决定》明确提出要"建立产学研协同创新机制"，党的十九大报告中明确提出，要"深化科技体制改革，建立以企业为主体、市场为导向、产学研深度融合的技术创新体系"，这是根据我国经济发展现状和产学研结合的实际情况，充分释放创新活力，促进高新技术产业发展，繁荣地方经济，探索出的一条适合我国产学研深度融合之路。党的二十届三中全会通过的《中共中央关于进一步全面深化改革 推进中国式现代化的决定》明确指出：健全相关规则和政策，加快形成同新质生产力更相适应的生产关系，促进各类先进生产要素向发展新质生产力集聚，大幅提升全要素生产率。

1.1.3 城市是协同创新的核心空间载体

知识化与全球化是当今世界发展的两大趋势。知识溢出的空间尺度依赖性(地理邻近性)及产业经济的规模效应(集聚性)决定了科技创新活动的空间分布无论是在全球尺度还是在国家尺度，必然高度集聚在城市群地区，全球科技创新活动高度集聚在北美、西欧大城市群地区也印证了这一点(王铮等，2003；倪鹏飞，2011；李国平，2012；赖明勇，2018)。在创新资源的全球流动和创新网络的全球-地方化(Glocalization)背景下，国家间的科技竞争已经转化至以城市为基本空间单元的全球科技创新中心的竞争上，谁拥有世界级的科技创新城市，谁就能最大程度吸引全球创新要素，从而在国际竞争中获得战略主动权(杜德斌，2015；吕海萍等，2017)。

城市既是区域经济增长的引擎，更是创新发展的驱动力量，没有一家公司、一座城市能独立于“知识竞争”之外(李丹丹，2015)。在城市研究权威 Florida(2002)的推动下，城市日益被看作知识、创造和创新繁荣的最合适地域(马海涛，2016)。在世界范围的知识经济时代，为了保证不被竞争对手抹杀，城市必须加强竞争力，需要有地方尺度上的聪明、新颖的战略(王志宝等，2013；孙大明和原毅军，2019)。换言之，城市间对知识的激烈竞争，要求它们必须成为创新型城市。创新型城市作为中国区域经济发展的核心增长极，可以利用创新势能差辐射带动周边城市可持续发展，并在创新型城市网络中与其他创新型城市形成良性互动。在发达国家，城市不仅作为价值增值的主要创造者，而且作为创造性、企业家、交通运输的主要节点，发挥着日趋重要的作用。正因为如此，在网络化发展模式里，城市对全球和地方创新联系网络的嵌入，使之成为协同创新网络中的核心空间载体。

科技创新活动具有空间集聚性，因而创新资源和科技创新活动的空间分布无论是在全球尺度还是在地区尺度上，都极度不均衡，且高度集聚在全球少数地区和城市(方创琳等，2014；安虎森，2015；周锐波等，2019)。不管是中国城市内部的产学研协同创新绩效，还是城市之间的协同创新，由于受到不同城市创新资源禀赋、经济社会发展水平、创新环境及政策措施等诸多因素影响，都在空间格局上表现出极大的差异性与非均衡性。一个城市的创新驱动水平不仅取决于当地的经济水平、科技投入、制度条件、社会文化环境等自身因素，还受到其他地区创新活动的深刻影响(陈傲和柳卸林，2011；许彩侠，2012；白俊红等，2015)。单个城市的创新能力无法有效应对复杂多变的竞争环境，而城市协同创新有利于实现科技资源在地区之间各个生产环节的协同整合，促进各地区之间优势互补、合作共赢，是充分调动和协调城市内各种科技资源的无形力量(王荃祥，2019；Fan，2020)，是城市创新发展的高级阶段和必然结果(覃成林，2012；吕拉昌，2018）。在协同创新过程中，与传统经济要素类似，创新要素亦具有稀缺性和追逐自身价值最大化的特征，会从边际收益率低的区域向边际收益率高的区域流动。对于不同的区域创新系统，这种“择优”机制会促使创新要素在各区域创新系统之间流动，集聚区域之间的分散创新资源，形成空间良性交互作用，助推区域协调发展与一体化发展。

1.2 研究目标与意义

1.2.1 研究目标

本书以中国286个地级以上城市（特别是国家级创新型城市）为研究对象，将城市内部的产学研协同创新和城市之间的空间协同创新纳入城市协同创新的统一分析框架，构建中国地级以上城市“3+4”多维协同创新综合评价体系，“3”即城市内部产学研协同创新整体效率、知识创新效率（“学转研”过程）和技术创新效率（“研转产”过程）；“4”即以创新企业城市间部门联系强度、城际技术转移强度、R&D人员跨城市流动和城市间科技论文合作为表征的城市之间协同创新水平测度体系。在此基础上，探求中国城市多维协同创新体系的时空演化趋势，力争通过深入剖析城市内部产学研协同创新和城市之间协同创新的动态互动机制，形成具有理论高度、政策精准度和实践可操作性的政策建议，以期为充分发挥创新引领发展的第一动力作用，提升中国城市协同创新水平，使中国经济发展真正实现质量变革、效率变革、动力变革。具体研究目标包括：

（1）构建城市内部产学研协同创新、城市之间协同创新、城市内部协同创新与城市之间协同创新动态互动的理论框架。通过复合系统理论揭示城市内部产学研协同创新和城市之间协同创新的动态互动演化机制，构建同时包含城市间协同创新、空间知识溢出与城市内部产学研协同创新绩效三者关系的理论模型，探讨城市间协同创新、空间知识溢出与城市内部产学研协同创新这一动态链接之间的传导机制。

（2）基于创新价值链活动，将城市内部产学研协同创新三螺旋环形结构解构为知识创新阶段和技术创新阶段两阶段链式结构，并分为知识创新绩效、技术创新绩效以及城市内部产学研协同创新整体绩效三个评价维度，揭示2003—2017年中国286个地级以上城市（特别是国家级创新型城市）内部三维协同创新的时空演化格局及其空间关联机理，并将创新价值链溢出和空间溢出纳入统一的分析框架中检验中国城市内部产学研协同创新的溢出效应。

(3)构建基于大数据挖掘与分析技术的创新型企业跨城市部门合作、专利技术转移、R&D人员跨城市流动、科研论文合著四维城市之间协同创新测度指标体系，对比分析中国地级以上城市之间协同创新的时空演化趋势和非行政壁垒，揭示其多维邻近性机理。

(4)探讨城市内部产学研协同创新与城市之间协同创新的互动作用，在国家创新系统的整体框架内，利用空间计量模型综合考察城市之间协同创新对城市内部产学研协同创新效率的影响机制，并运用门槛回归模型，综合考察城市之间协同创新在不同经济发展水平下对城市内部产学研协同创新效率的门槛效应。

(5)实地调查分析典型城市产学研协同创新的影响因素，梳理对比京津冀协同发展、长三角一体化发展和粤港澳大湾区建设三大国家区域发展战略的协同创新经验与模式，构建优化中国城市协同创新的战略路径和保障体系，为中国经济高质量发展提供全方位创新驱动发展战略支撑。

1.2.2 研究意义

(1)本书致力于提升中国城市协同创新水平，优化城市科技资源配置，为推进国家创新驱动发展战略和区域协调发展战略深度融合、建设现代化经济体系、完善我国改革开放空间布局提供技术支撑和重要理论保障。

Romer(1990)的内生经济增长理论指出，技术进步是经济增长的不竭动力。随着知识经济发展和科技全球化的到来，国家创新能力对实现社会经济发展目标将起到关键性的决定作用，创新已经成为衡量一个国家核心竞争力的关键因素。随着技术创新活动非线性、网络化、全球化特征凸显，传统以线性和链式为主的技术创新模式正在向以多元创新主体合作为基础的协同创新模式转变。协同创新模式日益受到学术界和政策制定者的关注，被认为是创新型国家(地区)培育新一轮创新竞争力的新型组织架构和创新过程(张协奎，2015)。城市和区域作为中国提高自主创新能力，参与全球科技竞争的空间载体，对新时期“创新型国家”建设具有基础性的支撑作用，而创新驱动正是城市和区域经济持续增长的根本动力与关键所在(范斐等，2015；曾刚等，2018；樊杰等，2019)。一个城市的创新驱动水平不仅取决于当地的经济水平、科技投入、制度条件、社会文化环境等自身因素，还受到其他地区创新活动的深刻影响。单个城市的创新能力无法有效应对复杂多变的竞争环境，而城市协同创新有利于实现科技资源在地区之间各个生产环节的协同整合，促进各地区之间优势互补、合作共赢，是充分调动和协调城市内各种科技资源的无形力量，是城市创新发展的高级阶段和必然结果。在协同创新过程中，与传统经济要素类似，创新要素亦具有稀缺性和追逐自身价值最大化的特征，会从边际收益率低的区域向边际收益率高的区域流动(范斐等，2020)。对于不同的区域创新系统，这种“择优”机制会促使创新要素在各区域创新系统之间流动，集聚区域之间的分散创新资源，形成空间良性交互作用，助推区域协调发展与一体化发展。因此，本项目的研究将有利于开展跨区域、跨领域、跨行业的开放合作与协调发展，促进创新要素流转、创新链条融通；有利于把国家宏观战略与区域微观企业创新需求有机结合起来，探索区域一体化发展的制度体系和路径模式；为提升城市协同创新能力、建设中国特色创新型国家提供综合性、引领性理论支撑。

(2)本书将城市内部产学研协同创新绩效和城市之间协同创新纳入中国城市多维协同创新体系的统一分析框架，综合分析城市内部产学研协同创新绩效和城市之间协同创新动态互动机制，是关于协同创新的一次较为新颖的理论探索。

党的十九大报告明确指出：“创新是引领发展的第一动力，是建设现代化经济体系的战略支撑。”这一重要论断把创新摆到了关系国家发展全局的核心位置。随着知识创造的日益频繁，创新已经成为一项系统工程，创新主体不再是一个封闭的、孤立的系统，而是通过各种协同与合作所建立的关系网络，达到降低创新风险的目的(吕拉昌等，2016)。协同创新有助于增强创新主体间的学习与互动能力，促进知识的流动和传播，激发出更多的创新产出，形成“1+1>2”的协同效应。根据国家创新系统理论，国家创新系统是由作为其子系统的各个区域创新系统有机构成的。这种构成关系不仅包含了各区域创新系统之间的联结关系，也包含了区域创新系统内部各主体之间的相互关系(Freeman，1987)。因此，在国家创新系统的整体框架内，作为其子系统的区域创新系统在创新资源配置时，不仅可以通过其系统内部创新主体间的协同创新得以实现，还可以通过充分发挥各自区域创新系统的比较优势，利用其他区域创新系统的创新资源，形成区域创新系统之间的协同效应(白俊红，2015)。区域创新系统内部各种创新主体深度融合，推动区域内部协同创新的发展，并通过区域之间的创新互动连接来带动区域间的协同创新，而区域创新系统之间的协同创新不仅依赖于还作用于区域内部协同创新系统，两者具有相互促进的螺旋式上升特征。与传统区域协同发展相比，以 R&D 要素流动、专利技术转移和科技论文合著等为主要形式的区域协同创新能够显著促进区域间资源、知识、技术的流动，区域间协同创新所伴随的知识溢出效应可能会对区域内部产学研协同创新绩效的提升起到助推作用。那么，一个自然而现实的问题就是，城市间协同创新是否显著地促进了地区间知识溢出？该溢出效应是否明显地促进了城市内部的产学研协同创新绩效？城市内部产学研协同创新绩效与城市之间协同创新又是怎样的动态互动关系？回答这些问题可以为正确认识当前我国城市协同创新时空演化趋势、动态互动机制，进一步完善区域创新生产理论，较为全面地揭示区域创新系统的要素组织与协调方式，从而科学制定区域经济高质量发展政策提供科学依据。

(3)本书将区域经济学、经济地理学、管理学与空间经济学相关理论方法进行交叉融合，有助于实现理论研究和应用研究在理论、方法与技术手段上的交融和互补，具有较强的科学意义和较为重要的方法论意义。

科技创新活动具有空间集聚性，因而创新资源和科技创新活动的空间分布无论是在全球尺度还是在地区尺度上，都极度不均衡，且高度集聚在全球少数地区和城市。不管是中国城市内部的产学研协同创新绩效，还是城市之间的协同创新绩效，由于受到不同城市创新资源禀赋、经济社会发展水平、创新环境及政策措施等诸多因素影响，都在空间格局上表现出极大的差异性与非均衡性。对中国地级以上城市内部的产学研协同创新绩效和城市之间的协同创新空间作用机制进行系统研究和深入挖掘，将其纳入统一框架进行分析，是以往经济地理学与城市地理学较少涉及的内容。本项研究将架构城市协同创新研究理论框架，丰富经济地理学、城市地理学与创新地理学的理论体系，不仅是对经济地理学空间组织、空间联系、区域经济竞争力理论和区域协调发展理论的领域拓展，也能为城市地理学关于城镇体系的功能结构、层次结构和地域结构提供一定的理论借鉴，更能为创新地理学强化地域内部创新活动空间过程，促进外部空间知识溢出，优化区域科技资源配置与提升区域科技资源配置效率提供新的研究思路。这对于构建科学合理的科技资源管理体系和配置机制，引导科技资源和创新要素的跨区域合理流动和充分利用，集中有限的资源投入优先发展或重点培育的领域，推进科技资源在区域、产业、部门等方面布局的均衡化与合理化，实现区域经济学、经济地理学、管理学和空间经济学等多学科研究方法与研究成果的相互借鉴、吸收和应用，是一种积极有效的探索。

1.3 研究内容

1.3.1 协同创新研究的相关文献梳理

在科学界定技术、创新、技术创新、创新发展、创新效率、协同创新、专利转让、技术转移与科技成果转化、空间外溢概念的基础上，从微观、中观和宏观的研究视角揭示协同创新思潮演变，并在传统文献阅读和统计方法的基础上，应用文献计量学软件 Citespace 对国内外协同创新相关研究的知识基础、研究热点、研究前沿等进行文献计量分析，辨析国内外协同创新文献关键词共线图谱，然后从创新系统研究、区域创新系统内部产学研协同创新研究、大学-企业技术转移研究、区域创新系统之间的协同创新研究等方面详细梳理协同创新的研究方向与现状。

1.3.2 中国城市多维协同创新的理论框架构建

系统梳理创新驱动理论、创新系统理论、创新评价理论、创新扩散与技术转移理论、创新速度理论、科技创新活动的空间集聚性、知识溢出的地理邻近性等相关协同创新基础理论，从点、线、面三个维度分析创新的空间外溢效应。借鉴区域经济学、经济地理学、城市地理学、创新管理学、发展经济学、社会学等相关学科的研究思想，尝试构建城市内部产学研协同创新理论框架、城市之间协同创新理论框架、城市内部协同创新与城市之间协同创新的动态互动机制理论框架，阐述中国城市多维协同创新的理论基础，为后续学理性研究做铺垫。

一是构建了城市内部协同创新与城市之间协同创新的动态互动理论框架。城市之间协同创新和城市内部产学研协同创新具有耦合发展的特性。因此，只有将城市创新系统内部产学研创新主体的协同创新与城市创新系统之间的协同创新统一起来考虑，才能较为全面地揭示区域创新系统的要素组织与协调方式。本研究将城市内部协同创新和城市之间协同创新作为城市创新系统的子系统，通过复合系统理论揭示城市内部产学研协同创新和城市之间协同创新的动态互动机制。本书将辨析城市内部协同创新与城市之间协同创新的共生模式与响应关系，结合新经济增长理论、新经济地理学的相关观点，探讨城市间协同创新、空间知识溢出与城市内部产学研协同创新这一动态链接之间的传导机制，构建同时包含城市间协同创新、空间知识溢出与城市内部产学研协同创新绩效三者关系的理论模型。

二是构建了城市内部产学研协同创新理论框架。从国家创新体系两大子系统——知识创新体系和技术创新体系深度融合的关键点产学研协同创新出发，基于协同创新中的三螺旋理论、3T理论、自组织理论、创新价值链理论以及协同学理论，结合协同创新理论的最新研究成果，构建与新时代经济社会发展需要相契合的、与创新驱动国家战略相统一的城市内部产学研协同创新理论框架体系。基于创新系统效率评价理论，从投入产出视角综合分析高等院校系统、研发机构系统和创新企业系统的互动关系，构建从高等院校到研发机构的"学转研"、从研发机构到创新型企业的"研转产"理论框架体系，基于创新价值链活动，将创新三螺旋环形结构解构为知识创新阶段和技术创新阶段两阶段链式结构。

三是构建了城市之间协同创新理论框架。在国家创新系统的整体理论框架内，基于城市空间尺度，将创新型企业跨城市部门合作、专利技术转移、R&D人员流动、科研论文合著等创新资源与要素的跨城市流动表征为城市之间的协同创新流，并将城市之间协同创新的主体从微观主体层面抽象至城市层面，结合协同演化理论、创新关系理论和区域创新系统理论，尝试性构建中国城市之间协同创新的实—序—相空间理论框架。并从城市之间协同创新流的空间节点、时间路径、空间路径、地理约束、空间领地5个时空视角，从规模、深度、范围和速度4个研究方向，建构城市之间协同创新的理论体系。

1.3.3 城市内部与城市之间的协同创新

从产学研、区域协同创新、创新供给系统和创新需求系统、区域创新效率4个维度建立资源与要素在城市内部和跨城市之间流动的指标体系，测度城市内部和城市之间的协同创新水平，并刻画其空间效应，揭示其影响机制。

一是城市内部产学研协同创新效率测度及其空间效应。本部分从"产学研"角度构建了城市内部的协同创新框架，并将协同创新过程分为"学转研"和"研转产"两个阶段。以中国内地75个创新型城市为研究对象，通过网络DEA模型测算城市内部的协同创新效率。然后，探讨了产业结构、市场环境、对外影响、基础设施、生活水平等对城市内部协同创新效率各阶段的影响。在城市内部协同创新框架的基础上，从城市空间关联的角度构建了城市间协同创新框架。

二是区域协同创新能力结构。本部分尝试利用能力结构关系模型对中国省级区域的创新能力结构进行评价，从时空维度揭示区际创新能力结构的均衡与匹配程度，并在此基础上，辨析不同省级区域在区域协同创新中获益效果的相对变化趋势及时空关联，以期为促进行政区经济体制下的中国区域协同创新、推动区域经济发展以及更好地贯彻落实国家创新型发展战略提供一定的借鉴意义。

三是区域创新供给系统与需求系统的协同演化。基于系统理论，本部分构建了创新供给系统和创新需求系统的评价指标体系，以熵值法-TOPSIS 模型对指标体系进行评价，之后在计算创新供需综合水平的基础上，进一步将供给和需求作为变量考察系统的协同演化，构建了演化方程并识别了关键参量，最后对不同省市的发展水平和协同阶段以及差异进行了分析。

1.3.4 城市内部的协同创新

一是产学研协同创新绩效的收敛机制与空间溢出效应。本书基于创新价值链活动，将城市内部产学研三螺旋环形结构解构为知识创新阶段和技术创新阶段两阶段链式结构，揭示 2004—2018 年中国 285 个地级以上城市“学转研”绩效、“研转产”绩效以及城市产学研协同创新整体绩效的时空演化格局和收敛机制，并借助空间计量模型检验中国城市产学研协同创新绩效的空间溢出效应。

二是产学研政策协同与企业创新绩效。随着中国经济进入高质量发展阶段，全球局势和国内状况都出现了一系列重要变化。在这种背景下，加强宏观政策的整体策划、将政府“看得见的手”和企业创新体系有机结合，对于创新驱动发展战略的顺利实施和经济发展“提质增效”目标的实现意义深远。为此，本书在汇总筛选 2011—2021 年中国主要城市产学研政策的基础上，通过挖掘分词和文本分析法计算出各城市年度政策部门协同、政策措施协同及政策整体协同指标，并进一步将其与中国沪深 A 股上市公司专利申请数据、公司特征和财务数据相匹配，从产学研视角出发，实证探讨了政策协同对微观企业创新绩效的影响并揭示其内在作用机理。

三是协同创新效率与政治周期。本书从党代会召开的角度研究了城市协同创新效率波动与政治周期性的关系，通过实证检验分析，试图从官员换届效应方面解释短期内区域协同创新效率的政治性变动原因。

1.3.5 城市之间的协同创新

从技术转移、知识转移 2 个视角讨论城市之间协同创新水平，并刻画其时空演化过程，揭示其多样化效应。

一是将微观主体的专利技术转移抽象至城市空间层面。(1)本部分聚焦城市技术转移的时空格局及其影响因素。以国家知识产权局专利转让记录为数据源，采用大数据挖掘、系统 GMM 回归、时空地理加权回归等模型，从技术吸收能力这个角度选取影响因素，综合探讨 2013—2019 年中国城市技术转移能力的时空分布特征及影响因素。(2)本部分聚焦技术转移网络与城市创新能力。越来越多的研究开始关注区域创新网络特别是技术转移网络对节点的影响。从城市层面出发，论证了嵌入网络结构对城市创新能力的影响，扩展了这一方面的研究。运用独有的城市专利转移数据库和 CNRDS 数据库中有关专利授权获得的数据，构造了 2001—2020 年中国地级及以上城市的技术转移网络和 2000—2020 年中国 286 个地级及以上城市的面板数据对本书的研究主题进行实证检验。以研究不同转移伙伴创新水平及知识吸收能力对城市创新能力提升的调节作用，以及技术转移能否通过其引致的空间知识溢出效应，促进具有相似空间特征城市创新能力的提升。(3)本部分聚焦专利转移的边界效应。促进创新要素有序流动是我国推进全国统一大市场建设的重要内容。党的二十大进一步强调"坚持创新在我国现代化建设全局中的核心地位"，要求"优化配置创新资源"。本部分将专利作为创新资源的表征，基于专利转移信息，同时构建了省、市两级行政边界效应的因果推断框架，以剖析创新要素市场一体化的推进进程，彰显行政区与经济区适度分离改革在专利转移中的重要性。

二是基于创新要素集聚、知识创新网络和知识转移构建了城市协同创新联系网络。(1)本部分聚焦创新要素的集聚和流动与区域创新效率。本书将从区域创新要素流动这一视角，采用空间计量模型来考察区域内创新要素的集聚以及区域间创新要素的流动对区域创新效率的影响，并通过中介效应模型实证检验创新要素对区域创新效率的传导机制。(2)本部分聚焦粤港澳大湾区知识创新网络及其外部性。粤港澳大湾区城市群是中国创新发展最为活跃的地区之一，中国政府力图把粤港澳大湾区建设成为一个多中心、开放性的国际科技创新中心。本书对粤港澳大湾区城市群创新网络格局及其外部性进行测度，以期厘清大城市在城市群创新合作中的影响，为调整和优化粤港澳大湾区创新网络格局、提高创新外部性提供借鉴和参考。(3)本部分聚焦跨国知识转移与全要素生产率。首先，本书利用系统 GMM 估计法，在考虑跨国知识转移内生性的情况下，分析了跨国知识转移对 TFP 的影响以及跨国知识吸收能力的动态演变。其次，本书检验了国际技术溢出对于跨国知识转移与 TFP 之间的中介效应。

1.4 研究思路

按照“格局—过程—机制—治理”的研究思路，以系统科学理论及系统分析方法为研究框架，运用现代系统论研究方法设计城市多维协同创新的要素关联与内涵特征—理论基础与模型构建—时空演化与机理演进—共生模式与影响机制—战略保障与对策拟定的作用与反馈关系网络。综合运用区域经济学、经济地理学、管理学、发展经济学、新制度经济学、社会学等学科的相关理论来阐述城市协同创新的理论基础。充分采用数学统计软件 Matlab 与 SPSS、计量经济分析软件 Eviews 与 Stata、地理信息系统软件 ArcGIS、大数据挖掘分析软件 Python 数据爬虫、R 语言编程及平面设计软件 CorelDRAW，采用理论分析与实证研究相结合、定量分析与定性指标相结合的研究手段，以中国 286 个地级及以上城市为研究对象，在准确把握城市协同创新多维度特征的基础上，科学界定其概念与内涵，将城市内部与城市之间的协同创新、城市内部的协同创新和城市之间的协同创新纳入统一分析框架，揭示城市内部和城市之间的协同创新效率和区域协同创新能力结构，分析区域创新供给系统与需求系统的协同演化，揭示区域协同创新对区域创新效率的影响作用。并进一步探讨产学研协同创新绩效的收敛机制与空间溢出效应，揭示产学研政策协同对企业创新绩效的影响作用，分析协同创新效率与政治周期的关系。深入分析城市技术转移的时空格局及其影响因素，研究技术转移网络对城市创新能力的影响，揭示专利转移的边界效应，探讨创新要素的集聚和流动对区域创新效率的影响，分析粤港澳大湾区知识创新网络及其外部性以及跨国知识转移与全要素生产率的关系。

第2章　文献综述

随着知识经济的发展和科技全球化水平的不断提升，科学技术已然成为经济社会持续发展的引擎和区域发展的内在动力(Buswell，1983；Malecki，1997；Mu和Qu，2008)，成为衡量城市或区域竞争力的关键因素。新经济增长理论认为，经济增长最持久的源泉在于知识生产和人力资本积累(Romer，1990)。中国经济进入新常态以来，在由高速增长阶段向高质量发展阶段转换的过程中，科技创新对于深化供给侧结构性改革、加快新旧动能转换、促进区域和城市协调发展具有越来越重要的现实意义。

随着现代科学技术飞速进步，科技创新作为社会经济发展的基本动力和关键因素，正深刻改变着区域经济格局，并日益呈现出既高度分化又充分整合的趋势。协同创新业已成为当今世界科技活动发展的新趋势，其为整合创新资源、提升创新管理机制与创新效率提供了一个有效途径。中国也在把自主创新、建设创新型国家作为国家发展核心战略的基础上(吕拉昌和李勇，2010；范斐等，2013)，进一步提出了协同创新这一具有划时代意义的创新范式。

2.1　协同创新形成机理及其效率

协同创新的定义最早由美国麻省理工学院研究员彼得·葛洛(Peter Gloor)提出，即“由自我激励的人员所组成的网络小组形成集体愿景，借助网络交流思路、信息及工作状况，合作实现共同的目标”(陈劲，2012)。经过长期发展，现在通常所说的协同创新是指不同创新主体的创新要素有机配合，通过复杂的非线性相互作用而产生整体效应最优的协同过程(孙冰和赵健，2011)。

随着区域一体化进程不断推进，行政壁垒在科学技术流动中客观上被逐个破除，区域协同创新不断深化，不同科学技术创新主体之间主观上更倾向于互联互通、协同合作，非行政壁垒成为当前阻碍协同创新的主要问题。形成科学技术流动非行政壁垒的区域差距主要是由于地理距离、经济距离和技术距离差距导致的科学技术非完全流动，因而可以将科学技术的非行政壁垒细分为地理壁垒、经济壁垒和技术壁垒三个方面：(1)地理壁垒。尽管交通运输的技术不断提升，成本不断下降，但地理空间距离仍是影响区域间物质信息交换的重要因素(罗来军等，2014)，较短的地理距离更方便将创新要素组织起来，也更方便信息的频繁交换(Boschma，2005)，其对知识溢出的影响也受大量相关研究支持(张丽华和林善浪，2011)，反之较长的地理距离会对科学技术的有效流动造成阻碍。(2)经济壁垒。经济发达地区和落后地区之间的影响并不对等，发达地区对落后地区的影响更大，而落后地区对发达地区的影响则较小(李燃等，2012)。这是因为经济发达地区拥有更大的技术购买潜力和更强的研发能力(许云等，2017)，以此来调节地理距离对科学技术外溢的影响(余元春等，2016)。(3)技术壁垒。Jaffe(1986)首先提出了技术距离，认为技术距离对研发活动具有重要影响。研究表明，技术距离过小会致使科学技术的溢出减少(Kokko，1994)，技术距离过大也会对科学技术溢出产生抑制作用(Haddad 和 Harrison，1993)，可见技术距离对科学技术溢出的影响并非单向绝对的(刘志迎和单洁含，2013)，只有技术距离在合理范围内，才不会对科学技术流动造成阻碍。由此可见，科学技术的流动受地理、经济和技术壁垒共同影响，不同壁垒的影响程度各不相同，作用机理也各具特色。

尽管非行政壁垒的存在一定程度上影响了不同区域协同创新效能的发挥，但随着创新系统内部及创新系统之间一体化程度不断提高，单一个体或单一要素的技术创新已经不能满足相关主体对于技术创新的需要，这就使得涉及多个体、多要素的协同创新研究成为创新研究的必然选择(孙冰和赵健，2011)。一个地区的创新产出不仅取决于当地的经济水平、科技投入、制度条件、社会文化环境等综合因素，同时还受到其他区域创新活动的影响(李国平和王春杨，2012)。单个地区的创新能力无法有效应对复杂多变的竞争环境，而协同创新有利于实现资源在地区之间各个生产环节的协同整合，促进各地区之间优势互补、合作共赢，是充分调动和协调区域内的各种创新资源的重要保障，是区域创新发展的必然结果和高级阶段(张玉臣，2009)。

区域经济要实现可持续发展，不断提升区域经济竞争力，就离不开区域创新，而区域创新效率的高低是衡量区域协同创新水平与能力高低的重要指标。有关区域创新效率研究的热点主要集中在：创新投入对经济增长的作用、区域创新效率的评价、区域创新效率的测度以及区域创新效率影响因素等方面。早期关于区域创新效率的研究内容主要包括两个部分，一是创新投入对经济增长的作用（Lucas，1988；Nasierowski 和 Arcekus，2003），二是创新投入与产出之间的关系（Pavitt 等，1971；Pake 和 Schankerman，1984；Hall 等，1986）。关于创新效率的评价研究，由于区域创新系统理论建立在对特定区域的实证研究基础上，实证中产生的创新效率的评价方法由于学者关注重点不同而形成很大差别（Michael，2004）。关于区域创新效率的测度，通常采用数据包络分析、因子分析、随机前沿面模型等方法（Battese 和 Coelli，1995；Eric，2007；Diaz 和 Sanchez，2008；Hashimoto 和 Haneda，2008；Hu 和 Mathews，2008；Guan 和 Chen，2010；Pinto 和 Guerreiro，2010）。Wang（2003）将 DEA 与 Tobit 回归方法结合，构建跨国生产函数模型，对 30 个国家 R&D 活动的相对效率进行了实证测度，测度结果发现，样本中半数以上国家 R&D 活动缺乏效率。Chen 和 Guan（2012）应用关系网络数据分析包络法对中国区域创新体系的创新效率进行了系统评价。结果显示，在从技术开发到商业化的整个过程中，只有五分之一的中国区域创新系统是在经验最佳实践前沿运行的。这些研究主要以不同区域层面为研究对象，在测算其创新效率的基础上，就各区域如何配置创新资源、提高协同效率等问题进行了积极的探讨。

在提升区域创新效率的过程中，创新组织之间为了更加有效地组织和协调创新要素，进行创新活动，逐渐从独立创新走向协同创新。创新体系中的不同参与者非常重要，他们与周围环境合作（Woolthuis 等，2005），促进知识的生产、积累和传播（Johnson 和 Lundvall，1994；Lundvall 和 Archibugi，2001），成为区域创新的主要动力（Edquist 和 Johnson，1997；Hayashi，2003；Kwon 和 Motohashi，2017；Levin，2004；OECD，1996）。鉴于合作促进了信息和知识的共享（Guns 和 Rousseau，2014），并提高了生产力（Katz 和 Martin，1997），创新者不再独立创新，而是通过互动、合作协同（Enkel 等，2009）、建立外部伙伴关系（Farrell 和 Saloner，1985）等，实现创新资源在区域之间的协同整合，促进各地区之间优势互补、合作共赢。

随着区域协同创新研究的深入，城市已经成为协同创新研究的重要主体。历史上，城市一直是人类创新活动的聚集地（Dvir 和 Pasher，2004）和重要中心（Dennis 和 James，2018），目前城市在创新发展和全球竞争中发挥着越来越重要的作用（Seo 和 Joo，2019）。与区域内其他单位相比，城市可以促进知识生产(Duranton 和 Puga，2004)，降低知识传播的成本(Caragliu 和 Del Bo，2019)，从而变得更有生产力和效率(Markatou 和 Alexandrou，2015)。特别是，大多数经济活动发生在城市，而在区域层面上很难捕捉到城市的异质性(Cheng 等，2018；Hao 等，2018)。因此，不同地区的城市创新系统值得广泛关注。此外，城市创新系统还能促进城市经济增长(Shearmur，2012)和绿色发展(Ghisetti 和 Quatraro，2017；Zhang 等，2018)。一方面，城市为内部创新者提供了一个交流的环境(Combes 等，2012；Storper 和 Venables，2004)。另一方面，作为国家和区域创新体系的一部分(Simmie，2003)，城市也可以通过溢出效应实现创新(Usai，2011)。近年来，作为创新资源的重要集聚地(Florida 等，2017；Keating，2017)，创新型城市通过对内集中国家创新资源，对外引领区域发展，已经成为城市创新网络的领导者。

从中国各城市进行创新生产的过程来看，其创新要素的获取主要有以下两种途径：一是城市系统内部创新要素的集聚，即该区域利用自身积累的创新资源和条件进行生产；二是其他城市的创新要素，即该城市利用来源于其他城市的创新要素进行生产。创新城市的建立及城市创新网络的形成，为创新者的内外部互动提供了环境(Huallacháin 和 Li，2011；Tappeiner 等，2008)，城市层面的协同创新变得更加容易，这方面的研究也在逐渐发展。

2.2　城市内部协同创新

创新系统内的协调对于提高系统的整体质量非常重要(Fritsch，2004；Wang 等，2020)。根据 Lundvall(1985)对国家创新系统理论的阐述，其主张创新是国家经济中所有生产者与使用者互动的结果。同样地，城市创新效率的提升是城市内部企业、高等院校、科研机构和政府部门等创新主体之间交流协作、协同创新的过程(Song 等，2020；Ji 等，2020；Hwang，2020)。

城市创新系统是城市内部产学研创新主体、创新要素、创新环境和创新机制组成的复合系统(Zhao 和 Li，2003；Zhao 和 Hu，2010；Lv 等，2014；Chen 等，2017；Teng 和 Fang，2017)。创新主体涵盖企业、高校(Guena 和 Muscio，2009；Valero 和 Van，2018)、科研机构(Intarakumnerd 和 Goto，2018；Liu，2017)、政府机构(Wang 和 Chen，2020)和中介机构

(Porto-Gomez 等，2019)等方面，并形成了相互联系以保证创新要素流通的链式结构(邓羽和司月芳，2016)。其中尤以企业、高校和科研机构是城市创新系统最重要的组成部分(Etzkowitz 和 Leydesdorff，2000；Hicks，2012)。

就城市内部创新系统而言，各种创新者之间的协调已被广泛研究，但最经典的理论是创新的三螺旋结构，其阐释了政府机关、企业单位和高等院校之间创新要素不断交互，以形成三个不同创新主体之间相互联系并共同上升的螺旋促进结构(段云龙等，2019)。Etzkowitz 和 Leydesdorff(1995)提出了三重螺旋的概念，定义了创新系统中的分工(Datta 等，2019)和联系(Phillips，2014；Wu 等，2017)，它被认为是非线性创新模型的一个重要变体(Leydesdorff，2012)。关于三螺旋结构的研究已经大量涌现(Meyer 等，2014)，并有相应的期刊和协会(Mêgnigbêto，2018)。此外，经济学、社会学和信息学学者也对该研究领域感兴趣，使其成为一门独立的学科，用各种方法和工具进行分析(Baniak 和 Dubina，2012)。

产学研系统创新强调了三大创新主体打破壁垒，从而提升城市协同创新效率的重要性。然而，城市协同创新效率的提升不仅依赖于企业、高等院校、科研机构创新主体间的协同联动，也与政府政策扶持力度以及经济社会环境等制度因素高度相关(Freeman，1989；Nelson，1993；Fischer 和 Varga 2003；范斐等，2020)。新熊彼特增长理论发现了创新过程中，各主体间的互动与联系，并指出技术进步是经济持续增长与发展的有力保障(Etzkowitz 和 Leydesdorff，2000；Acs 等，2002；Hanusch 和 Pyka，2007；柳卸林等，2017)，但也强调创新具有不确定性，在“创造性的毁灭”制造的不连续未知领域中，增长不是自发形成的(Schumpeter，1949)，知识与研发具有正向外部性，需要公共部门的干预与引导来克服市场机制的失效，继而利于在社会中塑造对创新的普遍共识，营造大众创新的群体氛围(Freeman，1989；Nelson，1993；Aghion 和 Howitt，2006)。因此，新熊彼特增长理论强调政府应当对经济进行适当干预并发挥应有的责任(Freeman，1989；Nelson，1993；Aghion 和 Howitt，2006)。目前已有文献多从创新主体与创新要素等视角入手分析城市协同创新效率变动的原因，在微观层面强调企业作为创新主体在提升城市协同创新效率方面的作用(Sammarra 和 Biggiero，2008；Natalicchio 等，2018；Jugend 等，2018)，强调多个要素对创新活动的联合支持，重视风险投资、技术市场、孵化器等创新中介的构建(Massa 和 Testa，2008；Armanios 等，2017)。

产学研协同创新的内涵也在实践中不断丰富，可以从网络视角、个体视角、组织视角和系统视角等多个视角进行界定(盛彦文和马延吉，2017)，但总体上是指企业、高等院校和科研机构三大创新主体打破各自组织的壁垒，在区域创新系统内部实现资源协同利用及技术共同研发的过程，在创新过程中各个创新主体的知识会不断增值，产生各创新主体螺旋上升的运行状态，可以形成“1+1+1>3”的协同效应，最终会促进城市创新绩效的提升(Varga，1998)。同时，产学研协同创新会在知识的创造、交互、应用和全面协同阶段对城市创新绩效造成影响，其对于城市创新绩效影响的基础理论包括耗散系统理论、协同创新理论、投入产出理论、资源依附和交易成本理论、动机期望评价理论、平衡计分卡理论以及群落生态学理论(刘友金等，2017)等，因此在评估产学研协同创新绩效时要考虑到知识的学习交流、共同创造、成果商业化等过程(黄菁菁，2017)。

由于科学技术资源本身的外溢性(范斐等，2016)及中国科技创新的外溢性日趋扩大(谷国锋等，2015)，创新要素不仅可以源于本地区自身的科学技术条件和资源，还可以从其他区域的创新要素中获取(白俊红和蒋伏心，2015)，来促进本地区的科学技术水平提升，特别是随着独立研发难度的加大和区域经济一体化的持续推进(刘凤朝等，2012)，创新资源跨区域流动的趋势日益显著。当前各个城市也越来越注重利用其他城市的科学技术进行再创新，加大科学研究的协同创新体系建设，鼓励不同城市之间进行科研交流，极大地促进了中国科学技术的城际流动，同时也促进了城市之间协同创新关系的研究。

2.3 城市之间协同创新

城市内部企业、高等院校、科研机构和政府部门等创新主体之间交流协作、协同创新，不仅推动参与者实现了更大范围的创新，而且可以更有效地利用资源，在城市之间实现以资源协同利用及技术共同研发为特点的深化创新(Sleuwaegen 和 Ramboer，2020；Ho 和 Li，2020；Yström 和 Agogué，2020)。因而城市之间在配置资源要素时，不仅可借助其单个城市内部各创新主体间的协同互动达成，还可以通过充分发挥各个城市创新系统的比较优势，利用其他城市系统的创新资源，形成区域创新系统之间的协同效应(白俊红和蒋伏心，2015；Caccamo，2020；Tekic，2020；Marta，2020)。此外，单个城市的创新能力无法有效应对复杂多变的竞争环境，而城市之间的协同创新有利于实现科技资源在地区之间各个生产环节的协同整合，促进各地区之间优势互补、合作共赢(Fan 等，2020；Wang 等，2020)，是充分调动和协调城市内部各种科技资源的无形力量，是城市创新发展的高级阶段和必然结果。

知识是城市核心竞争力的根本源泉，在新的社会发展背景下，技术转移成为城市之间知识流动和知识溢出的重要方式(Polanyi，2016)。学界通常将知识流动划分为有意识和无意识两种(Ibrahim 和 Fallah，2004)。技术转移作为有意识的知识转移方式，在整个创新过程中承担着将新技术转化的重要功能，并能够推动创新主体进行技术学习、减少技术创新的重复和降低研发的成本，进而促进创新驱动的良性循环。因此，技术转移已经成为了不同城市获取先进技术以弥补技术发展短板和实现集成创新的重要途径，是促进新知识流入和丰富本地知识库的关键。现有有关技术转移的文献通常采用技术授权(Bercovitz 和 Feldman，2006)、技术人才流动(Trippl，2013)、共同研发(专利或论文)(Ponds 等，2013)和国际商品贸易和国际外商投资(Coe 和 Helpman，1995)等变量替代，以城市为基本单元的技术转移已经呈现网络式特征并处在不断的演进过程中。许多学者围绕创新系统中技术转移的空间分布、溢出边界、影响因素、网络格局等方面展开大量研究(Gui，2019；Liu，2002)。

以专利作为技术转移的衡量方式，许多学者围绕技术转移的空间分布展开了相关研究。有关技术转移的空间特征，张翼鸥和谷人旭(2019)选用负二项式回归考察了多维邻近对知识专利网络结构的影响，结果证实了专利转移具有政治、地理、技术等的多维邻近特征。段德忠等(2020)结合空间计量模型检验得出“一超多强”的专利转移空间相关性及集聚特征。刘承良和管明明(2018)、刘承良和牛彩澄(2019)刻画了中国尤其是东北三省的市际专利的转移特征及其影响因素，王帮娟等(2023)进一步考察了中国技术转移的“枢纽+腹地”的时空特征。

有关技术转移的知识外溢边界考察，团结协作和研究网络是创新成功的关键，Bottazzi 和 Peri(2003)发现知识外溢将使 300km 范围内区域的创新产出增加 2%~3%，但边界及社会文化等因素会进一步阻碍知识流动(Capello 等，2018)，并对 R&D 合作有明显的抑制作用(Scherngell 和 Lata，2012)，且一体化更利于核心区域，而若消除边界，则会产生边界的静态效应、动态效应和位置决策效应(Baldwin 和 Venables，1995)。

城市作为网络关系的基础节点，网络的属性特征、外部环境和自身的资源情况等都会作用于转移网络。在要素的影响机制中，地区间的技术势差、技术特性、转移政策和吸收能力等都会影响地区间的技术转移(Lichtenthaler 和 Lichtenthaler，2010；Branstetter，2006；Glass 和 Saggi，1998)。研究也特别涉及一些非制度化因素对于技术转移的影响，比如文化、司法观念对技术转移产生的影响(Waldman 等，2022；Kedia 和 Bhagat，1988)，或者专门探讨某一类型的影响因素对技术转移的影响，比如关注以关系为导向的因素(Santoro 和 Gopalakrishnan，2001)。中国城市在创新水平上呈现等级式特征，创新等级相似，尤其是创新能级较高的城市之间更容易建立创新联结。对于中国来说，技术转移更有可能发生在研发投入较大的东部省份和较发达的经济体之间，区域之间的经济差距是技术转移的关键因素之一(Zhang 等，2016)。但创新能级较高的城市空间分布相对集中，区域范围内地区创新发展水平呈现明显的空间分异特征。而且经济发达地区往往具有较好的产业知识基础、拥有更高的创新需求，而欠发达地区往往自发的创新行为较少，创新基础较弱，需要承接先进技术的转移，所以技术转让方和技术受让方考量的因素往往存在差异。学者在国际技术转移决策中有关经济因素的研究已经单独考虑了技术受让方和转让方的观点(Cho 和 Shenkoya，2020)。在研究方法上，以往关于技术转移影响因素的探讨一般利用基于回归模型(Friedman 和 Silberman，2003)，近年来围绕着转移网络构建，学者也引入了指数随机图模型(Zhang 等，2016)对影响机制进行分析，或者结合 ISM 与 ANP 模型(Hsu 等，2015)比较分析因素的相对重要性。

对创新系统之间网络格局的研究较为丰富。随着“地方空间”向“流动空间”不断转变(Castells，1996)，城市之间的创新空间格局逐渐由传统的等级化向网络化演变(Taylor，2001)，城市之间在创新要素的集聚与扩散、创新活动的分工与合作等方面的关联突破了地理距离对创新外部性的限制，而呈现错综复杂的网络化特征。城市从空间中的集聚点转变为网络中的枢纽，城市间的互动关联及其网络结构已成为影响创新绩效和经济发展的重要因素(Cooke 等，2011)。网络嵌入性理论认为，嵌入创新网络一方面可以降低获取信息和资源的成本，另一方面有利于知识的积累与传播，促进学习与创新(De La Tour 等，2011；Guan 等，2006)。其中，结构嵌入性关注的是物质交换关系及其网络结构对经济活动的影响(Uzzi，1997)，组织嵌入社会结构确实会影响知识的分布，从而对创新系统和创新的扩散产生影响(Beckman，2002；Dong 等，2015；Fritsch 和 Kauffeld-Monz，2010；Ter Wal 和 Boschma，2009)。根据 Meijers(2005)的研究，嵌入城市网络能为城市带来的协同效应可以分为两种：其一是横向协同效应，指的是节点之间的简单合作行为带来的规模效应，从而出现正的网络外部性；其二是纵向协同效应，指的是节点之间进行分工和专业化生产，每个节点将资源集中于自身的相对优势领域，从而产生正的网络外部性。当前有关创新系统的网络格局的研究，主要关注创新系统不同主体在网络中的结构嵌入性对其绩效的影响。

然而，不同主体在创新网络中所处的结构位置特征并不是完全对等的，不同的网络属性，造成了创新绩效的差异。现有研究主要运用社会网络分析方法(Social Network Analysis)，采用网络中心性、结构洞、网络强度及网络开放度等指标，研究创新系统之间不同主体的网络位置特征对其绩效的影响。网络中心性主要分为节点度中心性、接近中心性、中介中心性、特征向量中心性四种，已有文献利用网络中心性衡量节点在网络中的联系强度，得出了一系列重要结论。网络中心性描述了网络中节点的结构属性，而不是参与者本身的属性(Hossain，2009)，衡量了其获取信息、指挥他人和影响网络经济决策的能力(El-Khatib 等，2015)。从微观主体来看，Bell(2005)分析了正式网络与非正式网络两个维度的中心性对企业创新的正向影响。一部分学者从城市层面出发，分析了城市嵌入区域创新网络特征对其创新的影响(Yao 等，2020；Jin 等，2022)。一方面，技术引进提高了发达城市的创新质量，但对欠发达城市没有显著影响；另一方面，欠发达城市对于引进传统创新技术的路径依赖，会对可持续创新产生挤出效应。Nordensvard 等(2018)运用节点中介中心性及节点出入度衡量了创新核心国家及外围国家对资源和位置的控制能力差异，并分析了它们的网络结构对风能企业知识转移的影响。不同于上述研究，Gilsing 等(2008)则发现了网络中心性与企业创新的倒 U 形关系。网络中心性增加了知识和信息到达企业的可能性，但是随着中心性的提高，企业必须处理更大量、更多样化的信息，从而消耗了更多的时间和资源。得到相似结论的还有 Ferriani 等(2009)，其认为中心性的增加意味着更高的协调成本，并且中心性的提高伴随着创新过程的不确定性，从而网络中心性是边际收益递减的。

网络中心性衡量了节点嵌入结构网络的强度，然而按照 Granovetter(1973)的观点，弱关系比强关系更有可能将不同子系统的成员联系起来，有利于异质性信息的获得。结构洞在一定程度上反映了节点控制具有互补信息、弱连接群体的能力。占据结构洞的节点可以凭借其中介位置获取信息收益与控制收益(Burt，1992；1997；2004)。对企业主体的研究表明，网络中的企业可以通过弥补结构漏洞，提高创新绩效与竞争优势(Ahuja，2000；Zaheer 和 Bell，2005；Zaheer 和 Soda，2009)。对中宏观主体的研究集中于城市和国家，Guan 等(2015)从城市-国家双层协作网络的相互作用出发，认为城市占据结构洞越多，越有利于城市创新绩效的提升，且国家的网络中心性正向调节这一关系。Rost(2011)对结构洞的研究则得出了不同的结论。Rost 认为占据结构洞对知识创新具有倒 U 形关系，结构洞位置具有收益递减的性质，平衡的网络架构更有益于知识创造。Eisingerich 等(2010)等从网络强度和网络开放度两方面衡量创新网络结构，并且发现网络强度对创新绩效的正向效应会随着环境不确定性的增加而降低，网络开放度对创新绩效的正向效应则会随着环境不确定性的增加而增强。

上述有关网络中心性、结构洞、网络强度及网络开放度的研究仅仅从形成创新网络格局的内部因素进行考量。从创新网络的内部机理来看，Boschma(2010)指出认知邻近性、社会邻近性、组织邻近性、制度邻近性和地理邻近性是影响创新网络空间演化的重要因素。创新的空间集聚能够产生一定的规模效应从而促进创新产出，但是随着地理距离的增加，由规模带来的创新边际收益会越来越低(Foxon，2014)，而且创新网络在空间上的过于集聚容易形成稳定、刚性的封闭关系网络，从而产生地理邻近“锁定”的负面效应，最终不利于创新发展(Bathelt 等，2012)。但是也有学者认为，技术会重塑空间距离，互联网的发展和普及导致“世界是平的”，从而在软创新方面重新定义创新网络空间(Howells 和 Bessant，2012)。社会文化特征对创新活动也有重要影响。文化背景和创新主体所在地区的文化氛围会对其创新活动产生影响，文化习俗较为接近的创新主体之间的互动和信任会更多，从而维持并促进创新合作的开展(Porter，1998；Engel，2015)。但是文化习俗的过度单一有可能产生排外情况，不利于创新多元化发展。此外，地区的制度因素也对创新活动十分重要。制度邻近性反映了创新主体受正式或非正式规则约束的相似程度，是不同主体间建立合作关系的最基础因素，可以减少创新主体合作的不确定性和冲突(Balland 等，2016)。然而，过多的制度邻近性也会造成主体对创新系统的过度依赖和主体间知识的过度溢出，不利于知识产权保护和降低创新激励(Molina-Morales 等，2015)。

2.4 国内外研究现状评述

随着技术创新活动非线性、网络化、全球化特征凸显，传统的以线性和链式为主的技术创新模式已经向以多元创新主体合作为基础的协同创新模式转变。协同创新模式日益受到学术界和政策制定者的关注，被认为是创新型国家(地区)培育创新竞争力的一种新型组织和创新过程。一个地区的创新产出不仅取决于当地的经济水平、科技投入、制度条件、社会文化环境等综合因素，同时还受到其他区域创新活动的影响。

目前，关于区域协同创新的研究主要集中在区域协同创新相关理论基础的探求、理论体系的构建(Duin 等，2008)、区域内部协同创新机制机理的分析以及区域协同创新的实现路径与对策等方面(Fischer 和 Varga，2002；徐彩侠，2012；牛欣和陈向东，2013)，这些研究以定性分析为主。在定量分析上，利用 LS-SVM、DEA、系统动力学、复合系统协调度等模型(冯锋和汪良兵，2011；王志宝等，2013)，虽可较好地反映区域创新能力差异与区域互动，但是不能突出区域在相关区域协同创新中的获益分配格局。但究竟协同创新如何对区域创新效率产生影响以及产生怎样的影响，尚缺乏理论上的阐释和严格的计量检验。

纵观已有关于城市内部协同创新的研究可以发现，目前国内外对于产学研协同创新的内涵、发展阶段、影响机制和绩效方面进行了深入广泛的研究，但这些研究大多是以微观企业或者产业为研究对象，以“解剖麻雀”的方式分析其在构建产学研协同创新体系的典型经验，或者分析特殊区域内企业、高校和科研机构等不同“产学研”创新主体的相互作用，这就会存在典型经验与特殊区域代表性不足的问题，从而削弱对其他地区产学研协同创新的指导意义。事实上，城市作为中国提高自主创新能力，参与全球科技竞争的空间载体，对新时期“创新型国家”建设具有基础性的支撑作用，中国绝大多数的创新要素和创新资源集中在城市，城市为产学研协同创新提供了沃土(樊杰等，2002；范柏乃，2004；方创琳，2014；谭俊涛等，2016；吕拉昌等，2018)，而企业、高校和科研机构等不同“产学研”创新主体相互作用，共同构建了城市产学研协同创新体系。同时，有关城市内部产学研协同创新的研究中，鲜有文章在文本定性和定量分析的基础上，综合量化政策文本所包含的多单位部门之间与采取的多项措施之间所产生的协同效应，并对企业创新绩效进行系统性讨论。

此外，现有研究大多将城市产学研协同创新绩效的计算过程看作一个“黑箱”系统，没有以创新价值链为依据对产学研协同创新进行阶段划分。目前关于城市与区域产学研协同创新绩效的研究主要在测算不同地区创新绩效的基础上，就各地区如何优化创新资源配置，提高产学研协同创新绩效等问题进行探讨。然而，这些研究普遍将城市与区域内部产学研协同创新的过程看作一个整体，仅通过测算创新资源的投入产出来衡量其创新绩效，虽然对区域产学研创新系统内部各创新主体间的相互关系与运作机制进行了深入分析，但是没有将企业(产)、高等院校(学)和科研机构(研)创新三螺旋环形结构按照创新价值链进行链式解构，仅仅关注创新价值链上的单一路径(“学研”向“产”的创新外溢)或同类组织内部的创新溢出问题，忽视了创新价值链上的阶段影响和循环效应。事实上，在城市产学研创新系统中，当知识创新与技术创新相互隔离时，从大学到企业的技术扩散之间便存在一个“死亡之谷”，大学创新的技术很难得到商业化和产业化。如何从知识创新跨越到技术创新，再从技术创新跨越到产业创新，是城市产学研协同创新的关键(洪银兴和安同良，2015)。因此，为了提升城市产学研协同创新系统的整体绩效，就需要对从大学到研发机构的“学转研”跨越以及从研发机构到创新型企业的“研转产”跨越进行分阶段评价，综合研判城市产学研协同创新中的薄弱环节。

近年来，为促进区域协同创新水平的提升和应对新发展形势下技术竞争带来的挑战，区域之间技术转移的研究成果大量涌现，但已有研究仍存在以下几方面局限。首先是在主体和空间尺度上，现有研究以企业、高校和国家主体居多，城市之间技术转移研究相对较少。然后是在影响机理剖析上，多为传统的技术转移动因理论框架(以技术势差和区域吸收能力等因素为核心)，对于城市主体的环境属性考量不足，特别忽视了城市自身经济发展条件。而且在区域内部的技术转移研究欠缺对于技术转入和转入方影响因素单独的分析。最后是在实证方法上，以往技术转移实证研究中多采用回归分析，未重视样本独立同分布假设的非现实性，这有可能导致实证结果的偏误。

当前有关城市之间协同创新的研究中，测度指标仍以论文和专利的合作关系为主，基于市场行为的技术转移关系研究稍显不足，城市之间的技术转移关系仍以专利转移作为主要衡量方式。运用社会网络分析方法对城市间协同创新网络格局的研究大多仅从网络中心性指标出发衡量城市技术转移网络的结构特征，并且较少考虑城市之间的弱联系以及嵌入知识网络对区域创新的调节作用，同时忽视了不同地区的空间互动与联系过程，缺乏对创新网络中技术流动所引致的空间知识溢出效应的考察，且忽视了技术转移的边界效应。此外，尽管许多学者围绕中国城市中技术转移的溢出效应、网络格局、扩散规律等方面展开大量研究(Gui，2019；Liu，2002)，有助于强化对技术转移网络结构、空间布局的认知，但缺乏对城市技术转移模式和影响因素的探讨。同时，中国城市之间的技术转移明显受城市主体环境属性的影响，现有研究方法往往忽视了影响因素的空间异质性和尺度差异问题。

任何系统都不能孤立地存在，必须与环境交换物质、能量、信息才能生成、存在和发展，正因如此，系统才具有开放性的特征，其功能的发挥不仅依靠系统本身的发展水平，还依赖与其他系统间的协同效应。基于协同效应的内涵，城市协同创新系统可分为内部和外部两个部分，即城市内部协同创新系统(区域内部创新要素间的协同效应)和城市外部协同创新系统(城市间的协同效应)。因此，将城市内部协同创新和城市之间的协同创新综合起来考虑，有利于更为全面地揭示中国城市创新活动的协同方式与整体绩效。

第3章　理论基础

3.1　创新及其相关概念

3.1.1　创新及创新行为的产生

国内外许多学者都对创新的内涵进行了探讨与定义，总的说来，主要有三种方向的理解。第一种对创新内涵的定义侧重于创新在生产实践中的应用，强调创新对技术进步的贡献。最早提出创新理论的熊彼特(1942)认为，创新本质上就是对生产函数形式的扩充，是通过实践将某种全新组合形式的生产要素或是生产条件引入实际生产中。具体包括五种类型，无论是采用一种全新的产品、使用某种新的生产方法，或是从一种新的渠道获取生产材料，乃至创造一种全新的组织形式、通过挖掘开辟一个新的产品市场，都可以是创新的一种表现形式。诺思(1962)认为，技术创新包括资本和劳动要素的投入，组织的建立以及市场的开辟等行为；经合组织的定义强调创新不一定是全新产品的生产，也可以是对原有产品或是工艺进行的改进。第二种对创新的定义强调创新的全过程，认为创新不只包括生产环节要素的投入及组合，还包括最初的新思路的形成、依据市场需求调整产品及产品销售等环节(王明友，1997)。第三种定义认为创新是新产品、新设计或是技术的首次商业化应用，并认为创新的最终环节是新产品的销售与货物交付(Mansfield，1988)。

关于创新的主体，熊彼特(1942)认为创新主要来源于企业家的创新活动，这种理解相对较为狭隘。Drucker 和 Noel(1985)等新经济增长理论学派认为企业家、大学及科研院所和市场主导了技术创新。总的来说，以往学者认为创新的主体主要包括企业、个人和研究机构三种类型，但随着协同创新理论的逐渐发展完善，人们逐渐意识到各个创新主体之间通过复杂的交互学习、协同作用也能够产生创新行为(周志太，2013)。另外，国家在创新领域也开始发挥越来越重要的作用，以国家为主体的创新行为开始受到学者们的关注。

那么创新是如何产生的呢？早期学者认为研发活动(R&D)产生了创新，整个创新的产生过程是线性的，起始于研究开发活动，并最终将创新的技术产品推向市场，因此，市场是创新活动的被动接受者。基于这种理论，以熊彼特为首的一众经济学家还认为，大企业才是创新活动的主体，因为只有经营规模较大、占据一定垄断地位的企业才能负担得起高昂的研发费用，并通过大规模的创新活动来弥补研发失败造成的损失，因此，创新被认为与企业规模和市场占有份额密切相关。阿罗(1962)的模型表明，竞争企业的创新激励要大于那些垄断企业的，由此解释了为何垄断企业的创新动力往往不强；而德姆塞茨(1969)则认为阿罗忽略了垄断与竞争市场的产量差异，在此基础上提出了关于市场结构与创新成因上与阿罗完全相悖的结论。Needham(1975)认为前两者的模型均忽略了创新过程中的竞争。随着创新理论的逐步深入发展，研究者们开始使用决策论和博弈论的方法将不确定性和研发成本等因素纳入模型当中，例如决策论模型、多元创新非对称模型等(吴延兵，2007)。

创新要素也是创新行为产生的关键之一。各种参与到创新活动中来的生产要素，例如劳动力、资本、数据、技术、市场等都可以被称为创新要素。创新要素不仅具有与经济要素相似的特征，即逐利性和稀缺性(杨省贵和顾新；2011)，更因携带知识要素而具有知识密集、知识溢出的特点(Fallick，2006)。因此，创新要素会自然地向收益率更高的地区流动，并在流动的过程中带动知识跨区域传播扩散。目前来看，在中国创新要素的获取主要有两种途径，要么来自本区域内要素资源的积累，即区域创新系统内部的生产；要么吸引并借助区域外流动的创新要素来进行生产，即通过系统之间的联结关系来获取创新要素。而创新要素在区域之间的流动产生了知识溢出效应，是加剧区域间创新主体竞争，提升区域创新效率的重要原因。另外，创新要素在区域间流动配置也能够提升要素配置效率，优化要素的结构，促进不同主体间展开合作进行协同创新，从而实现帕累托改进的目标(卞元超，2020)。

对创新效果的测度就体现为创新绩效。企业创新绩效是将创新成果应用到企业生产经营中后，对企业经营结果改善情况的测度，它是组织绩效的一种特定形式(高辉，2017)。研究者从狭义和广义两个角度对创新绩效的概念进行了界定，与创新的概念相似，狭义的企业创新绩效界定强调将创新结果及发明引入市场的结果（Hagedoor 和 Cloodt，2003），而广义的创新绩效既包含技术创新，也包含产品投入市场后带来的商业价值，强调创新从概念形成到产品投入市场的全过程。

企业创新绩效可以分为两个维度，包括技术创新绩效和社会创新绩效（Linton，2009），其中技术创新绩效主要指创新对技术进步的贡献，包括对生产函数的重新组合和优化等；而社会创新绩效被认为是引入全新社会系统如专利系统的行为（Alegre 和 Chiva，2013）。无论是哪种定义，创新绩效都是对创新对企业带来的价值的测度，侧重于结果导向。在本书中的企业创新绩效主要从创新对企业技术进步的角度进行测度，以技术创新绩效为主。

3.1.2 创新驱动理论

熊彼特（1942）认为，创新行为是解释经济增长的答案之一，技术创新可以通过引起对生产资料及资本要素的新需求带动经济增长，渐进式的技术创新是一国经济周期的成因之一，而那些对经济增长影响很大的革命性技术创新组成的技术革命则对世界经济增长的长期趋势起到决定性的作用（万勇，2009）。熊彼特的创新思想对后续的经济学派产生了深刻的影响。阿罗（1962）通过将技术作为内生变量添加进新古典增长理论的研究框架来解释经济增长的成因；Romer（1990）等新经济增长理论学派构建的内生增长模型从产品质量和多样化两个方面讨论了技术创新对经济增长的驱动作用；Michael Porter（1990）将创新驱动与要素驱动、投资驱动并列，认为创新驱动也是经济发展过程中一个重要的发展阶段。依照 Porter 划分的发展阶段理念，改革开放之后的中国先后经历了要素驱动、投资驱动两个发展阶段，目前正面临着人口红利消失、资本回报率下跌的情形，中国向以创新为驱动的经济体转型迫在眉睫（陆大道，2015）。

创新驱动发展理论在党的十八大提出创新驱动发展战略之后逐渐受到关注，并形成一套具体的理论。2016 年颁布的《国家创新驱动发展战略纲要》，从官方层面上明确了创新驱动的重要地位；党的十八大更是提出“科技创新是提高社会生产力和综合国力的战略支撑，必须摆在国家发展全局的核心位置”。因此，可以将创新驱动理解为区别于要素驱动与投资驱动、伴随知识创造的技术转型，其特点是自主设计、研发技术（刘志彪，2011）。更广义层面上的创新驱动指的是在投入、产出的整个过程中提高生产效率、实现经济内生增长的全方位、多层次创新（陈波，2014）。其全方位、多层次的特点主要表现在从技术、产业、制度和文化多个层面上提升经济增长的质量，改善创新要素在投入、产出及环境上的不平衡状态(白俊红和王林东，2016)。总之，创新驱动发展战略的实施对我国在国际竞争过程中形成技术优势、破除他国对我国的技术封锁，创造经济增长的长期发展动力具有十分重要的战略意义。

3.1.3 创新网络理论

创新网络概念的提出，最早始于 De Bresson(1991)和 Freeman(1991)等人的总结性论文中，他们将创新网络定义为通过企业之间创新合作而连接起来的网络结构，是一种基础性的制度安排。随后的学者有的认为创新网络是一种松散、非正式的联结系统，其目的主要是便于创新主体之间学习、交流和传播知识(Koschatzky，1998)，有的认为它是一种涵盖各个主体间交互、连接作用的创新过程。国内学者对创新网络的理解与之类似，霍云福等(2002)认为创新网络是企业与外部机构或组织建立的、为提升自身创新水平、获得知识和创新要素的各种制度安排的集合。这种网络可以有效规避各种高额的市场交易费用及组织成本，是知识传递、协同创新的一种重要模式(沈必扬和池仁勇，2005)。无论是哪个学者的观点，他们对于创新网络理解的共性都在于强调创新网络是为了提高各个创新主体创新能力而设置的正式的或非正式的制度安排，并且只有从整体上出发运作才能实现其职能(周志太，2013)。

研究者对创新网络有许多不同种类和层次的划分。从是否自觉构建网络的角度，可以将创新网络分为自生的和人为构建的。自生的创新网络强调创新主体自发构建，产生于习惯性的商业活动或个人关系；人为构建的创新网络是创新主体自觉构建的(Aken 和 Weggernan，2000)。Macdonald(1999)依据连接创新主体之间的制度是否为正式安排将创新网络划分为正式和非正式的创新网络。也有学者依据创新网络主体的大小将其划分为区域创新网络和企业创新网络，一个属于宏观层次，一个属于微观层次。区域创新网络包括该区域内的所有创新主体及中介机构、行业协会等组织；企业创新网络则以某个创新主体的企业为中心，更强调外部的创新主体和机构与企业本身的连接关系(陈学光，2007)。

3.1.4 创新速度理论

创新速度(Innovation Speed)理论源于管理学中的产品生命周期理论(Product Life Cycle，PLC)。产品生产周期理论是美国哈佛大学教授雷蒙德·弗农(Raymond Vernon)在其《产品周期中的国际贸易与国际投资》

(*International Investment and International Trade in the Product Cycle*)一文中首次提出，产品生命周期描述的是产品从开始进入市场到最后被市场淘汰的整个过程，而其中产品的销售速度将决定产品的市场份额和企业利润。随着越来越多的企业认识到加快运营速度以建立竞争优势的重要性，尤其是在短产品生命周期的行业中(Brown 和 Karagozoglu，1993；Dumaine，1989；Page，1993)，时间竞争成为企业提高利润和市场份额同时控制成本和市场风险的一种有效方式(Kessler 和 Chakrabarti，1996)。源于技术扩散和技术转移，创新也同样受到时间的限制，快速贬值，因而时间在创新过程中被认为是一种稀缺资源(Lawless 和 Anderson，1996)。创新速度研究起源于 20 世纪 80 年代末和 90 年代初，Mansfield(1988)将创新速度定义为从初始发展到最终商业化(产品即将进入市场)的时间，Kessler 和 Chakrabarti(1996)将创新速度定义为从初始发现到发现市场可能(潜在的商业化)的过程，这一概念也被之后的学者广为接受(孙卫等，2010；Markman，2005)。快速的创新速度能够有效增加技术创新主体的收入已经被广泛证实，如 Markman 等(2005)的研究就证实美国大学技术转移办公室的技术商业化时间越快，收入就越多，新创办的企业数量就越多，学术界也对影响创新速度的因素进行了广泛的探讨。近年来，由于产品创新速度的界定模糊不清，而专利从申请、授权到转让或许可有明确的时间记录，以专利转让和专利许可为媒介的创新速度研究逐渐兴起(Ruckman 和 Mccarthy，2017)。然而关于创新速度多快算快？多快算好？这两个问题，学术界也一直存在争论，即“创新速度不是越快越好”的反对声音也在兴起(Allain 等，2011)。那么对于以技术转移、科研论文合作、企业跨区域部门合作为表征的城市协同创新，多快算快？是否转移速度越快对城市经济增长的效应越强？回答这些问题，我们就要借鉴创新速度理论进行深度研究。

3.1.5 科技创新活动的空间集聚性

创新资源和科技创新活动的空间分布，无论是在全球尺度还是在地区尺度上，都是极度不均衡，高度集聚在全球少数地区和城市。相关研究已经指出全球科技创新活动高度集聚在北美、西欧大城市群地区(杜德斌等，2015)，中国科技创新活动高度集聚在京津地区、长三角地区和珠三角地区(方创琳等，2014；程叶青等，2014；何舜辉等，2017)，长三角地区的科技创新活动高度集聚在上海、杭州、苏州等城市(王承云等，2017；滕堂伟等，2017)。2016 年 5 月 30 日，习近平总书记在全球科技创新大会、两院院士大会和中国科协第九次全国代表大会上发表《为建设世界科技强国而奋斗》的重要讲话，强调“尊重科技创新的区域集聚规律，因地制宜探索差异化的创新发展路径，加快打造具有全球影响力的科技创新中心，建设若干具有强大带动力的创新型城市和区域创新中心”。由此可见，空间集聚性是科技创新活动的第一特征。那么内生于科技创新活动，中国城市协同活动是否也遵循空间集聚性这一规律？中国协同创新中心城市在空间分布上是否也呈现出集聚态势？这些问题的回答都需要进行深入的研究。

3.1.6　知识溢出的地理邻近性

距离衰减是地理学的第一定律。虽然随着全球交通技术和信息通信技术的高度发展，全球的时空距离被大大缩减，但地理并没有“消亡”。在2009年世界银行发展报告《重塑世界经济地理》(*Reshaping Economic Geography*)中，用“密度(Density)、距离(Distance)和分割(Division)”三个词汇描述了当前世界经济发展态势，其中距离仍然是阻碍世界经济发展的一大因素之一，而这个距离就是指与经济活动高度集聚区的距离。在当今知识经济全球化的时代，距离在如今面对面交流的隐性知识传播中显得更加重要。越来越多的研究表明，知识溢出的空间尺度依赖性特征是科技创新活动空间集聚性分布的内在因素。新经济地理学者也正是关注到知识溢出的空间尺度依赖性(地理邻近性)特征，才加速了新经济地理学的“关系转向”和“演化转向”，如创新网络的地理邻近机制(Torre 和 Gilly，2000；Bathelt 等，2004；Ibert 等，2015；刘承良等，2017)，知识溢出的地理邻近性促成地方产业集群的出现等(Boschma 和 Frenken，2006；Boschma 和 Frenken，2011)。内生于科技创新活动，城市间协同创新是否遵循地理临近效应呈现出就近转移的趋势？城市间协同创新网络的连接机制是否遵循地理邻近效应？这些都值得创新地理学者进行深入研究。

3.2　区域协同创新相关理论

3.2.1　协同创新概念

协同指的是一个复杂系统内包含若干个子系统，这些子系统通过协同合作的行为调动和联合整个系统的资源，并使得系统的效率提高，从而实现超过每个要素单独发挥作用的结果(Haken，1983)。以往的研究者往往认为，创新的主体只有科研机构、企业和个人三种，创新往往通过创新主体之间的竞争关系产生。然而学者们发现，通过创新主体之间的交流合作也可以产生一种复合型的主体创新(周志太，2013)。协同创新既可以指以企业家协调下实现的产学研各个创新主体之间通过协同互动实现创新生产的过程，也可以被认为是除了竞争以外创新的另一种新的产生方式，即通过协同创新网络中各个主体的合作达到创新的目的。协同创新，就是各个创新主体通过交换创新资源、要素，交流知识与合作实现一体化的过程，是创新行为与协同运作模式的有机结合。

与协同创新相关的协同学有三个基本原理，分别是协同效用、支配和自组织原理。其中协同效用原理与协同创新的原理密切相关，它认为复杂系统可以通过产生于子系统间的协同作用使得系统整体实现有序运行。创新系统的内部结构决定了不可能仅仅依靠某个主体的力量完成整个创新系统。因此，只有通过集体性的创新汇集创新所需的要素资源才能取得协同效应。协同创新能够从多个不同的方面带来商业价值，包括共享技术和资源、团结谈判、联合的力量，协调各个主体的战略以及实现垂直方向的整合。Kwahk 等(2007)认为协同创新共享的知识既包括创新主体的个人与团队知识，也包含涉及整个创新网络的组织知识；也有学者依据不同的划分标准认为共享的知识不仅包括主体原有的知识以及主体之外的知识，还有在合作之中产生的全新知识(Malecki，2011)。

区域协同创新是从协同的视角出发来考察区域创新系统及系统内各个子系统之间的关系。区域创新系统内部包含若干子系统，每个子系统又能够通过表现创新能力的若干个指标来体现。整个区域创新系统的有序发展离不开系统内部各个子系统之间的协调。因此，区域协同创新着重于通过考察各个子系统及整个系统的有序发展状况来考察区域协同创新能力。

总之，协同创新作为一种全新的创新方式，更加契合当今时代技术愈加复杂、投入成本和需要创新资源愈发庞大的时代背景。只有更好地整合各个主体间的创新资源，发挥官产学研联动的创新资源、效率，才能更好地实现创新驱动发展战略，达到高质量发展的战略目标，为实现社会主义现代化提供更强劲的创新动力。

3.2.2　创新系统

创新系统大体上可以划分为国家创新系统和区域创新系统两种类型。其中，作为子系统的各个区域创新系统组成了整个国家创新系统，因此，国家创新系统不仅包含各个区域创新系统及区域系统之间的相互作用关系(Freeman，1987)，还包括区域创新系统内部及内部各个主体之间的联结作用关系。因此，以知识和技术为代表的创新活动在区域内部聚集时，创新主体可以从外部获取专业的技术人才以及专业的创新服务(例如专利律师、产品测试商业实验室和贸易组织等)，知识和技术可以通过区域内部创新主体之间的联系迅速流动(Poter，1990)，在区域内部形成“模块化”的创新供应链(Sturgeon，2002)，这些投入的生产要素就会在特定的区域内形成规模经济，有助于降低创新生产的平均成本，提高区域创新的收益水平，进而对区域创新效率产生影响。同时，创新要素在特定区域内部的集聚，也可以发挥劳动力的蓄水池效应，增加劳动力在区域内部的供求匹配，更厚的创新要素市场可以提高当地劳动力市场的匹配质量(Helsley 和 Strange 2002；Wheeler 2001)，降低了创新系统内劳动者的失业风险和企业的生产成本，进而实现提高区域创新生产效率的目的。

所以根据区域创新系统的构成，在国家创新系统的总体框架内，各个区域创新系统不仅可以通过“知识应用和开发子系统”利用本区域内的创新资源进行创新生产，也可以通过“知识产生和传播子系统”进行跨区域的知识、资本和人力资源的调配(Autio，1998)，通过区域创新系统各个主体之间、各个区域创新系统之间的耦合、联结关系实现整个国家创新系统的创新资源配置最优化，这就是区域创新系统之间的协同效应(Bai，2015)。因此，只有将区域创新系统内部创新主体的协同创新与区域创新系统之间的协同创新统一起来考虑，才能较为全面地揭示区域创新系统的要素组织与协调方式，进而为促进区域创新效率水平的提升提供科学路径。本研究的理论框架如图3-1所示。

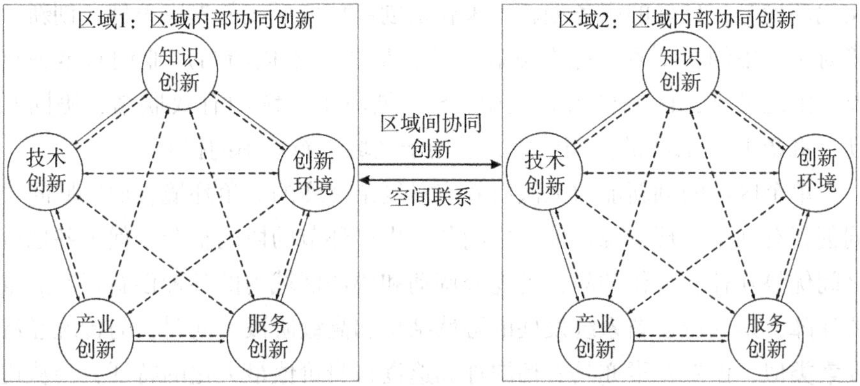

图3-1　协同创新的理论框架

由图 3-1 可知，区域创新系统是涵盖知识创新、技术创新、产业创新、服务创新、创新环境等全社会创新的一个综合创新体系，通过区域创新系统内部各种创新要素的交互作用，形成优势互补、集成高效的区域创新网络。其中，知识创新代表大学与科研机构在区域创新系统中的作用，技术创新与产业创新代表企业在区域创新系统中的作用，服务创新与创新环境代表政府在区域创新系统中的作用，“产学研政”不同创新主体相互作用，形成了区域内部协同创新体系。

如果将区域创新系统内部协同创新看作一个封闭的复合系统，那么知识创新、技术创新、产业创新、服务创新、创新环境等创新子系统单方向具有“环”关系：知识创新是区域内部协同创新系统的基础，知识创新的积累必将导致技术改造与更新换代，随着技术创新在区域内部协同创新系统中核心作用的显现，必然对产业创新产生实质性影响，从而将带动相关产业的转型升级。而服务创新作为区域内部协同创新系统的纽带，伴随着产业创新能力的提升，必然要求更高的服务创新能力与之相适应，因此服务创新能力也会相应提升，也必然会形成具有包容性的创新环境。作为区域内部协同创新系统的载体，良好创新环境的形成必然将吸引大量的研发人员与研发资金，对知识创新的形成也将起到实质性的推动作用。

与此同时，如果把知识创新、技术创新、产业创新、服务创新、创新环境看作区域创新系统的子系统，这 5 个创新子系统之间也是相互关联、相互作用的，具有双向互动关系，如图 3-1 所示。图中实线和虚线都代表各种指标之间的联系，实线表示区域内部协同创新的单方向环关系，虚线则表示 5 个创新子系统之间的双向关系。例如创新环境包括良好的政策环境、完善的市场环境、开放的合作环境、有效的投融资环境和有利的社会文化环境等，良好的服务创新本来就是创新环境形成的先决条件，创新环境对于聚集创新要素、挖掘创新潜能，形成技术创新与产业创新至关重要。由此可见，区域创新系统中，5 个创新子系统的有效联结、协同互动，将产生 1+1>2 的协同效应，有助于区域创新效率的提升。

单个区域的创新能力无法有效应对复杂多变的竞争环境，而区域间协同创新有利于实现资源在地区之间各个生产环节的协同整合，促进各地区之间优势互补、合作共赢，是充分调动和协调区域内的各种创新资源的重要保障，是区域创新系统发展的必然结果和高级阶段。同时，与传统经济要素类似，创新要素亦具有稀缺性和追逐自身价值最大化的特征，会从边际收益率低的区域向边际收益率高的区域流动。对于不同的区域创新系统，这种“择优”机制会促使创新要素在各区域创新系统之间流动，产生空间相互作用。例如，理性的R&D人员为追求其自身利益的最大化，会通过“用脚投票”的方式，进行区际迁移，即他们会迁向那些就业条件更好、发展机遇更多、科研环境更优越、福利待遇更丰厚的区域。同样地，创新资本的逐利性特征，也会使其趋向那些创新收益率更高、创新投资风险更低的区域进行配置，从而产生了创新资本在不同区域之间的动态流动。

Bai(2015)认为创新要素的这种动态流动将对区域创新活动及其绩效产生影响。主要体现在：第一，创新要素流动产生的知识溢出效应能够促进区域创新效率的提升。与传统生产要素不同的是，创新要素内部本身包含了大量的知识信息，因此，创新要素的区际流动势必带动区域间知识的溢出，从而对区域创新活动及其绩效产生促进作用。第二，创新要素流动产生的规模经济效应亦有利于提升区域创新效率。即随着创新要素向配置效率更高地区的流动，将引发创新要素在特定区域的动态集聚，从而增加该区域创新资源规模，产生规模经济效应，进而有助于降低创新产出平均成本，提高区域创新收益。第三，创新要素流动产生的要素配置优化效应能够提升区域创新效率。创新要素通过区际流动，能够改善区域创新要素结构与规模，促进区域创新效率的优化提升。

3.2.3 区域创新系统内部各主体的协同创新理论

(1)三重螺旋创新理论

Etzkowitz 和 Leydesdorff(1995)提出，在经济增长的目标下，作为创新主体的企业和政府联结起来形成一种“三种力量交叉影响、抱团且螺旋上升的三重螺旋关系”。三重螺旋创新理论的核心是将市场、科技、公众的创新动力有机融合，形成创新合力，它假设政府和企业、大学之间的互动会产生协同效应，进一步带来创新(Leydesdorff 和 Etzkowitz，2001)，如Lee 等(2020)基于该理论考察发现政府、企业和学校间存在研发协同效应，Mêgnigbêto(2018)利用该理论探讨了政府、企业、大学之间创新和协同的内在机制等。三重螺旋理论的核心是政府在创新合作当中处在与科研院所、企业相对平等的地位，通过各种制度和组织安排形成一个密切协作的整体，如同抱成一团又螺旋上升的“三重螺旋”，以达到三者资源、信息的共享以及各自优势的最大化发挥。

三重螺旋理论的成功实践不仅依赖于各个主体的公共目标的确立、较为优化的制度、治理环境，还与各个创新主体之间合作关系的保护、合作形式的优化以及确保组织结构能够促进创新资源流动共享有关(Mohalnmed，2004)。

(2)耗散系统理论

耗散系统理论是研究区域协同创新对于区域效率影响的基础性理论(段晶晶，2014)。耗散系统是一种开放的、包含非线性动力学过程，能使得系统从一种有序走向更高级别有序的系统。区域协同创新内部的产学研协同创新恰好满足这一特点，产学研联盟不仅开放且不平衡，主要通过与系统之外的外界不断交换物质资源与信息从而达到使得产学研协作中的个体稳定向前发展的目的。产学研耗散系统的组织主要包括企业和科研院所，各个主体之间通过发挥各自的比较优势以达到创新生产的目的。段晶晶(2014)认为产学研协同创新的耗散系统可以划分为微观和宏观两个部分，其中微观部分主要包括企业和科研院所，两者相互独立，通过互补和聚合创新资源实现创新功能，并且通过与外界的中介机构、政府之间相互交换信息与资源提升创新效率。因此，包含政府、中介机构和市场的更大范围的系统被视为宏观层面上的耗散系统。借由耗散系统理论，可以更加清晰地从不同方位和角度分析影响创新效率和绩效的关键因素。

(3)开放式创新理论

开放式创新理论最早由Chesbrough(2003)提出，他认为企业可以从外部获取创新资源来弥补内部资源的不足。相比其他理论，开放式创新理论更强调企业外部创新资源及知识的可获得性，强调从企业层面出发的开放与合作以及更多不同类型的创新主体参与的创新过程。开放式创新过程中的两过程论认为具有商业价值的企业创新既可以来自企业内部也可以产生于外部，并且认为来自内部和外部的创新同等重要。开放式创新过程的三过程论在两过程论的基础上添加了整合这个过程，认为要通过整合供应、市场和外部知识来增强企业的创新能力，还要将企业输出和输入创新的过程进行耦合连接(Gassmann和Enkel，2004)。也有学者认为开放式创新与企业创新绩效之间并不是完全的线性递增关系，在初期企业创新的开放性越强，企业创新能力提升越多；但一旦经过峰值企业创新的开放性增加反而会造成相反的效果，使得企业自身的创新信息被竞争者获得，反而不利于提升企业的创新能力。

(4)区域创新生态系统理论

生态系统作为一个生态学概念，其首次运用在创新研究中是Moore(1993)提出的企业生态系统理论。他认为企业生态系统是由与企业生产经营活动相关的生产商、供应商、客户等利益相关者组成的一个动态结构系统。一些学者研究发现，企业创新生态系统作为企业创新过程中的重要一环，能使协同创新各个主体创造出来的价值远超单个企业创新价值的和。研究充分说明了企业创新的成功不仅依赖于自身的创新资源，还与创新环境中其他创新主体的努力息息相关(Adner 和 Kapoor，2010)。企业生态环境系统理论充分说明，企业的创新过程与自然界中的生态系统类似，只有相互依赖、互利共赢才能实现创新效率的最大化(吴金希，2014)。

3.2.4 区域创新系统之间的协同创新理论

跨区域创新合作是应对经济全球化、技术不断升级、复杂度和要素投入不断增加而必然产生的一种创新合作模式。跨区域协同创新能在更大区域的范围内整合创新资源，更好地解决了当今时代创新越来越复杂、系统，投入成本越来越高、涉及学科越来越多的问题。目前学者讨论的跨区域协同创新理论都强调政府在其中的牵引主导作用，跨区域合作的达成依赖于政府的行政政策和力量，从长期看来难以维系；另外，关于中国的跨区域协同创新研究往往聚焦于跨越行政区域的协同创新，由于“晋升锦标赛”下以 GDP 为导向的地方政府竞争行为的存在，创新要素资源在区域间的流动配置并不通畅，不利于跨区域协作乃至整个国家创新系统内要素有效配置目标的实现。影响跨区域协同创新的因素包括绩效、内部和外部因素(毕娟，2016)，另外，邻近区域的空间外部性也会对跨区域创新合作产生重要影响。有学者认为，跨区域创新资源在创新主体、创新环境及创新基础上的有效协同合作是提升区域创新能力的关键所在(宋之杰，2017)。

3.3 技术转移相关理论

3.3.1 熊彼特增长理论

Aghion 和 Howitt(1992)在一般均衡的框架下，突破了完全竞争市场的假定，将熊彼特创新思想中的创造性破坏纳入模型，提出了产品创新和研发促进经济增长的内生逻辑。与其他经济增长理论相比，熊彼特增长理论认为，创新研发是内生的，可以依靠研发资本推动知识积累促进技术进步，是经济增长的决定性因素；知识要素与资本不同，具有排他性和非竞争性，就算是没有技术进步，仍然可以依赖知识积累实现经济的持续繁荣。熊彼特模型关于经济长期增长得出的主要结论有两个：有利于研发效率提升的高等教育对于提升经济增长率具有重要作用；越落后于技术前沿，其潜在的经济增长速度越快(严成樑和龚六堂，2009；柳卸林和葛爽，2018)。因此，熊彼特增长理论的启示在于落后国家或者地区可以通过技术模仿和追赶实现比发达国家或地区更快的增长(易兰等，2018)。

3.3.2 空间经济学理论

人口、财富和经济活动的空间非均衡性是区域经济发展过程中的普遍现象。虽然，外生的自然条件和要素禀赋差异是造成区域经济发展空间非均衡性的重要原因，但仍不是影响经济系统空间分布的内在力量(梁琦，2006；杨开忠等，2021)。空间经济学致力于寻找影响经济活动空间分布的内生因素，认为空间是一个同质性的平面，并且将经济主体之间交易的运输成本纳入一般均衡的分析框架中，建立空间经济学理论(Krugman，1991)。空间经济学理论模型最基本的假设是存在 A 与 B 两个同质性的区域；存在传统农业和现代工业两个部门；存在可流动的工业生产要素与不可流动的农业生产要素两种生产要素；是经济系统内部的内生力量决定了经济活动的空间差异(Krugman，1995)。空间经济学理论的基本结论之一就是认为同质的空间存在两种力量决定了空间的长期均衡稳定性，即集聚力与分散力(Krugman 和 Venables，1995)。集聚力是指现代部门向某一区域集聚的力量，分散力是指促进现代部门扩散的力量，这两种力量的强弱决定了经济活动空间分布的稳定性(钱学锋和梁琦，2007；王如玉等，2018)。

3.3.3 适宜性技术选择理论

适宜性技术选择理论是指应根据不同区域要素禀赋和经济发展差异，选择适宜性的技术创新模式，发挥地区经济发展的比较优势以促进全要素生产率的提升，缩小与发达地区的发展差距(Lin 和 Wang，2021)。发达地区技术存量、要素禀赋与欠发达地区存在差异，发达地区最先进的技术不一定就是欠发达地区最适宜的技术(林毅夫和张鹏飞，2006)。一个地区最适宜的技术应该内生于要素禀赋结构所决定的生产结构和技术结构。发达地区技术进步的路径选择只会与本地区的要素禀赋结构相适应，并不会考虑欠发达地区是否“适宜”(Acemoglu 和 Zilibotti，2001)，因此，欠发达地区应该根据本地区的比较优势确定技术进步的路径，从发达地区选择符合产业结构与生产结构的技术引进。随着欠发达地区要素结构的优化，其产业结构与技术结构也会同步升级，符合本地区经济发展的技术会最大限度的发挥创新的经济效益，促进欠发达地区经济不断繁荣。

中国不同区域经济发展差距较大，各地区的要素禀赋结构也出现了较大的差异性。处于经济发展水平相对落后的地区，其要素禀赋结构一般会呈现出劳动密集而资本相对稀缺的特点，因而与其相适应的技术结构较为落后，更适宜吸收、引进来自其他地区转移的技术，提升本地区的技术水平，以最大限度地发挥创新的经济效益；处于经济发展水平较高的地区，其要素禀赋结构一般会呈现出资本密集而劳动相对稀缺的特点，与要素禀赋结构相适宜的产业结构和生产结构处于中国技术的前沿，必须通过"创造性毁灭"，不断革新技术，以促进本地区的技术进步和经济增长。

3.3.4 技术差距理论

技术差距理论的首次提出主要是用于解释国际贸易发生的原因(Fagerberg 等，1987)。无论是发达国家与发展中国家之间，还是发达地区与欠发达地区之间，技术差距都是普遍存在的客观事实(周密，2009)。由于不同国家或地区科技创新水平具有差异性，在技术创新水平处于世界前沿的国家或地区，不仅可以取得技术优势，还可以凭借其技术优势实现本地区与其他国家或者地区的技术贸易(Chuang，1998)；随着技术产品国际贸易的不断扩大，企业为了进一步追求垄断利润，技术发达的国家可以通过商品贸易、对外投资、专利转让等多种方式进行技术转移；技术相对落后的国家也可以通过引进、消化、吸收再创新的方式实现经济增长，随着技术差距的缩小，两国之间的国际贸易逐渐消失(Lai 等，2013)。因此，技术差距理论主要解释了国际垂直技术转移发生的原因，该理论认为，世界技术演化格局也存在一种"二元结构"，技术总是从"中心"(技术发达地区)向"边缘"(技术欠发达地区)转移；同时，技术发达地区处于世界技术前沿的顶端，技术欠发达地区处于世界技术前沿面的内部，技术发达地区需要不断的技术变革与产业革新，同时影响着欠发达地区的技术。

随着技术差距理论的不断发展，Krugman(1979)认为发达国家之所以保持竞争优势，原因在于新技术首先在发达国家以创新产品的形式生产，而后与发展中国家形成了技术差距。因此，为了保持竞争优势，发达国家需要不断自主创新，突破世界技术前沿，不断提升其科技成果转移转化速度，推动技术向发展中国家转移转化，以提升资本的边际产出率，进而吸引更多的资本流入，巩固其经济发展的优势地位。技术差距理论是本书用于解释中国经济发展较好的地区向经济发展相对落后地区发生技术转移的原因、解释经济发达地区技术进步因素以及科技成果转移转化驱动长期稳定增长的基础理论。

3.3.5 技术生命周期理论

技术生命周期理论发源于产品生命周期理论。Vernon(1979)根据美国产品发展、繁荣和退出市场的实际情况，将新产品随着比较优势动态转移的过程和产品的盛衰周期结合在一起对产品的生命周期进行定义：首先，美国在新产品创新后，新的产品占据出口的垄断地位；其次，外国制造商开始模仿美国的创新产品，随着新产品的成熟，美国的优势开始下降；再次，随着外国制造商商品的大规模标准化生产，外国制造商向其他国家出口该商品，并逐步取代美国市场；最后，外国制造商向美国出口该类产品。技术生命周期是指技术同产品一样，也有一个产生、发展、衰退和消亡的全过程(余道先和刘海云，2007)。技术生命周期理论认为，拥有新技术的国家，应首先根据自身的竞争优势在国内生产新产品；随着技术的成熟和扩散，新产品在国内的销量会逐渐减少，技术出口量不断提升，其他国家市场对该产品的需求量较大；拥有该技术的国家应直接对其进行投资，利用其他国家广袤的市场和廉价劳动力谋求更大的经济效应，也是国际技术转移发生的原因所在(Haupt 等，2007)。技术生命周期理论可应用于技术差距理论，并进一步说明技术差距理论的演变过程(Vernon，1992)。创新的优势、技术创新的结果最终都是产品的创新，体现在创新产品的工业化生产和经济增长效果。

3.3.6 创新扩散、技术转移与技术扩散

技术转移源于 20 世纪的南北技术转移和发达国家的军民技术转移。然而技术转移的理论渊源却源于 20 世纪初社会学领域的传播理论。19 世纪后期，法国社会学家塔尔德(J. G. Tarde)提出了传播学著名的“S 形”传播曲线理论，认为模拟是重要的传播手段。1943 年，美国艾奥瓦州杂交玉米种推广调查确认了农业技术在大众中的扩散也呈现出“S”形曲线。1958 年，March 和 Simon 在关于组织(Organizations)运作的开创性贡献中认为，大量的创新是借鉴知识的结果，也就是从其他公司或其他行业首先发展起来的知识，高度肯定了创新扩散在技术创新中的作用。1962 年，美国新墨西哥大学罗杰斯(E. M. Rogers)教授研究基于创新扩散案例，出版了《创新扩散》(*Diffusion of Innovations*)一书，提出了著名的创新扩散“S”形曲线理论。罗杰斯根据扩散时间把创新扩散群体划分为革新者

(Innovators)、早期采纳者(Early Adopters)、早期追随者(Early Majority)、晚期追随者(Late Majority)和滞后者(Laggards)五个类别，把创新扩散过程也划分为五个阶段：获知(Knowledge)、说服(Persuasion)、决策(Decision)、实施(Implementation)和确认(Confirmation)。而20世纪60年代正是发达国家内部技术转移和国际技术转移的起始阶段，因此，创新扩散理论逐渐被引入创新经济学中研究技术扩散对经济增长的作用(Santacreu，2015)，然而经济学中的技术扩散与社会学的扩散不同，社会学的创新(新事物)扩散似乎遵循着等级扩散和节点扩散规律，而创新经济学中的技术扩散和技术转移却源于技术差距(Technological Gap)，尤其是当时发达国家和发展中国家、欠发达国家之间的技术差距。持续到今天，技术差距仍然是当前技术转移的核心动力之一。然而，近来一些文献研究也表明，技术转移也发生在以技术相似为特征的集群之内和之间，或者技术特征呈现互补的区域之间(Andergassen 等，2016；Majidpour，2017)。综合来看，技术转移无论是给技术转让方还是给技术接受方，无论是区域还是创新主体，都带来了经济增长的收益(Audretsch 等，2014；Costantini 和 Liberati，2014)。

技术的空间扩散是指创新的空间传播或者转移的过程(林兰，2010)，既包括有偿的技术转移，也包括无意识的技术传播行为(李平，1999)。技术空间扩散理论认为，由于技术创新可以提高劳动生产效率、赋予产品更高的价值、节约劳动力、资本等生产要素，以提高整个经济体的运行效率(Blaikie，1978)。随着本地区创新水平的提升，本地区与其他地区的经济社会发展差距明显，产生“位势差”。为了消除这种差距，周围地区会向创新地区进行学习、模仿和借鉴，而创新地区与周围地区的信息交流、商品贸易也会产生知识溢出效应，从而会产生创新的空间扩散(Lin 和 Kwan，2016)。首先，创新地区与其他地区的距离是影响技术空间扩散的重要因素，在距离创新源较近的地区更易掌握相关新技术，即“邻近效应”。其次，影响技术空间扩散的重要因素是本地区的学习能力，技术存量较高的地区也拥有更加优化的技术结构，拥有更雄厚的创新资本、更多的创新人员接受来自创新源的新技术；如果本地区的技术存量较低，即使有创新空间扩散的媒介存在，也会由于学习能力不够而难以掌握新技术和思想(张玉赋和汪长柳，2017)。技术空间扩散理论是本书探讨技术转移对城市全要素生产率空间效应的理论基础之一，即技术不仅有助于本地区技术水平的提升，还可以通过技术空间扩散产生的空间溢出效应有助于周围地区技术水平的提升，进而影响整个区域经济发展水平(张春梅，

2017；Cohen 和 Tita，1999）。同时，技术空间扩散理论强调了技术接受者水平层次在技术转移过程中的重要性，即技术接受地区的研发资本、研发人员、基础设施建设、市场化程度等都会影响到技术转移的顺利进行（Allaway 等，2003）。扩散的类型根据创新源的空间特征分为扩展扩散、等级扩散、位移扩散。扩展扩散是指技术围绕着创新源向周围地区转移；等级扩散是指技术按照一定的序列扩散，强调了扩散地的等级顺序；位移扩散是指技术可能会随着人口流动、商品贸易、产业转移等形式引起的扩散。

3.4 本章小结

本章按照层次顺序分别梳理了有关创新、协同创新以及技术转移相关的基础理论，在创新领域的基础概念方面侧重介绍了创新的概念、创新的主体及产生过程以及对创新结果的测度，企业创新绩效，随后又依次分析了创新驱动理论、创新网络理论、创新速度理论、创新活动的空间集聚性以及知识溢出的地理邻近性等相关理论。从区域创新系统的结构出发，分别讨论了有关区域创新系统内各主体的协同创新理论、区域创新系统之间的协同创新理论，与本书后面的城市内部和城市之间的协同创新、城市内部协同创新、城市之间的协同创新研究相互呼应。最后，本章还补充介绍了与技术转移相关的部分理论，如熊彼特增长模型、技术差距理论等。总之，本章借鉴区域经济学、经济地理学、城市地理学、创新管理学、发展经济学、社会学等相关学科的研究思想，尝试构建一套有关协同创新与技术转移的理论框架，阐述中国城市多维协同创新的理论基础，为后续学理性研究做铺垫。

第 4 章　区域协同创新能力结构

随着现代科学技术飞速进步以及经济全球化步伐的加快，科技创新作为社会经济发展的基本动力和关键因素，正深刻改变着区域经济格局，并日益呈现出既高度分化又充分整合的趋势。协同创新业已成为当今世界科技活动发展的新趋势，其为整合创新资源、提升创新管理机制与创新效率提供了一个有效途径。中国也在把自主创新，建设创新型国家作为国家发展核心战略的基础上（吕拉昌和李勇，2010；范斐等，2013），进一步提出了协同创新这一具有划时代意义的创新范式。协同创新定义最早由美国麻省理工学院研究员彼得·葛洛（Peter Gloor）提出，即“由自我激励的人员所组成的网络小组形成集体愿景，借助网络交流思路、信息及工作状况，合作实现共同的目标”（陈劲，2012）。经过长期发展，现在通常所说的协同创新是指不同创新主体的创新要素有机配合，通过复杂的非线性相互作用而产生整体效应最优的协同过程（孙冰和赵健，2011）。由于随着企业组织程度不断提高，单一个体或单一要素的技术创新已经不能满足企业对于技术创新的需要，这就使得涉及多个体、多要素的协同创新研究成为创新研究的必然选择（孙冰和赵健，2011）。因此，国内外关于协同创新的研究一直是从以企业为主的微观层面展开的，主要集中于对企业创新成员协同关系（Koberg 等，2004；张晖明和丁娟，2006）、企业创新要素的协同关系（Song 等，2003；Myerson 等，2005）以及企业协同创新模式（许庆瑞和谢章澍，2004；Niki 等，2009；李国平和王春杨，2012）等方面。在中国，虽然企业作为研发活动主体的地位早已确立，但企业与高校、科研单位的联系并不紧密，在资源配置过程中仍存在科技成果转化率低、科技与经济互促性不足等问题。因此，我们必须从整体区域单元上考虑协同创新问题而不应局限于对研发活动和企业层面的研究。

区域经济发展在中国“提高自主创新能力，建设创新型国家”的新时期国家发展战略中具有重要的引领和支撑作用，而创新是区域经济持续增长的根本动力与关键所在。一个地区的创新产出不仅取决于当地的经济水平、科技投入、制度条件、社会文化环境等综合因素，同时还受到其他区域创新活动的影响(李国平和王春杨，2012)。单个地区的创新能力无法有效应对复杂多变的竞争环境，而区域协同创新有利于实现资源在地区之间各个生产环节的协同整合，促进各地区之间优势互补、合作共赢，是充分调动和协调区域内的各种创新资源的重要保障，是区域创新发展的必然结果和高级阶段(张玉臣，2009)。目前，关于区域协同创新的研究主要集中在区域协同创新相关理论基础的探求、理论体系的构建(Duin 等，2008)、区域内部协同创新机制机理的分析以及区域协同创新的实现路径与对策等方面(Fischer 等，2002；徐彩侠，2012；牛欣和陈向东，2013)，这些研究以定性分析为主。在定量分析上，利用 LS-SVM、DEA、系统动力学、复合系统协调度等模型(冯锋和汪良兵，2011；王志宝等，2013)，虽可较好地反映区域创新能力差异与区域互动，但是不能突出区域在相关区域协同创新中的获益分配格局。有鉴于此，本章尝试利用能力结构关系模型对中国省级区域的创新能力结构进行评价，从时空维度揭示不同区际创新能力结构的均衡与匹配程度，并在此基础上，辨析不同省级区域在区域协同创新中获益效果的相对变化趋势及时空关联，以期为促进行政区经济体制下的中国区域协同创新、推动区域经济发展以及更好地贯彻落实国家创新型发展战略提供一定的借鉴意义。

4.1 研究方法与数据选取

4.1.1 指标体系的构建

区域协同创新是涵盖知识创新、技术创新、产业创新、服务创新、创新环境等全社会创新的一个综合创新体系，通过各种区域创新主体之间的交互作用而形成创新要素集聚与技术扩散的区域创新网络系统。而能力结构是指一个国家或地区在增长要素积累的基础上所形成的配置能力、学习能力、技术能力和开放能力等能力的综合，即结构性能力(巨拴科，2010)。根据能力结构的定义，当两个区域进行协同创新时，区域创新能力状况直接影响着区域之间协同创新的稳定性和长久性，并决定着区域协同创新中的利益分配格局。在各种区域创新能力中，知识创新是区域协同创新的基础，技术创新是区域协同创新的核心，产业创新是区域协同创新的关键，服务创新是区域协同创新的纽带，创新环境是区域协同创新的前提条件和载体(石忆邵和卜海燕，2008)。各种区域创新能力通过区域之间的互动连接来推动区域之间的深度融合，凝练区域之间的共同创新需求，集聚区域之间的分散创新资源，协调具有不同利益诉求的各种区域创新主体，进而促进区域经济发展。

鉴于上述区域协同创新能力结构的内涵，参照相关研究成果(范斐等，2012；Landry，2000；Simmie，2011；张建伟等，2011)，在遵循科学性、独立性、动态性与可操作性等原则的基础上，从知识创新能力、技术创新能力、产业创新能力、服务创新能力与创新环境能力等 5 个方面来构造区域协同创新能力结构关系指标体系，并对相关系数在 0.90 以上的指标视为高度相关指标并加以合并，最终形成的指标体系如表 4-1 所示：

表 4-1 区域协同创新能力结构关系指标体系

领域层 L	要素层	单位	要素层	单位
知识创新能力	高等院校科研人员数	人	R&D 人员全时当量	人年
	教育经费支出占 GDP 比重	%	国际三大检索科技论文数	篇
技术创新能力	万人专业技术人员数	人/万人	技术市场成交额	亿元
	每百万人专利授权数	件/百万	R&D 经费投入强度(%)	
产业创新能力	高技术产业产值占 GDP 比重(%)		高技术产业增加值	亿元
	高技术产业新增固定资产	亿元	高技术产业产品出口值	亿元
服务创新能力	万人科技中介服务人员	人/万人	生产性服务业从业人员数	人
	年度科普经费筹集额	万元	科普专职人员	人
创新环境能力	万人互联网用户数	户/万人	百人移动电话用户数	户/百人
	邮电业务总量	亿元	建成区绿化覆盖率(%)	

4.1.2 数据处理

根据《中国统计年鉴》(1999—2012)、《中国科技统计年鉴》(1999—2012)《中国高技术产业统计年鉴》(2002—2012)及中华人民共和国国家统计局网站，分别统计全国 31 个省市(港澳台地区除外)的相关数据，构建指标系数矩阵 U_{ij} (i 为序参量，j 代表各个指标)。设 u_{ij} 为第 i 个序参量的第 j 个指标，其值为 $X_{ij}(j=1, 2, \cdots, n)$。$\alpha_{ij}$、$\beta_{ij}$是系统稳定临界点上序参量的上、下限值，则 u_{ij}可表示为：

$$u_{ij} = (X_{ij} - \beta_{ij})/(\alpha_{ij} - \beta_{ij}) \tag{4-1}$$

u_{ij}反映了各指标达到目标的满意程度，u_{ij}趋近 0 为最不满意，u_{ij}趋近 1 为最满意，所以 $0 \leqslant u_{ij} \leqslant 1$。

4.1.3 突变级数法求综合指数

突变级数法的核心是利用突变理论分歧方程所推导出的归一化公式（周强和张勇，2008），建立递归运算法则。与一般模糊评价不同的是，这种方法只需按指标间的内在逻辑关系对其重要程度进行排序，并给出底层指标的突变模糊隶属度值。而中间层和顶层的突变模糊隶属度值是由突变模型从底层逐级递归计算得出的，这就避免了直接使用难于确定且主观性较大的“权重”。最常见的突变系统类型是蝴蝶突变系统，其数学模型为：

$$f(x) = \frac{1}{6}x^6 + \frac{1}{4}u x^4 + \frac{1}{3}v x^3 + \frac{1}{2}w x^2 + tx \tag{4-2}$$

其中，x 表示突变系统的一个状态变量；$f(x)$表示状态变量 x 的势函数；u、v、w、t 表示状态变量的控制变量。通过计算，蝴蝶突变系统的归一公式为：$x_u = u^{1/2}$，$x_v = v^{1/3}$，$x_w = w^{1/4}$，$x_t = t^{1/5}$。归一公式把系统内控制变量的不同质态化为同一质态，即把控制变量统一化为状态变量表示的质态。控制变量在利用归一公式计算每个状态变量值时，对该变量所对应的各个控制变量计算出的 x 值采用“大中取小”的原则或取平均值（傅朝阳和陈煜，2006）。

4.1.4 能力结构关系模型

借鉴杨先明等（2007）的能力结构思路，以及黄宁（2008）的能力结构与区域经济合作利益分配图建立反映区域综合创新能力结构的创新能力结构指数 ICSI（Innovation Competence Structures Index），其由组成创新能力的各要素加权求和得到。A、B 两个区域的各项创新结构能力指数用公式（4-3）、公式（4-4）表示，A、B 两个区域之间创新能力结构的耦合度 C_{AB} 用公式（4-5）表示（孙才志等，2012）：

$$I_{A_i} = W_i A_i,\ i = 1,\ \cdots,\ 5 \tag{4-3}$$

$$I_{B_i} = W_i B_i,\ i = 1,\ \cdots,\ 5 \tag{4-4}$$

$$C_{AB} = \frac{\sum \left| \frac{I_{A_i}}{I_{B_i}} - 1 \right|}{\sqrt[i]{\prod \left| \frac{I_{A_i}}{I_{B_i}} - 1 \right|}} \tag{4-5}$$

式中：I_{A_i}、I_{B_i} 分别为 A 地区和 B 地区的各项创新能力结构指数；W_i 为构成各项创新能力指标对应的权重；A_i、B_i 分别 A 地区和 B 地区创新能力的指标值，i 为变量个数。C_{AB} 越大，说明 A、B 两个地区的创新能力结构耦合性越高，两个地区开展协同创新的可能性越大；反之，则说明创新能力结构较差的一方影响了两个地区的协同创新。只有创新能力结构低的一方提高自身的创新能力结构才能保证两个地区之间协同创新的稳定性与长久性。

区域创新能力结构与协同创新利益分配关系图(见图 4-1) 可以解释两个地区在协同创新中的获益情况。图中横轴 a 表示 A 地区的创新能力，纵轴 b 表示 B 地区的创新能力，射线 OA 表示 A 地区创新能力结构线，射线 OB 表示 B 地区创新能力结构线，虚线 OC 表示 A、B 地区的协同创新合作线。射线 OA 和 OB 的斜率 K_{OA} 与 K_{OB} 可用 A、B 两地区的能力结构指数函数来表示：$K_{OA}=1-I_A$、$K_{OB}=1/(1-I_B)$，其中，I_A、I_B 分别为 A 地区和 B 地区的综合创新能力结构指数；OA 线与 OB 线的长度 L_{OA}、L_{OB} 用创新能力结构指数表示的函数式为公式(4-6)；图中 S_{AOB} 代表了 A、B 两地区协同创新的总收益，S_{AOC} 与 S_{BOC} 则分别代表了 A 地区的协同创新获益与 B 地区的

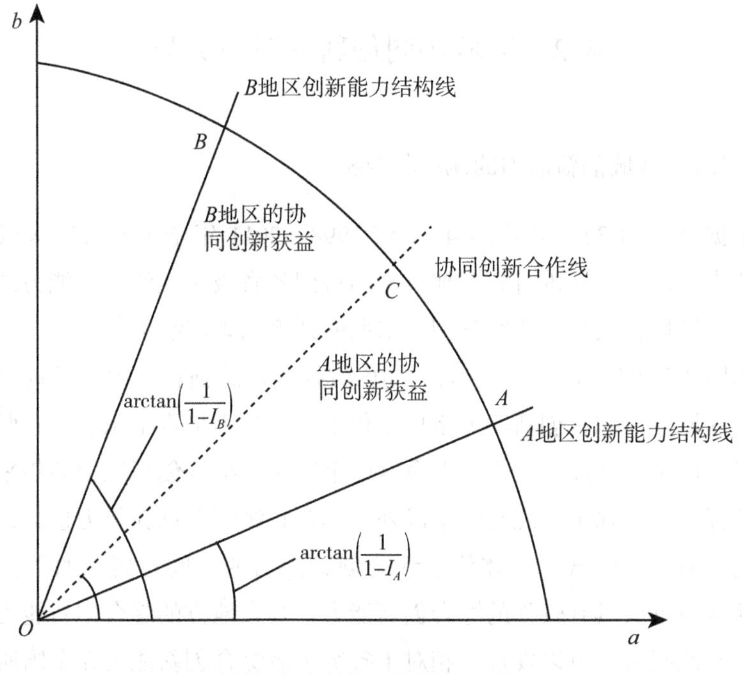

图 4-1　区域创新能力结构与协同创新利益分配关系图

协同创新获益大小。故：

$$L_{OA} = L_{OB} = I_A \times I_B \times C_{AB} \tag{4-6}$$

$$S_{AOB} = \frac{1}{2} \times I_A \times I_B \times C_{AB} \times \left[\arctan\left(\frac{1}{1 - I_B}\right) - \arctan(1 - I_A)\right] \tag{4-7}$$

$$S_{AOC} = \frac{1}{2} \times I_A \times I_B \times C_{AB} \times \left[\frac{\pi}{4} - \arctan(1 - I_A)\right] \tag{4-8}$$

$$S_{BOC} = \frac{1}{2} \times I_A \times I_B \times C_{AB} \times \left[\arctan\left(\frac{1}{1 - I_B}\right) - \frac{\pi}{4}\right] \tag{4-9}$$

显然，公式(4-7)至公式(4-9)中的S_{AOB}、S_{AOC}、S_{BOC}都是关于I_A与I_B的单调增函数，即区域在协同创新中的获益随着各创新系统能力结构的提高而增多。两区域本身的创新能力结构大小决定着其在协同创新中获益的多少，协同创新双方的创新能力结构越强，在协同创新中所获得的总收益也越大。协同创新的持续稳定开展取决于协同创新双方的获益和分配比例，获益不变时，分配比例较大的一方协同创新意愿更强；分配比例不变时，协同创新双方获益越大，开展稳定协同创新的可能性越大。

4.2　区域协同创新的时空分异

4.2.1　区域创新能力的测度与分析

根据公式(4-3)、公式(4-4)得到1998—2011年全国各省级区域的各创新能力结构值，并进行算术加权平均得到各省级区域的创新能力结构指数，限于篇幅，仅列出研究基期与末期的计算结果(见图4-2)。

由图4-2可以看出，虽然研究期内省级区域的创新能力都呈现上升趋势，但区域整体综合创新能力格局变化不大，基本呈现出东、中、西分布的格局。广东、江苏、北京、上海这四个区域的综合创新能力多年来一直居于四强，东部除了河北与海南以外，其余省级综合创新能力也都处在全国前列，而中部区域也大体位于综合创新能力的中间位置，西部仅有四川、陕西与重庆具有较强的综合创新能力，其余地方的综合创新能力明显较弱。与此同时，可以发现，相对于省级区域综合创新能力在全国所处的位置而言，浙江与福建等东部区域上升较快，四川、陕西、黑龙江、吉林

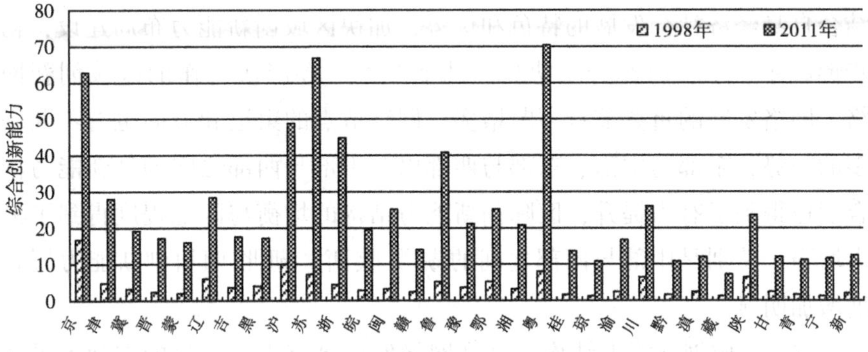

图 4-2　区域创新能力结构指数

与甘肃等中西部地区却有不同程度的下降。在研究基期与研究末期，东、中、西三大地带的平均综合创新能力依次为：6.41、3.38、2.61 与 40.56、19.14、14.46，东、中、西三大地带综合创新能力的差距有逐步扩大的趋势，这不仅表现在绝对数量上差距的扩大，而且表现在相对数量上差距的扩大，东部与中部、东部与西部、中部与西部的平均综合创新能力之比在研究基期与末期依次为：1.90、2.45、1.29 与 2.12、2.80、1.32。究其原因，主要是因为东部地区具有较强的产业与科技基础、完备的现代化产业科技支撑体系，技术转化与科技发展的各方面环境与体制机制日臻成熟，科技创新与经济发展形成良性互动。中部地区的综合创新能力一般，但相对于其后的一些西部省份略高，具有很大的发展潜力，而西部地区由于科技基础相对比较薄弱，且受到教育水平低下、科技人才结构不尽合理、科技活动经费少、科技成果转化率低等诸多因素的影响，虽然综合创新能力有所提升，依然没有遏制住与东、中部地区差异逐渐扩大的势头。

4.2.2　区域协同创新的耦合度分析

区际创新能力结构的耦合度是由不同地区各项创新能力之间的差异决定的，反映了不同区际创新能力结构的均衡与匹配程度。利用区域协同创新能力结构值，根据公式(4-5)计算出不同时期不同区域之间创新能力结构的耦合度，结果表明：

1998—2011 年省级区域创新能力结构耦合度的空间演化过程具有以下显著特征：总的来说，省级区域创新能力结构耦合度网络的规模、密度与范围均得到了较快的进步与提升，创新能力布局不断优化，各区域结合自身经济社会发展的特色和优势，加快区域创新能力布局建设，初步形成东、中、西部分工协作、功能互补、多层次合作的区域创新网络。网络发展的重要节点不断增多，网络节点的渠道和方向也有不断增多的趋势，东部与中部、东部与西部以及中部与西部之间的创新能力耦合度也得到了有力提升，区际创新能力结构的均衡与匹配程度得到了极大增强，特别是中部与西部之间的湖北-陕西、湖北-四川创新能力耦合度增加明显。

省级区域创新能力结构耦合度网络发展具有十分明显的空间不平衡性。在网络发展初期，网络关系大多分布在以上海-北京及上海-广东这两条线为轴心的周边区域；在2001—2004年时间段，环渤海经济圈与长江三角洲的耦合度明显强化，由此形成"北密南疏"的网络空间分布格局；在2005—2008年时间段，东部、中部以及西部的四川、重庆、陕西已经基本形成了较为完整的区域创新网络，特别是长江三角洲与珠江三角洲的创新匹配程度日益加深，而广大西部地区则处于网络的边缘地带，空间不平衡性加剧；在网络发展末期，以长江三角洲-珠江三角洲、长江三角洲-环渤海经济圈为核心的创新网络强度与范围明显优于其余地区，耦合网络的极化效应明显。省级区域创新网络存在明显的核心-边缘空间分异格局，逐步形成了京津冀、长江三角洲、珠江三角洲的主要大三角格局以及辽东半岛、成渝、海峡西岸的次三角格局。

4.2.3　区域协同创新获益分配格局的演化

在量化分析区际创新能力结构匹配程度的基础上，为了进一步辨析研究期内省级区域协同创新获益效果的相对变化趋势，揭示其对全国协同创新的影响，本章采用有序聚类来对协同创新总获益效果的发展阶段进行划分。总共分为五个阶段，从低到高依次为：协同创新总获益值初级阶段、协同创新总获益值低级阶段、协同创新总获益值中级阶段、协同创新总获益值较高级阶段、协同创新总获益值高级阶段，各阶段区域的协同创新总获益值情况如表4-2所示，并根据图4-1及公式(4-7)至公式(4-9)计算出地带内部及地带间不同省级区域在协同创新中的获益值及区际获益比(见表4-3)。

表 4-2 区域协同创新总获益分级别、分区域统计

时间段	初级阶段		低级阶段		中级阶段		较高级阶段		高级阶段	
	协同创新分布	合计	协同创新分布	合计	协同创新分布	合计	协同创新分布	合计	协同创新分布	合计
1998—2000 年	50/28/66/88/132/96	460	4/0/0/0/0/0	4	1/0/0/0/0/0	1	无	无	无	无
2001—2004 年	26/28/65/87/124/94	424	25/0/1/1/8/2	37	4/0/0/0/0/0	4	无	无	无	无
2004—2008 年	10/9/63/16/92/76	266	15/19/3/71/33/18	159	20/0/0/1/7/2	30	10/0/0/0/0/0	10	无	无
2009—2011 年	4/0/28/9/22/27	90	6/11/35/8/73/47	180	15/17/3/64/33/20	152	19/0/0/7/4/2	32	11/0/0/0/0/0	11

注：表中数字依次为东部、中部、西部之内；东部与中部、东部与西部、中部与西部之间以及全国在协同创新总获益不同发展阶段所包含的省级区域协同创新数量。

表 4-3 分地带区域间协同创新获益值及获益比

区域划分		1998—2000 年				2001—2004 年				2005—2008 年				2009—2011 年			
		S_{AOC}	S_{BOC}	S_{AOB}	获益比	S_{AOC}	S_{BOC}	S_{AOB}	获益比	S_{AOC}	S_{BOC}	S_{AOB}	获益比	S_{AOC}	S_{BOC}	S_{AOB}	获益比
东部之内	苏-粤	0. 000	0. 000	0. 001	0. 878	0. 006	0. 008	0. 014	0. 807	0. 345	0. 415	0. 760	0. 806	6. 849	7. 535	14. 384	0. 873
	京-粤	0. 002	0. 001	0. 003	2. 084	0. 010	0. 006	0. 016	1. 636	0. 121	0. 112	0. 233	1. 160	1. 990	2. 254	4. 244	0. 910
	京-苏	0. 001	0. 001	0. 002	2. 516	0. 006	0. 003	0. 009	2. 097	0. 095	0. 072	0. 166	1. 469	1. 729	1. 766	3. 495	1. 054
	平 均	0. 000	0. 000	0. 000	2. 241	0. 002	0. 002	0. 004	2. 282	0. 031	0. 031	0. 061	2. 087	0. 381	0. 424	0. 806	1. 838
中部之内	豫-湘	0. 000	0. 000	0. 000	1. 217	0. 000	0. 000	0. 000	1. 125	0. 002	0. 002	0. 003	1. 161	0. 045	0. 042	0. 087	1. 068
	皖-湘	0. 000	0. 000	0. 000	1. 011	0. 000	0. 000	0. 000	1. 011	0. 001	0. 001	0. 003	0. 934	0. 039	0. 040	0. 078	0. 975
	豫-鄂	0. 000	0. 000	0. 000	0. 817	0. 000	0. 000	0. 000	0. 801	0. 002	0. 002	0. 004	0. 869	0. 026	0. 031	0. 058	0. 843
	平 均	0. 000	0. 000	0. 000	1. 051	0. 000	0. 000	0. 000	1. 044	0. 001	0. 001	0. 002	0. 977	0. 010	0. 010	0. 020	0. 945
西部之内	川-陕	0. 000	0. 000	0. 000	0. 951	0. 001	0. 001	0. 001	0. 992	0. 003	0. 003	0. 006	1. 143	0. 047	0. 041	0. 088	1. 151
	渝-陕	0. 000	0. 000	0. 000	0. 451	0. 000	0. 000	0. 000	0. 534	0. 001	0. 001	0. 002	0. 721	0. 004	0. 006	0. 011	0. 695
	渝-川	0. 000	0. 000	0. 000	0. 509	0. 000	0. 000	0. 000	0. 568	0. 001	0. 001	0. 002	0. 636	0. 004	0. 006	0. 010	0. 614
	平 均	0. 000	0. 000	0. 000	1. 804	0. 000	0. 000	0. 000	1. 634	0. 000	0. 000	0. 000	1. 586	0. 002	0. 002	0. 003	1. 408

续表

区域划分		1998—2000年				2001—2004年				2005—2008年				2009—2011年			
		S_{AOC}	S_{BOC}	S_{AOB}	获益比	S_{AOC}	S_{BOC}	S_{AOB}	获益比	S_{AOC}	S_{BOC}	S_{AOB}	获益比	S_{AOC}	S_{BOC}	S_{AOB}	获益比
东中之间	鄂-粤	0.000	0.000	0.000	0.575	0.000	0.001	0.001	0.405	0.003	0.010	0.013	0.312	0.056	0.191	0.247	0.292
	豫-粤	0.000	0.000	0.000	0.429	0.000	0.000	0.000	0.301	0.002	0.007	0.008	0.262	0.030	0.126	0.156	0.240
	湘-粤	0.000	0.000	0.000	0.399	0.000	0.000	0.000	0.292	0.001	0.005	0.006	0.234	0.025	0.111	0.136	0.230
	平均	0.000	0.000	0.000	1.937	0.000	0.000	0.000	2.007	0.001	0.001	0.003	1.906	0.015	0.020	0.035	1.754
东西之间	京-川	0.000	0.000	0.001	3.041	0.001	0.000	0.002	3.491	0.011	0.003	0.014	3.189	0.097	0.033	0.130	2.915
	粤-川	0.000	0.000	0.000	1.565	0.001	0.000	0.001	2.309	0.009	0.003	0.012	2.939	0.080	0.025	0.105	3.282
	辽-川	0.000	0.000	0.000	1.044	0.001	0.000	0.001	1.155	0.005	0.005	0.010	1.035	0.053	0.050	0.103	1.068
	平均	0.000	0.000	0.000	3.664	0.000	0.000	0.000	3.935	0.001	0.001	0.002	4.118	0.010	0.006	0.015	3.719
中西之间	鄂-川	0.000	0.000	0.000	0.876	0.001	0.001	0.002	0.916	0.006	0.007	0.013	0.903	0.146	0.152	0.298	0.957
	鄂-陕	0.000	0.000	0.000	0.788	0.001	0.001	0.001	0.860	0.007	0.007	0.013	1.008	0.074	0.068	0.141	1.083
	豫-陕	0.000	0.000	0.000	0.593	0.000	0.000	0.000	0.663	0.003	0.003	0.006	0.844	0.017	0.018	0.035	0.896
	平均	0.000	0.000	0.000	1.947	0.000	0.000	0.000	1.854	0.000	0.000	0.001	1.797	0.005	0.005	0.010	1.649

注：(1)用S_{AOB}代表A、B两地区协同创新的总收益，S_{AOC}与S_{BOC}分别代表A地区的协同创新获益与B地区的协同创新获益大小，S_{AOC}与S_{BOC}的比值代表协同创新获益比；(2)A地区与B地区的协同创新获益比值越接近于1，说明两地在协同创新中的分配越均匀，则两地开展协同创新的可能越大，反之则越小；(3)限于篇幅，仅列出每个地带内及地带间协同创新总获益值排在前三的区域。

由表4-2、表4-3可以看出，研究期内，各区域协同创新获益值及区际总获益值都有了明显提升，东部的协同创新总获益值上升最多，东部内部的平均协同创新总获益值在2009—2011年稳定上升到0.806。但总体来看，全国省级区域间的平均协同创新获益值依然较低，在2009—2011年仅为0.110，且区际协同创新获益值及获益比空间差异显著。从2009—2011年地带内部及地带间区际协同创新总获益值的大小顺序排列来看，东部之内(0.806)>东部与中部之间(0.035)>中部之内(0.020)>东部与西部之间(0.015)>中部与西部之间(0.010)>西部之内(0.003)，这说明区域创新能力结构越强，可持续发展能力越高，区际协同创新的概率越大，相应区域在协同创新中所获得的收益也越大。从2009—2011年地带内部及地带间区际协同创新获益比的大小顺序排列来看：东部与西部之间(3.719)>东部之内(1.838)>东部与中部之间(1.754)>中部与西部之间(1.649)>西部之内(1.408)>中部之内(0.945)，研究期内地带内部及地带间区际协同创新获益比值相对变化不大，区际协同创新空间格局趋于稳定。对比地带内部及地带间区际协同创新获益值排在前列的区域可以发现，区域综合创新能力较高的地区与综合创新能力较低的地区合作，拥有较高综合创新能力的区域明显在区际协同创新中能够占优势，且地带内部由于具有临近的空间优势以及同质的创新能力，其区际协同创新在不同区域中的分配相对于地带之间的协同创新更为均匀，创新合作发生的可能性更大。

从时间维度来看，处于协同创新总获益值初级阶段的区域数量有了较大幅度的减少，特别是东部与中部内部、东部与中部之间的区际协同创新数量减幅更加明显，东部内部仅剩下海南与天津、辽宁、福建、河北之间的协同创新总收益值仍处于初级阶段，这一方面是因为海南与这些区域在东部地区综合创新能力及各项创新能力结构相对较低，另一方面从空间位置上来看，海南与这些省市的距离较远，产生了区际协同创新的空间衰减效应。而处于协同创新总获益值低级阶段、中级阶段、较高级阶段、高级阶段的区域数量都有了不同程度的增加，其中在协同创新总获益值初级阶段东部与中部内部、东部与中部之间的区际协同创新数量呈现出先增加后减小的过程，西部内部、东部与西部、中部与西部之间的区际协同创新数量增加较多，由1998—2000年的0个分别增加到2009—2011年的35、73与47个。在协同创新总获益值中级阶段地带内与地带间的区际协同创新数量也有着不同程度的增加，尤其是东部与中部地带间的区际协同创新数量增加最多，到64个。在协同创新总获益值较高级阶段与高级阶段，区际协同创新数量最多的都是东部地区内部区域间的协同创新，分别为 19 个与 11 个，率先进入协同创新总获益值高级阶段的区域有：江苏-广东、北京-广东、北京-江苏、上海-广东、上海-浙江、北京-上海、浙江-广东、上海-山东、上海-江苏、山东-广东、北京-浙江，明显这些地区普遍具有最强的综合创新能力，各项创新能力结构也比较突出。东部与中部、东部与西部、中部与西部之间在协同创新总获益值较高级阶段仅有少量区际协同创新数量分布，东部与中部之间主要是广东与湖北、河南、湖南、安徽、山西、吉林以及辽宁-湖北，东部与西部之间主要是四川与北京、广东、上海、辽宁，中部与西部之间主要是湖北与陕西、四川。

4.3 本章小结

区域协同创新是深化科技体制改革，提高自主创新能力，促进科技与经济结合，完善国家创新体系的关键所在。本章根据区域协同创新能力结构的内涵，从知识创新能力、技术创新能力、产业创新能力、服务创新能力与创新环境能力 5 个方面构造了区域协同创新研究的指标体系。利用能力结构关系模型，测度 1998—2011 年全国省级区域的各项创新能力结构，从时空维度揭示不同区际创新能力结构的均衡与匹配程度，在此基础上，辨析不同省级区域在区际协同创新中获益效果的相对变化趋势及时空关联。结果表明：(1)研究期内省级区域的创新能力都呈现上升趋势，但区域整体综合创新能力东、中、西阶梯分布的格局并没有改变，且地带间的综合创新能力差异有逐步扩大的趋势。(2)省级区域创新能力结构耦合度网络发展具有显著的空间不平衡性，存在明显的空间分层现象与核心-边缘空间分异格局。(3)区域协同创新获益效果质量不高，区际协同创新获益值及获益比空间差异显著，但区际协同创新空间格局趋于稳定。

第5章　区域创新供给系统与需求系统的协同演化

伴随着知识经济发展和科技全球化的到来，国家创新能力对实现社会经济发展目标将起到关键性的决定作用。在国家创新系统的整体框架内，作为其子系统的区域创新系统由于能够优化科技资源配置模式，提升创新资源配置效率，成为促进区域高质量发展的关键。当前，关于区域创新系统的研究主要围绕区域创新能力、创新环境、机理演化等方向展开。在区域创新能力方向，相关研究主要从区域创新能力的时空分异(宋周莺等，2016)、影响因素和形成机理(汪涛等，2014)、演变及提升路径(顾伟男和申玉铭，2018)等层面展开，并分析了区域创新能力对于推动区域经济发展模式转型的作用和机制(李二玲和崔之珍，2018；马海涛，2020)。在区域创新环境方向，围绕经济环境、社会环境和生态环境对创新的影响也在不断展开(连远强，2016)；在区域创新机理演化方向，相关研究从结构功能、边界形成、演化主体多个角度进行分析(Casas 等，2010；Feldman 等，1994；Dyer 等，2000；Love 等，2001)。同时不同区域创新系统具有地理邻近性、社会关系邻近性、认知邻近性、多维邻近性等特点(王缉慈，2001；Giuliani，2005；Boschma，2005；Breschi，2009；Anne，2013；吕国庆等，2014)，有效地衔接起了宏观和微观两个层面，既是国家创新系统的延续，也是区域资源有效整合、经济结构调整和可持续发展的引擎，更是促进区域发展的最活跃因素。这些研究都较好地促进了区域创新系统理论的发展，然而较少从区域创新系统的两大子系统创新需求系统和创新供给系统协同演化的视角研究区域创新系统。

党的十九届五中全会明确指出要“优化供给结构，改善供给质量，提升供给体系对国内需求的适配性。完善扩大内需的政策支撑体系，形成需求牵引供给、供给创造需求的更高水平动态平衡”。从区域创新系统的供需来看，区域创新系统是涵盖供给系统和需求系统的一个综合创新体系，通过区域创新系统内部各种创新要素的供需交互作用，形成优势互补、集成高效的区域创新网络。区域创新系统的供给子系统不仅依赖于还作用于区域创新需求系统，两者具有耦合发展的特性。因此，只有将区域创新系统内部的供需系统统一起来考虑，才能较为全面地揭示区域创新系统的要素组织与协调方式，进而为促进区域创新效率水平的提升提供科学路径。创新需求和创新供给子系统作为区域创新系统的重要组成部分，两者的协同发展对于系统的演化和发展就具有积极影响。但是目前有关供需系统的研究主要集中在旅游、生态和农业等领域，主要利用耦合模型、供需指数模型和系统动力学等方法(胡其玉和陈松林，2021；陈骏宇等，2019；刘凌燕等，2020)。区域创新系统内部的供需失配，将导致区域无法有效应对复杂多变的竞争环境。如武汉拥有的普通院校、重点院校和重点实验室数量居于全国前列，在校的大学生数量也达到了 130 余万人。但武汉企业长期的创新需求不足，导致高等人才外流严重，整体科技实力大而不强，丰富的创新资源供给和投入长期无法与创新需求有效地契合，导致供需失衡，未能形成有效的供需协同效应。而区域创新系统供需协同发展则有利于实现创新资源在各个生产环节的协同整合，促进各部分之间优势互补、合作共赢，是充分调动和协调区域内的各种创新资源的重要保障，是区域创新系统发展的必然结果和高级阶段。

因此，有必要将区域创新需求和创新供给联系起来，分析两者的协同和非对称关系，用整体和系统的角度来探讨区域创新体系的优化和构建，从而提高供给侧的创新能力和竞争力。有鉴于此，本章选取全国 31 个省级区域作为研究对象，以 TOPSIS 模型构建区域创新供给和需求系统的评价框架(Tone，2001)，利用哈肯模型分析创新需求和创新供给之间的协同效应及两个子系统的相互关系，并进一步利用泰尔系数分解中国区域创新供给系统、创新需求系统以及创新供需系统差异，从而丰富区域创新系统的相关研究，以适应区域不断调整的内部创新需求，形成创新需求与供给之间有效匹配，创新供给引导需求高质量增长的动态平衡，以高水平的区域创新供需平衡驱动区域经济高质量发展。

5.1　研究方法及指标体系构建

5.1.1　TOPSIS 评价模型

TOPSIS 法的中心思想是选取一个正理想点和一个负理想点，通过比较被评价对象与正理想点和负理想点的距离，选择较优的被评价对象(刘洪和蔡伟，2014)。本章将 TOPSIS 模型引入中国区域创新系统评价中，测算 2011—2019 年区域创新供需系统水平，其主要计算步骤如下：

(1)构建标准化矩阵：$X = \{x_{ij}\}_{m \times n}$，对指标进行标准化处理：

$$x_{ij} = \begin{cases} \dfrac{x_{ij} - x_{\min}}{x_{\max} - x_{\min}} & x_{ij} \text{ 为效益型指标} \\ \dfrac{x_{\max} - x_{ij}}{x_{\max} - x_{\min}} & x_{ij} \text{ 为成本型指标} \end{cases} \quad \begin{pmatrix} i = 1, 2, 3, \cdots, m; \\ j = 1, 2, 3, \cdots, n \end{pmatrix} \tag{5-1}$$

式中，x_{ij} 为标准化后的数值，表示第 i 个样本的第 j 个指标值。

(2)确定“最优方案” X^+ 和“最劣方案” X^-：

$$X^+ = \{x_1^+, x_2^+, x_3^+, \cdots, x_n^+\}, \ x_j^+ = \max_j\{x_{ij}\}\ (i = 1, 2, 3, \cdots, m) \tag{5-2}$$

$$X^- = \{x_1^-, x_2^-, x_3^-, \cdots, x_n^-\}, \ x_j^- = \min_j\{x_{ij}\}\ (i = 1, 2, 3, \cdots, m) \tag{5-3}$$

(3)计算单个样本与 X^+ 和 X^- 的距离和：

$$D_i^+ = \sqrt{\sum_{j=1}^{n} w_j (x_{ij} - x_j^+)^2}\ (i = 1, 2, 3, \cdots, m) \tag{5-4}$$

$$D_i^- = \sqrt{\sum_{j=1}^{n} w_j (x_{ij} - x_j^-)^2}\ (i = 1, 2, 3, \cdots, m) \tag{5-5}$$

公式(5-4)和公式(5-5)中 w_j 为指标数据间的权重系数。

(4)计算各个样本与“理想”样本的相对贴近程度：

$$C_i = \frac{D_i^-}{D_i^+ + D_i^-}(i = 1, 2, 3, \cdots, m) \tag{5-6}$$

公式(5-6)中 C_i 为第 i 个样本与“最优方案”的贴近度，$0 \leqslant C_i \leqslant 1$。

5.1.2 区域创新系统评价指标体系构建

(1) 区域创新供给系统评价体系构建

结合数据的可得性和指标体系构建的科学性等原则，构建区域创新供给系统的评价体系(见表 5-1)。区域创新供给子系统的指标选取主要从创新成果丰度、创新主体供给能力、供给效率和区域创新供给环境四个方面进行。高新技术产业的利润总额反映了区域创新产业的产出水平，专利的有效发明和授权数，新产品的项目数表征了创新生产能力的绝对水平。区域创新资源开发利润与收入比例、研发人员人均参与项目数、研发经费投入强度等反映了创新系统运行的整体效率。企业研发部门、高等院校和科研机构作为区域创新系统的主体，通过知识创造、储备、技术转化等方式促进创新系统内部流动，对于知识生产和技术研发起着重要的作用。创新环境如创新文化环境、公共设施和创新场所是支撑创新活动的硬件条件，能够激发创新主体的活力，驱动企业研发部门以获取最大化利益和引导高等院校和科研机构以成果产出为目的进行知识生产等。

表 5-1　区域创新供给系统评价体系

目标层	准则层	指　标　层	单位	指标权重
区域创新供给系统	创新成果丰度 0.274	高新技术产业利润总额	万元	0.067
		有效发明专利数	件	0.073
		专利授权数	件	0.075
		新产品开发项目数	项	0.059
	创新供给效率 0.067	R&D 项目数/项目参加人员	项/人	0.005
		R&D 经费投入强度(%)		0.015
		规模以上企业新产品开发收入/支出(%)		0.005
		高新技术产业新产品开发销售利润率(%)		0.042
	创新供给能力 0.280	规模以上企业 R&D 经费内部支出	万元	0.050
		高新技术产业 R&D 经费内部支出	万元	0.077
		高等学校 R&D 经费内部支出	万元	0.041
		研发机构 R&D 经费内部支出	万元	0.073
		R&D 人员全时当量	人	0.040
	创新供给环境 0.378	社会客运总量	万人	0.027
		公共图书馆藏书量	万册	0.021
		高等学校数	个	0.012
		高新技术产业数	个	0.064
		研发经费占 GDP 的比重(%)		0.016
		研究与开发机构数	个	0.090
		有 R&D 活动的规上企业数	个	0.060
		规模以上企业 R&D 开办研发机构数	个	0.088

(2)区域创新供给系统评价体系构建

区域创新需求引导新一轮的创新供给，之前的创新供给水平和结构也会影响创新需求，创新供给和需求两者协同的目标是为了实现区域经济高质量发展。创新需求系统由创新需求规模和创新需求特征两个方面表示（见表5-2），创新需求规模涵盖了创新主体开展创新活动的相关成果，包括了专利申请数、R&D项目参加人员全时当量、R&D项目数量和经费支出等。创新需求特征主要由研究项目平均支出、科研人均经费、新产品开发平均经费投入等指标表征。

表5-2 区域创新需求系统评价体系

<table>
<tr><th>目标层</th><th>准则层</th><th>指 标 层</th><th>单位</th><th>指标权重</th></tr>
<tr><td rowspan="16">区域创新需求系统</td><td rowspan="8">创新需求规模 0.772</td><td>R&D项目数</td><td>项</td><td>0.058</td></tr>
<tr><td>专利申请数</td><td>件</td><td>0.138</td></tr>
<tr><td>新产品销售收入</td><td>万元</td><td>0.109</td></tr>
<tr><td>R&D项目经费内部支出</td><td>万元</td><td>0.088</td></tr>
<tr><td>高新技术产值</td><td>万元</td><td>0.150</td></tr>
<tr><td>R&D项目（课题）参加人员折合全时当量</td><td>人</td><td>0.082</td></tr>
<tr><td>高等学校科技产出（论文）</td><td>篇</td><td>0.044</td></tr>
<tr><td>研究与开发机构科技产出（论文）</td><td>篇</td><td>0.103</td></tr>
<tr><td rowspan="8">创新需求特征 0.228</td><td>高新技术产业内部经费支出/ R&D项目数</td><td>万元/项</td><td>0.009</td></tr>
<tr><td>科研人员人均R&D经费投入</td><td>万元/人</td><td>0.007</td></tr>
<tr><td>规模以上企业新产品开发支出/开发数</td><td>万元/项</td><td>0.009</td></tr>
<tr><td>规模以上企业R&D经费投入/R&D数量</td><td>万元/项</td><td>0.010</td></tr>
<tr><td>高等学校R&D经费投入/课题数</td><td>万元/项</td><td>0.019</td></tr>
<tr><td>研发机构R&D经费投入/课题数</td><td>万元/项</td><td>0.063</td></tr>
<tr><td>R&D项目内部经费支出/项目数</td><td>万元/项</td><td>0.017</td></tr>
<tr><td>高新技术产业R&D项目经费/项目数</td><td>万元/项</td><td>0.084</td></tr>
</table>

表5-1和表5-2相关数据主要来源为2012—2020年的《中国科技统计年鉴》和《中国统计年鉴》，少数缺失数据采用线性内插的方法填补，指标权重选取客观赋权法熵值法进行测算。

5.1.3 创新供需系统协同测算

区域创新供需系统是一个不断演化的自组织系统，各子系统通过内部沟通、能量转换和外界信息反馈等形式，推动系统由无序状态演化为有序。哈肯提出的协同学理论为描述系统的有序演变提供了新的研究思路，各子系统或不同的主体参量对于整体的影响是非均衡的，其中慢参量对于整体系统的影响是决定性的，因此，需通过识别慢参量来分析当前系统所处的演化阶段。李琳和刘莹(2014)尝试将哈肯模型应用到区域经济系统的分析中，哈肯模型给予了较好的解释力。哈肯通过对参量进行数学处理来求解运动方程，假设一个运动系统存在两个关键的状态变量，其中 q_1 为主要的状态变量，q_2 表示运动状态受主要状态变量支配的变量。两个变量之间的作用关系对于系统演化的影响可以描述为：

$$q_1 = -\lambda_1 q_1 - a q_1 q_2 \tag{5-7}$$

$$q_2 = -\lambda_1 q_2 - b q_1^2 \tag{5-8}$$

式子中，λ_1 和λ_2 表示运动系统的两个控制参量，系统的稳定状态解为$q_1 = q_2 = 0$。其中，$\lambda_2 > 0$且$|\lambda_2| \geqslant |\lambda_1|$时状态变量在数量上有较大的差异，满足绝热近似假设。状态变量q_2发生变化后q_1来不及调整，此时令$q_2 = 0$得到：

$$q_2(t) \approx \frac{b}{\lambda_2} q_1^2(t) \tag{5-9}$$

将方程(5-9)代入状态变量q_1演化的方程，得到运动系统的演变方程：

$$q_1 = -\lambda_1 q_1 - a \frac{b}{\lambda_2} q_1^3 \tag{5-10}$$

从式子(5-10)中可以解出q_1并将其代入方程(5-9)，表示q_1是序参量，决定了整个系统的演化进程。进一步求q_1的相反数积分得到反映系统整体状态的势函数，通过该函数来反映运动系统所处的主要状态。

$$v = \frac{1}{2} \lambda_1 q^2 + a \frac{b}{4\lambda_2} q_1^4 \tag{5-11}$$

令$q_1 = 0$作为函数的稳定解，但是若λ_1、λ_2、a、b都为正数，方程只有一个唯一解。但λ_1、λ_2、a、b都为负数时，方程则没有唯一的解。其中，$\overset{*}{q} = 0$、$\overset{**}{q} = \sqrt{\left|\frac{\lambda_1 \lambda_2}{ab}\right|}$、$\overset{***}{q} = -\sqrt{\left|\frac{\lambda_1 \lambda_2}{ab}\right|}$。

在区域创新供需系统中，由不同性质决定的子系统对于区域创新供需系统的影响是不平衡的，因此需要通过识别区域系统在演化过程中的关键参量，来分析创新供需系统的演化。因为物理方程中多为连续随机变量，所以对社会经济数据展开分析需要离散化处理，得到区域创新供需系统的演化方程：

$$\mathrm{SUP}_{(t)} = (1-\lambda_1)\,\mathrm{SUP}_{(t-1)} - a\,\mathrm{SUP}_{(t-1)}\,\mathrm{DE}_{(t-1)} \tag{5-12}$$

$$\mathrm{DE}_{(t)} = (1-\lambda_2)\,\mathrm{DE}_{(t-1)} + b\,\mathrm{SUP}^2_{(t-1)} \tag{5-13}$$

式中，SUP 代表创新供给，DE 代表创新需求。

5.1.4 泰尔指数

泰尔指数为测算区域差距的一种方法，指数越大，则表明区域差异性越大。本章引入泰尔指数揭示区域创新供需系统的差异，并将总体差异进一步分解为组内差异和组间差异，分别将其记为 T_b 和 T_w。假设样本容量为 n，全部样本可进一步划分为 k 个区域，本章为东部、中部、西部和东北四个区域，则每个区域所包含的样本数量记为n_k，若用y_i 和y_k 分别表示第 i 个样本和第 k 个区域的得分值，则泰尔指数的分解式为：

$$T = T_b + T_w = \sum_{k=1}^{k} y_k \log \frac{y_k}{\frac{n_k}{n}} + \sum_{k=1}^{k} y_k \left(\frac{y_i}{y_k} \log \frac{\frac{y_i}{y_k}}{\frac{1}{n_k}} \right) \tag{5-14}$$

5.2 实证结果分析

5.2.1 区域创新供需系统测度

通过 TOPSIS 模型分别测算 2011—2019 年中国省级区域创新供给和创新需求水平(见表 5-3 和表 5-4)。研究期内，各省级区域的创新供给水平均呈现增长趋势，全国平均水平从 2011 年的 0.066 增长到了 0.112。但区域创新供给水平的空间异质性明显，其中广东的区域创新供给水平增加最多，为 0.408，其次为江苏增加 0.242、浙江增加 0.175、北京增加 0.151、上海增加 0.089，这些区域主要在东部沿海地区，区位优势明显，人才和资金等创新资源集聚，创新要素流动便捷、高效，创新驱动能力较强。而黑龙江、青海、甘肃、新疆、吉林、辽宁、宁夏、蒙古、海南和西藏的区域创新供给水平增幅较小，这些区域主要位于西部地区和东北地区，虽然国家实施西部大开发和东北振兴战略有效地促进了这些区域创新供给能力的提升，但由于地理位置和创新资源禀赋等因素的限制，导致这些区域创新驱动的先天优势不足，缺乏规模产业带动和创新人力资本的支持，综合创新供给水平提升较慢。

表 5-3　区域创新供需系统评价(2011—2019 年)

地区	2011 年		2015 年		2019 年	
	创新供给	创新需求	创新供给	创新需求	创新供给	创新需求
北　京	0.143	0.286	0.218	0.325	0.294	0.380
天　津	0.044	0.099	0.064	0.102	0.061	0.091
河　北	0.038	0.076	0.044	0.074	0.070	0.103
山　西	0.016	0.069	0.018	0.029	0.026	0.042
内蒙古	0.015	0.121	0.016	0.033	0.015	0.029
辽　宁	0.058	0.248	0.044	0.068	0.062	0.087
吉　林	0.024	0.078	0.027	0.043	0.028	0.046
黑龙江	0.020	0.107	0.026	0.041	0.028	0.039
上　海	0.077	0.181	0.116	0.163	0.166	0.213
江　苏	0.234	0.387	0.418	0.474	0.476	0.509
浙　江	0.167	0.185	0.244	0.244	0.342	0.341
安　徽	0.054	0.089	0.089	0.110	0.134	0.149
福　建	0.054	0.192	0.067	0.093	0.115	0.148
江　西	0.027	0.114	0.042	0.057	0.101	0.107
山　东	0.127	0.222	0.156	0.240	0.166	0.226
河　南	0.063	0.111	0.092	0.124	0.098	0.149
湖　北	0.048	0.168	0.066	0.106	0.108	0.155
湖　南	0.049	0.136	0.059	0.092	0.089	0.122
广　东	0.235	0.401	0.367	0.486	0.643	0.668
广　西	0.022	0.076	0.025	0.046	0.032	0.045
海　南	0.007	0.036	0.005	0.013	0.007	0.017
重　庆	0.045	0.055	0.051	0.083	0.062	0.102
四　川	0.068	0.122	0.091	0.143	0.131	0.179
贵　州	0.013	0.084	0.018	0.027	0.029	0.041
云　南	0.015	0.073	0.018	0.032	0.030	0.043
西　藏	0.295	0.094	0.004	0.014	0.005	0.016

续表

地区	2011 年		2015 年		2019 年	
	创新供给	创新需求	创新供给	创新需求	创新供给	创新需求
陕　西	0.045	0.155	0.065	0.116	0.088	0.128
甘　肃	0.013	0.046	0.017	0.031	0.019	0.038
青　海	0.004	0.021	0.003	0.025	0.011	0.020
宁　夏	0.014	0.038	0.018	0.008	0.017	0.025
新　疆	0.008	0.180	0.026	0.021	0.013	0.022
均　值	0.066	0.137	0.081	0.112	0.112	0.138

表 5-4　2011—2019 年区域创新系统内部协同分析结果

模型假设	运动方程	模型求解	结论
$q_1 = DE$ $q_2 = SUP$	$q_1 = 0.853\,q_{1(t-1)} + 0.408\,q_{1(t-1)}\,q_{2(t-1)}$ (***) $q_2 = 0.982\,q_{2(t-1)} + 0.183\,q_{1(t-1)}\,q_{1(t-1)}$ (***)	$\lambda_1 = 0.147$； $a = -0.408$ $\lambda_2 = 0.081$； $b = 0.183$	方程成立，绝热近似假设不符合，模型假设不成立
$q_1 = SUP$ $q_2 = DE$	$q_2 = 0.982\,q_{2(t-1)} + 0.208\,q_{1(t-1)}\,q_{2(t-1)}$ (***) $q_2 = 0.835\,q_{2(t-1)} + 0.532\,q_{1(t-1)}\,q_{1(t-1)}$ (***)	$\lambda_1 = 0.018$； $a = -0.208$ $\lambda_2 = 0.165$； $b = 0.532$	方程成立，绝热近似假设符合，SUP 为序参量

注：*** 表示模型整体在 1%水平下显著。

区域创新需求和创新供给的空间分布格局比较相似，虽然在研究期内整体呈现波动增长的态势，但变化幅度不大，区域创新需求平均水平由 2011 年的 0.137 增长到 2019 年的 0.138。区域创新需求水平较高的区域主要为上海、北京、江苏和浙江省等沿海发达地区，此类地区产业基础比较好，创新需求规模比较大，创新需求能够推动市场实现产品生产和技术转化。区域创新需求水平较低的地区主要为西部地区，与东部地区创新需求水平存在较大差距，高新技术产业基础薄弱，创新要素在区域间的流动不充分不平衡，未能形成有效的创新需求。

5.2.2　区域创新供需系统的协同演化

根据协同学的基本理论，本章将区域创新供给(SUP)和创新需求(DE)两个变量构建运动系统，通过模型求解识别运动系统中发挥主导作用的关键参量，进一步利用距离公式求得不同区域创新供需系统的协同水平。模型回归分析主要采用软件 Eviews8.0，结果见表 5-4。

通过模型求解可以发现，区域创新运动系统成立，满足阻尼系数差异的基本假设。其中 SUP 为阻尼系数小变化缓慢的关键参量，DE 为受支配的参量，进一步求得演化方程：

$$q_1 = -0.018\, q_1 + 0.671\, q_1^3 \tag{5-15}$$

进一步根据演化方程求得势函数：

$$v = 0.009\, q_1^2 - 0.168\, q_1^4 \tag{5-16}$$

当$q_1 = 0$时，演化方程的三个解分别为$\overset{*}{q} = 0$；$\overset{**}{q} = 1.232$；$\overset{***}{q} = -1.232$，因为区域创新供需系统中创新供给客观存在，所以本章只考虑 $q > 0$ 的部分。将正解代入势函数求得 $v = -0.373$，求得均衡点为(1.232，-0.373)。函数中任意 q 点与 q 到均衡点的距离用来评价区域创新供需系统的系统状态。距离公式表示为：

$$d = \sqrt{(q - 1.232)^2 + (v + 0.373)^2} \tag{5-17}$$

因为 d 越大，代表区域创新供给系统和需求系统之间的协调程度越低，需要对其进行逆向化处理，来考察区域创新供需子系统的平衡关系。

从创新供需系统演化的回归结果可以看到，创新供给子系统(-0.208)对于自身具有正向的影响，而创新需求子系统(0.532)的优化能够正向促进创新供给系统。研究期内，省级区域创新供需系统的协同水平整体处于下降趋势，东部地区由 0.375 下降为 0.361，西部地区由 0.146 下降为 0.052，东北地区由 0.104 下降为 0.055，这说明在省级区域层面，全国创新资源进一步向少数区域集聚，区域创新供给与区域创新需求之间的空间错配更加明显。在四大板块中，仅有中部地区的区域创新供需系统协同水平有所提升，由 2011 年的 0.135 上升为 2019 年的 0.140，其中安徽、江西和湖北三省增幅明显，说明中部地区创新供给作为关键参量的更替对于区域创新供给系统的影响比较明显，特别是安徽和湖北拥有较多的科研院校和科研人员，伴随人才引进和企业招商引资政策的持续投放，推动区域创新环境不断优化，区域创新供需系统逐渐走向更加协同的状态。

具体到各个省级区域来看，北京、江苏、浙江、广东的创新供需系统协同水平较高，而上海在研究期内创新供需系统的适配性不强，协同水平有待进一步提升。同时区域创新供需系统协同水平较高的地区也可能为西藏等西部地区，比如 2011 年的西藏，其区域创新供给和区域创新需求均处于较低水平，属于低水平供需系统协同创新，且这种区域创新供需系统的适配性也是不稳定的，其在研究期的均值仅为 0. 150。西部地区的区域创新供需系统协同水平差异较大，除重庆、四川和陕西作为西部地区创新驱动的核心区域外，绝大多数省级区域创新供给系统的协同水平还比较低，变动比较小。

表 5-5　2011—2019 年区域创新供需系统协调得分

区域	2011	2019	均值	区域	2011	2019	均值
北京	0. 481	0. 457	0. 483	湖北	0. 153	0. 164	0. 158
天津	0. 139	0. 089	0. 131	湖南	0. 156	0. 134	0. 142
河北	0. 118	0. 104	0. 108	广东	0. 796	1. 000	0. 892
山西	0. 042	0. 034	0. 038	广西	0. 063	0. 043	0. 055
内蒙古	0. 038	0. 016	0. 033	海南	0. 010	0. 003	0. 006
辽宁	0. 187	0. 091	0. 127	重庆	0. 142	0. 091	0. 100
吉林	0. 070	0. 037	0. 054	四川	0. 222	0. 200	0. 213
黑龙江	0. 056	0. 037	0. 050	贵州	0. 031	0. 038	0. 036
上海	0. 253	0. 256	0. 259	云南	0. 038	0. 040	0. 038
江苏	0. 792	0. 739	0. 900	西藏	1. 000	0. 000	0. 150
浙江	0. 563	0. 528	0. 544	陕西	0. 142	0. 132	0. 144
安徽	0. 174	0. 205	0. 203	甘肃	0. 031	0. 022	0. 030
福建	0. 174	0. 175	0. 169	青海	0. 000	0. 010	0. 006
江西	0. 080	0. 153	0. 105	宁夏	0. 035	0. 019	0. 028
山东	0. 426	0. 256	0. 370	新疆	0. 014	0. 013	0. 022
河南	0. 205	0. 148	0. 202				
东部均值	0. 375	0. 361	0. 386	中部均值	0. 135	0. 140	0. 141
西部均值	0. 146	0. 052	0. 071	东北均值	0. 104	0. 055	0. 077

5. 2. 3　中国区域创新供需系统的差异分解

为进一步考察中国省域区域创新供给、区域创新需求和区域创新供需协同水平差异的来源，本章利用 Matlab 软件分别测算了 2011—2019 年中国区域创新供给、区域创新需求和区域创新供需协同水平的泰尔指数(见表 5-6 至表 5-8)。

表 5-6　2011—2019 年区域创新供给水平的泰尔指数

全部	Theil	东部	中部	西部	东北	组内差异	组间差异	组内贡献率	组间贡献率
2011 年	0. 488	0. 256	0. 080	0. 798	0. 117	0. 375	0. 113	0. 769	0. 232
2012 年	0. 463	0. 282	0. 074	0. 336	0. 108	0. 252	0. 211	0. 545	0. 455
2013 年	0. 479	0. 283	0. 105	0. 261	0. 093	0. 242	0. 238	0. 504	0. 496
2014 年	0. 541	0. 290	0. 101	0. 399	0. 082	0. 264	0. 276	0. 489	0. 511
2015 年	0. 558	0. 319	0. 101	0. 329	0. 031	0. 278	0. 280	0. 497	0. 503
2016 年	0. 571	0. 334	0. 104	0. 297	0. 032	0. 285	0. 286	0. 499	0. 501
2017 年	0. 582	0. 337	0. 088	0. 309	0. 082	0. 289	0. 293	0. 496	0. 504
2018 年	0. 581	0. 346	0. 083	0. 328	0. 072	0. 294	0. 287	0. 506	0. 494
2019 年	0. 586	0. 341	0. 078	0. 379	0. 078	0. 295	0. 291	0. 503	0. 497

整体来看，2011—2019 年，中国区域创新供给水平的泰尔指数显著为正，并且呈现逐渐增加的趋势，这意味着在研究期间内，各个省级区域的创新供给差异显著存在且随着时间推移有所扩大的演化态势。值得注意的是，在四大板块中，东部地区的区域创新供给差异增加明显，泰尔指数由 2011 年的 0. 256 增加至 2019 年的 0. 341。西部地区创新供给的泰尔指数由 2011 年的 0. 798 显著下降，但近些年又呈现显著的上升趋势。中部的创新供给差异远远小于西部和东部，但依然高于东北地区。截至 2019 年，西部地区创新供给的区域差异性最大，中部和东北地区的创新供给差异较小。

从区域间和区域内差异的关系来看，区域内差异表现出先缩小后增加的“U”形趋势，2011—2013 年，区域内差距贡献度由 76. 9%降至 50. 4%，但 2014 年及之后，中国区域创新供给的差异又逐年增加，并于 2018 年首次超过区域间差距。就区域间差异来看，区域间差异在 2011 年的时候贡献率仅有23.2%，但呈现逐年增长，近些年趋缓的趋势，说明中国四大板块间创新供给的差异在逐渐缩小。

表5-7 2011—2019年区域创新需求水平的泰尔指数

全部	Theil	东部	中部	西部	东北	组内差异	组间差异	组内贡献率	组间贡献率
2011年	0.451	0.266	0.063	0.305	0.065	0.230	0.222	0.509	0.493
2012年	0.452	0.278	0.072	0.283	0.071	0.237	0.216	0.523	0.478
2013年	0.382	0.224	0.081	0.268	0.047	0.200	0.182	0.523	0.477
2014年	0.464	0.272	0.082	0.313	0.023	0.238	0.226	0.513	0.487
2015年	0.458	0.263	0.085	0.310	0.028	0.234	0.224	0.511	0.489
2016年	0.472	0.275	0.078	0.298	0.045	0.239	0.233	0.506	0.494
2017年	0.439	0.264	0.063	0.292	0.059	0.228	0.211	0.520	0.480
2018年	0.454	0.267	0.063	0.323	0.043	0.235	0.218	0.519	0.481
2019年	0.201	0.169	0.039	0.137	0.125	0.135	0.066	0.672	0.328

从区域创新需求系统的差异来看，2011—2019年中国区域创新需求水平的泰尔指数显著为正，但相比供给差异，创新需求差异较为稳定，基本保持在0.4左右，2019年需求差异显著下降，降为0.201，这意味着中国区域间的创新需求差别不大，并且有序减少，这与中国对创新资源配置和创新要素、政策的倾斜有关，使得区域间创新需求的差异减小。从四大板块来看，各个板块的创新需求差异也呈现出逐年下降的趋势，但东部地区的创新需求差异较大，其次为西部地区、东北地区，中部地区内部的区域创新需求差异较小。

从区域内和区域间差异的关系来看，区域内差异表现出持续增加的趋势，区域内创新需求差异由2011年50.9%的贡献率，上升至2019年67.2%的贡献率。随着经济的发展，虽然从国家和四大板块整体上看，创新需求的差异都在呈现逐年减少的趋势，但从省份个体而言，各个省份对创新资源的需求不一致，导致区域内差异明显，区域间创新需求差异也呈现逐年下降的趋势。

表 5-8　2011—2019 年区域创新供需协同的泰尔指数

全部	Theil	东部	中部	西部	东北	组内差异	组间差异	组内贡献率	组间贡献率
2011 年	0. 524	0. 279	0. 100	0. 865	0. 148	0. 406	0. 118	0. 776	0. 224
2012 年	0. 494	0. 302	0. 089	0. 379	0. 136	0. 276	0. 218	0. 559	0. 441
2013 年	0. 526	0. 206	0. 129	0. 393	0. 124	0. 214	0. 313	0. 406	0. 594
2014 年	0. 536	0. 297	0. 108	0. 392	0. 090	0. 269	0. 267	0. 502	0. 498
2015 年	0. 569	0. 332	0. 113	0. 339	0. 037	0. 290	0. 279	0. 510	0. 490
2016 年	0. 591	0. 349	0. 119	0. 312	0. 041	0. 301	0. 290	0. 509	0. 491
2017 年	0. 606	0. 353	0. 101	0. 334	0. 110	0. 307	0. 299	0. 507	0. 493
2018 年	0. 606	0. 363	0. 096	0. 361	0. 096	0. 314	0. 292	0. 518	0. 482
2019 年	0. 609	0. 357	0. 088	0. 428	0. 100	0. 315	0. 295	0. 516	0. 484

从区域创新供需系统的协同性来看，区域内创新供需系统的协调性差异呈现明显的增加趋势。这意味着中国目前还面临着很强的创新要素供需不平衡的问题，就四大板块来看，创新要素供需的矛盾在东部和西部尤为明显，其泰尔系数分别可以达到 0. 357 和 0. 428，中部和东北地区的创新供需较为平衡，仅为 0. 088 和 0. 100。从区域内和区域间差异的关系来看，创新系统供需的矛盾主要是由区域内差异导致的，虽然区域内的差异贡献率呈现出减少的趋势，但是依然高于区域间的差异贡献率。截至 2019 年，区域内创新供需的差异贡献率依然超过 50%，达到了 51. 6%，这意味着，解决各个区域内部的创新要素供需矛盾是当下合理配置创新要素的关键。

5. 3　本章小结

区域创新供给系统与需求系统的协同作用使创新在既有需求水平的引导下，形成创新供给与需求适配，创新供给创造更高水平创新需求的区域创新体系。基于 TOPSIS 综合评价原理，测算了 2011—2019 年中国省级区域创新需求和创新供给水平，采用哈肯模型，揭示区域创新供给系统和需求系统的协同演化趋势，并用泰尔系数分析了区域创新供需系统的空间差异。结果表明：(1) 区域创新供给随着时间迁移不断增长，创新需求波动增加，创新供需的空间异质性明显。(2)创新供给系统作为主要的参量对于系统整体的演化发挥关键的作用，创新需求增长对于创新供给系统优化具有正向作用。(3)省级区域创新供需系统的协同水平整体呈现下降趋势，仅有中部地区创新供需系统的协同水平有所提升。从个体来看，东部的江苏、北京、浙江、广东等省市的创新供需系统有序水平较高，中部湖北省和安徽省供需子系统的协同向有序状态演化，而西部地区除四川省以外整体协同水平较低。(4)创新供给的差异随时间增加而明显增大，创新需求的差异在逐渐减少，东西部的创新供需差异较为明显。创新供需协同的差异逐年增加，主要是由各省创新要素供需差异引起的，创新要素的供需配置依然存在矛盾。

第6章　区域协同创新与区域创新效率

Romer(1990)的内生经济增长理论提出，技术进步是经济增长的核心。伴随着知识经济发展和科技全球化的到来，国家创新能力对实现社会经济发展目标将起到关键性的作用，创新已经成为衡量一个国家核心竞争力的关键因素。研究表明，创新要素投入的数量与质量是构成国家创新能力的重要基础，从根本上决定着这个国家的创新水平和创新效率(Cantner，2001)。

区域经济要实现可持续发展，不断提升区域经济竞争力，就离不开区域创新，而区域创新效率的高低又成为衡量某一区域创新水平与能力高低的重要指标。有关区域创新效率研究的热点主要集中在：创新投入对经济增长的作用；区域创新效率的评价；区域创新效率的测度以及区域创新效率影响因素等方面。早期关于区域创新效率的研究内容主要包括两个部分，一是创新投入对经济增长的作用(Lucas，1988；Nasierowski 等，2003)，二是创新投入与产出之间的关系(Pavitt 等，1971；Pake 等，1984；Hall 等，1986)。关于创新效率的评价研究，由于区域创新系统理论建立在对特定区域的实证研究基础上，实证中产生的创新效率的评价方法由于学者关注重点不同而形成很大差别(Michael，2004)。关于区域创新效率的测度，通常采用数据包络分析、因子分析、随机前沿面模型等方法(Battese 等，1995；Eric，2007；Diaz 等，2008；Hashimoto 等，2008；Hu 等，2008；Guan 等，2010；Pinto 等，2010)。Wang(2003)将 DEA 与 Tobit 回归方法结合，构建跨国生产函数模型，对 30 个国家 R&D 活动的相对效率进行了实证测度，测度结果发现，样本中半数以上国家 R&D 活动缺乏效率。Chen 等(2012)应用关系网络数据分析包络法对中国区域创新体系的创新效率进行了系统评价。结果显示，在从技术开发到商业化的整个过程中，只有五分之一的中国区域创新系统是在经验最佳实践前沿运行的。这些研究主要以不同区域层面为研究对象，在测算其创新效率的基础上，就各区域如何配置创新资源，提高效率等问题进行了积极的探讨。

然而，上述研究将各区域看作一个“黑箱”系统(Bai，2015)，仅通过测算各区域创新资源的投入产出来衡量其创新效率，并没有深入揭示区域创新系统内部各创新主体间的相互关系与运作机制。而且，由于其假设各区域之间相互独立，因而研究中也并没有考虑区域之间的协同创新对区域创新效率的影响。

随着技术创新活动非线性、网络化、全球化特征凸显，传统以线性和链式为主的技术创新模式已经向以多元创新主体合作为基础的协同创新模式转变。协同创新模式日益受到学术界和政策制定者的关注，被认为是创新型国家(地区)培育创新竞争力的一种新型组织和创新过程。一个地区的创新产出不仅取决于当地的经济水平、科技投入、制度条件、社会文化环境等综合因素，同时还受到其他区域创新活动的影响。目前，关于区域协同创新的研究主要集中在区域协同创新相关理论基础的探求、理论体系的构建(Duin 等，2008)、区域内部协同创新机制机理的分析以及区域协同创新的实现路径与对策等方面(Fischer 等，2002)，这些研究以定性分析为主。在定量分析上，利用 LS-SVM、DEA、系统动力学、复合系统协调度等模型，虽可较好地反映区域创新能力差异与区域互动，但究竟协同创新如何对区域创新效率产生影响以及产生怎样的影响，尚缺乏理论上的阐释和严格的计量检验。

技术创新合作由于能够促进区域间资源、知识、技术的流动而被认为是提升区域创新效率的重要因素。随着知识创造的日益频繁，创新已经成为一项复杂性活动(Guan 等，2016)。创新主体不再是一个封闭的、孤立的系统，而是通过各种协同与合作建立关系网络，以期达到降低创新风险的目的。协同创新有助于增强创新主体间的学习与互动，促进知识的流动和传播，进而激发出更多的创新产出。此外，区域层面的研究进一步论证了跨区域创新合作对创新效率的影响，如跨区域创新合作网络的中心性和路径长度等对区域创新效率都有正向影响(Wang 等，2014；Guan 等，2015；Guan 等，2016)。这些研究都在一定程度上解释了区域创新合作与创新效率的关系，但协同创新是如何影响区域创新效率的以及影响程度如何仍需要进一步的研究。更为重要的是，目前的研究仅仅考虑区域之间的协同创新对创新效率的影响，并没有将区域内部协同创新与区域之间协同创新纳入一个统一的框架进行分析，全面考察其对区域创新效率的影响。任何系统都不能孤立地存在，必须与环境交换物质、能量、信息才能生成、存在和发展，正因如此，系统才具有开放性的特征，其功能的发挥不仅依靠系统本身的发展水平，还依赖与其他系统间的协同效应。基于协同效应的内涵，区域协同创新系统可分为内部和外部两个部分，即区域内部协同创新系统(区域内部创新要素间的协同效应)和区域外部协同创新系统(区域间的协同效应)。因此，将区域内部协同创新和区域之间的协同创新综合起来考虑，也有利于更为全面地揭示各区域创新活动的协同方式与整体绩效。

与以往的研究相比，本章的主要贡献主要为：一是根据区域创新系统的内涵，从知识创新、技术创新、产业创新、服务创新与创新环境 5 个维度表征区域创新能力，剖析区域创新系统内部各创新能力之间的关联机制，并基于耦合协调度模型测度区域内部协同创新程度。二是构造能力结构模型测度区域创新系统之间的协同创新，揭示不同区际创新能力结构的均衡与匹配程度，探讨区域创新系统之间协同创新的内在形成机制。三是在国家创新系统的整体框架内，利用空间计量模型综合考察区域内部协同创新与区域之间协同创新对区域创新效率的影响机制。

6.1　区域创新效率和协同创新的估算

6.1.1　区域创新效率的估计

创新效率是一种投入产出的生产率分析，适合应用融合了线性规划、多目标规划的数据包络分析法(DEA)进行评价。而由于传统的 DEA 模型对有效决策单元无法作进一步的精确划分，因此本章采用改进的 DEA 模型(Srdjevic 等，2005)来测算 2004—2016 年中国城市的创新效率。

设有 n 个决策单元 $DMU_k(k=1, 2, \cdots, n)$，每一个决策单元有 m 个输入指标，s 个输出指标，输入向量为 $X_k=(x_{1k}, x_{2k}, \cdots, x_{mk})^{T}$，输出向量为 $y_k=(y_{1k}, y_{2k}, \cdots, y_{sk})^{T}$。其中，$x_{ik}$ 与 y_{rk} 分别表示 DMU_k 的第 i 个输入指标值和第 r 个输出指标值，v_i、u_r 分别为相应指标的权重系数；$\boldsymbol{C}_m$、$\boldsymbol{B}_s$ 是根据输入指标、输出指标重要性大小构造的判断矩阵；$\boldsymbol{\lambda}_m$、$\boldsymbol{\lambda}_s$ 分别是判断矩阵 $\boldsymbol{C}_m$、$\boldsymbol{B}_s$ 的最大特征值。

在已有 DMU 的基础上，引入两个虚拟 DMU，即最优 DMU 与最劣 DMU，分别记为 DMU_{n+1}、DMU_{n+2}。最优虚拟决策单元 DMU_{n+1} 的输入指标值取 n 个实际 DMU 相应指标值的最小值，输出指标值取 n 个实际 DMU 相应指标值的最大值；类似地，最劣虚拟决策单元 DMU_{n+2} 的输入指标值取 n 个实际 DMU 相应指标值的最大值，输出指标值取 n 个实际 DMU 相应指标值的最小值。改进的 DEA 模型的具体形式见式(6-1)。

$$
\begin{cases}
\min \sum_{r=1}^{s} u_r y_{r,\ n+2} \\
\text{s. t.}\ \ \sum_{i=1}^{m} v_i x_{i,\ n+2} = 1 \\
\sum_{r=1}^{s} u_r y_{r,\ n+1} - \sum_{i=1}^{m} v_i x_{i,\ n+1} = 0 \\
\sum_{r=1}^{s} u_r y_{rj} - \sum_{i=1}^{m} v_i x_{ij} \leqslant 0, \quad j \neq n+1 \\
(\boldsymbol{C}_m - \lambda_m E_m) v \geqslant 0 \\
(\boldsymbol{B}_s - \lambda_s E_s) u \geqslant 0 \\
u_r \geqslant 0, \quad r = 1, 2, \cdots, s \\
v_i \geqslant 0, \quad i = 1, 2, \cdots, m
\end{cases}
\tag{6-1}
$$

由上述模型求得公共权重 u_r^*、v_i^*，利用公式：

$$
\theta_k^* = \frac{\sum_{i=1}^{s} u_r^* y_{rk}}{\sum_{i=1}^{m} v_i^* x_{ik}} \tag{6-2}
$$

求出各 DMU 的相对效率值，值越大，系统运行效率越高。可以看出，应用上述方法核算城市创新的效率，还需要确定城市创新的投入与产出。

在区域创新投入方面，Fan 等(2014)认为人力资源和财力资源投入是科技生产的基本要素。科学研究、技术服务从业人员数反映了区域对人才的吸引能力，是区域能够进行持续创新的本质所在。财政科学支出强度是表征区域对科技活动的支持程度与衡量区域科技能力的重要标准。

在区域创新产出方面，发明专利数与科技论文数代表了知识形态存在的科研成果(Acs 等，2002；Bettencourt 等，2007)，是知识与技术信息传递、存储的载体与科研成果的重要形式，也是反映科学研究能力的直观体现。其中，专利授权数由于受到专利授权机构等人为因素的影响，具有较大的不确定性，因此专利申请受理数比专利授权数更能够反映城市创新产出的真实水平。综上，利用上文给出的研究方法及投入与产出指标核算城市创新效率，结果如下：

中国城市创新效率的分布并不均匀，基本呈现东、中、西依次递减的分布格局。创新效率较高的城市有北京、上海、深圳、南京、西安等，其效率均值在 0.6 以上，但中国多数城市的创新效率尚处于较低的水平，这些地区大多分布在中国的中部、西部地区，由于经济水平较为落后，对创新资源的投入较少，同时也可能由于管理水平和制度条件等因素的限制，创新投入的产出转化效率也不高。此外，中国城市创新效率呈现出集聚连片分布的空间特征，表明临近城市可能存在空间关联，因此可尝试利用空间计量经济学方法探索中国城市创新效率的影响机制。

6.1.2　区域协同创新的衡量

(1)区域创新能力的衡量

区域创新系统内部各种创新主体深度融合，推动区域内部协同创新的发展。通过区域之间的创新互动集聚分散创新资源来带动区域协同创新，进而促进区域经济协调发展。基于区域协同创新系统的结构特征，区域创新能力可以从知识创新能力（K）、技术创新能力（T）、产业创新能力（I）、服务创新能力（S）与创新环境能力（E）五个维度表征。

知识创新能力(Knowledge Innovation)用高等院校科研人员数占就业人员数的比重表示。一方面，高等学校和科研院所作为知识创造、技术产生和人才培养的重要载体(Drejera 等，2005)，具有庞大的创新人才队伍和先进的科研仪器设备，掌握着前沿的知识和技术，是基础创新的发源地，是新技术、新发明的先导。另一方面，高校和科研机构利用自身的人才、知识和技术优势，帮助企业实现产品创新，这在促进创新资源优化配置与高效利用的同时，也促进了区域创新产出绩效的整体提升(Gulbrandsena 等，2005)。

产业创新能力(Industrial Innovation)用产业结构变动系数(Industrial Structure Change Coefficient，ISCC)表示。产业创新是对旧产业结构的创造性破坏，按照熊彼特的创新突变理论，可以把产业创新看作产业突变的过程。那么产业突变的动力又来自何处呢？任何一个时代的产业结构都是一定需求结构、技术水平和资源结构的综合反映，并在这些因素变动的影响下不断演变。因此，产业突变的动力也来源于产业演进的动力系统中，是这些力的相互作用诱发并推动了产业创新。因此，根据 Li 等(2015)构造 ISCC 如下：

$$\text{ISCC}_i = \frac{|P_{it} - P_{i(t-1)}| + |S_{it} - S_{i(t-1)}| + |T_{it} - T_{i(t-1)}|}{3},\ (i = 1, 2, \cdots, n) \tag{6-3}$$

其中，P_{it}、S_{it}、T_{it} 分别为 t 年 i 城市的第一产业(Primary Industrial)、

第二产业（Secondary Industrial）、第三产业（Tertiary Industrial）占比，$P_{i(t-1)}$、$S_{i(t-1)}$、$T_{i(t-1)}$ 分别为 $t-1$ 年 i 城市的第一产业、第二产业、第三产业占比。

技术创新能力(Technological Innovation)主要体现在技术效率与成果转化创新能力，因此用比较劳动生产率表示技术创新能力：

$$CLP_i = \frac{GDP_i \Big/ \sum_{i=1}^{n} GDP_i}{Labor_i \Big/ \sum_{i=1}^{n} Labor_i},\ (i = 1,\ 2,\ \cdots,\ n) \tag{6-4}$$

创新服务能力(Service Innovation)表现为以政府为主体的公共服务、以行业协会或企业为主体针对消费者的服务行为。本章主要基于数据可得性的考虑，用邮电业务总量占国内生产总值的比重来表示创新服务能力。邮电业务总量是以价值量形式表现的邮电通信企业为社会提供各类邮电通信服务的总数量，邮电业务总量越大，城市经济活力也越大，说明相应的城市具有提供高效创新服务的能力。

创新环境能力(Innovation Environment)主要表现为政府对宏观经济环境、金融环境、市场环境培育的能力，以及基础设施建设、减少资源消耗、环境卫生治理方面的能力。本章用当年实际使用外资金额(万美元)表示创新环境能力，这是因为政府可以通过改善基础设施条件来为直接主体的创新活动提供便利；为企业创新提供政策、融资、土地支持；通过制定相关的政策法规，规范直接主体的创新行为，降低交易成本。一个城市的创新环境能力越强，对外资的吸引力也越大。

(2)城市内部协同创新能力的测度

本章利用 Topsis-灰色关联耦合模型测度城市内部的协同创新能力。借鉴物理学中的容量耦合系数模型(Valerie，1996)，结合区域内部协同创新系统模型和耦合度模型的特点，得出区域内部协同创新协调度模型，其中 $f(K)$、$g(T)$、$z(I)$、$h(S)$、$y(E)$ 分别表示第 i 个城市的知识创新能力、技术创新能力、产业创新能力、服务创新能力与创新环境能力，而 C_i 表示五个子系统间的协调度：

$$C_i = \left(\frac{f(K)g(T)m(I)h(S)y(E)}{\left| \frac{f(K) + g(T) + m(I) + h(S) + y(E)}{5} \right|^5} \right)^{\frac{1}{5}},\ (i = 1,\ 2,\ \cdots,\ n) \tag{6-5}$$

协调度模型虽能描述系统间相互作用程度，但不能反映程度影响的性质，如低协同创新水平的地区和高协同创新水平的地区可能表现出相同的协调度。为了克服此种局限性，本章进一步引入耦合模型，构建更准确、客观的耦合协调度模型：

$$D_i = \sqrt{C_i \times Z_i}\text{，}(i = 1, 2, \cdots, n) \tag{6-6}$$

$$Z_i = \alpha f(K) + \beta g(T) + \chi m(I) + \delta h(S) + \varepsilon \gamma(E)\text{，}(i = 1, 2, \cdots, n) \tag{6-7}$$

式中：C_i 为协调度，D_i 为耦合协调度，Z_i 为区域内部协同创新能力综合评价指数，α、β、χ、δ、ε 为待定系数，由于五个创新能力在区域内部的协同创新中都具有相同重要的作用，因此都取值0.2。

(3)城市之间协同创新的测度

知识、技术、产业、服务与创新等创新能力通过区域之间的互动连接来推动区域之间的创新深度融合，协调具有不同利益诉求的各种区域创新主体，进而促进区域经济发展(Landry，2000；Simmie，2011)。当两个区域进行协同创新时，区域创新能力状况直接影响着区域之间协同创新的稳定性和长久性。鉴于上述区域协同创新能力的分类，从知识创新能力、技术创新能力、产业创新能力、服务创新能力与创新环境能力五个维度来构造区域协同创新能力结构关系体系。利用能力结构关系模型测度城市间的协同创新水平。A 和 B 两个城市之间创新能力结构的耦合度 C_{AB} 用公式(6-8)表示：

$$C_{AB} = \sum \left| \frac{I_{A_i}}{I_{B_i} - 1} \right| \bigg/ \sqrt[i]{\prod \left| \frac{I_{A_i}}{I_{B_i}} - 1 \right|} \tag{6-8}$$

式中，I_{A_i}、I_{B_i} 分别为 A 城市和 B 城市的各项创新能力结构指数；i 为变量个数，$i=5$。借鉴Yang(2007)能力结构与区域经济合作思路，绘制区域创新能力结构与协同创新利益分配关系图(见图6-1)，解释两个城市在协同创新中的获益情况。其中，a 为 A 城市的创新能力，b 为 B 城市的创新能力，OA 为 A 城市创新能力结构线，OB 为 B 城市创新能力结构线，OC 为 A、B 城市的协同创新合作线，I_A，I_B 分别为 A 城市和 B 城市的综合创新能力结构指数。

其中，OA 线与 OB 线的长度 L_{OA}、L_{OB} 用创新能力结构指数表示的函数式为公式(6-9)，S_{AOB} 代表了 A、B 两城市协同创新的总收益。故：

$$L_{OA} = L_{OB} = I_A \times I_B \times C_{AB} \tag{6-9}$$

$$S_{AOB} = \frac{1}{2} \times I_A \times I_B \times C_{AB} \times \left[\arctan\left(\frac{1}{1 - I_B}\right) - \arctan(1 - I_A) \right] \tag{6-10}$$

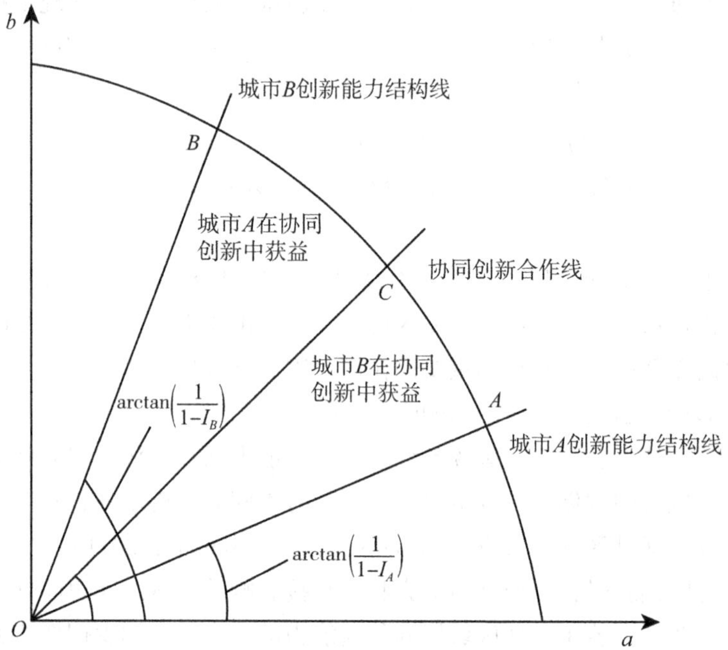

图 6-1 城市协同创新之间的关系

由此，将形成一个 283 ∗ 283 的区域间协同创新总收益矩阵，并得到每个城市与其余 282 个城市协同创新总收益(S_{AOB})，在此基础上进行算术平均，从而得到每个城市的区域间协同创新指数。

据非期望产出的 SBM 模型，利用公式(6-1)分别得到各地区创新绩效值ρ，并与不考虑非期望产出情况得到的创新绩效进行对比。两种创新绩效反映了在考虑非期望产出以及不考虑非期望产出两种情况下的相对效果，表明各地区创新绩效的强弱，而非真正的创新绩效值，结果如表 6-1 所示。

表 6-1 区域创新绩效与位序表

地区	2000—2003 年平均	2004—2006 年平均	2006—2010 年平均	2011—2013 年平均	2000—2013 年平均	位序
北 京	0. 980/0. 977	0. 858/0. 836	0. 861/0. 868	0. 959/0. 957	0. 915/0. 911	1/1
天 津	0. 565/0. 420	0. 696/0. 511	0. 537/0. 383	0. 469/0. 403	0. 564/0. 425	6/9
河 北	0. 204/0. 183	0. 227/0. 166	0. 220/0. 154	0. 217/0. 170	0. 216/0. 168	26/27
山 西	0. 313/0. 224	0. 238/0. 202	0. 229/0. 164	0. 280/0. 223	0. 266/0. 202	23/24

续表

地区	2000—2003 年平均	2004—2006 年平均	2006—2010 年平均	2011—2013 年平均	2000—2013 年平均	位序
内蒙古	0. 228/0. 225	0. 126/0. 131	0. 114/0. 086	0. 107/0. 084	0. 148/0. 135	29/29
辽 宁	0. 444/0. 315	0. 446/0. 323	0. 423/0. 325	0. 453/0. 328	0. 440/0. 322	15/18
吉 林	0. 817/0. 830	0. 751/0. 848	0. 593/0. 691	0. 541/0. 594	0. 680/0. 744	5/4
黑龙江	0. 391/0. 280	0. 417/0. 312	0. 364/0. 325	0. 624/0. 501	0. 439/0. 347	16/14
上 海	0. 833/0. 749	0. 885/0. 799	0. 956/0. 893	0. 904/0. 679	0. 895/0. 786	2/3
江 苏	0. 383/0. 272	0. 437/0. 311	0. 588/0. 502	0. 877/0. 919	0. 559/0. 485	7/6
浙 江	0. 694/0. 534	0. 640/0. 463	0. 626/0. 503	0. 811/0. 799	0. 688/0. 567	4/5
安 徽	0. 518/0. 471	0. 552/0. 569	0. 488/0. 405	0. 560/0. 481	0. 526/0. 475	11/7
福 建	0. 575/0. 435	0. 477/0. 333	0. 385/0. 277	0. 341/0. 294	0. 450/0. 338	13/15
江 西	0. 156/0. 177	0. 183/0. 142	0. 205/0. 152	0. 295/0. 218	0. 206/0. 171	27/26
山 东	0. 347/0. 257	0. 368/0. 278	0. 337/0. 279	0. 301/0. 293	0. 339/0. 275	21/21
河 南	0. 200/0. 176	0. 251/0. 197	0. 260/0. 202	0. 255/0. 225	0. 240/0. 198	25/25
湖 北	0. 429/0. 332	0. 732/0. 611	0. 601/0. 489	0. 499/0. 371	0. 558/0. 445	8/8
湖 南	0. 535/0. 365	0. 680/0. 519	0. 469/0. 359	0. 447/0. 330	0. 528/0. 389	9/13
广 东	0. 318/0. 337	0. 491/0. 456	0. 388/0. 411	0. 362/0. 434	0. 385/0. 404	18/10
广 西	0. 211/0. 210	0. 292/0. 209	0. 271/0. 189	0. 290/0. 234	0. 262/0. 209	24/23
海 南	0. 645/0. 622	0. 381/0. 288	0. 448/0. 320	0. 368/0. 280	0. 473/0. 391	12/12
重 庆	0. 405/0. 285	0. 442/0. 309	0. 492/0. 355	0. 824/0. 725	0. 527/0. 404	10/11
四 川	0. 276/0. 191	0. 355/0. 257	0. 485/0. 350	0. 606/0. 463	0. 423/0. 309	17/19
贵 州	0. 285/0. 219	0. 259/0. 218	0. 296/0. 230	0. 420/0. 355	0. 311/0. 251	22/22
云 南	0. 523/0. 366	0. 413/0. 297	0. 413/0. 317	0. 433/0. 324	0. 448/0. 328	14/17
西 藏	0. 055/0. 072	0. 054/0. 114	0. 086/0. 102	0. 047/0. 100	0. 062/0. 096	31/31
陕 西	0. 236/0. 215	0. 256/0. 280	0. 415/0. 364	0. 648/0. 494	0. 380/0. 331	19/16
甘 肃	0. 871/0. 868	0. 830/0. 914	0. 830/0. 946	0. 935/0. 913	0. 864/0. 910	3/2
青 海	0. 175/0. 129	0. 180/0. 146	0. 216/0. 154	0. 180/0. 127	0. 189/0. 139	28/28
宁 夏	0. 116/0. 163	0. 082/0. 097	0. 112/0. 120	0. 153/0. 147	0. 116/0. 133	30/30
新 疆	0. 408/0. 330	0. 386/0. 286	0. 335/0. 235	0. 388/0. 284	0. 378/0. 284	20/20

注：分子、分母分别表示不考虑非期望产出情况下与考虑非期望产出情况下的创新绩效；平均值为逐年的算术平均值。

在研究期内，两种情况下全国科技资源的平均配置效率在波动中都有了较小幅度的提升，在不考虑非期望产出情况下，由2000—2003年的0.424增长到2011—2013年的0.471，增幅0.047；在考虑非期望产出情况下，由2000—2003年的0.362增长到2011—2013年的0.411，增幅与不考虑非期望产出基本相同，为0.049。虽然总体上看不考虑非期望产出情况的创新绩效要比考虑非期望产出情况时较大，但两种情况下，我国创新绩效总体水平有待提升，具有较大发展潜力与发展空间。

区域创新绩效空间分布格局的非均衡性特征较为明显，各省级区域的增幅差异较大，在考虑非期望产出情况下，增幅最大的重庆、江苏与浙江分别达到0.760、0.734与0.521，分别由研究基期的0.240、0.266与0.479同时达到研究末期的1.000，创新绩效实现完全有效，此外增幅较大的地区还有陕西(增0.317)、四川(增0.300)、黑龙江(增0.247)。而在不考虑非期望产出情况下，创新绩效增幅最大的重庆、江苏与陕西分别达到0.665、0.454与0.447，其中重庆的创新绩效实现完全有效，此外增幅较大的地区还有四川(增0.345)、黑龙江(增0.268)、浙江(增0.242)、贵州(增0.234)。可以看出，相对而言重庆、江苏、浙江、陕西与四川等地都是我国的教育、科技重镇，科技资源较为集中，科技资源的集聚作用与知识的溢出效应较为明显，科技资源期望产出持续增多，有力地提升了这些地区的创新绩效。

从两种情况下创新绩效的位序对比来看，考虑非期望产出，创新绩效位序高于不考虑非期望产出的地区依次是：广东、安徽、陕西、黑龙江、吉林、江苏、江西、广西、甘肃等区域，很明显这些地区环境因素对科技创新具有正向的促进作用。而考虑非期望产出，创新绩效位序低于不考虑非期望产出的地区依次是：湖南、辽宁、天津、云南、四川、福建、河北、山西、上海、浙江与重庆，这些地区环境因素对于创新绩效的提升具有不同程度的制约作用，未来应充分发挥科技创新在产业转型升级中的支撑与引领作用，把科技创新与绿色发展紧密结合起来，加快科技成果转化为现实生产力，促进地区经济实现科学发展与绿色崛起。

考虑非期望产出，研究期内创新绩效排在前十位的地区是北京、甘肃、上海、吉林、浙江、江苏、安徽、湖北、天津、广东；不考虑非期望产出，研究期内创新绩效排在前十位的是北京、上海、甘肃、浙江、吉林、天津、江苏、湖北、湖南、重庆。可以看出，这些地区多集中在东部沿海地区，是典型的高投入、高产出地区，是我国率先实施创新驱动发展战略的重点推进区，其科技创业投资和金融支持政策较为完善，国际创新的合作力度较强。中部地区的湖北在两种情况下都排在前列，与湖北作为中部地区传统的科教强省地位是分不开的，湖北高校与科研单位集中，为科技资源的集聚提供了良好的科技外部环境，使两种情况下科技资源的产出都相对较高。此外，西部地区的甘肃两种情况下的科技资源平均配置效率排在第 3 位与第 2 位，其在研究期内的整体创新绩效较高，一方面该地区是典型的低投入、低产出地区，有限的投入并不需要很高的产出就能产生相对较高的创新绩效，另一方面兰州在建设西北科技中心的过程中为该地区创新绩效的有效提升提供了强大动力，相对于青海、宁夏等西部省份，其科技产出明显较多。

两种情况下创新绩效都排在后十位的地区为：贵州、广西、山西、河南、江西、河北、青海、内蒙古、宁夏、西藏，多集中在西部偏远地区，只是在排列顺序上略有不同。西部地区在科技创新平台建设、重大项目申报等方面明显处于劣势，争取国家级经费支持也明显少于东部沿海发达地区，而且差距有继续扩大的趋势，科技项目和资金不足，不仅严重影响西部地区的经济、社会发展，也严重影响西部地区人才的成长环境，导致优秀人才流失，进一步制约其创新绩效的提升。此外，东部地区的河北，中部地区的山西、河南、江西也排名较为靠后，这些地区的科技资源期望产出相对较低，科技创新能力整体较为薄弱，实施创新驱动发展战略还面临着诸多挑战，未来这些地区需要在本土的知识创造、技术引进吸收、人才吸引培育、创新环境打造等方面同时发力，系统构建良好的创新生态，以实现经济的可持续发展。

6.1.3　数据来源

截至 2017 年，中国共有 298 个地级市，但有 15 个城市如三沙、湛州、毕节等个别年份数据缺失，创新产出中检索到的科技论文数量是中文和英文文献检索之和，其中中文文献来源于中国 创新产出中检索到的科技论文数量是中文和英文文献检索之和，其中中文文献来源于中国期刊全文数据库(CNKI)，英文文献检索来源于 Web of Science(WoS)数据库。三大专利申请数量(件)通过检索中国专利全文数据库(知网版)获得。其余的科研和技术服务从业人员数量(万人)、财政科技支出(万元)等指标数据主要来源于《中国城市统计年鉴》(2005—2017 年)或城市所在省份的统计年鉴。

6.2 空间计量模型的建立

空间计量模型分为 3 种类型：空间滞后模型、空间误差模型和空间杜宾模型。空间滞后模型在一般面板数据模型中加入了被解释变量的空间滞后项，表示某空间单元上解释变量受到邻近空间单元解释变量的影响；空间误差模型则加入了空间相关的误差项，即认为某空间单元模型误差项受到邻近空间单元模型误差项的影响；空间杜宾模型则对空间滞后模型与空间误差模型的特征进行了综合，这种受邻近空间单元影响的强度用空间权重矩阵表示。空间滞后模型、空间误差模型和空间杜宾模型分别如下(Elhorst，2014)：

$$y_{it} = \delta \sum_{j=1}^{N} W_{ij} y_{jt} + \phi + \beta x_{it} + c_i + a_t + \varepsilon_{it} \tag{6-11}$$

$$y_{it} = \phi + \beta_{xi} + c_i + a_t + u_{it}，\ u_{it} = \rho \sum_{j=1}^{N} W_{ij} u_{jt} + \varepsilon_{it} \tag{6-12}$$

$$y_{it} = \delta \sum_{j=1}^{N} W_{ij} y_{jt} + \phi + \beta x_{it} + \sum_{j=1}^{N} W_{ij} x_{ij}\theta + c_i + a_t + \varepsilon_{it} \tag{6-13}$$

式中：δ 为空间回归系数，表示邻近空间单元的被解释变量 $y_{邻}$ 对本空间单元的被解释变量 $y_{本}$ 的影响，若显著为正，则表示被解释变量存在明显的空间溢出性；u_{it} 是空间自回归误差项；ρ 是空间误差系数，表示邻近空间单元误差项 $u_{邻}$ 对本空间单元误差项 $u_{本}$ 的影响；θ 是解释变量的空间滞后项系数，表示邻近空间单元解释变量 $x_{邻}$ 对本空间单元被解释变量 $y_{本}$ 的影响；N 是空间单元个数，W 为空间权重矩阵。

首先运用 LM 检验来判断空间滞后效应与空间误差效应是否显著，如果 LM 检验结果显示一种效应显著而另一种效应不显著，则可构建显著的空间效应模型；如果 LM 检验结果显示两种效应均显著或均不显著，则需要构建空间杜宾模型，然后通过 Wald 或 LR 检验来判断空间杜宾模型是否可以简化成空间滞后模型或空间误差模型。假设 1：$\theta=0$；假设 2：$\theta+\lambda\beta=0$。如果假设 1 通过显著性检验则认为空间杜宾模型可以简化为空间滞后模型，如果假设 2 通过显著性检验则认为空间杜宾模型可以简化成为空间误差模型。

从空间杜宾模型的数学构造可以看出，某空间单元被解释变量 $y_{本}$ 主要受三个方面的影响：邻近空间单元的被解释变量 $y_{邻}$、本空间单元的解释变量$x_{本}$、邻近空间单元的解释变量$x_{邻}$。本空间单元的$x_{本}$除了直接影响$y_{本}$外($x_{本} \to y_{本}$)，还可通过影响邻近空间单元的$y_{邻}$，再通过$y_{邻}$的空间自相关性传递到本空间单元的$y_{本}$($x_{本} \to y_{邻} \to y_{本}$)，这种$x_{本}$对$y_{本}$的综合作用称为解释变量的直接效应。同样，本空间单元的$x_{本}$可直接影响邻近空间单元的$y_{邻}$($x_{本} \to y_{邻}$)，也可通过影响本空间单元的$y_{本}$，再通过$y_{本}$的空间自相关性传递到邻近空间单元的$y_{邻}$($x_{本} \to y_{本} \to y_{邻}$)，这种$x_{本}$对$y_{邻}$的综合作用称为间接效应，也称解释变量的空间溢出效应。直接效应与间接效应是解释变量通过复杂的循环过程对被解释变量产生的综合影响，而不等同于式(6-13)中解释变量系数β($x_{本} \to y_{本}$)或空间滞后项系数θ($x_{邻} \to y_{本}$)。空间杜宾模型可以改写成以下形式(Lesage等，2009；Elhorst，2014)：

$$Y_t = (I - \lambda \boldsymbol{W})^{-1}\varphi l_N + (I - \lambda \boldsymbol{W})^{-1}(X_t\beta + \boldsymbol{W}X_t\theta) + (I - \lambda \boldsymbol{W})^{-1} v_t^* \tag{6-14}$$

式中：Y_t为创新效率，$\boldsymbol{W}$为空间权重矩阵，X_t为创新效率的影响因素，φl_N表示空间误差项，v_t^*表示带有时空间效应的时间误差项。$\boldsymbol{W}$采用基于距离函数的空间权重矩阵，其公式为：

$$\boldsymbol{W}_{ij} = \begin{cases} 0 & (i = j) \\ \dfrac{1}{d_{ij}} & (i \neq j) \end{cases} \tag{6-15}$$

式中，d_{ij}是城市i和城市j之间的距离。该空间权重矩阵$\boldsymbol{W}_{ij}$是基于距离函数的空间邻接关系构建，充分考虑到两个城市空间距离近的影响较大，而相离较远的则相互影响较小假设。

影响因素X_t包括区域内部协同创新能力(Rei)、区域之间协同创新能力(Reb)及其他一系列控制变量，包括地区基础设施(Inf)，用公路货运量(万吨)表示，地区产业结构(Ind)，用地区第三产业总值占国内生产总值比重来表征，地区经济发展水平(Eco)，用地区实际人均国内生产总值的对数值来表征，地区经济活力(Vit)：用全社会用电量(万千瓦时)表示，用社会消费品零售总额表示地区消费需求(Con)，消费对于创新效率的拉动作用。

公式(6-15)被解释变量Y相对于第k个解释变量的偏导数为：

$$\left[\frac{\partial Y}{\partial x_{1k}} \cdot \frac{\partial Y}{\partial x_{Nk}}\right] = (I - \lambda W)^{-1}\begin{bmatrix} \beta_k & w_{12}\theta_k & \cdots & w_{1N}\theta_k \\ w_{21}\theta_k & \beta_k & \cdots & w_{2N}\theta_k \\ w_{N1}\theta_k & w_{N2}\theta_k & \cdots & \beta_k \end{bmatrix} \tag{6-16}$$

式(6-16)中右边对角线元素的均值为直接效应，非对角线元素每行(列)之和的均值为间接效应。

6.3 测量结果分析

6.3.1 空间计量模型选择

根据 Likehood Ratio(LR)检验结果，对空间固定、时间随机和时空固定两种形式下的空间杜宾模型进行模拟，在此基础上进行 Wald 检验。结果显示(见表 6-1)空间滞后效应和空间误差效应都在 1%的水平上显著，两种形式下的空间杜宾模型均不能简化为空间滞后模型或空间误差模型，即空间杜宾模型对中国城市创新效率影响因素的模拟最优。对两种形式下的空间杜宾模型进行 Hausman 检验，结果显示空间固定、时间随机形式被拒绝（Hausman 检验值为 31.218，15 个自由度，$P<0.01$），且对数似然值显示时空固定形式下的空间杜宾模型拟合程度明显优于空间固定、时间随机形式下的空间杜宾模型。因此，本章选择时空固定形式下的空间杜宾模型作为最终模型。

表 6-1 不同形式的空间杜宾模型模拟

Test project	Test results	Test project	Test results
Wald_spatial_lag	30.9651 (0.000) ***	LR_spatial_lag	33.8888 (0.000) ***
Wald_spatial_error	23.7259 (0.001) ***	LR_spatial_error	26.0646 (0.000) ***

注：*** 表示 1%水平上显著。

6.3.2 区域协同创新模型估计结果分析

创新理论认为，创新生产是一个连续的过程，上期的创新累积与产出绩效很可能会对当期的产出绩效产生影响。区域协同创新对于创新效率的影响也可能存在滞后，这是因为从各创新主体的意愿合作，到知识共享和资源的协同调配，再到最终取得创新成果需要一定的时间。

基于此，本章首先应用空间 Durbin 模型对区域协同创新变量的时滞结构进行检验(见表 6-2)，结果发现在当期及滞后一期两种情况下，空间

自回归系数 δ 都分别在 5%与 1%的水平上显著，说明中国城市创新效率存在空间溢出效应，两种情况下原始变量与滞后变量的 R^2 分别为 0. 728 和 0. 857，似然比都大于 480，空间 Durbin 模型的回归结果都比较好。当期及滞后一期的区域内部协同创新都在 1%的水平上显著，而当期区域间协同创新对创新效率的影响不显著，而滞后一期的区域间协同创新对于创新效率的影响在 10%的水平上显著，而滞后两期之后，区域内部协同创新与区域间的协同创新对创新效率的影响均不再显著。

表 6-2　协同创新模型的回归结果

解释变量	现阶段		滞后一期	
	回归系数	t 统计值	回归系数	t 统计值
区域内的合作创新	1. 368***	13. 436	1. 250***	11. 222
区域间的合作创新	0. 011	0. 257	0. 021*	1. 575
区域基础设施(Inf)	0. 047**	2. 323	0. 153***	5. 638
区域产业结构(Ind)	0. 134	1. 148	0. 041	2. 105
区域经济发展水平(Eco)	-0. 012	-1. 475	-0. 008	-0. 935
区域经济活力(Vit)	0. 122***	3. 982	0. 096***	4. 612
区域消费需求(Con)	0. 148***	3. 569	0. 127***	3. 362
δ	0. 145**	2. 653	0. 388	4. 535
R^2	0. 728		0. 857	
likelihood	483. 543		526. 462	

注：*** 表示 1%水平上显著，** 表示 5%水平上显著，* 表示 10%水平上显著。

这一方面说明区域内部和区域之间的创新要素动态流动都有利于知识的空间溢出，并促进了区域创新效率的提升。创新要素本身蕴含了大量有关技术创新的知识信息，其在区域创新系统之间的动态流动将有利于知识信息的传播与应用，进而促进了地区间知识的溢出。但区域协同创新对于创新效率的影响主要是通过区域内部创新主体间的协同创新进行的，内因是影响区域创新效率的主要原因。另一方面说明，当期区域之间的协同创新对创新效率的影响为正，但是不显著，滞后一期以后显著，说明区域之间的协同创新要有一个逐步积累的过程。

在控制变量方面，地区基础设施(Inf)、地区经济活力(Vit)、地区消费需求(Con)对创新效率影响显著为正。地区产业结构(Ind)、地区经济发展水平(Eco)对创新效率的影响不显著。

为了克服空间 Durbin 计量模型回归系数不能完全反映自变量对因变量影响的制约，需要进一步测算滞后一期的协同创新变量在空间上的直接效应、间接效应与总效应(见表 6-3)。从直接效应来看，中国城市层面的区域内部协同创新、区域之间的协同创新都对区域创新效率造成显著正向影响，间接效应、总效应对创新效率的影响与直接效应表现出相同的影响方向，但显著水平并不完全相同，例如区域内部协同创新直接效应在 1%水平上显著，表现出一种极显著的状态，而在间接效应中在 5%水平上显著，这说明区域内部协同创新不仅可以促进本地区创新效率的提高，也可以有效的带动其他地区创新效率的提高，但是对于本地区的带动作用明显要大于对于其他地区的带动作用。

表 6-3　协同创新的直接、间接和总效应

解释变量	直接效应		间接效应		总效应	
	回归系数	t 统计值	回归系数	t 统计值	回归系数	t 统计值
区域内的合作创新	1.251***	11.053	0.832**	2.568	2.082***	5.515
区域间的合作创新	0.003*	1.589	0.021*	1.334	0.028*	1.428
区域基础设施(Inf)	0.156***	5.528	0.049*	2.512	0.107***	4.761
区域产业结构(Ind)	0.041	2.089	0.027	1.577	0.068	0.051
区域经济发展水平(Eco)	-0.008	-0.894	-0.006	-0.847	-0.014	-0.893
区域经济活力(Vit)	0.096***	4.927	0.064***	2.650	0.160***	3.620
区域消费需求(Con)	0.127***	3.339	0.118*	1.890	0.145***	2.773

注：***表示 1%水平上显著，**表示 5%水平上显著，*表示 10%水平上显著。

从控制变量来看，地区基础设施(Inf)和地区消费需求(Con)的直接效应的显著水平明显大于其间接效应，说明这两个控制变量对促进本地区创新效率的作用明显。地区经济活力(Vit)对本地区与其他地区的创新效率都具有显著的促进作用。地区产业结构(Ind)的直接效应与间接效应对创新效率的促进作用表现为正的非显著性，地区经济发展水平(Eco)的直接效应与间接效应对创新效率的促进作用表现为负的非显著性，这说明产业结构的变动与地区经济发展水平对于创新效率的影响作用不明显，经济发展水平高的地区，创新效率未必高，区域环境的异质性使得同样的创新要素在不同的地区会产生不同的效果，有些地区创新资源相近，创新能力却相差很大、创新投入也不一定带来相同比例的创新回报。例如上海作为中国最大，经济发展水平最高的城市，但其创新资源投入的乘数作用与集聚作用却并没有充分发挥出来，创新产出与巨大的创新投入并不匹配，导致其创新效率并不高。

6.3.3 区域协同创新能力模型估计结果分析

从协同创新的五个创新能力来看(见表6-4)，结果发现当期除技术创新能力以外，知识创新、产业创新、服务创新、创新环境能力对创新效率的影响都在1%的水平上显著。滞后一期的技术创新能力对于创新效率的影响在5%的水平上显著，产业创新能力也在5%的水平上显著，而知识创新、服务创新、创新环境能力对创新效率的影响依然在1%的水平上显著，滞后一期的显著水平优于当期。这也在一定程度上说明，协同创新是一个长期过程，知识创新、技术创新、产业创新、服务创新和创新环境等各种创新能力间的协作互动在促进区域创新效率提升方面具有一定的时滞性。区域协同创新是一个从协同目标确定，到创新资源调配和联合开发，并最终取得创新成果的全过程，各区域创新能力之间只有经过一定时期的协作磨合，才能获得良好的协同创新效应。

表6-4 协同创新能力模型的回归结果

解释变量	现阶段		滞后一期	
	回归系数	t 统计值	回归系数	t 统计值
知识创新能力	0.409***	12.650	0.436***	14.417
技术创新能力	0.038	1.626	0.0462**	2.149
产业创新能力	0.143***	2.612	0.113**	2.264
服务创新能力	0.757***	8.828	0.793***	9.269
创新环境能力	0.208***	3.161	0.247***	3.727
区域基础设施(Inf)	0.034***	5.966	0.048***	8.974
区域产业结构(Ind)	-0.045	-2.713	-0.046*	-2.993
区域经济发展水平(Eco)	-0.004	-0.462	-0.021	-3.268
区域经济活力(Vit)	0.093***	20.003	0.096***	21.620

续表

解释变量	现阶段		滞后一期	
	回归系数	t统计值	回归系数	t统计值
区域消费需求(Con)	0.001	0.174	-0.002	-0.422
δ	0.141***	2.657	0.201***	3.009
R^2	0.788		0.866	
likelihood	680.261		718.670	

注:***表示1%水平上显著,**表示5%水平上显著,*表示10%水平上显著。

在控制变量方面,地区基础设施(Inf)、地区经济活力(Vit)依然对创新效率影响显著为正,地区消费需求(Con)和地区经济发展水平(Eco)对创新效率的影响不显著,地区产业结构(Ind)当期对创新效率的影响不显著,滞后一期后在10%的水平上显著为负。理论上,产业结构优化升级的本质是生产要素从低效率生产部门向高效率生产部门转移,这必然会对创新效率产生影响,但实际中,市场机制在引导生产要素的进退时,可能并不如期望的那样高效和顺畅。

从直接效应来看(见表6-5),中国城市层面的知识创新能力、技术创新能力、产业创新能力、服务创新能力与创新环境能力的直接效应、间接效应、总效应都对区域创新效率具有正的显著影响,知识创新能力、服务创新能力与创新环境能力在1%的水平上显著,技术创新能力和产业创新能力在5%的水平上显著,说明提升这五大创新能力,对于区域创新效率都具有促进作用,不仅可以促进本地区创新效率的提高,也可以有效的带动其他地区创新效率的提高,从而带动整体区域创新效率的提升。

从控制变量来看,地区基础设施(Inf)和地区经济活力(Vit)的直接效应、间接效应、总效应都对区域创新效率具有正的显著影响,且在1%的水平上显著,加强地区基础设施建设与地区经济活力,对于本地区创新效率的提升和其他地区创新效率的提升都具有促进作用。地区产业结构(Str)的直接效应、间接效应、总效应都对区域创新效率具有负的显著影响,且在10%的水平上显著,这说明产业结构的调整升级应该充分依托当地的创新资源,否则将对创新效率的提升起到一定的阻碍作用。同时,地区消费需求(Con)和地区经济发展水平(Eco)的直接效应、间接效应、总效应都对区域创新效率的影响都不显著。

表 6-5 协同创新能力的直接、间接和总效应

解释变量	直接效应		间接效应		总效应	
	回归系数	t 统计值	回归系数	t 统计值	t 统计值	回归系数
知识创新(Kno)	0.441***	14.875	0.980***	4.887	1.420***	6.617
技术创新(Tec)	0.047**	2.171	0.103**	1.977	0.150**	2.071
产业创新(Ind)	0.116**	2.291	0.258**	2.030	0.374**	2.144
服务创新(Ser)	0.796***	9.366	1.769***	4.678	2.565***	6.016
创新环境(Env)	0.247***	3.687	0.553***	2.852	0.801***	3.167
区域基础设施(Inf)	0.048***	8.975	0.106***	4.591	0.154***	5.869
区域产业结构(Ind)	-0.046*	-3.179	-0.103*	-2.748	-0.149*	-2.959
区域经济发展水平(Eco)	-0.021	-3.216	-0.046	-2.392	-0.067	-2.654
区域经济活力(Vit)	0.096***	21.903	0.214***	5.048	0.311***	7.036
区域消费需求(Con)	-0.003	-0.455	-0.006	-0.472	-0.008	-0.468

注：*** 表示 1%水平上显著，** 表示 5%水平上显著，* 表示 10%水平上显著。

6.4 本章小结

利用中国分城市面板数据测算城市创新效率，根据区域创新系统的内涵，从知识创新、技术创新、产业创新、服务创新与创新环境 5 个方面表征区域创新能力。基于耦合协调度模型测度区域内部协同创新程度，并构造能力结构模型测度区域之间的协同创新，在此基础上，采用空间杜宾模型实证考察了区域内部协同创新和区域之间协同创新对区域创新效率的影响。通过研究发现：(1)区域内部协同创新和区域之间协同创新对于区域创新效率的提升都具有促进作用，但区域协同创新对于创新效率的影响主要是通过区域内部创新主体间的协同创新进行的，内因是影响区域创新效率的主要原因。(2)区域内部协同创新不仅可以促进本地区创新效率的提高，也可以有效带动其他地区创新效率的提高，但是对于本地区的带动作用明显要大于对于其他地区的带动作用。(3)知识创新、技术创新、产业创新、服务创新和创新环境等各种创新能力间的协作互动在促进区域创新效率提升方面具有一定的时滞性。区域协同创新是一个从协同目标确定，到创新资源调配和联合开发，并最终取得创新成果的全过程，各区域创新能力之间只有经过一定时期的协作磨合，才能获得良好的协同创新效应。

第 7 章　产学研协同创新绩效的收敛机制与空间溢出效应

随着知识经济发展和科技全球化的到来，国家创新能力对实现社会经济发展目标起到了关键性的决定作用，创新已经成为衡量一个国家核心竞争力的关键因素(曾刚等，2018；樊杰等，2019)。与此同时，技术创新活动越来越呈现非线性、网络化、全球化的特征，传统以线性和链式为主的技术创新模式正在向以多元创新主体合作为基础的协同创新模式转变。创新作为一项系统工程，创新主体不再是一个封闭的、孤立的系统，而是通过各种协同与合作所建立的关系网络，以达到降低创新风险的目的(吕拉昌等，2016)。协同创新模式日益受到学术界和政策制定者的关注，被认为是创新型国家(地区)培育新一轮创新竞争力的新型组织架构(金凤君等，2016)。

协同创新定义最早由美国麻省理工学院研究员 Gloor(2006)提出，即“由自我激励的人员所组成的网络小组形成集体愿景，借助网络交流思路、信息及工作状况，合作实现共同的目标”(陈劲，2012)。由于创新主体、要素流动、组织形式和运行机制的不同，协同创新大致可以分为创新主体之间的协同创新和创新系统之间的协同创新(范斐等，2020)，即产学研协同创新和区域协同创新。其中，产学研协同创新是在创新系统中，创新主体各不相同但却形成了相互联系以保证创新要素流通的链式结构(邓羽和司月芳，2016)。不同的创新主体包括创新系统内的各类企业、高等院校、科研机构、政府以及中介机构，各类创新主体相互交流创新要素，以共同获得创新成果(吕国庆等，2014；胡杨和李郇，2017；刘友金等，2017)。产学研协同创新的经典代表是三螺旋结构模型，其阐释了政府机关、企业单位和高等院校之间创新要素不断交互，以形成三个不同创新主体之间相互联系并共同上升的螺旋促进结构(段云龙等，2019)。

产学研协同创新的内涵也在实践中不断丰富，可以从包括网络视角、个体视角、组织视角和系统视角等多个视角进行界定（盛彦文和马延吉，2017），但总体上是指企业、高等院校和科研机构三大创新主体打破各自组织的壁垒，在区域创新系统内部实现资源协同利用及技术共同研发的过程，在创新过程中各个创新主体的知识会不断增值，产生各创新主体螺旋上升的运行状态，可以形成“1+1+1>3”的协同效应，最终会促进城市创新绩效的提升（Varga，1998）。同时，产学研协同创新会在知识的创造、交互、应用和全面协同阶段对城市创新绩效造成影响，其对于城市与区域创新绩效影响的基础理论包括耗散系统理论、协同创新理论、投入产出理论、资源依附和交易成本理论、动机期望评价理论、平衡计分卡理论以及群落生态学理论（刘友金等，2017）等，因此在评估产学研协同创新绩效时要考虑到知识的学习交流、共同创造、成果商业化等过程（黄菁菁，2017）。

纵观已有研究可以发现，目前国内外对于产学研协同创新的内涵、发展阶段、影响机制和绩效方面进行了深入广泛的研究，但这些研究大多是以微观企业或者产业为研究对象，以“解剖麻雀”的方式分析其在构建产学研协同创新体系中的典型经验，或者分析特殊区域内企业、高校和科研机构等不同“产学研”创新主体的相互作用，这就会存在典型经验与特殊区域代表性不足的问题，从而削弱对其他地区产学研协同创新的指导意义。事实上，城市作为中国提高自主创新能力，参与全球科技竞争的空间载体，对新时期“创新型国家”建设具有基础性的支撑作用，中国绝大多数的创新要素和创新资源集中在城市，城市为产学研协同创新提供了沃土（樊杰等，2002；范柏乃，2004；方创琳，2014；谭俊涛等，2016；吕拉昌等，2018），而企业、高校和科研机构等不同“产学研”创新主体相互作用，共同构建了城市产学研协同创新体系。

此外，现有研究大多将城市产学研协同创新绩效的计算过程看作一个“黑箱”系统，没有以创新价值链为依据对产学研协同创新进行阶段划分。目前关于城市与区域产学研协同创新绩效的研究主要在测算不同地区创新绩效的基础上，就各地区如何优化创新资源配置，提高产学研协同创新绩效等问题进行探讨。然而，这些研究普遍将城市与区域内部产学研协同创新的过程看作一个整体，仅通过测算创新资源的投入产出来衡量其创新绩效，虽然对区域产学研创新系统内部各创新主体间的相互关系与运作机制进行了深入分析，但是没有将企业（产）、高等院校（学）和科研机构（研）创新三螺旋环形结构按照创新价值链进行链式解构，仅仅关注创新价值链上的单一路径（“学研”向“产”的创新外溢）或同类组织内部的创新溢出问题，忽视了创新价值链上的阶段影响和循环效应。事实上，在城市产学研创新系统中，当知识创新与技术创新相互隔离时，从大学到企业的技术扩散之间便存在一个“死亡之谷”，大学创新的技术很难得到商业化和产业化。如何从知识创新跨越到技术创新，再从技术创新跨越到产业创新，是城市产学研协同创新的关键(洪银兴和安同良，2015)。因此，为了提升城市产学研协同创新系统的整体绩效，就需要对从大学到研发机构的“学转研”跨越以及从研发机构到创新型企业的“研转产”跨越进行分阶段评价，综合研判城市产学研协同创新中的薄弱环节。

鉴于此，本章首先基于创新系统效率评价理论，从投入产出视角综合分析高等院校系统、研发机构系统和创新企业系统的互动关系，构建从高等院校到研发机构的“学转研”、从研发机构到创新型企业的“研转产”理论框架体系。在此基础上，基于创新价值链活动，将城市内部产学研三螺旋环形结构解构为知识创新阶段和技术创新阶段两阶段链式结构，揭示2004—2018年中国285个地级以上城市知识创新绩效、技术创新绩效以及城市产学研协同创新整体绩效的时空演化格局和收敛机制，并借助空间计量模型检验中国城市产学研协同创新绩效的空间溢出效应。

7.1　理论框架

唯物辩证法认为事物的内部矛盾(即内因)是事物自身运动的源泉和动力，是事物发展的根本原因。对于城市来说，城市创新系统内的企业、高等院校和科研机构等创新主体的产学研协同创新是城市创新驱动发展和城市创新水平提升的第一位原因，城市创新系统间的创新要素流动和协同创新是以城市产学研协同创新为基础的，城市间通过学习借鉴和交流合作所产生的空间知识溢出又促进了城市产学研协同创新。

7.1.1　城市产学研协同创新框架

城市创新系统是城市内部产学研创新主体、创新要素、创新环境和创新机制所形成的复合系统(赵黎明和李振华，2003；赵继军和胡兆霞，2010；吕拉昌等，2014；陈昭等，2017；滕堂伟和方文婷，2017)。创新主体涵盖企业、高校(Guena 和 Muscio，2009；Valero 和 Van Reenen，2018)、科学机构(Intarakumnerd 和 Goto，2018；Liu 等，2017)、政府机构(Wang 和 Chen，2020)和中介机构(Porto-Gomez 等，2019)等方面，而其中企业、高校和科研机构是城市创新系统最重要的组成部分(Etzkowitz 和 Leydesdorff, 2000; Hicks, 2012)。政府虽然也是创新的主要对象之一，但政府很少真正直接参与社会创新的具体工作，而是主要提供创新的公共财政支出，相应的政策支持，稳定的经济社会环境，以及其他核心领域的合作平台(Fagerberg 和 Srholec, 2008; Filippetti 和 Archibugi, 2011; Saad 等, 2015)。因此，本章并未将政府列为城市创新系统的主要创新者。中介机构在创新过程中起着连接的作用(Agogué 等, 2017; Chesbrough 和 Vanhaverbeke, 2011)，是创新主体之间的沟通者和中介者(Trencher 等, 2013; Long 等, 2013)。然而，中介机构在创新过程中的作用是无形的，难以量化。因此，鉴于数据的可用性，本章将中介机构排除在框架之外，以实现产学研协同创新绩效的定量研究。

在城市内部，企业分别为高校和科研机构提供教育和科研经费，培养科研人才和创新成果，科研机构与大学的互动是教育人才与科研人才的互动。企业、高校、科研院所在城市创新系统的不同定位，在各个创新主体之间进行着创新人才和创新资本等要素的交互，构成了以创新要素流动为核心的创新三螺旋环形结构。为了量化这种环形结构的创新绩效，本章按照“学转研”和“研转产”的顺序，将产学研协同创新三螺旋环形结构按照创新价值链解构为知识创新和技术创新两个阶段(见图 7-1)。其中，知识创新阶段是创新价值链的上游，是知识(原始性创新)的生产阶段，其创新主体是高校和科研机构，技术创新阶段是创新价值链的下游，是技术(应用性创新)的生产阶段，其创新主体是企业。

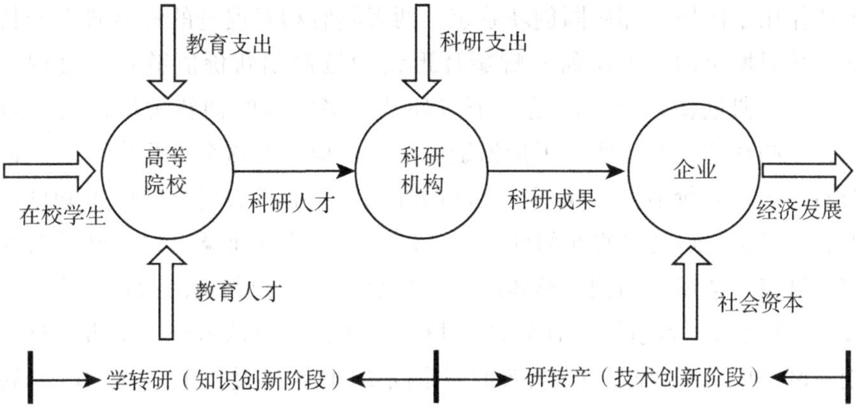

图 7-1　城市产学研协同创新过程

实际上，随着城市产学研协同创新的推进，创新价值链上知识创新和技术创新不同创新环节之间的互动趋势愈发明显。知识创新产出为技术转化提供了成果基础，同时市场导向下的创新活动通过增进投入和资产优化配置机制正向作用于知识创新环节，通过价值链后向溢出效应提升了知识创新绩效，而这种绩效改进又通过价值链前向溢出效应作用于产品创新绩效。产学研合作程度是影响创新绩效的一个重要因素，创新主体从自身的比较优势出发，形成创新合作联盟，通过协同创新获得各自所需的资源，进而提高产学研协同创新绩效。创新各阶段创新投入的偏向性，研发经费投入包括资本性投入和劳动性投入，不同创新阶段投入偏向(比重结构)会对产学研协同创新绩效产生不同的影响。

7.1.2 城市产学研协同创新绩效的空间溢出效应

根据国家创新系统理论，国家创新系统是由作为其子系统的各个城市创新系统有机构成的。这种构成关系不仅包含了各城市创新系统之间的联结关系，也包含了城市创新系统内部各主体之间的相互关系(Freeman，1987)。因此，在国家创新系统的整体框架内，作为其子系统的城市创新系统在创新资源配置时，不仅可以通过其系统内部创新主体间的协同创新得以实现，还可以通过充分发挥各自区域创新系统的比较优势，利用其他区域创新系统的创新资源，形成区域创新系统之间的协同效应(白俊红和蒋伏心，2015)。城市创新系统内部各种创新主体深度融合，推动产学研协同创新的发展，并通过区域之间的创新互动连接来带动区域间的协同创新，而区域创新系统之间的协同创新不仅依赖于还作用于区域内部协同创新系统，两者具有相互促进的螺旋式上升特征。从对城市内部产学研三螺旋环形结构按照创新价值链解构过程来看，产学研创新系统内部是一个多环节、多要素的创新价值链传递过程，不同环节的互动实现了价值链的溢出效应。在这个过程中，协同创新不仅表现为价值链不同环节之间的外部性，而且表现为城市 A 和城市 B 不同创新空间之间的外部性(见图 7-2)。这种空间溢出效应既反映在整个城市产学研协同创新整体绩效，也反映在知识创新绩效(“学转研”过程)和技术创新绩效(“研转产”过程)，因而可以认为每个城市在整个创新网络中既有“学转研”绩效的城市间协同影响(过程①)，也有“研转产”绩效的城市间协同影响(过程②)，创新价值链溢出效应和空间溢出效应交织在一起发挥合力的作用，并最终表现为城市产学研协同创新绩效在城市间的协同发展过程(过程③)。

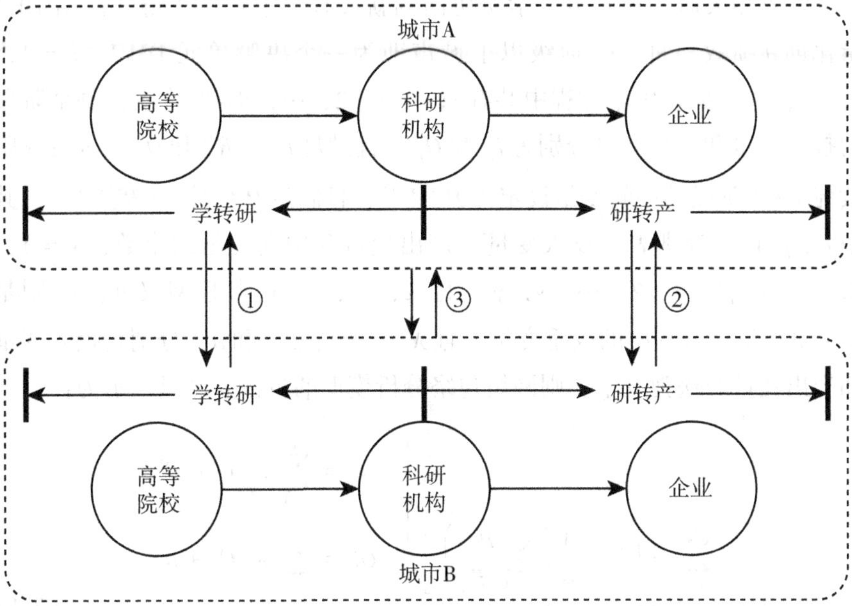

图 7-2　城市产学研协同创新的空间溢出

协同创新链式结构中的各个创新主体大多是主动形成的协同创新结构，而协同创新网络结构中的各个创新主体除了主动形成协同创新外，还要更多地依靠创新的空间外溢效应。这是因为城市的创新发展不仅仅依靠于城市自身的因素，也受到其他城市知识溢出的影响，同时，这种空间知识溢出又反作用于城市内部各创新主体所形成的产学研协同创新。

7.2　研究方法与数据来源

7.2.1　网络 DEA 模型

由于中国城市产学研协同创新涉及"学转研"和"研转产"两个部分，如果采用普通的数据包络分析模型，会使创新过程中的研究过程将成为一个"黑箱"而被忽视，导致城市产学研协同创新绩效的计算不准确。Fare 等(1994)建立了网络 DEA 理论体系，将"黑箱"变为"灰箱"，以观察投入和产出之间的具体过程，解决了将投入和产出过程作为"黑箱"造成中间环节数据缺失的问题(Sun 等，2017)。因此，本章运用网络 DEA 模型来衡量城市产学研协同创新绩效。

参考相关研究和城市产学研协同创新过程，本章采用链式网络 DEA 量化创新绩效。每一个地级以上城市即为一个决策单元 $DMU_i(i = 1, 2, \cdots, n)$，假设整个过程中共有 $s(s = 1, 2, \cdots, S)$ 个阶段，每个阶段的投入变量和产出变量分别为 I_i^s 和 O_i^s，且满足 $I_i^s \in R_+^{\alpha s}$ 和 $O_i^s \in R_+^{\beta s}$；s 阶段与 $s+1$ 阶段的中间变量设定为 $P_i^{(s,\ s+1)}$，且满足 $P_i^{(s,\ s+1)} \in R_+^{\gamma(s,\ s+1)}$，其中 α，β 和 γ 分别表示投入变量、产出变量和中间变量的个数，$\alpha = 1, 2, \cdots, x$，$\beta = 1, 2, \cdots, y$，$\gamma = 1, 2, \cdots, z$。λ^S 是模型权重，w^S 则是第 s 阶在整个过程中的权重变量，且 $\lambda^S \in R_+^n$，μ^{s-} 和 μ^{s+} 分别是投入变量和产出变量的松弛变量，则网络包络分析模型的目标 θ 可以表示为：

$$\theta = \min \frac{\sum_{s=1}^{S} \omega^s \left[1 - \frac{1}{\alpha}\left(\sum_{x=1}^{\alpha} \frac{\mu_x^{s-}}{I_{x0}^s}\right)\right]}{\sum_{s=1}^{S} \omega^s \left[1 + \frac{1}{\beta}\left(\sum_{y=1}^{\beta} \frac{\mu_x^{s+}}{O_{y0}^s}\right)\right]} \begin{cases} I_0^s = \sum_{i=1}^{n} \lambda_i^s I_i^s + \mu^{s-} \\ O_0^s = \sum_{i=1}^{n} \lambda_i^s O_i^s + \mu^{s+} \\ P^{(s,\ s+1)} \lambda^{s+1} = P^{(s,\ s+1)} \lambda^s \\ \sum_{i=1}^{N} \lambda_i^s = \sum_{s=1}^{S} \omega^s = 1 \\ \lambda^S,\ \mu^{s-},\ \mu^{s+},\ w^S \geqslant 0 \end{cases} \tag{7-1}$$

其中阶段 s 的绩效可以表示为：

$$\theta_s = \frac{1 - \frac{1}{\alpha}\left(\sum_{x=1}^{\alpha} \frac{\mu_x^{s-*}}{I_{x0}^s}\right)}{1 + \frac{1}{\beta}\left(\sum_{y=1}^{\beta} \frac{\mu_x^{s+*}}{O_{y0}^s}\right)} \tag{7-2}$$

7.2.2　空间关联检验模型

本章采用全局 Moran's I 指数来判断中国城市产学研协同创新绩效之间的空间关联性，全局 Moran's I 指数的计算公式为：

$$I = \frac{n}{S_0} \frac{n\sum_{i=1}^{n} \sum_{j=1}^{n} w_{ij} z_i z_j}{\sum_{i=1}^{n} z_i^2} \tag{7-3}$$

其中，z_i 是城市 i 协同创新绩效与其平均值$(x_i - X)$的偏差，$w_{i,\ j}$ 是城市 i 和城市 j 的空间权重，本章选取地理距离构建空间权重矩阵；n 表示城市的总数$(n = 285)$，S_0 是所有空间权重的聚合，即：

$$S_0 = \sum_{i=1}^{n} \sum_{j=1}^{n} w_{i,j} \tag{7-4}$$

Moran's I 指数的取值范围在 -1 到 1，当 Moran's I 指数越靠近 0 时城市协同创新的空间关联越不明显，当 Moran's I 指数等于 0 时表明城市协同创新绩效与空间位置无关；反之当 Moran's I 指数的绝对值越接近 1 则表明城市协同创新的空间关联越强。

7.2.3　空间收敛检验模型

空间收敛性检验可以探究中国城市产学研协同创新绩效在测度期内发生的收敛或发散情况，主要包括 σ 收敛、绝对 β 收敛和相对 β 收敛。σ 收敛表征的是不同地区协同创新绩效偏离平均水平的幅度随时间逐渐下降的趋势，可以通过变异系数进行表示(刘帅，2019)；绝对 β 收敛表征的是协同创新绩效收敛于相同的增长速度和增长水平(张子龙，2015)；而相对 β 收敛则是指在考虑了其他方面的差异情况后，协同创新绩效会收敛于各自不同的稳态水平(谢花林等，2015)。各收敛检验模型可以表示为：

$$\sigma_i = \frac{\sqrt{\left[\sum_{i}^{n_i} (E_{i,t} - \overline{E_t})^2 \right] / n_i}}{\overline{E_t}} \tag{7-5}$$

$$\ln\left(\frac{E_{i,t+1}}{E_{i,t}}\right) = \alpha + \beta \ln E_{i,t} + \varepsilon \tag{7-6}$$

$$\ln\left(\frac{E_{i,t+1}}{E_{i,t}}\right) = \alpha + \beta \ln E_{i,t} + \lambda C + \varepsilon \tag{7-7}$$

其中，$E_{i,t}$ 表示第 t 年城市 $i(i = 1, 2, \cdots, n)$ 的协同创新绩效，$\overline{E_t}$ 表示对应的全体城市平均值。α、β 和 λ 均为系数，ε 为误差项。绝对 β 收敛和相对 β 收敛的差异主要体现在控制变量 C 上。

7.2.4　空间计量模型

空间计量模型将空间权重矩阵纳入模型，考虑变量的空间特征，其分析结果较传统计量模型而言更符合客观事实。目前，常见的空间计量模型包括空间误差模型(Spatial Error Model，SEM)、空间滞后模型(Spatial Lag Model，SLM)以及空间杜宾模型(Spatial Durbin Model，SDM)。

其中，空间误差模型的一般形式可写作：

$$Y = \beta X + \lambda W \varepsilon + u \tag{7-8}$$

空间滞后模型的一般形式为：

$$Y = \rho \sum_{j=1}^{n} WY + \beta X + \varepsilon \tag{7-9}$$

空间杜宾模型的一般形式为：

$$Y = \rho WY + X\beta + WX\theta + \varepsilon \tag{7-10}$$

式中，被解释变量 Y 即各阶段协同创新绩效，X 为协同创新绩效的影响因素。β 为参数向量；λ 为空间误差系数项；W 为空间权重矩阵；ρ、θ 分别为空间相关系数及解释变量空间滞后项系数；μ、ε 为随机误差项向量。其中空间杜宾模型同时考虑了因变量与自变量的空间相关性，LeSage 和 Pace(2009)在此基础上，以偏导矩的形式明确了空间杜宾模型的参数释义，提出了总效应、直接效应、间接效应等概念。总效应为 X 对所有地区造成的平均影响，直接效应表示 X 对本地区 Y 造成的平均影响，间接效应表示 X 对其他地区 Y 造成的平均影响。式(7-10)可改写为：

$$(I_n - \rho W)Y = X\beta + WX\theta + \varepsilon \tag{7-11}$$

经数学推导，总效应的值为矩阵 $S_r(W)$ 中所有元素的均值，具体为：

$$\bar{M}(r)_{总效应} = n^{-1} l_n^{-1} S_r(W) l_n \tag{7-12}$$

直接效应的值为矩阵 $S_r(W)$ 中对角线元素的均值，具体为：

$$\bar{M}(r)_{直接效应} = n^{-1} \mathrm{tr}(S_r(W)) \tag{7-13}$$

$$\bar{M}(r)_{间接效应} = \bar{M}(r)_{总效应} - \bar{M}(r)_{直接效应} \tag{7-14}$$

在选取空间计量模型时，通常需要根据 LM 检验、LR 检验及 WALD 检验的结果作出判断，其中 LM 检验用于初步确定研究是否适用空间滞后模型或空间误差模型，而 LR 检验及 WALD 检验则用于进一步判断空间杜宾模型对研究的适用性。

7.2.5 变量说明

(1)城市产学研协同创新绩效

基于城市产学研协同创新绩效理论框架，参考相关研究和网络数据包络分析模型的数据要求，兼顾城市产学研协同创新绩效评价的数据可得性，分别从创新人力资源、创新资本两个方面选取普通高校在校学生数(人)、城镇单位教育从业人员数(万人)和公共财政教育支出(万元)来反映第一阶段“学转研”的投入(Hu 和 Mathews，2005；Shyu 等，2001)；选取城镇科技从业人员数(万人)作为第一阶段学转研的产出指标和第二阶段研转产的部分投入指标，并把公共财政科技支出(万元)、全社会固定资产投资(万元)同时作为第二阶段研转产的投入指标(Li 等，2017；Lu

等，2014）；把地区生产总值（万元）（Wang 等，2019）、检索科研论文数（篇）（Pan 等，2010；Wang 和 Huang，2007）和检索三大专利数（件）（Rousseau，1997）作为第二阶段“研转产”的产出（见图 7-3）。

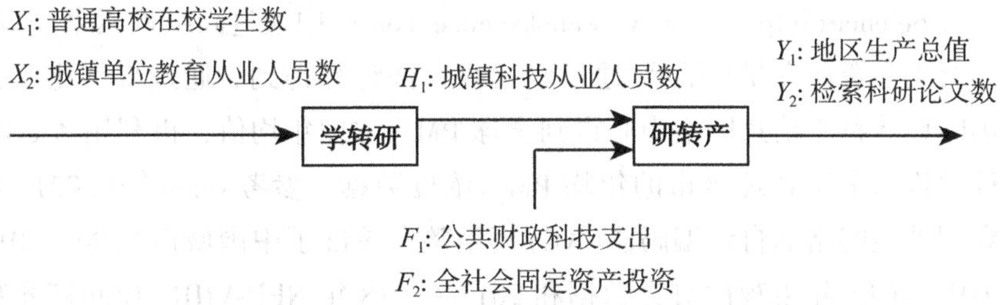

图 7-3　城市产学研协同创新绩效指标体系

（2）产学研协同创新绩效影响因素

经济社会发展的诸多因素都会影响城市产学研协同创新绩效，这种影响既可能是对第一阶段“学转研”绩效的影响，也可能是对第二阶段“研转产”的影响，还可能是对协同创新整体绩效的影响。为衡量不同因素对于城市产学研协同创新绩效的影响，本章分别从环境规制、产业结构、市场环境、开放程度和市场规模五个维度进行分析。通常来讲，政府提高环境规制力度，将倒逼企业进行技术升级，从根本上转变经济增长方式，因此本章选择 $PM_{2.5}$ 年均浓度表征环境规制力度（Er），反映环境规制对于协同创新绩效的影响。鉴于第一产业和第二产业更注重技术创新，而第三产业则更注重制度创新，同时技术创新对于第二产业的推动作用最为明显，因此本章选取第二产业占地区生产总值的比重（%）作为不同城市产业结构（Indus）的代理变量，以反映城市产业结构对于协同创新绩效的影响。选取社会消费品零售总额（万元）作为市场环境（Cons）的代理变量，以反映市场活跃度对于协同创新绩效的影响（Wang 等，2020）。对于发展中国家来说，国际技术溢出是知识创新的重要来源，选择外商直接投资（万美元）作为城市开放程度（FDI）对协同创新效率影响的代理变量。此外，由于中国创新资源向全国性创新中心集聚的城市规模“马太效应”显著，选择利用城市夜间灯光亮度值作为城市规模（Urbh）的代理变量，反映城市规模对于产学研协同创新绩效的影响。

7.2.6　数据来源

为保障数据来源的统计口径一致，除科研论文数（篇）、三项专利数

(项)、全社会固定资产存量(万元)、$PM_{2.5}$浓度和夜间灯光亮度外各项指标数据均来自《中国城市统计年鉴》(2005—2019 年)。科研论文数(篇)包括国内论文和国外论文两个部分，其中国内论文数在中国知网(http://www.cnki.net/)高级检索中通过设定不同作者单位完成，国外论文数在 Web of Science(https://www.webofscience.com/)中通过高级检索来完成。全社会固定资产存量(万元)通过永续盘存法计算得到。通过哥伦比亚大学国际地球科学信息网络中心得到全球 $PM_{2.5}$浓度年均值，再利用 ArcGIS 软件解析出中国各地级市的年均 $PM_{2.5}$浓度数据。参考 Chen 等(2021)基于卷积神经网络的自动编码器(AE)模型整合校准了中国城市 2000—2012 年 DMSP-OLS 年度夜间灯光数据和 2013—2018 年 NPP-VIIRS 夜间灯光数据，本章采用其方法整合校准后的夜间灯光数据作为城市规模的代理变量。

7.3 中国城市产学研协同创新绩效的时空演化与收敛机制

7.3.1 中国城市产学研协同创新绩效时空分异

利用网络数据包络分析模型分别测度 2004—2018 年中国 285 个地级以上城市的“学转研”绩效、“研转产”绩效及产学研协同创新整体绩效，其均值如表 7-1 所示。由表 7-1 可知，在研究期内，“学转研”绩效在波动中有大幅度下降，其全国均值由 2004 年的 1.367 下降至 2018 年的 0.825，而从不同区域来看，“学转研”绩效呈现出东北地区、西部地区、中部地区及东部地区依次递减的分布格局，东北地区和西部地区虽然在高等教育发展水平上相对落后，但其科技从业人员数量也相对较少，属于典型的“学转研”低投入、低产出地区，有限的高等教育投入并不需要很高的产出就能产生相对较高的“学转研”绩效。“研转产”绩效则表现出波动上涨的变化趋势，其全国均值最终由 2004 年的 0.251 上升至 2018 年的 0.402，而在区域层面，“研转产”绩效表现为东部地区、东北地区、中部地区及西部地区依次递减的分布规律，其中仅东部地区的“研转产”绩效均值高于全国平均水平，与“研转产”绩效相似，协同创新整体绩效同样表现出先下降后上涨的 U 形变化趋势，但其上涨幅度较小，其全国均值仅由 2004 年的 0.218 上涨至 2018 年的 0.227，从区域层面来看，整体绩效也表现出东部地区、东北地区、西部地区及中部地区依次递减的分布趋势，

表 7-1　中国城市产学研协同创新绩效均值

年份	"学转研"绩效					"研转产"绩效					整体绩效				
	全国	东部	中部	西部	东北	全国	东部	中部	西部	东北	全国	东部	中部	西部	东北
2004	1. 367	0. 836	1. 312	1. 774	1. 964	0. 251	0. 270	0. 188	0. 218	0. 315	0. 218	0. 199	0. 161	0. 219	0. 303
2005	1. 340	0. 864	1. 209	1. 689	2. 150	0. 259	0. 339	0. 184	0. 216	0. 222	0. 218	0. 245	0. 153	0. 213	0. 221
2006	1. 261	0. 834	1. 095	1. 666	1. 811	0. 282	0. 386	0. 213	0. 221	0. 251	0. 233	0. 279	0. 175	0. 215	0. 245
2007	1. 123	0. 661	1. 028	1. 497	1. 629	0. 160	0. 268	0. 096	0. 098	0. 122	0. 123	0. 158	0. 088	0. 102	0. 124
2008	0. 915	0. 567	0. 794	1. 206	1. 355	0. 162	0. 273	0. 104	0. 107	0. 105	0. 115	0. 152	0. 083	0. 104	0. 094
2009	0. 870	0. 530	0. 766	1. 140	1. 245	0. 155	0. 269	0. 104	0. 096	0. 096	0. 112	0. 164	0. 083	0. 089	0. 084
2010	0. 722	0. 484	0. 571	0. 964	0. 994	0. 193	0. 323	0. 142	0. 118	0. 121	0. 128	0. 187	0. 098	0. 092	0. 108
2011	0. 581	0. 417	0. 465	0. 742	0. 817	0. 253	0. 403	0. 195	0. 158	0. 212	0. 160	0. 221	0. 120	0. 118	0. 181
2012	0. 554	0. 428	0. 411	0. 709	0. 782	0. 268	0. 424	0. 227	0. 164	0. 201	0. 167	0. 235	0. 127	0. 125	0. 171
2013	1. 003	0. 480	0. 951	1. 486	0. 836	0. 251	0. 385	0. 210	0. 165	0. 207	0. 170	0. 240	0. 128	0. 132	0. 178
2014	0. 606	0. 509	0. 466	0. 742	0. 841	0. 275	0. 453	0. 223	0. 175	0. 186	0. 191	0. 303	0. 142	0. 137	0. 165
2015	0. 566	0. 475	0. 461	0. 686	0. 737	0. 314	0. 496	0. 268	0. 200	0. 237	0. 201	0. 302	0. 155	0. 150	0. 199
2016	0. 529	0. 392	0. 408	0. 640	0. 804	0. 356	0. 556	0. 309	0. 218	0. 305	0. 212	0. 298	0. 154	0. 159	0. 255
2017	0. 509	0. 381	0. 401	0. 618	0. 767	0. 441	0. 564	0. 346	0. 356	0. 613	0. 284	0. 319	0. 186	0. 264	0. 511
2018	0. 432	0. 370	0. 335	0. 474	0. 664	0. 402	0. 560	0. 310	0. 268	0. 536	0. 227	0. 302	0. 147	0. 163	0. 401
均值	0. 825	0. 549	0. 712	1. 069	1. 160	0. 268	0. 398	0. 208	0. 185	0. 249	0. 184	0. 240	0. 133	0. 152	0. 216

东部地区经济较为发达，不仅拥有丰富的优质教育资源，还具有相对活跃的市场及创新环境，创新资源要素自由流动，能够更为高效地完成产学研协同创新过程，而中部地区的人才流失比较严重，“中部塌陷”现象同样存在于产学研协同创新绩效方面，产学研协同创新能力有待于进一步加强。

整体而言，中国城市产学研协同创新的“学转研”绩效、“研转产”绩效及整体绩效大体以长江为分界线，呈现出北高南低的空间格局，但各阶段绩效具体的空间集聚特征又有所差异。“学转研”绩效的时空分异性较为显著，在研究基期，“学转研”绩效呈现出连片集聚化分布的空间特征，具有明显地带差异性。东北地区的抚顺、辽源，中西部地区的商洛、张家界、襄阳等城市的“学转研”绩效处于相对较高水平，而东部沿海城市的“学转研”绩效却几乎都处于较低水平，成为“学转研”洼地。在研究末期，“学转研”绩效依然呈现出北高南低的空间特征，其中“学转研”绩效的高值城市仍多集聚分布于东北地区和中西部地区，同时东部沿海的上海、杭州、苏州等城市逐渐形成了长三角城市群“学转研”绩效高水平集聚区，中部地区“学转研”绩效高值城市则仍仅有武汉、襄阳、六安等城市，呈现出零散化点状分布的空间格局。

“研转产”绩效的时空差异较“学转研”绩效而言相对较小，具体为：2004 年，“研转产”绩效空间分布相对均衡，呈现出零散化块状分布的空间格局。东北哈尔滨、中部的郑州、西部的重庆和东部的上海、苏州等城市都属于“研转产”绩效高水平地区；2018 年，“研转产”绩效的集聚水平有所提高，其中东北地区的“研转产”高值区域高度集聚于哈长城市群，这说明东北地区培育壮大产业新动能，激发产业创新驱动内生动力取得了积极成效。同时，中部地区及东部沿海地区的高值区域分别呈点状与带状分布，而西部地区的西安市、重庆市等地的“研转产”绩效则有所降低，附近区域逐渐演变为了低“研转产”绩效城市集聚区。

产学研协同创新整体绩效呈现出与“研转产”绩效相似的时空分布特征，具体为：2004 年，各个区域的协同创新整体绩效都呈现出点状与块状零散化分布并存的空间格局，空间分布相对均衡，西部的重庆、中部的随州、洛阳，东部的上海、杭州和东北的哈尔滨等城市整体绩效较高；2018 年，中西地区城市的协同创新整体绩效有所降低，西部地区逐渐演变为了整体绩效低水平城市集聚区，中部地区产学研协同创新整体绩效的高水平城市则仍为武汉、合肥、鄂州等城市，呈现出点状零散化分布的空间特征，而东部地区产学研协同创新整体绩效水平有明显提高，以长三角城市群为中心，呈现出带状连片集聚分布的空间格局。

7.3.2　中国城市产学研协同创新绩效的空间关联特征

运用 ArcGIS 软件对中国 2004—2018 年 285 个地级以上城市的"学转研"绩效、"研转产"绩效和整体绩效进行空间自相关性检验，检验结果均通过了 1%水平的显著性检验，Moran's I 指数均为正值且高于 0.20(见表 7-2)，表明 2004—2018 年中国 285 个地级以上城市的"学转研"绩效、"研转产"绩效和整体绩效都具有空间集聚特征，可以进行空间计量经济学分析。具体而言，"学转研"绩效的空间关联性相对较低，"研转产"绩效的空间关联相对较强，产学研协同创新整体绩效在"学转研"和"研转产"绩效的共同约束下呈现较为稳定的变化。这是因为教育资源分布的空间非均衡问题是当前中国高等教育面临的最突出问题(游小珺等，2016)，高等教育资源高度集中分布于东部沿海地区和中西部地区的武汉、成都、西安等少数几个城市，知识创新的空间非均衡分布格局相对比较固化，而在"研转产"阶段，城市可以围绕优势产业合理布局创新资源要素，围绕产业链布局创新链、人才链、资金链、政策链，不断提高产业技术密度，激发产业体系发展的强劲动能，形成"研转产"绩效高水平集聚区。

表 7-2　中国城市产学研协同创新绩效的 Moran's I 指数

	2004 年	2005 年	2006 年	2007 年	2008 年	2009 年	2010 年	2011 年
"学转研"绩效	0.4037	0.3691	0.2889	0.3466	0.4082	0.3331	0.4959	0.2978
"研转产"绩效	0.5486	0.5555	0.5687	0.4210	0.4886	0.4885	0.5390	0.4941
整体绩效	0.4000	0.3712	0.4182	0.3062	0.3313	0.3664	0.3562	0.3379
	2012 年	2013 年	2014 年	2015 年	2016 年	2017 年	2018 年	
"学转研"绩效	0.3740	0.4162	0.4310	0.4962	0.2352	0.3990	0.4331	
"研转产"绩效	0.4790	0.5071	0.5614	0.5713	0.6022	0.5575	0.6280	
整体绩效	0.4806	0.4377	0.3569	0.3677	0.4341	0.5115	0.4501	

7.3.3　中国城市产学研协同创新绩效的空间收敛机制

(1)σ 收敛检验

根据公式(7-5)的 σ 收敛检验方法，测算 2004—2018 年中国 285 个地级以上城市的"学转研"绩效、"研转产"绩效和整体绩效的 σ 收敛系数(见图 7-4)。"学转研"绩效呈现平稳的周期性波动变化趋势，其 σ 系数

2006—2011 年主要呈现下降趋势，而在 2011—2016 年则呈上升趋势，表明不同城市之间“学转研”绩效不断形成极化—涓滴效应。“研转产”绩效在 2008 年之前主要呈现上升趋势，而在 2008 年以后则大幅下降，表明以 2008 年为分水岭，此前城市之间“研转产”绩效差距不断扩大，而此后则大幅缩小。产生这种现象的原因可能在于 2008 年国际金融危机全面爆发后，中国政府推出了进一步扩大内需、促进经济平稳较快增长的十项措施，以高铁为代表的新基建建设进入发展成熟阶段，有效地缓解了空间距离对于城市之间知识、资本、技术等创新要素流动的阻滞作用，城市之间的技术创新联系日趋紧密，差距逐步缩小。在“学转研”绩效周期发散—收敛和“研转产”绩效 2008 年后大幅收敛的约束下，产学研协同创新整体绩效呈现出速率略有波动的逐步收敛趋势，中国城市产学研协同创新绩效的差距不断减小。

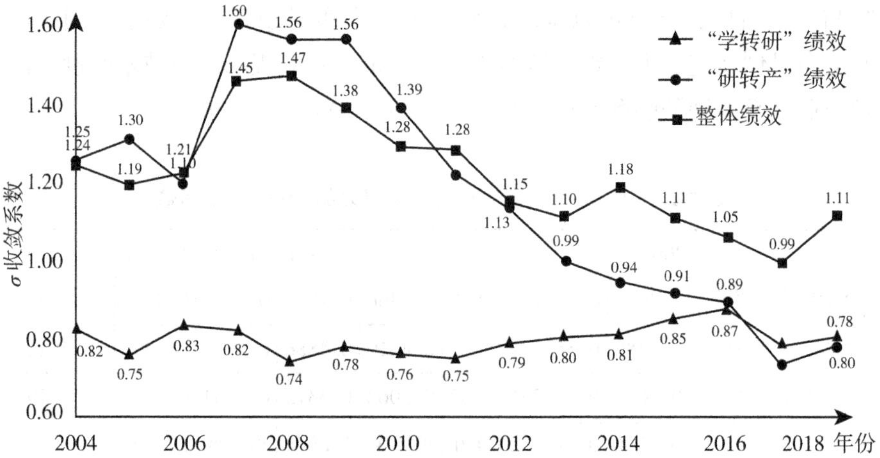

图 7-4 中国城市产学研协同创新绩效的 σ 收敛系数

(2) 绝对 β 收敛检验

根据公式(7-6)的 β 收敛和俱乐部收敛检验方法，2004—2018 年中国 285 个地级以上城市的“学转研”绩效、“研转产”绩效和整体绩效的 β 收敛系数如表 7-3 所示。无论是全国还是东、中、西部各地区的“学转研”绩效、“研转产”绩效和整体绩效 β 绝对收敛模型的估计效果均较好，不同地区在产学研协同创新绩效不同阶段的 β 系数均在 1%的水平上显著，且均为负数。这充分表明中国城市产学研协同创新绩效在不同阶段上均呈现出收敛趋势，且呈现明显的东、中、西部地理空间俱乐部收敛趋势。

表 7-3　中国城市产学研协同创新绩效绝对收敛估计结果

	"学转研"绩效				"研转产"绩效				整体绩效			
	全国	东部	中部	西部	全国	东部	中部	西部	全国	东部	中部	西部
β	-0. 370***	-0. 497***	-0. 315***	-0. 260***	-0. 216***	-0. 217***	-0. 201***	-0. 231***	-0. 297***	-0. 320***	-0. 264***	-0. 313***
	(-28. 75)	(-20. 16)	(-15. 98)	(-12. 73)	(-20. 21)	(-12. 72)	(-11. 29)	(-11. 22)	(-25. 89)	(-16. 94)	(-13. 92)	(-14. 40)
常数项	-0. 281***	-0. 489***	-0. 256***	-0. 139***	-0. 370***	-0. 236***	-0. 380***	-0. 520***	-0. 651***	-0. 552***	-0. 635***	-0. 783***
	(-26. 69)	(-18. 51)	(-16. 01)	(-11. 27)	(-16. 15)	(-8. 91)	(-9. 14)	(-9. 60)	(-24. 19)	(-15. 42)	(-13. 21)	(-13. 57)
R^2	0. 498	0. 530	0. 594	0. 471	0. 554	0. 456	0. 568	0. 469	0. 570	0. 457	0. 586	0. 492
Sigm_u	0. 227	0. 303	0. 176	0. 146	0. 204	0. 177	0. 139	0. 219	0. 248	0. 245	0. 168	0. 275
Sigma_e	0. 502	0. 593	0. 461	0. 407	0. 515	0. 420	0. 534	0. 590	0. 440	0. 353	0. 437	0. 529
Rho	0. 170	0. 207	0. 128	0. 114	0. 136	0. 151	0. 064	0. 121	0. 241	0. 326	0. 129	0. 212

注：括号中为对应的 t 统计量，***、** 和 * 分别表示在 1%、5%和 10%的水平上显著，下同。

(3)条件β收敛检验

在绝对β收敛的基础上，加入环境规制、市场环境、产业结构、开放程度和城市规模作为控制变量，条件β收敛的估计结果如表 7-4 所示。由于条件β俱乐部收敛与绝对β俱乐部收敛的估计结果相似，且从全国层面即可说明收敛趋势，因而此处不再列出。

表 7-4 中国城市产学研协同创新绩效相对收敛估计结果

	“学转研”绩效	“研转产”绩效	整体绩效
β	-3.90×10^{-1}*** (−29.59)	-2.36×10^{-1}*** (−21.46)	-3.12×10^{-1}*** (−26.65)
常数项	1.92×10^{-1}** (2.16)	-8.64×10^{-1}*** (−9.39)	-9.32×10^{-1}*** (−11.74)
Er	-2.85×10^{-3} (−0.02)	-2.46×10^{-3}* (−1.92)	-2.90×10^{-3}*** (−2.65)
Cons	-1.08×10^{-8}*** (−5.43)	1.42×10^{-8}*** (6.94)	1.06×10^{-8}*** (6.13)
Indus	-9.73×10^{-3}*** (−6.02)	9.36×10^{-3}*** (5.75)	5.59×10^{-3}*** (4.01)
FDI	5.37×10^{-7}*** (4.55)	-3.25×10^{-7}*** (−2.69)	-1.74×10^{-7}* (−1.68)
Urbh	2.43×10^{-7} (0.77)	4.88×10^{-7} (1.51)	5.72×10^{-7}** (2.07)
R^2	0.506	0.578	0.497
sigma_u	0.229	0.182	0.215
sigma_e	0.499	0.509	0.435
rho	0.174	0.113	0.196

中国城市产学研协同创新各阶段和整体绩效的相对β收敛系数均通过了 1%的显著水平检验，且均为负数，表明在 2004—2018 年中国地级以上城市的“学转研”绩效、“研转产”绩效和整体绩效随着时间推移，空间差距在不断地缩小，即后发地区存在“追赶效应”。就不同绩效的系数对比而言，“学转研”绩效的收敛趋势更为显著，而“研转产”绩效的收敛趋势

较慢。在控制变量中，开放程度促进了“学转研”绩效的收敛，而市场环境和产业结构则促进了“研转产”绩效和整体绩效的收敛；此外，城市规模对整体绩效收敛起到了正向作用，而环境规制则抑制了整体绩效的收敛。

7.4　中国城市产学研协同创新绩效的空间溢出效应

7.4.1　模型检验

中国城市“学转研”绩效、“研转产”绩效及整体绩效都具有显著的空间集聚特征，能够基于空间计量模型进行分析，因此，本章综合使用LM检验及LR检验进行空间计量模型检验，限于篇幅，仅展示基于地理距离空间权重矩阵的相关检验结果(见表7-5)。首先，“学转研”绩效、“研转产”绩效及整体绩效的LM(lag)和LM(Error)统计量都通过了1%水平的显著性检验，且其Robust-LM(lag)、Robust-LM(error)统计量也都至少通过了10%水平的显著性检验，表明无法直接在空间滞后模型及空间误差模型中作出选择。其次，LR检验结果表明，除“学转研”绩效外，“研转产”及整体绩效的空间滞后效应与空间误差效应都通过了1%水平的显著性检验，即空间杜宾模型无法退化为空间滞后模型或空间误差模型。此外，Hausman检验结果表明，本章应采取固定效应模型，而LR检验结果表明本章应采取时空双重固定效应模型。综上所述，本章最终选取基于时空双重固定效应的空间杜宾模型。

7.4.2　空间计量模型结果分析

基于表7-6的空间杜宾模型结果可知，当选用地理距离空间权重矩阵时，“学转研”绩效、“研转产”绩效及整体绩效的空间自回归系数ρ都通过了1%水平的显著性检验；当选用经济地理距离空间权重矩阵及人力资本空间权重矩阵时，“研转产”绩效及整体绩效的空间自回归系数ρ仍通过了1%水平的显著性检验，而“学转研”绩效由于空间关联性相对较弱，其空间自回归系数未通过显著性检验。上述结果表明，基于地理距离空间权重矩阵的时空固定效应空间杜宾模型更适用于本章研究。中国城市各阶段协同创新绩效具有显著的空间溢出效应，其中“研转产”绩效及整体绩效的空间溢出效应强于“学转研”绩效的空间溢出效应。当不考虑空间溢

表 7-5　空间计量模型检验结果

	“学转研”绩效	“研转产”绩效	整体绩效		“学转研”绩效	“研转产”绩效	整体绩效
LM(lag)	37.557***	125.859***	208.326***	LR_SDM/SEM	8.38	67.34***	92.11***
Robust-LM(lag)	13.994***	2.681*	5.486**	LR_SDM/SLM	8.57	69.87***	95.18***
LM(error)	39.097***	1455.92***	1492.436***	LR_BOTH/IND	39.83***	315.48***	329.88***
Robust-LM(error)	15.534***	1332.742***	1289.597***	LR_BOTH/TIME	660.30***	3581.63***	4192.03***

表 7-6 空间杜宾模型回归结果

	地理距离空间权重			经济地理距离空间权重			人力资本空间权重		
	"学转研"绩效	"研转产"绩效	整体绩效	"学转研"绩效	"研转产"绩效	整体绩效	"学转研"绩效	"研转产"绩效	整体绩效
lnEr	0. 012	0. 010**	0. 053***	0. 000	0. 025	0. 015	-0. 216	0. 023	0. 020
lnCons	-0. 049	0. 003	-0. 005	-0. 022	-0. 001	-0. 009	-0. 017	0. 004	-0. 005
Indus	-0. 968**	0. 275***	0. 136***	-0. 586	0. 230***	0. 116***	-0. 762	0. 363***	0. 256***
lnFDI	0. 006	0. 001	-0. 002	0. 011	-0. 009***	-0. 009***	0. 004	-0. 006*	-0. 006**
lnUrbh	0. 038	-0. 007	0. 021**	-0. 101	0. 006	0. 022**	-0. 099	-0. 009	0. 016
W * *lnEr*	-0. 772	0. 010	-0. 035	-0. 106	-0. 006	0. 027	0. 319	-0. 044	0. 014
W * *lnCons*	-6. 954*	-1. 205**	-0. 565	0. 213	-0. 031	-0. 051*	0. 102	-0. 018	-0. 026
W * *Indus*	1. 422	2. 680***	2. 301***	-1. 112	-0. 142	-0. 160**	-0. 388	-0. 740***	-0. 764***
W * *lnFDI*	0. 577	0. 433***	0. 348***	-0. 038	0. 004	0. 001	-0. 025	0. 008	0. 002
W * *lnUrbh*	2. 741**	0. 783***	0. 655***	0. 008	-0. 083***	-0. 064***	0. 024	-0. 121***	-0. 087***
ρ	-1. 040***	-1. 275***	-0. 947***	0. 018	0. 395***	0. 352***	-0. 001	0. 319***	0. 301***
R^2	0. 047	0. 110	0. 045	0. 020	0. 017	0. 001	0. 008	0. 035	0. 029
Log-Likehood	-7122. 080	1538. 461	2840. 849	-7131. 430	1592. 463	2879. 164	-7132. 760	1533. 513	2857. 464

出效应时，仅产业结构在三种空间权重矩阵下都对中国城市的协同创新整体绩效具有显著影响。而考虑溢出效应后，产业结构及城市规模都在三种空间权重矩阵下对中国城市协同创新整体绩效持续表现出显著影响。同时，为避免空间杜宾模型的系统性偏差，需要对协同创新各阶段绩效的空间效应作进一步分解。

基于地理距离空间权重矩阵，“学转研”绩效、“研转产”绩效及整体绩效的空间自回归系数均显著为负(见表 7-7)，说明研究期内中国城市产学研协同创新仍以极化效应占据主导地位，作为协同创新增长极的科技创新中心城市与区域性创新高地尚未形成有效的涓滴效应，辐射带动区域创新发展的能量源作用尚待进一步强化。

从“学转研”绩效的直接效应来看，环境规制、市场环境及城市规模对本地区“学转研”绩效的作用不显著，产业结构对于本地区的“学转研”绩效具有一定的抑制作用。而开放程度对本地区“学转研”绩效表现出显著正向影响，城市的对外开放程度越高，越有利于更多的世界一流教师学者走进所在城市的高等院校与科研院所，提高高校师资的学术水平和国际化程度，从而促进所在城市高等教育的适度超前发展，提升“学转研”绩效。在“学转研”绩效的间接效应方面，环境规制、产业结构及开放程度对“学转研”绩效的影响并不显著，而城市规模对邻近地区的“学转研”绩效具有显著的促进作用，表明城市规模扩大所产生的知识溢出正外部性能推动邻近城市“学转研”绩效的提高，市场环境却对邻近地区的“学转研”绩效表现出负向影响，良好的市场环境将对周边城市的大学生造成一定的虹吸效应，从而不利于周边城市“学转研”绩效的提升。就“学转研”绩效的总效应而言，市场环境与城市规模都通过了显著性检验，且其方向与间接效应方向相同，说明其在全国城市层面对“学转研”绩效影响的间接效应大于直接效应，更多地表现为对于周边城市“学转研”绩效的影响。

就“研转产”绩效的直接效应而言，市场环境、开放程度及城市规模对本地区“研转产”绩效的作用并不显著，环境规制及产业结构则与本地区“研转产”绩效呈现出正向关系，其原因可能为，环境规制增加将迫使相关企业采用更高效清洁的生产技术，而产业结构优化升级将有利于企业更加注重关键技术创新，提升品牌的创新竞争力，从而使得“研转产”绩效上升。从间接效应来看，环境规制对邻近地区“研转产”绩效并不显著，市场环境对邻近地区的“研转产”绩效表现出显著的负向作用，这是因为良好的市场环境有利于技术创新成果持续转化，导致技术创新资源倾向聚

表 7-7　基于地理距离空间权重矩阵的协同创新绩效空间效应分解

	“学转研”绩效			“研转产”绩效			整体绩效		
	直接效应	间接效应	总效应	直接效应	间接效应	总效应	直接效应	间接效应	总效应
lnEr	0. 021	-0. 335	-0. 313	0. 059**	-0. 021	0. 038	0. 054***	-0. 038	0. 016
lnCons	-0. 036	-3. 484*	-3. 520*	0. 006	-0. 539**	-0. 533**	-0. 004	-0. 288	-0. 292
Indus	-0. 928**	1. 416	0. 488	0. 274***	1. 076**	1. 349***	0. 136***	1. 176**	1. 312***
lnFDI	0. 004*	0. 301	0. 306	-0. 000	0. 197***	0. 197***	0. 002	0. 187***	0. 184***
lnUrbh	0. 030	1. 387**	1. 417**	-0. 009	0. 363***	0. 354***	0. 019**	0. 342***	0. 361***
ρ			-1. 040***			-1. 275***			-0. 947***
R^2			0. 047			0. 110			0. 045
Log-Likehood			-7122. 083			1538. 461			2840. 849

集于市场更为活跃的城市。产业结构、开放程度和城市规模对邻近地区的“研转产”绩效表现出显著的正向作用，则说明第二产业占比增加所形成的技术创新增量，以及大城市的前沿创新思维和先进科学技术扩散都具有显著的空间溢出效应，同时城市开放程度越高，邻近地区也更容易引入先进的生产技术。在“研转产”绩效总效应方面，市场环境、产业结构、开放程度及城市规模同样都通过了显著性检验，并保持着与间接效应相同的作用方向，表明中国城市“研转产”绩效的间接效应同样大于直接效应。

从对中国城市产学研协同创新整体绩效的直接效应来看，市场环境及开放程度对本地区整体绩效的作用不显著，环境规制、产业结构及城市规模都对本地区整体绩效具有显著的促进作用；环境规制力度加大，产业结构优化的过程将引导创新人力资源、创新资本等创新要素向更高效率部门流动，促进创新资源的进一步集聚，提升整体创新绩效，而城市规模越大，越有利于城市内部高校、研发机构和企业等创新主体深度融合，促进产学研一体化发展。产业结构、开放程度及城市规模对邻近地区产学研协同创新整体绩效的间接效应以及总效应都具有显著的促进作用，可见，产业结构优化升级，对外开放稳步推进，城市规模不断扩大不仅能够促进邻近地区的整体绩效提升，也能够带动中国城市产学研协同创新整体绩效总效应的提升。

7.5 本章小结

将企业(产)、高等院校(学)和科研机构(研)创新三螺旋环形结构按照创新价值链进行链式解构和分阶段评价，有利于综合研判城市产学研协同创新中的薄弱环节。本章在构建城市产学研协同创新理论框架的基础上，将传统城市内部产学研协同创新三螺旋结构解构为知识创新和技术创新两阶段链式结构，基于2004—2018年中国285个地级以上城市数据，借助网络DEA模型测度各城市产学研协同创新绩效，厘清中国城市产学研协同创新绩效的时空特征，并通过空间收敛检验模型和空间杜宾模型探究中国城市产学研协同创新绩效的空间收敛机制与空间溢出效应。研究表明：(1)中国城市产学研协同创新各阶段绩效大体上呈现出北高南低的空间格局，地带差异性明显，同时“学转研”绩效、“研转产”绩效及整体绩效已形成多样化发展模式。(2)在“学转研”绩效和“研转产”绩效的双重约束下，产学研协同创新整体绩效呈现出速率略有波动的 σ 逐步收敛趋势，中国城市产学研协同创新绩效的差距不断减小；中国城市产学研协同创新绩效在不同阶段上均呈现出绝对 β 收敛趋势，并表现出明显的东、中、西部地理空间俱乐部收敛趋势。(3)中国城市产学研协同创新绩效具有显著的空间溢出效应，其中“研转产”绩效及整体绩效的空间溢出效应强于“学转研”绩效的空间溢出效应，且研究期内各城市产学研协同创新绩效仍以极化效应为主导，辐射带动区域创新发展的能量源作用急需进一步强化。

第8章　产学研政策协同与企业创新绩效

自 Schumpeter(1942)最早使用创新概念，认为创新是经济发展的内生动力后，Michael Poter(1990)于20世纪90年代首次将创新驱动作为一个经济发展的阶段，并把国家竞争优势归结于其产业创新与升级的能力。当前，伴随全球经济加速进入易变性、复杂性、模糊性、不确定性与日俱增的变幻莫测时代，中国长期依靠劳动力和资本要素投入支撑经济增长的方式正逼近资源与环境可持续供给的极限。为缓解这种经济增长困境，实质性提高工业经济增长质量，中国必须转变经济发展方式、加强自我创新能力、实现从投资驱动阶段向创新驱动阶段的跨越(Ye 和 Liu，2020)。企业作为科技创新的主体和推动创新创造的生力军，有动力在资源配置起决定性作用的市场机制下，以提高核心竞争力、经济效益和社会影响力为核心目标开展创新活动。但由于创新活动投入大、周期长、风险高，加之大部分企业自身资产规模小、缺乏相应金融机构的信贷支持，掌握的有限资源使其难以克服创新发展的内部和外部限制，研发活动无法长期维持(Löfsten 和 Lindelöf，2005)。因此，要想优化创新资源配置并最大程度释放企业创新潜能，就需要政府“看得见的手”适度干预，即通过制定和执行各种政策举措(Gao 等，2014)，例如向战略性产业提供财政支持、设立集聚创新创业人才制度、进行环境管制、规划竞争规制、筹建科学园区以及协调工业与研究机构之间的关系等(Guan 和 Yam，2015)来对社会科技发展的方向和结果进行引导，促使产学研三方在利益一致、目标一致、信息渠道畅通的条件下形成紧密合作关系。

产学研协同创新政策的成功实施，涉及多种要素的协同，而政策的整体效果往往取决于执政者对各项政策要素的巧妙搭配和协同运用。现有对政府与企业创新关系的研究多基于某一典型政策措施，如 Gao 等(2022)分析了以国家创新型城市试点为代表的创新干预对城市创新绩效和创新融合的影响，Hong 等(2015)考察了政府补助对中国高科技产业大公司创新绩效的影响；或是单独分析某两项关联政策的作用效果，如 Wei 等

(2015)分析的是直接研发补贴和区域创新政策形式对 343 家中国创新型企业的影响，Ma 等(2023)探讨了绿色信贷政策和政府补贴在多大程度上影响了高污染企业的高质量环境创新等，而对政府政策协同效应进行讨论的文献不仅较少，还集中表现在以下三个方面。

一是针对部门主体，根据三重螺旋创新理论，假设政府和企业、大学之间的互动会产生协同效应，进一步带来创新(Leydesdorff 和 Etzkowitz, 2001)，如 Lee 等(2020)基于该理论考察发现政府、企业和学校间存在研发协同效应，Mêgnigbêto(2018)利用该理论探讨了政府、企业、大学之间创新和协同的内在机制等。二是分析几项政策组合所产生的协同作用，如 Liao(2018)采用结构方程模型和多元回归分析，测试了三种环境政策工具的协同对企业环境创新的影响；Pang 等(2020)发现政府补贴、税收优惠和政府采购对创新具有正的协同效应。三是基于政策文本，采用政策文本定性和政策效果定量的方法。其中，定性研究主要指通过对文本内容的整体分析，详尽梳理各时期的政策目的、对象、主题聚焦点和重心等，如 Borrás 和 Edquist(2013)对选择与创新系统相关的政策工具的重要性，创新政策中政策工具的类型、设计和选择标准问题进行了详细探讨。而政策效果定量主要指在量化政策信息基础上，通过实证方法检验政策带来的影响，如 Wang 等(2022)量化科技创新政策并采用线性回归法探究了政策目标和政策工具对高技术产业园区企业创新效率的影响；Wang 等(2019)对 241 项风电产业政策定量分析后，计算出政策力度，并以此实证检验了政策组合对风电企业创新绩效的协同作用。

综上，现有对政府政策协同的创新效应研究较少，且主要集中在政府与企业、高校的协同视角及政策组合或内容协同效果层面。同时，鲜有文章在文本定性和定量分析的基础上，综合量化政策文本所包含的多单位部门之间与采取的多项措施之间所产生的协同效应，并对企业创新绩效进行系统性讨论。沿着以上思路，本章搜集了 2011—2021 年中国主要城市的产学研协同创新政策文本，进一步通过挖掘分词及文本分析法构建出政策部门协同、政策措施协同及核心代表“政策协同”的政策整体协同指标，实证检验政策协同对微观企业创新的影响和内在作用机理。此外，本章还从地方财政与企业社会责任、内部激励与外部支持的双重视角出发，讨论了政策协同与企业创新绩效间的调节效应和中介效应，并在此基础上揭示了企业创新的动力来源。

与现有文献相比，本章可能的贡献在于：首先，就研究方法来看，本章将政策措施类型、政策部门数量等要素纳入政策分析框架，并以产学研协同创新政策文本为例，量化政策协同的时间演化，进一步探究产学研政策如何发挥"组合"优势和政策协同对创新的作用机制及内在逻辑。这不但对大多数文献单独采用定性或定量方法的局限性做出了改善，还拓展了政策协同的研究思路和工具方法。其次，就研究视角看，传统政策协同研究多集中于政策演变和有效性评价(Yue等，2023)，较少涉及对企业创新的探讨，而本章对政策协同和企业创新绩效的研究一定程度上丰富了这类文献。最后，就研究意义来看，本章丰富了基于产学研视角政策协同的理论指导，一定程度上为实施创新驱动发展战略，优化科技创新政策支撑体系、助力构建新发展格局提供了经验证据。

8.1 理论基础与研究假说

8.1.1 政策协同的创新效应分析

作为系统论的重要组成部分，协同理论主要针对系统各要素间、系统与要素间、系统与环境间的关系展开研究，并于经济和管理领域得到了广泛应用(Liu 和 Zhou，2012)。随着政策运行环境和国家治理体系日益复杂，国际竞争、贸易摩擦等治理问题日益突出，国内外学者不仅逐步意识到协同理论在政策分析中的重要性(Lambin等，2014)，还从"政策管理"和"整体政府"的实践经验出发，提出了政策协同理念，即不同政府或政府部门应在政策制定和实施阶段进行沟通对话，使政策目标、措施和力度相互配合协调，以实现帕累托改进和整体利益最大化(Lu等，2022)。

政策协同既是各种政策实现同步发展以实现统一政策目标的过程，又是一种整合策略以防止单个策略过于分散的能力(Hughes等，2013)。就产学研协同创新政策而言，其政策协同性主要表现在各单位部门间与各措施间的协同合力上。首先，从政策部门间的协同性来看，多元主体相互联系、共同参与治理能减少举措相互掣肘，提高参与者的积极性，促进政策整合网络中信息的流动和共享，最终助力产生"部门联合体"效应并形成高协调程度下的高质量公共问题解决方案(Hou等，2010)。同时，政府部门作为产学研协同创新活动的重要参与者，能在政策的制定和运行过程中，通过教育、科技、财政、金融、人力资源等多部门间的联合发文与协同共治(Guo等，2019)，达到跨越原有组织边界、简化行政审批、便捷对口帮扶、发挥部门职能"组合拳"优势、整合优化政策资源、提高政策质量和落实力度的效果(Greer 和 Lillvis，2014)，从而为企业创新提供充分的养料和适宜培育条件，并对市场运行机制和创新活动进行合理高效的引导、监督和管理。

其次，从政策措施间的协同性来看，协同可理解为执政者在制定、评估和实施政策时选择的不同类型政策工具组合所产生的协同效应。基于不同维度，政策措施有多种类型划分，如根据政府行政干预程度，政策措施可划分为强制型、混合型和自愿型三类(Howlett，2009)；根据不同的政策目标，政策措施可分为指挥、激励、能力建设和系统转型(McDonnell 和 Elmore，1987)；根据政府拥有的四种资源，政策措施分为信息、权威、金融和组织四部分(Hood，1983)；依据对经济产生的影响，政策措施可划分为供给型、环境型、需求型三种(Rothwell，1981)，这是目前对学术界影响最为深远，也是本章所采纳的分类标准。已有研究表明，由于不同类型政策措施特点、作用机制各异，且政策措施间存在着广泛的相互作用和密切联系，这种基于政策组合的方法能在更好揭示政策动态本质基础上，帮助执政者制定出更有效的决策(Capano 等，2019)。此外，执政者通过丰富政策措施的协同使用，还可以优化创新资源配置，帮助企业与政府、高校、科研机构、上下游企业等社会组织建立契约关系，并进一步扩展社会网络连接(Gulati，1998)，促进创新主体的交流合作，激发企业的创新活力与积极性。

最后，从政策整体的协同性来看，政府可通过综合运用各职能部门间的协同和政策措施间的协同，发挥出政策协同合力效果，系统推进科技创新治理体系持续优化和企业创新创造。一方面，政策措施间的协同表现为政策权威性强、目标明确、措施多样、可执行性强等多方面的综合协同，而政策制定部门的权威越强、政策措施的责任部门越明确，政策措施的针对性和可执行性就越强，政策实施效果也就越好(Li 等，2023)。此外，基于信号理论，增强各政府部门事前制定的连通性和信息互换程度，并统筹考虑企业等政策作用对象间的关联性，不仅能提高政策的精准性和有效性，还可给市场提供强烈的公共信号，使被激励范围内的企业有机会获取更多利益相关方的外部投资，或争取政策性银行和商业银行的信贷支持(Narayanan 等，2000)，进而缓解技术创新过程中的资源限制问题，提高创新绩效。另一方面，政府部门主体与政策措施之间的互动社交网络被称为具有“隶属关系”属性的 2 模式网络，其在网络结构特征演变过程中遵循“关系-协同-互动”的制度化逻辑(Lomi 等，2016)。在多政府部门助推的基础上，将多种类型政策措施协调配套，例如制定和完善协同创新活动相关法律政策、构建协同创新平台、推动科研人才培养和优秀人才引进落户等，能进一步打通科技创新价值链、促成基础研究与科技成果转化、矫正由于信息不对称和知识外部性等因素导致的效益损益(Wang 等，2022)，为产学研协同创新提供良好的制度支撑，并最终服务于企业等社会主体创新能力的提升。

基于此，本章提出研究假设 H1：基于产学研视角的政策协同(以政策整体协同指标为代表)会对企业创新绩效起到积极促进作用。

8.1.2 财政科技支出、企业社会责任的调节效应分析

随着创新型国家建设持续推进，中国地方政府近年来财政科技支出不断加大，支出规模和增速一度超越中央政府。国家统计局数据显示，2011年，中央和地方财政科技支出分别为 2343.3 亿元和 2453.7 亿元。到了2021 年，地方财政科技支出总量已达 6971.8 亿元，为同时期中央财政科技支出的 1.84 倍，年度增速也超出中央 5 个百分点。此外，与中央相比，地方政府主要将财政科技支出用于与地方经济发展、产业发展密切相关的科技领域，且能以更低的时间成本收集和分类信息，更好地了解与当地创新活动相关的公共产品供给需求(Besley 和 Coate S，2003)。可以说，城市创新能力很大程度上由地方政府财政实力决定(Li 和 Yang，2018)。具体而言，在财政科技支出较高的地区，地方政府既可通过财政支出直接降低企业研发活动成本，缓解企业管理者和利益相关者之间的信息不对称，促进高端技术创新(Wade，2017)，又能通过促进研究管理、研发服务和科学交流与合作，带来有利于创新的环境(Tang，2022)。同时，对特定类型企业的财政科技支出也在一定程度上代表了政府部门对该企业技术创新的认可和对区域经济发展规划的政策取向(Hou，2023)，这对市场起到了信号释放的作用，能引导和鼓励融资机构增加对企业的贷款，从外部缓解企业开展研发活动的融资压力。因此，从区域创新的角度来看，我们有理由认为地方政府通过政策协同手段，能更大程度且更容易扩展财政科技支出较高地区企业的社会网络、减轻该区域市场中创新部门的信息不对称、引导创新要素向企业集聚，并提升企业科技创新的效率。

基于此，本章提出研究假设 H2：财政科学技术支出在政策协同与企业创新之间起着正向调节的作用。

企业社会责任是指企业在运营管理过程中对股东、供应商、消费者、政府、社区与环境等利益相关方承担的多重社会责任，代表了其在特定制度环境安排下的一种可持续导向与实践。已有研究表明，日益激烈的市场

竞争环境及市场参与者对环境和社会问题的高度关注无形中增加了企业道德、战略层面的压力(Chkir 等，2021)，迫使企业不得不承担社会责任，并使用社会、环境或可持续性驱动因素来创造新的产品、工作方式、服务流程及市场空间(Direction，2006)，进而推动创新创造。同时，根据利益相关者理论，履行社会责任的企业，不仅能够与利益相关者建立更为紧密的联系(Garriga 和 Melé，2004)，促进自身优势资源整合及外部信息、知识、想法交流共享(Buysse 和 Verbeke，2003)，还能获取更高的社会声誉和信用评级(Han 和 Lee，2021)，吸引并留下最具创造力的员工(Kim 等，2010)，最终对企业创新投入和绩效产生积极影响。此外，企业社会责任还在政治联系与创新发展之间扮演了一个平衡机制的角色。一方面，企业为了加强与政府的联系，在投融资、财政补贴、税收等方面获得竞争优势，有动机对国家和地方政策、发展战略作出更快反应(Wang 等，2022)，而承担社会责任就是其中表现之一。另一方面，企业通过履行社会责任，可以更坚定地向外界展示自己对政策拥护的决心，树立良好形象，提高政府满意度，带来正面声誉和长远效益，进而降低在激烈市场竞争中的风险阻碍，为创新发展创造条件(Porter，2006)。综上，在政策协同的情景中，我们有理由认为社会责任较高的企业会更积极地对产学研协同创新政策进行响应，因而政策协同对这类企业创新绩效的作用效果也更为明显。

基于此，本章提出研究假设 H3：企业社会责任在政策协同与企业创新之间起着正向调节的作用。

8.2 研究设计

8.2.1 数据来源与处理

本章以 2011—2021 年中国沪深 A 股上市公司样本为研究对象，通过数据爬取手动搜集了各城市的产学研协同创新政策文本：首先，本章从权威性、公开性、相关性的原则出发，结合产学研协同创新政策相关概念及专业术语，以“产学研+科研机构+科研院所+高等院校+高校+协同创新+联盟+双创”为关键词，对直辖市、省会城市、计划单列市、副省级城市包含在内的北京、天津、上海、重庆、大连、青岛、宁波、厦门、深圳、成都、广州、哈尔滨、杭州、济南、南京、沈阳、武汉、西安、长春、福州、贵阳、海口、合肥、呼和浩特、昆明、兰州、南昌、南宁、石家庄、太原、西宁、银川、长沙、郑州，共34个城市的人民政府官网和科技局（科学技术委员会、知识产权局）网站进行了全文同篇检索，获得政策18310条。其次，通过对政策文件逐条研读，筛选掉与产学研协同相关性较弱的文本，最终整理得到涵盖决定、意见、规划、纲要、方案、公告、条例等25种政策形式的共计11421条政策数据。进一步，本章将全部所得文本从涉及的政府部门、采取的措施类型两方面进行文本分析后，按照城市、年份构建计算出政策部门协同、政策措施协同及政策整体协同指标。

在此基础上，本章还对上市公司数据进行了如下处理，并依据所在城市代码与政策协同指标匹配：(1)为排除特殊行业带来的影响，剔除金融类的企业样本；(2)剔除曾存在ST、PT及数据严重缺失的企业样本；(3)对所有连续性变量采取5%和95%分位缩尾处理，以削弱样本数据中极端值对结果的影响。最终，本章得到2602家样本公司，共计18952个观测值。文中涉及的专利变量来自中国研究数据服务平台（CNRDS），上市公司公司特征和财务变量主要采集自万得数据库（Wind）和国泰安数据库（CSMAR），城市层面变量则搜集自历年《中国城市统计年鉴》和各地方政府统计局。

8.2.2 变量说明

(1)被解释变量：企业创新绩效。已有文献多采用企业专利申请数量来衡量企业创新水平（Hall和Harhoff，2012），本章延续这种思路，用上市公司三种专利申请数量的总和来度量企业创新产出，并以此代表企业创绩效（PAT）。此外，考虑到发明专利比其余专利更能代表企业的实际创新水平，本章还从创新效果角度区分了实质性创新（年度发明专利申请总数）和策略性创新（年度实用型和外观设计型专利总数），并在稳健性检验中将其作为被解释变量的替代变量进行实证回归。按大多数文献的做法，本章创新绩效类数据均加1取对数。

(2)核心解释变量：政策协同。本章借鉴赵晶、迟旭等（2022）的研究，依据产学研协同创新政策涉及的部门单位和采取的内容措施，分别构建了城市层面的政策部门协同、政策措施协同及政策整体协同指标，并将政策整体协同指标作为“政策协同”的核心代表。本章的构建方法具体如下：

政策部门协同指若干部门在核心部门出台某项政策后，积极响应并与之配套、协同。参考借鉴彭纪生等(2008)人的方法，本章用明确颁布或在某政策的责任划分中被明确提及的部门数量来度量部门协同指标：

$$\text{Dept}_{i,t} = \frac{\sum_{j=1}^{N} \text{PD}_j}{N} \tag{8-1}$$

其中，i 代表城市，t 代表年份，N 代表某一年发布的政策数量之和，PD_j 代表第 j 条政策的主体协同度，即将由两个部门联合颁布的政策赋值为2，由三个部门联合颁布的政策赋值为3，以此类推。最后，将 i 第 t 年颁布的所有政策的主体协同度PD_j 加总取平均，就得到了城市 i 的年度政策部门协同指标$\text{Dept}_{i,t}$。

政策措施协同指某政策包含条款之间的协同。本章借鉴 Rothwell 和 Zegveld(1981)的研究成果，从供给型、需求型和环境型三类政策特征出发，通过定性分析、比较归类和小组反复讨论，提取并确定各类型所包含的方面及核心关键词，继而构建完成措施协同框架体系。其中，供给型政策措施主要指政府在资金、人才等要素上的直接供给，具体包含人才引进与培养、资金投入、公共服务、基础设施建设四方面，在产学研协同创新中起推动力作用；需求型政策措施指政府采取一系列行为减少、规避市场不确定性并创造市场需求，具体包括政府采购、外包政策、海外机构、贸易管制四方面，在产学研协同创新中起拉动力作用；环境型政策措施指政府运用金融、法律、税收等手段营造良好的市场氛围、消除市场障碍，具体包含税收优惠、财务金融、法规管制、策略性措施四方面，在产学研协同创新中起间接性影响作用。本章假定只要某政策的内容至少涉及上述任意一种政策特征，即表示该政策文本内部存在措施协同。基于此，本章构建了如下的措施协同度指标计算公式：

$$\text{Meas}_{i,t} = \frac{\sum_{j=1}^{N} \text{PM}_j}{N} \tag{8-2}$$

其中，PM_j 表示城市 i 第 t 年颁布的第 j 条政策的措施协同度，即将包含三种类型政策措施中一种的政策则赋值为1，将包含三种类型政策措施中两种的政策则赋值为2，以此类推。最后，将城市 i 第 t 年发布的所有政策 N 的措施协同度PM_j 加总取平均，就得到了年度政策措施协同指标$\text{Meas}_{i,t}$。

政策整体协同作为“政策协同”的核心代表，其由政策部门协同和政策措施协同的乘积构成，二者分别从政府网络和企业网络两方面拓展深化

彼此之间的连接。本章的政策整体协同指标计算方法为:

$$Polcoop_{i,t} = Dept_{i,t} \times Meas_{i,t} \tag{8-3}$$

其中,$Polcoop_{i,t}$代表城市i第t年的政策整体协同指标,即该年的政策协同程度,$Dept_{i,t}$和$Meas_{i,t}$分别代表城市i的年度政策部门协同指标和年度政策措施协同指标。

图 8-1 对 2011—2021 年间各城市的政策协同状况进行了展示。我们可以看到,产学研协同创新政策的发布数量呈现出逐年上升的趋势,且四个及以上部门联合发文的文件在每年占比均最高,2016 年后更是在 40% 以上,这充分表明城市层面的产学研协同创新政策具有以多政府部门协作为主、单一部门发文为辅的特征。此外,从协同指标的大小来看,政策部门协同指标数值在 3—6,总体呈现出一个上升的态势,而政策措施协同指标在 2—3,整体较为平稳且略有上升,这说明地方政府对产学研协同创新的重视程度在不断增强、政策文本的内容也逐步丰富,我国基于产学研视角的政策协同正在进入高质量的发展阶段。

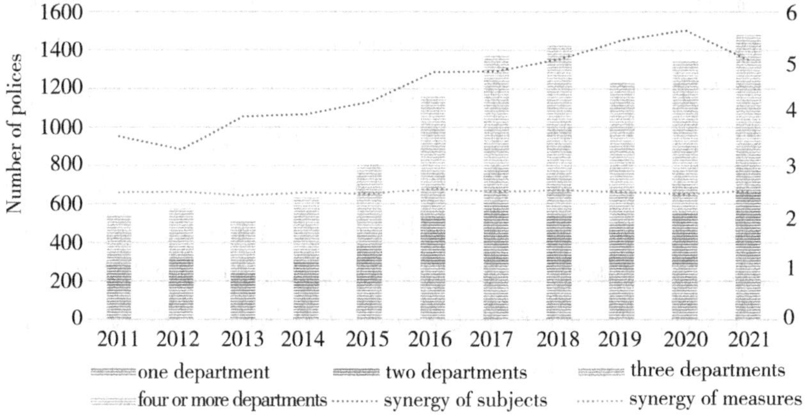

图 8-1 基于产学研视角的政策协同

(3)调节变量

①企业层面调节变量:企业社会责任(CSR)。在创新成为引领发展第一动力的时代背景下,企业社会责任作为一种典型的非市场战略,会通过给予企业活动便利、提升员工积极性、强化与利益相关者的互动等途径提高企业创新绩效(Zhou 等,2020)。本章在兼顾信息披露规范性和真实性的前提下,参考 Yuan 等(2022)的做法,将国泰安社会责任研究字库里披露的"上市公司社会责任报告基本信息表"中的 12 个方面作为基本衡量标

准，通过赋值法计算出企业社会责任指数。

②城市层面调节变量：科学技术支出(Gtech)。中国式财政分权体制使地方政府在财政支出上拥有充分的自主权，而财政科学技术支出作为地方政府参与城市创新系统建设的基本手段，更会对社会层面的创新发展产生积极影响(Lee，2011)。本章将各城市财政科学技术支出的对数作为调节变量，对政策协同与企业创新绩效的关系进行探讨。

(4)中介变量。为考察基于产学研视角的政策协同对企业创新绩效的作用机理，本章借鉴 Li(2012)、Costa-Campi(2014)等学者的研究，拟从企业内部(企业研发投入)和外部(政府补贴)两方面选取中介变量，并假设政策协同可以通过影响企业的研发投入和接纳的政府补贴对企业创新绩效产生影响。

(5)控制变量。参考 He 等(2013)、Dang 和 Motohashi(2015)、Fan 和 Liu(2020)的做法，本章在回归模型中从企业的财务特征、治理结构和地方经济环境状况等多层面对可能影响企业创新绩效的因素加以控制。具体而言，企业层面的控制变量包括：公司年龄(Age)、企业规模(Size)、两职合一虚拟变量(Dual)、股权性质(Soe)、资产收益率(Roa)、资产负债率(Lev)、速动比率(Quick)、无形资产占比(Intan)；城市层面的控制变量包括：人均地区生产总值(Pgdp)、地区生产总值增长率(Gdpg)。

基于此，本章主要变量的定义和描述性统计分别如表 8-1、表 8-2 所示。

表 8-1　变量定义

变量类型	变量名称	变量符号	变量说明
被解释变量	企业创新绩效	PAT	企业年度专利申请总数加 1 取对数
	实质性创新	PATI	企业年度发明专利申请总数加 1 取对数
	策略性创新	PATUD	企业年度非发明专利申请总数加 1 取对数
解释变量	政策部门协同	Dept	城市年度所有政策的部门协同度加总取平均
	政策措施协同	Meas	城市年度所有政策的措施协同度加总取平均
	政策整体协同	Polcoop	政策部门协同与措施协同的乘积，核心代表“政策协同”

续表

变量类型	变量名称	变量符号	变量说明
调节变量	企业社会责任	CSR	基于“社会责任报告基本信息表”信息赋值计算
	科学技术支出	Gtech	政府财政面科学技术支出取对数
中介变量	企业研发投入	RD	企业当年研发支出费用取对数
	政府补助	Sub	企业当年所接受的政府补贴取对数
控制变量	公司年龄	Age	公司成立的年限加1取对数
	企业规模	Size	公司总资产的自然对数
	两职合一	Dual	若董事长和总经理为同一人时取1，否则取0
	股权性质	Soe	若企业为国有控股企业，取值为1，否则为0
	资产收益率	Roa	公司净利润占总资产的比重
	资产负债率	Lev	公司期末负债总额占总资产的比重
	速动比率	Quick	流动资产与存货的差值比流动负债
	无形资产占比	Intan	公司无形资产净额占总资产的比重
	大股东持股	Top10	公司前10大股东持股比例
	人均生产总值	Pgdp	地区生产总值比地区总人口
	生产总值增长率	Gdpg	本期生产总值与上期生产总值的比减去1

表 8-2 描述性统计

变量	样本量	均值	中位数	标准差	最小值	最大值
PAT	18952	2.723	2.890	1.886	0	9.359
PATI	18952	1.959	1.792	1.668	0	8.846
PATUD	18952	2.176	2.197	1.803	0	9.178
Dept	18952	4.690	4.222	1.911	1	13.85
Meas	18952	2.624	2.667	0.183	1.818	3
Polcoop	18952	12.37	10.98	5.278	2	39
CSR	18952	0.427	0.050	0.260	0	0.917
Gtech	18952	13.73	13.94	1.383	9.022	15.53
RD	15162	17.93	17.91	1.541	12.80	22.57

续表

变量	样本量	均值	中位数	标准差	最小值	最大值
Sub	15162	16.75	16.71	1.557	10.60	21.03
Age	18952	2.897	2.944	0.343	1.386	3.611
Size	18952	22.25	22.03	1.382	19.42	26.71
Dual	18952	0.290	0	0.454	0	1
Soe	18952	0.371	0	0.483	0	1
Roa	18952	0.0350	0.0370	0.0670	-0.475	0.208
Lev	18952	0.427	0.420	0.213	0.0280	0.927
Quick	18952	2.193	1.278	2.797	0.122	31.51
Intan	18952	0.595	0.606	0.154	0.195	0.914
Top10	18952	0.0430	0.0290	0.0520	0	0.388
Pgdp	18952	7.644	7.730	2.764	-5.600	17.10
Gdpg	18952	11.64	11.70	0.394	10.36	13.06

8.2.3　模型构建

为检验政策部门协同、政策措施协同及以政策整体协同指标为核心代表的“政策协同”对企业创新绩效的影响，本章参考 Chang 等(2015)的研究，构建了回归模型(8-4)和模型(8-5)：

$$PAT_{it} = \alpha_0 + \alpha_1 \text{Dept(Meas)}_{i,t} + \text{Control}_{it} + \sum \text{Indus} + \sum \text{Year} + \varepsilon_{it} \tag{8-4}$$

$$PAT_{it} = \alpha_0 + \alpha_1 \text{Polcoop}_{i,t} + \text{Control}_{it} + \sum \text{Indus} + \sum \text{Year} + \varepsilon_{it} \tag{8-5}$$

其中，PAT_{it} 为企业创新绩效，$Dept_{it}$、$Meas_{it}$、$Polcoop_{i,t}$ 为分别为政策部门协同、政策措施协同和政策整体协同指标，Control 为一系列控制变量，$\sum$ Indus 为行业固定效应，$\sum$ Year 为年份固定效应，ε_{it} 为随机扰动项。我们主要关注核心解释变量系数α_1，若$\alpha_1 > 0$，则表示政策协同促进了企业创新绩效。

为了进一步检验企业社会责任和地方财政科学技术支出在政策协同与企业创新绩效之间的内在影响机理，本章以政策整体协同指标为核心解释变量、以企业创新绩效为被解释变量、以企业社会责任和财政科学技术支出为调节变量，构建了回归模型(8-6)和模型(8-7)：

$$\begin{aligned}PAT_{it} = &\beta_0 + \beta_1 \text{Polcoop}_{i,t} + \beta_2 Csr_{i,t} + \beta_3 \text{Polcoop}_{i,t} \times Csr_{i,t} \\ &+ \text{Control}_{it} + \sum \text{Indus} + \sum \text{Year} + \varepsilon_{it}\end{aligned} \tag{8-6}$$

$$\begin{aligned}PAT_{it} = &\beta_0 + \beta_1 \text{Polcoop}_{i,t} + \beta_2 \text{Gtech}_{i,t} + \beta_3 \text{Polcoop}_{i,t} \times \text{Gtech}_{i,t} \\ &+ \text{Control}_{it} + \sum \text{Indus} + \sum \text{Year} + \varepsilon_{it}\end{aligned} \tag{8-7}$$

此外，本章还选取企业研发投入和所接受的政府补助为中介变量，通过构建以下中介模型，深入剖析了政策协同通过研发投入和政府补助对企业创新绩效产生的影响：

$$RD(Sub)_{it} = \gamma_0 + \gamma_1 \text{Polcoop}_{i,t} + \text{Control}_{it} + \sum \text{Indus} + \sum \text{Year} + \varepsilon_{it} \tag{8-8}$$

$$\begin{aligned}PAT_{it} = &\gamma_0 + \gamma_1 \text{Polcoop}_{i,t} + \gamma_2 RD(Sub)_{i,t} + \text{Control}_{it} \\ &+ \sum \text{Indus} + \sum \text{Year} + \varepsilon_{it}\end{aligned} \tag{8-9}$$

8.3　实证检验分析

8.3.1　基准回归分析

本章依据所建立的基准回归模型(8-4)和模型(8-5)实证检验了政策部门协同、政策措施协同及以政策整体协同指标为核心代表的“政策协同”对企业创新绩效的影响，估计结果如表8-3所示。其中，第(1)列以政策部门协同指标为核心解释变量，系数为0.033且在1%的水平上显著为正，这充分说明政策部门协同可通过协调不同政府部门的信息和职能、整合资金、科研设施等不同领域的资源，来促进政策的一致性和协调性，从而为企业提供清晰、明确、有效的政策指导及稳定可预测的创新环境，并最终提高企业创新绩效。第(2)列结果显示，在以政策措施协同指标为核心解释变量的情况下，估计系数为0.19并在5%的水平上显著为正，这反映出政府可通过制定并发布包含供给型、需求型、环境型措施的政策内容，使企业在资金、人才、技术、市场需求等方面获得多元化的资源支持，并拓展其与企业、研究机构、政府部门等多维社会组织的合作，加速知识传播、技术共享，促进创新的跨界融合，形成更加综合和协同的创新生态系统，助力于企业实现自身的创新绩效目标。

表 8-3　基准回归结果

	(1) Patent	(2) Patent	(3) Patent	(4) Patent	(5) Patent	(6) Patent
Dept	0.033*** (0.011)			0.016*** (0.003)		
Meas		0.190** (0.094)			0.069** (0.034)	
Polcoop			0.012*** (0.004)			0.006*** (0.001)
_cons	-16.042*** (1.728)	-15.474*** (1.669)	-15.956*** (1.719)	-6.235*** (0.394)	-5.888*** (0.399)	-6.184*** (0.394)
Control	Yes	Yes	Yes	Yes	Yes	Yes
Industry	Yes	Yes	Yes	Yes	Yes	Yes
Year	Yes	Yes	Yes	Yes	Yes	Yes
N	18952	18952	18952	18952	18952	18952
R^2	0.569	0.569	0.569			

注：表中括号内为标准误，*、**、***分别表示在 10%、5%、1%的水平上显著，下同。由于泊松回归方法适用于被解释变量为非负整数值的样本，因此在回归时使用了企业专利申请数原始数据

第(3)列结果显示，核心代表“政策协同”的政策整体协同指标对企业创新绩效的影响系数为 0.012，并通过了 1%水平下的显著性检验，这充分印证了基于产学研视角的政策协同能通过主体协同产生的政府政策网络和措施协同衍生的企业社会网络间的循环促进，为企业创新提供多层次、多维度的支持，帮助企业在创新领域取得更好的结果。同时，为进一步验证“政策协同对企业创新绩效的影响”的稳健性，在第(4)~(6)列使用泊松回归方法进行了检验。可以看到，无论政策部门协同、政策措施协同还是政策整体协同指标，其系数均显著为正，与 OLS 回归的结果相一致。

8.3.2　稳健性检验

为印证政策协同对企业创新因果关系的可靠性，本章除替换回归模型外，还采用替换被解释变量、调整解释变量期数、增加城市层面控制变量、剔除特殊值样本、工具变量法等方法进行稳健性检验。

(1)替换被解释变量。考虑到对企业创新绩效的测度存在一定偏误，本章借鉴 Tong 等(2014)、Jiang 和 Bai(2022)的研究，把企业申请发明专利的行为定义为实质性创新(Patenti)、把企业申请实用型专利和外观设计专利的行为定义为策略性创新(Patentud)，并将二者作为被解释变量的替代变量重新进行回归。从表 8-4 的第(1)至(2)列可以发现，政策整体协同指标对实质性创新和策略性创新的影响分别在 1%和 5%的水平上显著为正，佐证了政策协同能提高企业创新质量的结论。

(2)调整解释变量期数。基准回归结果表明，政策协同对企业创新绩效有显著的促进作用，但高创新绩效企业也会在一定程度上影响所在地的政策制定，进而导致反向因果的内生性问题。同时，考虑到政府政策制定有较长的周期，且当期政策从发布到对企业研发活动产生影响需要一定的时间。因此，本章分别将解释变量滞后一期和二期，以缓解双向因果问题和捕捉政策措施实施后企业创新绩效的变化。从表 8-4 的第(3)列和第(4)列可以看到，政策整体协同指标滞后项系数均显著为正，说明本章研究结论具有较强稳健性。

表 8-4　稳健性检验：替换被解释变量、调整解释变量期数

	替换被解释变量		调整解释变量期数	
	(1)	(2)	(3)	(4)
	Patenti	Patentud	Patent	Patent
Polcoop	0.011*** (0.003)	0.012** (0.005)		
L_Polcoop			0.013*** (0.004)	
L2_Polcoop				0.013*** (0.004)
_cons	-16.127*** (1.987)	-13.952*** (1.605)	-16.042*** (1.629)	-16.185*** (1.618)
Control	Yes	Yes	Yes	Yes
Industry	Yes	Yes	Yes	Yes
Year	Yes	Yes	Yes	Yes
N	18952	18952	16199	13910
R^2	0.521	0.537	0.579	0.585

(3)增加城市层面控制变量。考虑到遗漏变量尤其是城市层面有关宏观经济的变量会对企业创新绩效产生影响，本章依次将地区财政压力(Fiscal)和财政科学技术支出(Govtech)、第二产业占 GDP 比重(Second)和普通高校在校学生数(Stu)进行控制。回归结果表明，政策整体协同指标对企业创新绩效的影响系数分别为 0.013 和 0.012，且通过了 1%水平下的显著性检验。这意味着即使增加城市层面宏观经济因素，产学研政策协同对企业创新绩效有显著正向影响的研究结论依然成立。

(4)剔除特殊值。与普通省会城市、副省级城市相比，一线城市在人才集聚、科研基础设施、金融投资环境、国际化水平、研发中心集聚等方面具有无可比拟的优势，因而创新的能力和动力也相对较强。此外，考虑到 2020—2021 年新冠疫情对供应链、资金链、市场需求、复工复产等产生的冲击直接影响到了企业创新活动，本章将北京、上海、广州、深圳四大一线城市样本和 2020—2021 年样本依次剔除，并重新进行了估计。表 8-5 第(3)~(4)列的结果表明，剔除特殊值后，政策整体协同指标仍显著促进企业创新，再次验证了本章结论的稳健性。

表 8-5　稳健性检验：增加城市层面控制变量和剔除特殊值

	增加控制变量		剔除特殊值	
	(1)	(2)	(3)	(4)
	Patent	Patent	Patent	Patent
Polcoop	0.013*** (0.004)	0.012*** (0.004)	0.011** (0.005)	0.009** (0.004)
Fiscal	0.160 (0.907)	-0.110 (0.854)		
Govtech	0.060* (0.032)	0.056* (0.032)		
Stu		0.033 (0.032)		
Second		0.002 (0.003)		
_cons	-15.006*** (1.765)	-15.916*** (2.168)	-14.830*** (1.961)	-15.575*** (1.886)
Control	Yes	Yes	Yes	Yes

续表

	增加控制变量 (1) Patent	(2) Patent	剔除特殊值 (3) Patent	(4) Patent
Industry	Yes	Yes	Yes	Yes
Year	Yes	Yes	Yes	Yes
N	18952	18952	10093	14235
R^2	0.570	0.570	0.556	0.575

(5)工具变量法。环境科学领域的研究证实，大气污染物具有很强的外溢性(Qin 等，2015)，其不仅对局部地区造成影响，还会通过大气环流和贸易往来等实现跨界输送(Meng 等，2018)。在中国地方自主治理的背景下，雾霾污染的强烈外溢很容易造成区域环境治理责任不明确，使得地方自主治理的效果不理想(Li 和 Ye，2021)。而突破行政边界，形成区域性的政策协同，能在很大程度上弥补这一遗憾(Hu 等，2019)。此外，大量的研究也证明政策协同与环境治理成效密切相关(Candel 和 Biesbroek，2016)，例如 Kahn 等(2015)发现边界水污染问题可通过政府协同治理得到缓解、Lu 等(2023)发现环境治理政策协同会显著抑制碳排放等。综上，我们有理由认为雾霾治理效果好的地方，积累的政策协同经验会更加丰富，政策协同的基础和能力也一般会更强。基于此，本章选取 PM2.5 排放年均浓度作为产学研视角下政策协同的工具变量并展开 2SLS 检验，这样做的合理性还有：首先，本章的 Hausman 检验结果为 7.3837(p = 0.0066)，P 值小于 0.05，拒绝"政策协同变量是外生的"原假设，证明的确存在内生性问题；其次，PM2.5 排放浓度作为地区环境治理成效的代理变量，几乎不能对该地区企业创新绩效产生直接影响，从而相对满足变量外生的标准。

表 8-6 报告了工具变量估计结果。在第一阶段的回归中，工具变量 PM2.5 的系数在 1%的水平上显著为正。第二阶段的回归结果显示，Polcoop 变量的回归系数仍显著为正，且通过了 5%水平下的显著性检验。从工具变量的相关结果来看，Cragg-Donald Wald F statistic 统计检验结果和 Kleibergen-Paaprk Wald F 统计检验结果均大于经验值 10，表明不存在弱工具变量和识别不足的问题(Kim 和 Lee，2019)，即基于产学研视角的政策协同能够提高企业创新绩效的假设依然成立，基准回归结果依旧稳健。

表 8-6　工具变量法

	(1) Polcoop	(2) Patent
PM2.5	0.011*** (0.003)	
Polcoop		0.227** (0.103)
_cons	60.494*** (1.657)	-29.968*** (6.354)
Control	Yes	Yes
Industry	Yes	Yes
Year	Yes	Yes
N	18952	18952
R^2	0.255	0.300
Cragg-Donald Wald F	12.505	
Kleibergen-Paap rk Wald F	11.356	

8.3.3　调节效应与中介机制检验

(1)调节效应。为考察地方财政科学技术支出和企业社会责任在政策协同与企业创新之间的调节作用，本章基于模型(8-6)和模型(8-7)进行了以下回归。表 8-7 的回归结果表明，地方财政科学技术支出和企业社会责任的影响系数分别为 0.065、0.082，通过了 1%水平下的显著性检验，表明二者均起到了正向调节效应作用。其中，财政科技支出与政策整体协同指标交乘项(xt_Govtech)的系数为 0.006，在 5%水平上显著，说明财政科技支出越多的城市，政策协同对当地企业创新的作用力越强，这是因为科学技术支出较多的城市通常在科研、技术开发等方面的资源投入更多，对高水平的科研人才、创新企业和研究机构更具吸引力，为不同机构、高校、企业提供的合作机会也更多，从而使得创新政策的引导作用更明显。企业社会责任与政策整体协同指标交乘项(xt_CSR)的系数在 5%水平上显著为正，说明社会责任作为企业可持续创新发展的重要因素，能通过营造良好创新文化氛围、打造与时俱进的创新模式等来强化企业创新绩效，并在政策协同外部助力下形成更好的内部创新效应。

表 8-7　调节效应

	(1)	(2)
	Patent	Patent
xt_Govtech	0.006** (0.003)	
Govtech	0.065** (0.031)	
xt_CSR		0.019** (0.009)
CSR		0.259*** (0.082)
Polcoop	0.016*** (0.004)	0.011*** (0.004) (0.082)
_cons	-15.186*** (1.705)	-15.567*** (1.740)
Control	Yes	Yes
Industry	Yes	Yes
Year	Yes	Yes
N	18952	18952
R^2	0.570	0.570

(2)中介机制。上文已经验证了政策协同可以有效提高企业创新绩效，但政策协同是如何提高企业创新能力尚未分析。本章结合已有研究从企业科研支出和所接受的政府补助两方面，探究其在政策协同与企业创新绩效间的中介效应。首先，从内部激励的角度来看，本章认为政策协同具备激发企业提高科技创新方面投入的能力，并促使其主动承担更多的风险，从而推动企业在技术创新方面取得更显著的成效。从表 8-8 第(2)列可以看到，政策整体协同指标对企业研发投入的影响系数为 0.005，通过了 10%水平下的显著性检验。第(3)列的回归结果表明，在控制研发投入后，政策整体协同指标对企业研发绩效的影响仍在 1%水平下显著为正，但其系数相比同样本下的第(1)列回归较小，表明在政策协同间接激发企

业技术创新动力、提升自身创新实力的过程中，研发投入扮演着重要的中介角色。

其次，从外部支持的角度来看，本章假设产学研视角下的政策协同会促使地方政府加大对企业的补贴力度，并通过补贴投入带来的中介效应，对企业创新绩效产生影响。从表8-8第(4)列可以看到，政策整体协同指标对政府补贴的影响系数为0.05，并在5%水平下显著为正。这是因为政策协同的目的是通过不同政策和部门间的协调配合，使政策效果得到最大化发挥，而在协同框架下加大对企业补贴的做法，恰能实现企业研发风险降低、收入预期提高(Wu和Hu，2020)、创造就业(Koski和Pajarine，2013)等多方面的综合效益。表8-8第(5)列的回归结果显示，控制政府补贴后，政策整体协同对企业创新的系数仍在1%水平下显著为正，但其回归系数比第(1)列略小0.002，这充分说明政府补助在政策协同与企业创新绩效间产生了部分中介效应，即基于产学研视角的政策协同有助于企业获取创新补贴，进而提升企业创新绩效。

表8-8 中介机制

	(1) Patent	(2) RD	(3) Patent	(4) Subsidy	(5) Patent
Polcoop	0.015*** (0.004)	0.005* (0.003)	0.012*** (0.004)	0.005** (0.002)	0.013*** (0.004)
RD			0.426*** (0.023)		
Subsidy					0.239*** (0.020)
_cons	-16.677*** (1.030)	-6.395*** (0.881)	-13.952*** (0.807)	-2.244** (0.865)	-16.140*** (0.888)
Control	Yes	Yes	Yes	Yes	Yes
Industry	Yes	Yes	Yes	Yes	Yes
Year	Yes	Yes	Yes	Yes	Yes
N	15162	15162	15162	15162	15162
R^2	0.510	0.647	0.563	0.544	0.532

8.4 异质性分析

8.4.1 基于政策整体协同的异质性分析

前文结果表明政策协同(以“政策整体协同指标”为代表)会显著提高企业创新绩效，但尚未对部门协同与措施协同是如何影响政策整体协同指标，进而作用于企业创新展开分析。为此，本章以当年全部城市政策部门协同和政策措施协同指标的平均数为标准，构建了如下 0-1 变量：即当某城市部门协同度或措施协同度高于当年平均水平时，则将其赋值为 1，否则赋值为 0。进一步，本章分别以高度部门协同与高度措施协同乘积、低度部门协同与低度措施协同乘积、高度部门协同与低度措施协同乘积、低度部门协同与高度措施协同乘积，来表示高政策整体协同(Highpol)、低政策整体协同(Lowpol)、偏部门政策整体协同(Deptpol)、偏措施政策整体协同(Measpol)。从表 8-9 的回归结果中我们可以发现，高政策整体协同指标对企业创新绩效的回归系数为 0.08，且在 5%水平上显著为正，而低政策整体协同指标则对企业创新绩效的影响则在 10%水平上显著为负。此外，第(2)列和第(3)的回归结果表明，偏部门政策整体协同指标和偏措施政策整体协同指标的系数不但不显著，甚至出现了负数。这充分说明，政策部门协同和政策措施协同之间存在互补关系，只有当二者均较高或较低时，政策整体协同指标才会对企业创新绩效产生显著促进或抑制作用。同时，这也侧面说明政策整体协同度越高，对企业的创新作用也就越明显。

表 8-9 基于政策整体协同的异质性分析

	(1) Patent	(2) Patent	(3) Patent	(4) Patent
Highpol	0.080** (0.037)			
Deptpol		0.045 (0.035)		
Measpol			-0.004 (0.031)	

续表

	(1) Patent	(2) Patent	(3) Patent	(4) Patent
Lowpol				-0.075* (0.038)
_cons	-15.498*** (1.659)	-15.340*** (1.651)	-15.229*** (1.643)	-15.228*** (1.633)
Control	Yes	Yes	Yes	Yes
Industry	Yes	Yes	Yes	Yes
Year	Yes	Yes	Yes	Yes
N	18952	18952	18952	18952
R^2	0.569	0.569	0.568	0.569

8.4.2　基于行业性质的异质性分析

财力用于降污减排，其创新也多局限于绿色环保方面。因此，污染密集型企业从总体来看，无论是创新投入的力度还是创新方向的广度、深度，均与非污染密集型企业存在一定差距。本章参照潘爱玲(2019)的做法，将研究样本进一步区分为重污染行业与非重污染行业，分组考察政策协同对企业绿色技术创新绩效的影响。从表8-10第(3)列和第(4)列可以看到，政策整体协同指标对非污染密集型行业中的企业创新绩效影响系数为0.013，并在1%水平上显著为正，但在非污染密集型行业中，影响系数甚至未通过10%水平下的显著性检验。这充分说明政策协同对非污染密集型行业与传统行业相比，技术密集型企业需要大量创新行为来维持和提升企业竞争力，因此其通过研发合作开展科技创新的动力更强。据此，本章参照Dessyllas和Hughesd(2005)的研究，以中国证券监督管理委员会2012年修订的《上市公司行业分类指引》为标准，将样本分为技术密集型行业和非技术密集型行业两组并单独进行实证检验。其中，电子、医药、信息技术、机械、设备、仪表等13类企业归为技术密集型行业，剩余其他行业归为非技术密集型行业。从表8-10第(1)与(2)列可看出，政策整体协同指标对技术密集型企业创新绩效的回归系数为0.02，且在1%水平上显著为正，而对非技术密集型企业创新绩效的影响虽然为正，但并不显著，表明政策协同促进企业创新的作用能在企业创新需求较高的技术密集型企业中得到更大发挥。

表 8-10 基于行业性质的异质性分析

	是否为技术密集型		是否为污染密集型	
	(1)	(2)	(3)	(4)
	Patent	Patent	Patent	Patent
Polcoop	0.020***	0.003	0.005	0.013***
	(0.004)	(0.005)	(0.011)	(0.004)
_cons	-17.897***	-14.272***	-19.469***	-14.879***
	(1.071)	(2.436)	(1.715)	(1.892)
Control	Yes	Yes	Yes	Yes
Industry	Yes	Yes	Yes	Yes
Year	Yes	Yes	Yes	Yes
N	9409	9543	2780	16172
R^2	0.510	0.543	0.538	0.579

8.4.3 基于区域环境的异质性分析

从中国国情来看，研究政策协同与企业创新间的关系离不开地方政府行为背景。政治集权和财政分权体制作为中国重要的制度基础，是长期以来激励中国地方政府参与竞争的主要动力。在以 GDP 为主要政绩考核指标的推动下，地方政府为追求经济发展并在“晋升锦标赛”中脱颖而出，会通过行政干预的手段来采取一系列措施以获取更多财税收入和地方经济产出，这在一定程度上滋生了急功近利的短视行为并造成行业间的金融资源错配，进而阻碍市场机制发育，对区域创新效率产生了抑制作用(Rajan 等，2003)。本章参考大多数文献的做法，以财政支出占 GDP 的比重衡量政府干预，并基于同一年份各城市政府干预程度的中位数分组回归，结果如表 8-11 所示。从表 8-11 的第(1)列和第(2)列可看到，在政府干预过高的情况下，政策整体协同指标对企业创新的影响系数为 0.007，未通过 10%水平的显著性检验，而在政府干预程度较低的地区，政策整体协同指标对企业创新的影响在 1%水平上显著为正。这表明高强度的政府干预确实不利于政策协同对企业创新积极作用的发挥。

表 8-11　基于区域环境的异质性分析

	政府干预程度		科技资源禀赋	
	(1) Patent	(2) Patent	(3) Patent	(4) Patent
Polcoop	0. 007 (0. 007)	0. 013*** (0. 004)	0. 010** (0. 005)	0. 004 (0. 008)
_cons	-15. 562*** (1. 987)	-15. 668*** (1. 721)	-16. 119*** (1. 897)	-15. 421*** (2. 169)
Control	Yes	Yes	Yes	Yes
Industry	Yes	Yes	Yes	Yes
Year	Yes	Yes	Yes	Yes
N	8716	10236	9199	9753
R^2	0. 599	0. 564	0. 561	0. 598

科技资源禀赋代表着一个地区财力、人力、物力、信息、制度、组织资源等多个方面科技资源的丰富程度，在国家和地区科技创新活动中充当着重要的物质和信息保障角色(Yeung 和 Coe，2015)。《中国城市科技创新发展报告(2021)》显示，中国城市群科技创新能力存在显著的区域差距，且整体呈现出“东部地区强于中西部，南方强于北方”的特点。为此，本章在以高校在校人数与总人口的比值度量地区科技资源禀赋的基础上，以同一年度各城市科技资源禀赋的中位数为标准，分组检验了政策整体协同指标与企业创新绩效的关系。从表 8-11 的第(3)列和第(4)列可以看到，在科技资源禀赋高的地区，政策整体协同指标对企业创新绩效的影响系数为 0. 01，并在 5%水平上显著为正，而在科技资源禀赋低的地区，其回归结果并不显著。这表明，考虑科技资源禀赋的异质性，政策协同对禀赋较高地区企业技术创新的激励效应更为明显。

8.5　本章小结

产学研协同创新政策作为国家完善科技创新体系，加快实施创新驱动发展战略的重要支撑，能促进产业、高校和科研机构等创新资源的有机结合，有效解决创新与应用方面的难题。本章以 2011—2021 年中国沪深 A

股上市公司样本为研究对象，通过爬取筛选中国各主要城市产学研协同创新政策，并利用挖掘分词和文本分析法构建出年度政策部门协同、政策措施协同、政策整体协同指标，实证考察了政策协同对企业创新绩效的影响及其内在作用机理。研究发现：(1)无论是政策部门协同、政策措施协同，还是核心代表“政策协同”的政策整体协同指标，均能正向提高企业创新绩效，且该结论在经过几类稳健性检验后仍旧成立；(2)机制检验结果表明，财政科学技术支出和企业社会责任在政策协同与企业创新间起正向调节作用，且政策协同可通过企业研发支出和政府补助两个中介显著提高企业创新绩效；(3)分组回归结果显示，政策协同与企业创新绩效的关系会因政策、行业、区域层面的异质性而差别显著。本章的研究结论不仅提供了政策协同能够促进企业创新的经验证据，还在一定程度上对今后政府产学研政策制定及科技创新起到了启示、借鉴作用。

第9章　政治周期与协同创新效率

熊彼特在《经济发展理论》中指出：创新是经济发展的动力(Schumpeter，1949)。随着知识经济时代和科技全球化的到来，创新成为引领发展的第一动力，成为综合国力竞争的关键所在。但创新内部存在发展逻辑，若仅依靠增加投入而非提高效率，结果难以实现理想状态(洪银兴，2013)。城市创新效率的提升不仅取决于创新要素的投入的数量，更取决于创新行为投入产出的效率与创新成果的转化和应用。创新效率源于经济学中的“效率”思想(Wakasugi 和 Koyata，1997；Crépon 等，1998)，相对于创新能力的指标体系评价，创新效率评价更能反映创新主体交流与合作的质量与创新要素的有效利用的程度(Fan 等，2021)。因此有必要从效率层面理解城市创新。

已有文献对城市创新效率的评测方法大致集中在应用数据包络分析、因子分析、随机前沿面等(Battese 和 Coelli，1995；Eric，2007；Diaz 和 Sánchez，2008；Hashimoto 和 Haneda，2008；Pinto 和 Guerreiro，2010；Wang，2007)，但该类研究多将参与创新活动的各个区域视为独立的系统，并未考虑系统之间可能存在的协同效应。根据 Lundvall (1985)对国家创新系统理论阐述，其主张创新是国家经济中所有生产者与使用者互动结果。同样地，城市创新效率的提升是系统内部企业、高等院校、科研机构和政府部门等创新主体之间交流协作、协同创新的过程(Song 等，2020；Ji 等，2020；Hwang，2020)。作为这个过程的结果，参与者实现了更大范围的创新，并且可以更有效地利用资源，在区域之间也实现了资源协同利用及技术共同研发的深化创新(Sleuwaegen 和 Ramboer，2020；Hou 和 Li，2020；Yström 和 Agogué，2020)。

因而区域创新系统在资源要素配置时，不仅可借助其单个系统内部各创新主体间的协同互动达成，还可以通过充分发挥各自区域创新系统的比较优势，利用其他区域创新系统的创新资源，形成区域创新系统之间的协同效应(白俊红等，2015；Caccamo，2020；Tekic，2020；Marta，2020)。

此外，单个城市的创新能力无法有效应对复杂多变的竞争环境，而城市协同创新有利于实现科技资源在地区之间各个生产环节的协同整合，促进各地区之间优势互补、合作共赢(Fan 等，2020；Wang 等，2020)，是充分调动和协调城市内部各种科技资源的无形力量，是城市创新发展的高级阶段和必然结果。因此本章将城市内部协同创新和考虑空间交互作用时的城市综合协同创新，统一纳入城市协同创新效率的分析框架，并全面揭示各个城市创新效率的变动。

城市协同创新效率的提升不仅依赖于企业、高等院校、科研机构创新主体间的协同联动，也与政府政策扶持力度以及经济社会环境等制度因素高度相关(Freeman，1989；Nelson，1993；Fischer 和 Varga 2003；范斐等，2020)。新熊彼特增长理论发现了创新过程中，各主体间的互动与联系，并指出技术进步是经济持续增长与发展的有力保障(Etzkowitz 和 Leydesdorff，2000；Acs 等，2002；Hanusch 和 Pyka，2007；柳卸林等，2017)，但也强调创新具有不确定性，在“创造性的毁灭”制造的不连续未知领域中，增长不是自发形成的(Schumpeter，1949)，知识与研发具有正向外部性，需要公共部门的干预与引导来克服市场机制的失效，继而利于在社会中塑造对创新的普遍认同，营造大众创新的群体氛围（Freeman，1989；Nelson，1993；Aghion 和 Howitt，2006)。因此新熊彼特增长理论强调政府应当对经济进行适当干预并发挥应有的责任(Freeman，1989；Nelson，1993；Aghion 和 Howitt，2006)。

目前已有文献多从创新主体与创新要素等视角入手分析城市协同创新效率变动的原因，在微观层面强调企业作为创新主体在提升城市协同创新效率方面的作用(Sammarra 和 Biggiero，2008；Natalicchio 等，2018；Jugend 等，2018)，强调多个要素对创新活动的联合支持，重视风险投资、技术市场、孵化器等创新中介的构建(Massa 和 Testa，2008；Armanios 等，2017)。尽管已有的对协同创新影响因素的研究不少，但是从政治因素角度的影响机制研究还很欠缺，且多用于政策研究，较少分析来自宏观层面制度性因素的影响，包括从政府决策、政府官员变动、外部的政治周期等方面。而这些外生制度因素对研究创新越来越重要，在实证和理论分析中也应该纳入研究范围。

在中国，宏观制度信息由党政机关统一发布，五年一届召开的党代会是政府官员选举换届的信息与经济政策公布的重要平台，其召开伴随着政治周期的出现(Yasunaga 等，2009；Cosh 和 Hughes，2010；Ji 等，2020；Hou 和 Li，2020)，使宏观经济政策的出台呈现鲜明的政治经济周期性

(Yasunaga 等，2009；Cosh 和 Hughes，2010；Ji 等，2020；Hou 和 Li，2020)。在党代会中政府官员作为政策的决策者，在政策的制定与执行流程中扮演关键角色(Brender 和 Drazen，2005；Sáez 和 Sinha，2010；Drazen 和 Eslava，2010；Aidt 和 Mooney，2014；余靖雯等，2015；Castro，2016；Sidorkin 和 Vorobyev，2018)。在对党代会的准确预期下，会议上的大规模换届对官员产生普遍的政治激励，官员之间政治竞争氛围浓厚；并且，党代会召开期间监督委员会加强选举纪律、严抓官员作风问题。因此在此关键时期，官员的一举一动关乎其未来仕途。在党代会这一外生影响下，官员产生了规律的周期性决策行为(Brender 和 Drazen，2005；Sáez 和 Sinha，2010；Drazen 和 Eslava，2010；Aidt 和 Mooney，2014；余靖雯等，2015；Castro，2016；Sidorkin 和 Vorobyev，2018)，即换届效应。

已有文献研究发现，中国过去存在以经济增长为主要考核内容的官员“晋升锦标赛”机制(周黎安，2007；唐睿和刘红芹；2012；刘瑞明和金田林，2015)，在党代会晋升激励下，使地区经济增长和财政支出呈现周期性波动(Tao，2003；Jin 等，2005；Li 和 Zhou，2005；杨海生等，2014；Tsai，2016)，但不少学者指出在这种模式下实现的地区 GDP 增长，是短期内仅通过加大资金和资源的投入而实现的低效率的粗放型经济增长(梅冬州等，2014；蒋德权等，2015)，与此同时由于政府对地区经济的过度干预，对资源配置效率也产生了负面影响(周黎安等，2013)。近些年，随着中国经济增速放缓，国家鼓励经济发展方式要从要素驱动、投资驱动转向创新驱动；发挥科技创新的核心作用，从而实现经济的高质量发展。综上，作者希望在本书中能够深入探索并回答政治周期等规律性的政治事件是否也能够从创新驱动发展层面推进地区经济高质量发展的进程。

9.1　文献综述与假设

已有文章大多从选举与政党执政竞选等方面来解释民主国家的政治经济周期，政治经济周期是指在机会主义导向下，决策者在选举的年份通过有意操控经济来提高自己在政治竞争中的议价能力，制造了一个选举前经济繁荣、选举后经济紧缩的经济周期(Nordhaus，1975；Sieg，2006；Aidt 等，2011；Kim，2018)；在发展中国家较高的增长率可以提高连任的可能性，在发达国家低通胀能在选举中得到更多选民的支持(Brender 和 Drazen，2008)，失业率与选民的支持率也呈负相关(Basak 等，2019)。

但由于中国政党制度为一党领导的多党合作和政治协商制度，党派间无根本意识形态或利益矛盾，为当选而扭曲经济发展自然规律的现象不会发生（文雁兵，2014b）。在中国，机会主义行为无法解释政治原因对中国经济波动的影响，但毋庸置疑的是，中国经济运行过程中政治周期特征是存在的。Nie 等（2013）认为西方式政党选举不是政治周期产生的必要条件，任何有时间规律的政治事件都可能形成政治周期，继而影响经济波动，由此中国同样存在着政治经济周期。

党代会是中国共产党党员全国代表大会和中国共产党党员地方各级代表大会的简称，是党委组织成员的重要政治活动形式，每五年召开一次。党代会是人事任命信息集中公布的重要平台，地方党代会召开期间官员会进行换届选举，包括市长和市委书记等各级政府官员会经历大规模人事变动包括调整、交流和晋升。在党代会召开前夕，因大规模换届，地方官员之间相互政治竞争的程度剧烈增加，政治竞争环境发生变化，在不确定自己最终去向前，地方官员会避免退休、争取晋升，从而致力于做出有利于辖区经济发展的反应（王贤彬和徐现祥，2010；余靖雯等，2015；田文佳等，2019）。同时，会议召开前，在社会监督的高压态势下，为营造优良的会议氛围，会议前夕上级政府也将加大贪腐打击力度，加强对地方官员的审查和监督（梅冬州等，2014）。因此，在对政治竞争环境变化的准确预期下，政府官员会在政治晋升激励和外界监督鞭策的双重驱动下，产生规律的周期性决策行为，从而影响辖区的经济增长。

因此经济学界大量学者从中国共产党的党代会角度来观察中国政治周期性特征（Tao，2003；Li 等，2020；梅冬州等，2014；余靖雯等，2015；魏玮等，2017）。文雁兵（2014b）基于中国 1994—2012 年省际面板数据，证实了“中国式政治经济周期”：在党代会前，政府官员会采取“援助”行为以提高自己职位调动的机会，通过提高经济性公共物品的供给水平、改善政府治理和基础设施水平等方式吸引流动资本，从而促进地区经济增长；呈现以五年一次的党代会为周期的宏观经济波动。肖洁等（2015a）讨论了省党代会与地方财政支出及其结构的政治周期性，发现在省级党代会召开前，市级财政总支出增长率显著增加。其中地方官员会显著提升生产性支出比重，以促进生产、发展经济，减少福利性支出比重；并且，市级财政支出的变化与省级官员的晋升状态密切相关。诸多研究表明党代会前后的经济波动与政治激励有关（周黎安等，2013；肖洁等，2015b；魏玮等，2017）。而以上同质的具有规律性官员行为多发生在党代会上政府换届之前，即存在明显的“换届效应”，在经济或财政支出等波动上表现为换届的经济效应。

现有文献指出在以往中国存在一种称为“政绩观”的考核标准，即具有较好经济效率的地区，官员有着更多的升迁和交流机会(Li 和 Zhou，2005；刘瑞明和金田林，2015；Guo，2007)。这些研究表明，中国具有独特的政绩考核和干部晋升机制，实现了对地方官员的强有力的激励，这种政治激励发挥出对经济发展的重要作用。一方面，在政治激励下，地方官员的仕途发展与地区经济指标挂钩，高涨幅的 GDP 增长率往往意味着更大的晋升和交流概率(Bo，2002；周黎安，2007；王贤彬和徐现祥，2010；徐现祥和王贤彬，2010；Yu 等，2016)。但另一方面，当政治晋升成为地方官员利益诉求的表现形式，文献研究发现，在党代会前夕，一些地方官员为了政绩、追求短期收益，通过扩大基本建设的投入和财政支出来发展经济(肖洁等，2015a；肖洁，2015b；魏玮等，2017)。这些经济政策对经济增长有较强的短期刺激作用，但在政策短视性效应(policy myopic effect)的影响下，仅通过依靠加大资金、资源的投入和扩大规模的粗放方式实现的经济增长往往是低效率的(梅冬州等，2014；蒋德权等，2015)。但实际上，也有理论和经验研究表明中央政府并非给予那些辖区经济发展良好的地方官员以提拔的承诺，而是在人事制度上利用惩罚机制反向鞭策懒政、怠政的官员(段润来，2009)。

尽管如此，近些年中央政府也出台了一系列政策去调整地方政府行为，来引导地方经济长期健康、可持续发展。地方官员的评价标准越来越向综合素质方面的考察靠拢。上级组织部门在考察、任用领导干部时，转变考核侧重点，引导官员能力综合提升。具体而言，依据《党政领导干部选拔任用工作条例》，对官员的考核方向分为五部分：“德(思想政治素质)、能(组织领导能力)、勤(工作作风)、绩(工作实绩)、廉(廉洁自律)”；并且敦促官员除经济增长外更关注地区社会民生、生态环境、技术创新等方面(唐睿和刘红芹，2012；You 等，2019；Zhang，2020；Jiang 等，2020)；由此提高经济增长质量与效率，推动地方集约型经济增长(陶然等，2010；Xi 等，2018；Wang 和 Chou，2021)。国家发展战略也多次指出，要使经济增长从单一要素数量投入转变为更多地依靠创新驱动，提升地区创新能力和效率，从而实现经济高质量发展。

政府官员作为地方具体政策的制定者与执行者，主导着政策投入，如通过确定财政支出中研发资金的优先投入部门(Carayannis 和 Meissner，2017)，提供金融担保服务，建立创新主体间沟通网络等通过间接支持的方式减少创新的研发成本等方式(Wang，2003)，刺激创新主体创造更多的经济效益。以政策投入的方式提高了创新主体开展创新活动的积极性，营造了良好的创新环境（Yasunaga 等，2009；Mergel 和 Desouza，2013）。除此之外，在政治晋升驱动下，党代会的政治周期性特征使公共财政支出等呈现规律性波动（肖洁等，2015b；魏玮等，2017）。那么党代会的政治周期性特征是否能使城市在创新驱动发展层面卓有成效，对城市协同创新效率产生影响？若是，具体的影响又如何？我们为此做出了如下假设并在文中验证：

假设 1：党代会召开的政治周期性特征会影响城市协同创新效率，使其产生周期性变动。具体表现为：省级党代会召开前夕，地方官员面对的政治竞争程度增加，在换届效应影响下城市协同创新效率出现明显提升；省级党代会结束后，在政绩表现方面官员更倾向于稳中求进，宏观政策趋于稳定，城市协同创新效率无显著波动。

党代会与非规律性官员职务调动虽均为重要的政治事件，但以二者刻画的政治经济周期却有很大差异。党代会是时间相对固定的可预期政治事件，在党代会召开前，官员具有明确的预期，清楚知道党代会的召开往往伴随着党政领导班子的选举换届工作，因此来自党代会的人事变动是有迹可循的，继而这种准确的预期会产生换届效应，引导官员做出周期性的决策行为。与之相比，除了任期结束，官员对非会议年份上的官职变动的预期能力较弱，预期结果也并不准确。

通过对文献的梳理，我们发现有时间规律的政治事件是政治周期形成的重要诱因，如政党选举、官员换届、政治会议的召开等（Brender 和 Drazen，2005；Drazen 和 Eslava，2010；王贤彬和徐现祥，2010；杨海生等，2014；Aidt 和 Mooney，2014；Castro，2016；陈艳艳和罗党论，2015；徐业坤和马光源，2019）。在中国，省党代会对于官员来说，是五年一次、可预期的换届信号。地方党代会的召开往往伴随着党政一把手的换届与大规模各行政级别官员的人事变动，同时党代会也是集合了民意民愿表达与接受中央审查监督职能为一体的重要平台。故而，除晋升激励外，党风廉政、惩防腐败体系的建设以及严抓作风等问题一直是党代会上的报告的重点内容，也是会议前社会公众持续关注的中心话题，中央政府的监察力度与民众舆论压力突增让地方官员不规范行为的机会成本大幅上升（Nie 等，2013；Xi 等，2018）。

中国特色的官员选拔任用制决定了在党中央集中领导下，地方官员不仅要对下负责，更要对上负责，因此官员的行为选择既接受来自社会民众舆论压力的影响，也取决于上级政府在政治与纪律上的约束与制度上的晋升激励(Bo，2002；余靖雯等，2015；Tian 和 Tian，2021)。官职晋升与调动是官员偏好的结果，激励着官员做出利于未来仕途的行为决策(Li 和 Zhou，2005；刘瑞明和金田林，2015；Guo，2007)。因此实际上，省级党代会对官员的政治激励作用主要表现为两方面：一是来自更多的职务竞争与职业发展上的正向激励，二是党代会召开期间对官员行为监察力度大幅提升、官员犯错成本增加的负向激励(Nie 等，2013；梅冬州等，2014)。而与之相比，非规律性的官员调动的激励来源较为单一。

并且，党代会上官员的变更除了“党政一把手”外，也会涉及创新相关分属部门机构的人事变更，如教育局局长，科技局局长，分管科技、教育、工业、信息化工作的副市长等；而非党代会时期，有据可考的官员变动信息的范围仅限于最高级领导层面，如市长、市委书记，反映的政治信息有限(余靖雯等，2015)。同时，在省党代会上，政策信息会进行联合发布；政府多个机构协同颁布并实施的相关政策往往比单独的政策更利于区域协同创新效率的提高(彭纪生等，2008)。

除此之外，有学者指出不规律的官员人事调动，一方面，往往发生得十分突然且具有随机性，具体何时调动，不仅与其在职期间的政绩相关，也与官员的政治能量挂钩，不存在明显的时间规律，因此官员很难在较短时间内做出迅速反应(Opper 等，2015)；另一方面，非规律的官员流动机制诱发了地方官员过于重视地方经济发展行为的短视效应，加强了政策短期化偏好，从而将地区长期发展锁定在短期政策决策行为之中，损害了当地的可持续发展(刘瑞明和金田林，2015)。同时，创新政策从颁布到实施见效具有一定周期，政策布局需要时间，在不规律的官员职务调动前并无法保证一系列政策逐一落实。基于此，本章第 2 个假设为：

假设 2：非规律的官员流动机制对城市协同创新效率产生的影响与省级党代会的换届效应不等同，且非规律的官员人事调动对城市协同创新效率存在负面影响。

不同地方官员面对政治竞争激励的行为往往具有差异，其中差异的重要来源是官员自身的特征(王贤彬和徐现祥，2008)，如年龄、任期、经历、受教育程度等个人客观要素，决定着官员的仕途前景，使受到的激励程度有所不同(张军和高远，2007；张尔升，2010；肖洁等，2015a；肖洁等，2015b)。

根据《党政领导干部退休年龄规定》(以下简称《退休年龄规定》)，正厅级干部和副省级干部原则上 60 周岁退休，领导干部在临近退休前将离开实权部门转入人大、政协等“二线”，作为退休前的过渡。随着年龄的上升，官员年纪越接近退休年龄，仕途能够向更高层次发展的机会越小(余靖雯等，2015)。肖洁等(2015a)在研究地方财政支出与政治周期关系中发现，当临近省党代会时，若省委书记的年龄在退休年龄附近，市级财政支出增长率出现小幅减少。田文佳等(2019)基于晋升年龄限制的假设研究发现，对于接近晋升的最大年龄的官员，调控工业用地价格的偏好下降。对于这些官员来说，他们对职业生涯的预期较为准确，政治竞争程度降低，来自换届效应等政治激励可能由此下降(刘瑞明和金田林；2015 赵学兵，2019)。因此，年龄可能成为理解并检验政治激励和城市创新关系的重要切入点。

除此之外，依照《党政领导干部职务任期暂行规定》(以下简称《任期规定》)，官员干部在同一职位可连续任职两个任期，每个任期可达五年。但是一般来说，官员在同一个岗位就职的 3~5 年时间基本足以考察其处理政务能力和未来发展能力(王贤彬和徐现祥，2010)，除了中央调令，如为解决该地区某些专门问题或地区发展维稳需求以外(杨海生等，2014)，王贤彬和徐现祥(2010)指出当地方官员任期超过一般官员平均任期两倍甚至更长，则晋升概率较小。大量研究发现，官员的在任时间与晋升机会之间呈反向相关关系(Li 和 Zhou，2005；周黎安，2007；王贤彬等，2008)。杨海生等(2010)指出由于近些年官员变更比率增长，官员的平均任期的缩短，地方官员面临更大的晋升压力。徐业坤和马光源(2019)证实了地方官员的晋升激励因任期的约束呈现短期化现象，具体而言，随着任期的增加，特别当时间超过平均提拔年限时，地方官员的行政热情明显下降。刘瑞明和金田林(2015)在其研究中，结合《任期规定》分析认为，当地方官员在同一级别职务任期满 5 年仍未升迁，则该职务机会将留给更年轻、更有能力的干部，该官员退居调研员或巡视员。因此，基于地方官员任期限制对于换届效应与城市创新效率之间的影响机制做出检验是十分有必要的。

当临近省级党代会召开年份时，外部政治竞争环境变化，地方官员对于自身职业前景的判断各不相同，不同职业前景的地方官员在面临政治竞争程度增加时，反应是否会具有差异，并给当地带来影响？第 3 个假设由此提出。

假设 3：随着官员职业前景的降低，具体表现为一定程度的年龄增长或任期的延长，会削弱政治周期带来的换届效应对城市协同创新效率的正向影响。

上级对官员的考核是晋升主要评价标准，但由于晋升激烈、僧多粥少，除直接晋升外，官员异地交流机制也为很多暂时无法直接获得升迁的官员提供了一条“曲线救国”之路(刘瑞明和金田林，2015)。《党政领导干部交流工作规定》(以下简称《交流规定》)于 2006 年由中共中央正式颁布，其中明确指出党中央和国家机关的省部级领导干部可以在地区之间交流任职。而那些有发展潜力、领导能力优异的官员将会交流到不同城市乃至边远落后地区的不同岗位，地方官员在复杂多变的不同经济社会环境中会逐步积累处理政务的多方面经验，提升应对复杂形势的能力与统筹全局的能力。在此历练下，官员才有可能走上更高行政级别的岗位。因此，除了按《党政领导干部任职回避暂行规定》回避在同一行政职务任职时间过长的官员外，事实上，能够获得异地交流机会的官员，其领导能力和发展潜力得到了正式认可，他们将有更远大的职业前景。这给所有期待谋得仕途发展的官员传递关键的信息，异地交流意味着将来会被重用(刘瑞明和金田林，2015)。故而，在中国特色的干部晋升机制下，官员异地交流机制作为政治激励的重要方式激励官员做出更出色的政绩。

除此之外，在新的工作环境下，官员能摆脱旧的社会人情网络的束缚，利于官员在工作中大刀阔斧，增加行政动力和工作积极性(陈绪群和赵立群，1996；陈刚和李树，2012)。步丹璐和狄灵瑜(2018)从地方官员交流的角度考察了地方政府的招商引资行为，分析发现官员异地交流有利于地方政府职能的积极转变。徐现祥等 (2007)探讨了官员异地交流破解地区发展不平衡的机制。杨海生等(2010)认为对于异地交流的官员来说，他们已在地方治理中积累相关经验，即使在新地区任职也能应用自如，甚至更加熟练。有的学者强调在异地交流中，官员的工作思维和工作方法也更开阔，跨地区、跨部门合作也有明显加强(刘本义，1998)，资源和经验实现逐步共享(张军和高远，2007；金智，2013)。

综上所述，本章提出第 4 个有待验证的假设：

假设 4：官员的异地交流对于换届效应带来的政治激励存在正向调节效应，在政治周期与城市协同创新效率之间起着调节作用。

城市作为区域创新中心，可以集中创新要素、整合创新资源以促进区域创新效率提升(范斐等，2020)。为促进区域创新要素自由流动和集中，提高创新效率，2008 年以来，中国国家发展改革委、科技部相继确立了 78 个创新型城市试点，其中包括 75 个地级市试点。创新型城市是指以科技进步为动力，以自主创新为主导的城市，对其他区域具有高端辐射与引领作用(胡钰，2007)。在促成创新型城市建设的各阶段，需区域内各政府部门运用相关职能，协同联动(Zhang 等，2021)；在这个过程中创新型城市已形成了较为复杂的工作关系网络(李新等，2020)，因此其官员相较其他普通城市的来说，已具备了相关工作的经验。在技术创新方面，创新型城市的政府部门内部的责任分工相对完善，在政策目标上能够保持相对统一，在政策工具的选择和力度上也具有统一性，因而政策投入安排与行政效率相对更为高效(Hospers，2008)。已有文献大多从公共服务供给能力、政策投入等角度对政府部门在创新型城市建设中的基础性作用(角色)进行分析(Xu 等，2020；Caragliu 和 Del Bo，2019；Zhang 等，2021)，但未进一步对比分析政策供给、政府服务等政治因素在不同类型城市间对创新影响的差异性，并深入探讨。并且，对于创新型城市而言，城市的科技创新建设是历届党代会的会议报告关注点，也是未来发展蓝图的规划的侧重点。

基于此，本章认为有必要比较分析党代会的换届效应在不同城市间的异质性作用。本章初步认为创新型城市相较于普通城市而言对换届效应反应更为突出，并对其进行验证。第 5 个待证假设为：

假设 5：城市协同创新效率的政治周期性变化存在区域异质性，并且对创新型城市试点城市来说，党代会的换届效应对协同创新效率的提升作用相较普通城市更为明显。

党代会召开前，市场环境不确定性增大(王贤彬和徐现祥，2009；余靖雯等，2019)，源于创新资本的逐利性，科技、知识、人才等创新要素偏向流入效率更高的城市(佟家栋等，2017)。因此会议召开前夕，各类创新主体展开交流并实现生产要素的交互，城市之间的交互性扩大，包括劳动力在内的资源要素用脚投票加速了资源要素流动的速率(孙九霞等，2016)，使在空间关联下的城市协同创新效率变动，较城市内部协同创新效率来说，对党代会引致的政治周期性的反应更明显。本章最后待验假设为：

假设 6：在空间交互影响下，党代会的政治周期性对城市协同创新效率的影响相较于城市内部协同创新效率而言，表现更为明显。

9.2 研究模型与指标选取

本节首先介绍本章所使用的模型与方法，具体包括数据回归时的模型设定，以及回归模型中数据的计算方法。涉及网络数据包络模型构建并测算中国 285 个城市协同创新效率的过程，并基于引力模型考虑空间关联效应，估计得到城市综合协同创新效率，以此为本章被解释变量。简要介绍本章的主体回归模型选择，包括面板数据固定效应模型、多时点 DID 模型和空间调节效应模型。在第二、三小节，将解释指标选取原因，并对其做出初步描述统计。

9.2.1　研究方法与模型建立

(1)网络数据包络分析法(Network DEA)

城市内部协同创新是产学研协同创新的过程，网络 DEA 将城市内部协同创新效率的测算分为学转研、研转产两阶段来进行，并将区域系统内各个创新主体之间的联系由链式结构来呈现。产学研包括高等院校向科研机构的"学转研"过程和科研机构向企业的"研转产"过程，学转研指高校从企业合作和政府转移支付中获取教育资金，作为培养创新人才的资本，创新人才在下一阶段中以投入要素的形式参与科研机构的科技创新工作的过程；研转产指科研机构将从企业和政府获得的科研资金投入与从高校吸纳的创新型人力投入转化为一系列科研成果，并将科研成果投入产业生产与应用的过程。因此，在网络 DEA 中城市内部协同创新效率的测量涉及学转研、研转产两阶段的转化过程，是描述不同城市资源配置效率的相对结果，其中包括创新资源与创新要素的多项投入与多项产出，第一阶段的产出成果将在第二阶段作为投入要素继续参与，因此不同阶段之间有共享输入输出的多阶段网络数据包络分析模型(Data Envelopment Analysis)更为适用。根据城市协同创新的两阶段，网络 DEA 将此过程划分为两个网络节点(Node)来依次进行。如图 9-1 所示，Node 1 连接高等院校向科研机构的学转研阶段，作为投入变量的普通高校在校学生数、高校专职教师数和公共财政教育支出，分别作为人力资源、物质资本参与第一阶段，科学研究、技术服务从业人员数作为阶段一的产出变量，在 Node 2 与公共财政科技支出、固定资产投资一同参与阶段二，科研机构向企业的研转产中的投入过程，并由科研论文数、三项专利数、地区生产总值作为产出变量来反映。其中投入产出指标的选取参考学者(Wang 等，2020)相关研究。

(2)引力模型(Gravity Model)

各个城市为非独立的个体，因此产学研协同创新并非发生在封闭的区域内，城市内部的高等院校、科研机构和企业之间的相互联系也存在于跨区域间的协同创新中，不同要素在城市间流动集聚，城市主体之间也存在交互，在此过程中知识技术的外溢促进了城市本体协同创新效率的提升，因此也有必要在空间关联下测度城市的综合协同创新效率。城市综合协同

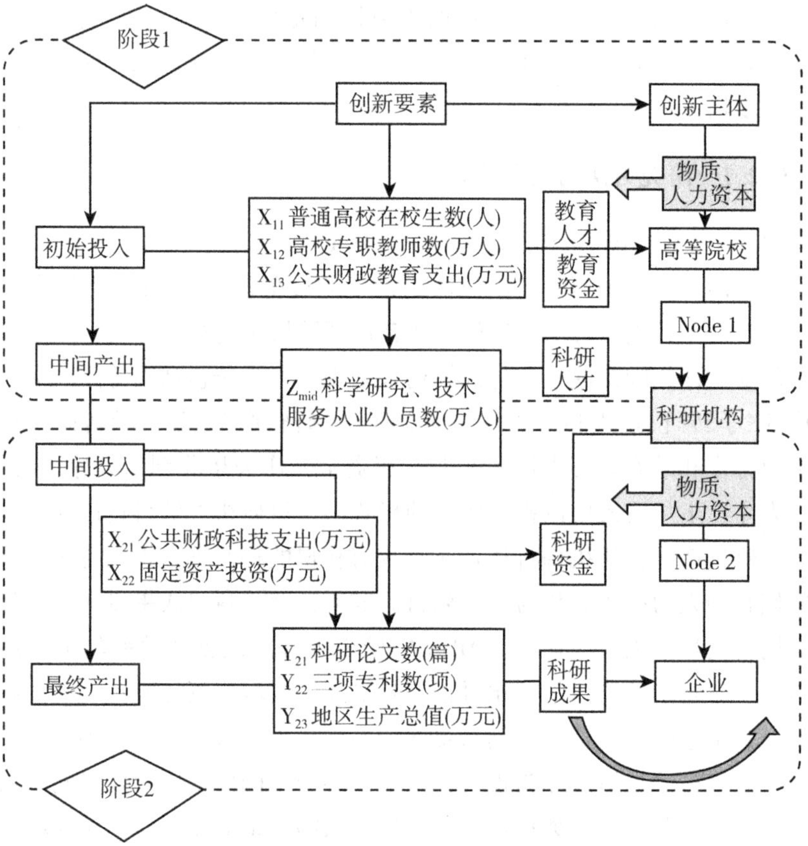

图 9-1　产学研协同创新网络

创新效率表现为城市内部协同创新要素在城市之间的溢出扩散、协同发展过程，而创新主体间的地理距离会制约创新的溢出范围与传播强度，赵增耀等(2015)指出当空间距离增加，创新的溢出和扩散作用的强度出现递减。基于此，本章从地理距离角度构建如下引力模型测度城市综合协同创新的效率。考虑空间关联下，第 h 年的城市综合协同创新的效率如下：

$$\text{Inter\_cxjx}_{hi} = \sum_{j=1}^{n} \frac{\text{Intra\_cxjx}_{hi} \times \text{Intra\_cxjx}_{hj}}{\text{Distance}_{ij}^{2}} \tag{9-1}$$

式(9-1)中，$\text{Intra\_cxjx}_{hi} \times \text{Intra\_cxjx}\,h_j$ 为第 h 年城市 i 与城市 j 内部协同创新效率的乘积，分母 Distance_{ij}^{2} 为城市 i 与城市 j 之间的直线地理距离，利用 ArcGIS 软件基于各个城市经纬度计算得出；Inter_cxjx_{hi}，即城市 i 在考虑空间关联下的城市综合协同创新效率，可表示为城市 i 与其他城市之间协同创新联系的加总。

(3)面板数据固定效应模型

面板数据固定效应模型可以部分解决由于遗漏不随时间变化的变量带来的内生性问题(连玉君等，2014；陈冉冉，2020)。本章采用 2004—2019 年的 285 个城市的平衡面板数据，运用面板数据固定效应模型来考察具有政治周期性的省级党代会换届效应对城市协同创新效率产生的影响，其中城市协同创新效率分为城市内部协同创新效率、城市综合协同创新效率两部分。基本回归模型设定如式(9-2)：

$$\mathrm{Cxjx}_{it} = \alpha_0 + \alpha_1 \mathrm{PPCpre\_2}_{it} + \alpha_2 \mathrm{PPCpre}_{it} + \alpha_3 \mathrm{PPC}_{it} + \alpha_4 \mathrm{PPCpost}_{it} + X_{it}\beta + \gamma \mathrm{Trend}_t + \mu_i + \varepsilon_{it} \tag{9-2}$$

其中，被解释变量 Cxjx_{it} 为地级市 i 在第 t 年的创新效率，包括 $\mathrm{Intra\_cxjx}_{it}$，即城市内部协同创新效率与 $\mathrm{Inter\_cxjx}_{it}$ 城市综合协同创新效率两个结果变量。$\mathrm{PPCpre\_2}_{it}$、PPCpre_{it}、PPC_{it}、$\mathrm{PPCpost}_{it}$ 为政策虚拟变量，反映官员之间政治竞争环境的变化，刻画省级党代会(Provincial Party Congress)换届效应对结果变量的影响。当 $\mathrm{PPCpre\_2}_{it}=1$，省党代会于未来两年举行，反之取0；当 $\mathrm{PPCpre}_{it}=1$，省党代会于未来一年举行，反之取0；当 $\mathrm{PPC}_{it}=1$，省党代会于当年举行，反之取 0；当 $\mathrm{PPCpost}_{it}=1$，省党代会于前一年举行，反之取 0。X_{it} 是可能反映城市协同创新效率的一组控制变量，包括描述官员个人特征的变量和社会经济变量。此外，为剔除年份效应对省党代会的影响，本章未引入年份虚拟变量，而是对时间趋势 Trend_t 加以控制(余靖雯等，2015)，μ_i 为城市固定效应，ε_{it} 为随机扰动项。

(4)多时点双重差分(DID)模型

双重差分(DID)方法的应用在社会学领域较为常见，主要针对公共政策或规划执行效果的定量分析；基本原理是在反事实框架下，评价在政策发生和不发生情景间观察到因素的改变。由于省党代会分两批召开，实施时间不一致(Beck 等，2010)，为了解决因遗漏变量误差导致的潜在的内生性偏差(Bonfatti 和 Forni，2019)，多时点 DID 模型被选取测试结果的稳健性。多时点 DID 模型如式(9-3)所示。

$$\mathrm{Cxjx}_{it} = \delta_0 + \delta_1 \mathrm{did}_{it} + Z_{it}\delta + \gamma \mathrm{Trend}_t + \vartheta_i + \tau_{it} \tag{9-3}$$

其中，核心观察变量为 did_{it}，Z_{it} 是可能反映城市协同创新效率的一组控制变量，包括描述非规律性官员流动变量和一系列社会经济变量。Trend_t 为时间趋势，ϑ_i 为城市固定效应，τ_{it} 为随机扰动项。

(5)调节效应模型

调节是社会科学领域的方法学概念，是用来揭示多变量间联系的常用工具之一。若被解释变量 (Y) 与解释变量(X) 的关系受调节变量(M) 影响而改变，即 X 与 Y 之间的关系强弱或正负受 M 的影响，则称 M 在 X 和 Y 之间起调节作用，并称 M 为调节变量(方杰等，2015)。本章中调节变量是官员个人特征，它影响被解释变量城市协同创新效率和解释变量政治周期变化之间关系的方向(正或负)和强弱(温忠麟等，2005)。与中介效应模型不同的是，调节变量 M 与解释变量 X 的主效应显著与否与调节效应的假设没有必然联系，因此调节变量 M 与解释变量 X 和被解释变量 Y 之间的相关关系可以显著也可以不显著(温忠麟等，2005)。

在机制假设章节中，我们发现诸多研究表明，随着任期延长、年龄的增长，地方官员的职业前景产生变化。而这种来自任期和年龄对职业前景的限制，是否会削弱党代会的换届效应对城市协同创新效率的正向影响？为了检验这一机制是否存在，本章将主体模型(9-3)扩展为含有调节变量的回归方程，如公式(9-4)和公式(9-5)所示。由于模型中含有虚拟变量，为了使方程回归系数具有解释意义，本章参考 Aiken 和 West(1991)、Cohen 等(2003)、Hayes(2013)的思路，在回归前分别对核心解释变量 PPCpre_2、PPCpre、PPC、PPCpost 和官员个体特征变量异地交流(Exchange)、学历(Edu)、年龄(Age)、年龄限制(Old)、任期(Tenure)和任期限制(TenureL)等做均值中心化处理。

$$\begin{aligned}\text{Cxjx}_{it} = {} & \beta_0 + \beta_1\text{PPCpre\_2}_{it} + \beta_2\text{PPCpre}_{it} + \beta_3\text{PPC}_{it} + \beta_4\text{PPCpost}_{it} + \\ & \beta_5\text{PPCpre\_2}_{it} \times \text{Character}_k + \beta_6\text{PPCpre}_{it} \times \text{Character}_k + \beta_7\text{PPC}_{it} \times \text{Character}_k + \beta_8\text{PPCpost}_{it} \times \text{Character}_k + \text{Character}_k + Z_{it}\beta \\ & + \lambda\text{Trend}_t + \eta_i + \varepsilon_{it}\end{aligned} \tag{9-4}$$

$$k = \text{Exchange、Edu、Age、Old、Tenure、TenureL} \tag{9-5}$$

调节效应模型中，调节效应的检验重点关注系数为 β_5、β_6、β_7、β_8，其中官员个体特征 (Character)包含初始变量异地交流(Exchange)、学历(Edu)、年龄(Age)、年龄限制(Old)、任期(Tenure)和任期限制(TenureL)，各个变量中分别包括市委书记特征和市长特征。交乘项为去中心化的官员个体特征变量。Z_{it} 是可能反映城市协同创新效率的一组控制变量，包括描述非规律性官员流动变量和一系列社会经济变量。Trend_t 为时间趋势，η_i 为城市固定效应，ε_{it} 为随机扰动项。

9.2.2 指标选取

本章参考以往对城市协同创新效率的研究(范斐等，2020)，选取社会经济控制变量如下：(1)城市人均生活水平，用在岗职工平均工资(Salary)表示，居民平均工资越高，在该城市的生活水平越优质，对人力资源的吸引力越强盛，从而影响城市潜在的创新能力。(2)产业结构，鉴于第三产业包括信息传输、计算机服务等主要的知识密集型产业，且知识密集型服务业既是高 R&D 投入和高创新效率的服务业，又是创新系统的重要节点和中介(刘顺忠，2004)，其产业的发展对城市的科技创新水平具有正外部作用，因而选取第三产业产值占比(Tgdp)衡量。(3)国际知识溢出，用进出口贸易额与实际 GDP 占比(Open)作为代理变量反映国外高新技术产品进口与交互以及知识技术溢出对国内城市协同创新效率产生的效应。(4)基础设施建设，选取邮政业务总量(Mail)作为代理变量，邮政通信服务反映知识信息的传播和扩散对城市协同创新的影响。(5)市场化程度，用私营单位从业人员的总人口占比(Market)反映市场活跃度对城市协同创新的影响。官员个人特征变量包括：(1)市级官员人事变动虚拟变量 du 和 dv，当 du = 1 表示在该年该城市市委书记发生更替，否则为 0；当 dv = 1 表示该年该城市市长发生更替，否则为 0。(2)年龄(Age)，发生人事变动当年，官员的年龄。(3)学历(Edu)，若官员学历是本科以下取 1；本科取 2；硕士取 3；博士取 4。(4)任期(Tenure)，参考王贤彬(2008)的做法，记录官员更替当年，就职时间不小于 6 个月的样本，并当余数满 6 个月视为一年。(5)异地交流任职(Exchange)，若官员为同城市交流而来，则取值为 1，若官员为相同省份不同城市交流而来，则取值为 2，若异省交流而来，则取值为 3。(6)年龄限制(Old)，为虚拟变量，根据张军和高远(2007)的建议，若当年该城市官员的年龄超过 55 周岁则赋值为 1，否则为 0。(6)任期限制(TenureL)，为虚拟变量，参考王贤彬等(2008)的思路，若当年该城市官员的任期超过两倍平均任期，即超过 6 年则赋值为 1，否则为 0。变量定义见表 9-1。

表 9-1　变量定义

变量	符号	变量定义
因变量	Intra_cxjx	城市内部协同创新效率
	Inter_cxjx	城市综合协同创新效率
自变量	PPCpre_2	省级党代会举行前两年虚拟变量
	PPCpre	省级党代会举行前一年虚拟变量
	PPC	省级党代会举行当年虚拟变量
	PPCpost	省级党代会举行后一年虚拟变量

续表

变量	符号	变量定义
社会经济控制变量	Salary	在岗职工平均工资(元)
	Tgdp	第三产业产值占比
	Open	进出口贸易额占实际 GDP 比重
	Postal	邮政业务总量(万元)
	Market	私营单位从业人员数占总人口比重
官员个人特征变量	du	市委书记更替的虚拟变量
	dv	市长更替的虚拟变量
	Age_s	市委书记在任时的年龄
	Edu_s	市委书记学历
	Tenure_s	市委书记任期时长
	Age_m	市长在任时的年龄
	Edu_m	市长学历
	Tenure_m	市长任期时长
	Exchange	官员异地交流
	Old	年龄限制虚拟变量
	TenureL	任期限制虚拟变量

9.2.3 数据来源与描述统计

本章控制变量中的社会经济变量数据来源于 2005—2020 年《中国城市统计年鉴》，表 9-2 给出了社会经济变量的描述统计。为了更加直观、清晰地展示，表 9-2 中结果基于所有原始数据，未进行对数转换，在实证检验中以下变量将采取对数形式。DEA 测算中指标科研论文数通过中国期刊全文数据库（http：//www. cnki. net/）和 Web of Science 数据库(https：//webofknowledge. com/ WOS)检索获取，三项专利数通过中国专利数据库(知网版)(https：//kns. cnki. net/kns/brief/ result. aspx？dbPrefix=SCPD)检索获取，其他投入产出指标数据均来源于《中国城市统计年鉴》(https：//www. stats. gov. cn)。缺失数据基于平均增长率方法计算后补齐再回归。省党代会及各市官员个人特征信息主要来源于人民网(http：//cpc. people. com. cn/)、新华网(http：//www. xinhuanet. com/)与各级政府网站，本章对搜集信息进一步分类处理得到数据。各省级党代会召开时间大致分两批进行(见表 9-3)，当年 9—12 月和第二年的 4—6 月，2004—2019 年期间共召开三届省级党代会，分别为 2006—2007 年、2011—2012 年、2016—2017 年。表 9-3 对省党代会召开时间与市级官员更替频率分别进行说明。表 9-3 结果显示，官员变动主要发生在省级党代会召开当年及召开的前一年。省党代会召开当年，各地级市市委书记发生更替频率与市长更替频率为各段时间中最高，所占总样本比例分别为 23.231% 和 23.644%，这侧面说明了省级党代会的召开可能会发生官员的更替，但在非会议召开当年的官员人事变动的所占份额也揭示了党代会的召开周期并不能单纯用官员更换来替代，但总体来说，党代会召开的政治周期性在一定程度上会反映党政领导班子换届的影响。除此之外，在省党代会召开前一年官员变动频率仅次于当年更替频率，说明党代会具有短期的预期冲击，并不能认为党代会召开前上任的官员完全不受党代会召开的影响。因此在稳健性检验中，本章会引入市级政府官员个人特征变量，进一步考察其变动带来的效应。

表 9-2　社会经济变量描述统计

变量名	观测值	面板数	均值	标准差	最大值	最小值
Salary	4560	16	40533. 758	22316. 732	320626	4958
Tgdp	4560	16	38. 681	9. 616	85. 340	8. 580
Open	4560	16	0. 275	0. 533	9. 483	0
Mail	4560	16	86107. 185	384890. 680	13658685	7
Market	4560	16	0. 119	0. 144	3. 092	0. 003

表 9-3　省党代会与政府官员更替频率分布

	市委书记		市长	
	频数	频率(%)	频数	频率(%)
省党代会召开前两年	182	14. 630	213	16. 039
省党代会召开前一年	257	20. 659	296	22. 289
省党代会召开当年	289	23. 231	314	23. 644
省党代会召开后一年	244	19. 614	238	17. 921
省党代会召开后两年	272	21. 865	267	20. 105
加总	1244	100	1328	100

官员个人特征描述统计结果见表9-4。从官员个人特征可看出，市级政府官员的教育水平较平均，学历基本处于本科水平，但创新效率变化的政治周期性是否会因地级市官员的学历水平不同而产生变化仍需深入考察。从官员就任时间来看，市委书记和市长的平均任期分别为2.813和2.744年，而党政领导干部在同一职位上连续任职最长可达到两个任期，即十年；与五年一届、时间相对规律的党代会相比，若人事调动发生于非党代会期间，即在政府官员的任期内某一不确定的时间，官员对具体时间的预测能力较弱，因此，短期内带来的政治激励可能十分有限。从官员年龄来看，在任期间，市委书记和市长年龄均值分别约为53岁与51岁。并且，本章对发生人事变动时，市委书记和市长的年龄水平进行了统计，数值结果分别为52岁和50岁。而官员平均任期为3年，远小于正厅级及副省级领导干部退休年龄规定的60周岁。因此，除非任期已满，官员对自己和其他官员在非党代会年份官职调动的预期能力没有党代会换届的预期准确和强烈(余靖雯等，2015)。综上，经初步分析，对于官员个人来说党代会引发的换届效应，一定程度上可用固定政治周期内对潜在晋升机会的期望和来自政治绩效考核评价的压力等解释，但并不能和可预期性较弱的、非党代会年份上的官员调任带来的影响相等同。

表9-4 官员个人特征描述性统计

变量名	观测值	均值	标准差	最大值	最小值
Age_s	4558	52.740	3.740	70	36
Edu_s	4550	2.134	0.726	4	1
Tenure_s	4558	2.813	1.788	14	0
Age_m	4557	50.510	3.929	64	33
Edu_m	4549	2.131	0.691	4	1
Tenure_m	4549	2.744	1.551	12	0

9.3 实证结果

该节将对上文提出的研究假设逐一论证。第一部分和第二部分将分别从党代会角度检验政治周期对城市协同创新效率的影响；加入了官员个人特征再次回归，探究非规律性政府官员人事变动在其中的作用。第三、第四、第五部分为稳健性检验、机制分析和异质性检验，稳健性检验采用多时点 DID 模型分析；机制分析部分将从官员学历、异地交流经验、年龄、职业前景等角度，识别可能影响城市产学研协同创新效率周期性波动的调节因素；异质性检验则分别从城市特征和官员个人特征着重分析，并阐述结果产生的可能原因。

9.3.1　党代会召开与城市创新效率变化

为了考察规律性政治事件引发的城市创新效率的周期性变化，文章对所有样本进行初步回归，表 9-5 和表 9-6 报告了基本模型的实证结果，其中表 9-5 的结果变量为城市内部协同创新效率，表 9-6 的结果变量为城市综合协同创新效率。表中(1)、(3)列和(2)、(4)列的结果分别为引入时间趋势后的随机效应和城市固定效应。

表 9-5　党代会召开与城市内部协同创新效率

被解释变量	Intra			
	(1)	(2)	(3)	(4)
PPCpre_2	0.036**	0.038**	0.034**	0.035**
	(2.149)	(2.249)	(2.009)	(2.103)
PPCpre	0.039**	0.041**	0.040**	0.042**
	(2.221)	(2.342)	(2.273)	(2.396)
PPC	0.037**	0.040**	0.039**	0.042**
	(2.095)	(2.276)	(2.195)	(2.379)
PPCpost	0.002	0.004	0.002	0.004
	(0.104)	(0.217)	(0.121)	(0.235)
Salary	0.028	-0.018	0.027	-0.019
	(0.631)	(-0.376)	(0.613)	(-0.392)
Tgdp	0.338***	0.334***	0.336***	0.332***
	(7.653)	(6.802)	(7.611)	(6.759)
Open	0.025***	0.023**	0.025***	0.023**
	(2.659)	(2.027)	(2.642)	(2.005)
Mail	0.055***	0.062***	0.055***	0.063***
	(4.789)	(4.863)	(4.847)	(4.925)

续表

被解释变量	Intra			
	(1)	(2)	(3)	(4)
Market	-0.016 (-1.113)	-0.045*** (-2.943)	-0.016 (-1.100)	-0.045*** (-2.931)
du	—	—	-0.030** (-2.176)	-0.031** (-2.266)
dv	—	—	0.003 (0.192)	0.003 (0.213)
_cons	-3.210*** (-6.471)	-2.928*** (-5.203)	-3.196*** (-6.444)	-2.914*** (-5.180)
城市效应	—	*Y*	—	*Y*
时间趋势	*Y*	*Y*	*Y*	*Y*
样本量	4560	4560	4560	4560
豪斯曼检验				
	(1) & (3)		(2) & (4)	
P-Value	0.000		0.000	
chi2	38.04		37.31	

注：***、**、* 分别表示结果在1%、5%和10%的水平上显著，括号内为标准误，下同。豪斯曼检验结果显著支持固定效应模型，且城市固定效应模型可控制不随时间改变的城市个体特征，因此后续模型将主要以城市个体固定效应模型结果为准。

表 9-6　党代会召开与城市综合协同创新效率

被解释变量	Inter			
	(1)	(2)	(3)	(4)
PPCpre_2	0.058*** (3.140)	0.059*** (3.241)	0.055*** (2.971)	0.056*** (3.067)
PPCpre	0.064*** (3.335)	0.066*** (3.454)	0.065*** (3.407)	0.067*** (3.531)
PPC	0.065*** (3.423)	0.068*** (3.612)	0.068*** (3.549)	0.071*** (3.746)

续表

被解释变量	Inter			
	(1)	(2)	(3)	(4)
PPCpost	0.000 (0.003)	0.002 (0.125)	0.000 (0.023)	0.003 (0.147)
Salary	-0.064 (-1.348)	-0.108** (-2.063)	-0.065 (-1.368)	-0.110** (-2.085)
Tgdp	0.404*** (8.450)	0.405*** (7.628)	0.402*** (8.404)	0.402*** (7.579)
Open	0.029*** (2.892)	0.022* (1.827)	0.029*** (2.876)	0.022* (1.801)
Mail	0.076*** (6.190)	0.084*** (6.073)	0.077*** (6.253)	0.085*** (6.144)
Market	-0.015 (-0.941)	-0.047*** (-2.831)	-0.014 (-0.912)	-0.047*** (-2.816)
du	—	—	-0.036** (-2.414)	-0.038** (-2.526)
dv	—	—	-0.001 (-0.043)	-0.001 (-0.038)
_cons	7.838*** (14.601)	8.058*** (13.228)	7.857*** (14.648)	8.078*** (13.267)
城市效应	—	Y	—	Y
时间趋势	Y	Y	Y	Y
样本量	4560	4560	4560	4560
豪斯曼检验				
	(1) & (3)		(2) & (4)	
P-Value	0.000		0.000	
chi2	41.19		41.95	

(1)、(2)列中基本模型结果显示，省党代会召开前两年(PPCpre_2)、省党代会召开前一年(PPCpre)、省党代会召开当年(PPC)的估计系数皆

显著为正，其中以城市内部协同创新效率(Intra)为被解释变量的结果中PPCpre、PPC 的显著水平为 1%，以城市综合协同创新效率(Inter)为被解释变量的回归结果中自变量系数均在 1%水平下显著为正，省党代会召开后一年(PPCpost)在 1%、5%、10%水平下均不显著，这初步对假设 1 进行了验证。在此基础上，(3)、(4)列引入官员人事变动虚拟变量后再次回归，结果表明系数的显著性与正负性未发生改变，这进一步说明省党代会的换届效应对城市协同创新效率的提升具有稳定并显著的正向作用。

具体而言，党代会召开前两年，城市内部协同创新效率上升 3.8%，城市综合协同创新效率上升 5.9%；党代会召开前一年，城市内部协同创新效率提升幅度为 4.1%，城市综合创新效率上升 6.6%；党代会召开当年，城市内部创新效率增长约 4.0%，城市综合创新效率上升 6.8%，党代会召开结束后一年，城市协同创新效率未发生显著增加，且并未出现下降趋势。总的来说，这种政治周期性表现为，党代会召开前夕，在政治激励下，官员出于对潜在晋升与交流机会的预期和对仕途发展的期望等因素，会增加政治竞争动力，大力推动当地创新有关要素的有效投入，从而提升城市协同创新效率；党代会之后宏观政策投入趋于稳定，城市协同创新效率回归平稳。这种政治激励作用在控制市委书记更替、市长更替虚拟变量后，换届效应表现依旧稳健(P-Value>0.05)，城市协同创新效率表现为一定幅度上的提升。出现该结果可能的原因为：在省级党代会召开前夕，面对社会民众与媒体舆论的压力，为营造好的会议氛围，中央政府会加强党风廉政建设、强化对地方官员的审查与监督，此时地方官员懒政怠政的机会成本直线上升；出于对政治仕途上的考虑，地方官员会通过完善相关公共服务、搭建科技创新平台等一系列利于生产要素流动与资源要素市场化配置的行政举措来推动经济可持续发展、促进城市协同创新效率，从而为自己晋升道路增添高质量政绩。地方党代会召开之后，官员面对的政治激励减弱，宏观政策趋于稳定，且协同创新效率也未出现下降的迹象；其原因可能在于创新是一项长期投资活动，政治激励削弱后，官员在政绩表现方面更偏向于稳中求进，政策投入上倾向于细水长流，因此城市协同创新效率也回归平稳状态。

总体来看，党代会的政治周期性对城市综合协同创新效率的影响比城市内部协同创新效率在经济意义上更为显著，城市综合协同创新效率的核心观察变量的回归系数约为城市内部协同创新效率的 1.5 倍，该回归结果对假设 6 进行了验证。

在列(3)、列(4)中，对党代会的周期性影响进行控制后，引入的市长更替虚拟变量(dv)的系数较小，且在 10%水平下不显著；市委书记更替虚拟变量(du)的系数在 5%水平下显著为负，造成这种情况的原因可能包括非党代会期间的人事更替不可预期，而创新相关政策从执行到见效需要一定周期，政策的连贯性被打断使政策效果无法在人事变动期限前得到充分且有效地发挥，已有的政策规划可能未完全落实到位(Mugwagwa 等，2015)，因此地级市“一把手”中行政级别较高的市委书记的非规律性人事调动表现出对城市创新效率存在一定负面影响，进一步论证前文所述具有政治周期性特征的党代会召开与非规律的官员流动机制具有一定联系，但后者更多表现为政府官员变动导致的创新政策连贯落实的中止。

相比之下，从估计系数的数值大小来看，市委书记更替的虚拟变量的估计系数相对较大，说明市委书记在行政级别和政治排序上优先于市长，市委书记相对拥有更强的政策导向性。综上所述，党代会的换届效应对创新效率产生的周期性影响不可与官员的非规律人事流动机制相互替代。而回归结果中，召开前夕及召开当年的年份系数依旧显著(P-Value>0.05)，召开后一年估计系数不显著，且数值均未发生较大变化。至此，初步验证假设 2。

在其他社会经济控制变量中，产业结构中第三产业产值占比(Tgdp)、进出口贸易额占实际 GDP 比重(Open)、邮政业务总额(Mail)对城市创新效率有显著并稳健的正向影响，说明国内外的技术与知识信息外溢通过国际贸易、邮政通信的无形传播等形式成为助力城市协同创新效率增长的重要组成部分。职工工资(Salary)与私营单位从业人员的总人口占比(Market)对城市协同创新效率为不稳定的负向影响，原因可能为在学转研、研转产的过程中，生产规模扩张包括劳动力、土地、固定资产等要素的投入达到一定数量后，带来的规模报酬递增优势不再凸显，固定成本的增加削弱了创新红利的释放。而更高的市场化程度意味着资本的逐利性使普遍研发成本高昂的创新型行业的受益范围较为有限。

9.3.2　官员个人特征的验证分析

为了进一步探究政府官员人事变动的影响，表 9-7、表 9-8 在官员更替的虚拟变量的基础上，加入了官员个人特征作为控制变量再次回归(余靖雯等，2019)，其中列(1)为主体模型，列(2)、列(3)分别引入了市委书记和市长的年龄(Age)、教育水平(Edu)、任期时长(Tenure)的特征，列(4)将二者个人特征变量同时引入一同观察。

表 9-7 引入官员个人特征后党代会召开与城市内部协同创新效率

被解释变量	Intra			
	(1)	(2)	(3)	(4)
PPCpre_2	0.035** (2.103)	0.036** (2.128)	0.035** (2.053)	0.033** (1.963)
PPCpre	0.042** (2.396)	0.043** (2.430)	0.041** (2.318)	0.041** (2.332)
PPC	0.042** (2.379)	0.042** (2.410)	0.039** (2.227)	0.040** (2.294)
PPCpost	0.004 (0.235)	0.004 (0.247)	0.003 (0.152)	0.003 (0.189)
du	-0.031** (-2.266)	-0.043 (-1.300)	—	-0.047 (-1.284)
Age_s	—	-0.001 (-0.275)	—	-0.000 (-0.193)
Edu_s	—	-0.017 (-1.809)	—	-0.015 (-1.638)
Tenure_s	—	-0.003 (-0.825)	—	-0.003 (-0.895)
Exchange_s	—	0.005 (0.282)	—	0.007 (0.367)
dv	0.003 (0.213)	—	-0.052 (-1.606)	-0.035 (-1.032)
Age_m	—	—	-0.001 (-0.444)	-0.001 (-0.322)
Edu_m	—	—	-0.001 (-0.074)	-0.001 (-0.120)
Tenure_m	—	—	-0.001 (-0.252)	-0.000 (-0.013)
Exchange_m	—	—	0.026 (1.383)	0.024 (1.247)

续表

被解释变量	Intra			
	(1)	(2)	(3)	(4)
_cons	−2.914*** (−5.180)	−2.827*** (−4.916)	−2.852*** (−4.966)	−2.784*** (−4.753)
其他社会经济变量	Y	Y	Y	Y
城市效应	Y	Y	Y	Y
时间趋势	Y	Y	Y	Y
样本量	4560	4548	4537	4525

表 9-8 引入官员个人特征后党代会召开与城市综合协同创新效率

被解释变量	Inter			
	(1)	(2)	(3)	(4)
PPCpre_2	0.056*** (3.067)	0.056*** (3.084)	0.055*** (2.979)	0.053*** (2.870)
PPCpre	0.067*** (3.531)	0.068*** (3.570)	0.065*** (3.419)	0.066*** (3.447)
PPC	0.071*** (3.746)	0.071*** (3.771)	0.068*** (3.590)	0.070*** (3.663)
PPCpost	0.003 (0.147)	0.003 (0.172)	0.002 (0.101)	0.003 (0.151)
du	−0.038** (−2.526)	−0.061* (−1.697)	—	−0.062 (−1.558)
Age_s	—	−0.000 (−0.061)	—	0.000 (0.035)
Edu_s	—	−0.012 (−1.143)	—	−0.010 (−0.967)
Tenure_s	—	−0.004 (−1.074)	—	−0.004 (−1.177)
Exchange_s	—	0.012 (0.581)	—	0.013 (0.596)

续表

被解释变量	Inter			
	(1)	(2)	(3)	(4)
dv	-0.001 (-0.038)	—	-0.077^{**} (-2.201)	-0.056 (-1.551)
Age_m	—	—	-0.000 (-0.198)	-0.000 (-0.131)
Edu_m	—	—	0.004 (0.404)	0.004 (0.336)
Tenure_m	—	—	-0.000 (-0.104)	0.001 (0.148)
Exchange_m	—	—	0.039^{*} (1.893)	0.036^{*} (1.768)
_cons	8.078^{***} (13.267)	8.096^{***} (13.004)	8.097^{***} (13.030)	8.101^{***} (12.780)
其他社会经济变量	Y	Y	Y	Y
城市效应	Y	Y	Y	Y
时间趋势	Y	Y	Y	Y
样本量	4560	4548	4537	4525

结果表明，控制官员特征变量后，核心观测变量党代会召开前两年(PPCpre_2)、前一年(PPCpre)以及当年(PPC)的估计系数依然显著为正，且数值基本保持不变；党代会召开结束后一年(PPCpost)在10%水平上不显著，说明党代会的换届效应对城市协同创新效率的影响是稳健的：会议召开前夕，来源于党代会换届的政治激励上升，换届效应显著促进了城市协同创新效率的提升(P-Value < 0.05)；会议结束后，政治激励减弱，宏观政策趋于稳定，城市协同创新效率也无较大波动(P-Value > 0.1)。新加入的官员更替虚拟变量中，市委书记代理变量du和市长代理变量dv均在统计意义上不显著(P-Value> 0.1)，与主体回归模型结果类似，系数为负值，说明非规律性的职位调动对官员可能具有一定政治激励作用，但实际上，在当地的协同创新水平表现上反而带来了负面影响，这种影响可

能更多反映为，官员职位上的变动引发的政策连贯性被突然打断，创新主体包括企业、高校、科研机构等面对的政策性成本变化，从而对城市协同创新效率造成的波动具有一定的反向作用。除在以城市综合协同创新效率为被解释变量的回归结果中，市长异地交流代理变量系数显著为正（P-Value<0.1）以外，官员的其他个人特征系数普遍不显著，且数值为负。以上说明党政“一把手”的个人特征不足以完全解释城市协同创新效率的变化，但可能具有调节效应，因此在机制分析中需要做出进一步判断。

综上所述，官员对五年一届的周期性省级党代会具有更强的预期，表现在党代会的换届效应对城市协同创新效率的正向冲击作用比无法预料的官员实际变动造成的影响更为明显直接，也更具有稳健性，这个结果也侧面印证了假设 2。同时，以城市综合协同创新效率为结果变量的核心估计系数高于以城市内部协同创新效率为结果变量的核心估计系数，表明相较于城市内部协同创新效率，党代会的政治周期性对城市综合协同创新效率的影响更为强烈，进一步巩固了对假设 6 的验证。

9.3.3　稳健性检验

省级党代会举行时间因地区而异，通常分两拨进行，分别为当年 11 月前后（14 个省）和下一年 4 月左右（17 个省），并且官员换届顺序是随机分布的，因此，本章采用多时点 DID 方法针对党代会召开之前和之后进行稳健性测试。检验中设置虚拟变量 did。如果样本城市处于党代会召开之前年份，did 赋值为 1；样本城市处于党代会召开之后年份，did 赋值为 0，考察的核心变量为 did。表 9-9 结果显示，列（1）和列（3）中 did 的回归系数在 1%水平上显著为正，这表明在党代会召开前后，城市创新效率包括城市内部与城市综合的创新效率具有明显变化，具体表现为在党代会召开前夕，城市创新效率出现显著提升（P-Value<0.01），在程度上城市综合协同创新效率的提升幅度要高于城市内部创新效率，且结果分别为 6.4%和 3.8%，研究结果与主体模型的研究结果基本一致，因此进一步说明了本章结论的稳健性。

为了解决可能的双向因果关系导致的内生性问题，本章参考文雁兵（2014b）的思路，对被解释变量协同创新效率滞后一期作为控制变量，采用两步估计（Two-Step）的系统广义矩估计（SYS-GMM）方法再次进行稳健性测试（Arellano 和 Bover，1995；Blundell 和 Bond，1998）。结果如表 9-9 所示，在列（2）和列（4）中，核心解释变量 PPCpre_2、PPCpre、PPC、

PPCpost 的估计值皆在 1%的显著性水平上为正，说明省党代会的换届效应明显存在，对城市协同创新效率具有稳健且有效的提升作用。市委书记更替的代理变量 du 的回归系数依然显著为负，说明非规律性人事流动的确对城市协同创新效率存在一定负面影响。由此，进一步支撑本章基本回归模型结论。

表 9-9 稳健性检验结果

被解释变量	Intra		Inter	
	(1) 多时点 DID	(2) SYS-GMM	(3) 多时点 DID	(4) SYS-GMM
did	0.038*** (3.366)	—	0.064*** (5.175)	—
滞后一期	—	0.118*** (3.169)	—	0.073*** (3.117)
PPCpre_2	—	0.218*** (4.550)	—	0.158*** (4.076)
PPCpre	—	0.142*** (4.065)	—	0.130*** (4.855)
PPC	—	0.153*** (4.723)	—	0.135*** (5.312)
PPCpost	—	0.111*** (2.984)	—	0.068* (1.893)
du	-0.031** (-2.243)	-0.040* (-1.926)	-0.037** (-2.473)	-0.048*** (-2.580)
dv	0.003 (0.244)	-0.006 (-0.305)	0.000 (0.021)	-0.008 (-0.419)
_cons	-2.927*** (-5.208)	-13.658*** (-3.614)	8.052*** (13.240)	4.165 (1.442)
AR(1)	—	0.000	—	0.000
AR(2)	—	0.393	—	0.627

续表

被解释变量	Intra		Inter	
	(1) 多时点 DID	(2) SYS-GMM	(3) 多时点 DID	(4) SYS-GMM
其他社会经济变量	*Y*	*Y*	*Y*	*Y*
城市效应	*Y*	*Y*	*Y*	*Y*
时间趋势	*Y*	*Y*	*Y*	*Y*
样本量	4560	4275	4560	4275

9.3.4　机制分析

本部分将在上文基础上进一步讨论党代会产生的换届效应与城市协同创新效率周期性变化之间关系的可能机制，并对已提出的理论假设做出初步验证。政治激励程度可能依赖于官员个人特征。基于调节效应模型，本章将从官员个人特征层面梳理并探究来自党代会对官员政治激励与竞争程度的影响因素，具体地将从官员受教育水平、异地交流经历、年龄、职业前景四个方面展开。

(1)官员学历与政治激励

已有大量文献将官员的受教育水平作为控制因素识别其变化对官员接受政治竞争与激励程度的影响(张军和高远，2007；文雁兵，2014b；余靖雯等，2015；田文佳等，2019)，以此作为参考，本章控制了官员受教育年限的差异性，如表 9-10 所示，基于模型(8-4)本章将官员学历与党代会召开年份的交乘项引入回归模型，估计结果中核心解释变量 PPCpre_2、PPCpre、PPC 与主体模型回归结果在数值与显著性上基本一致，且引入的官员受教育水平与党代会年份变量的交乘项系数均不显著，说明官员学历的调节作用在党代会的换届效应和城市协同创新效率周期性变化之间的关系中并不明显。因此党代会的换届效应对城市协同创新效率变动的影响机制中，学历水平的不同对于官员自身接受的政治激励与竞争的程度，在其中产生的作用基本可忽略不计。在异质性分析中，本章不再对官员的教育水平异质性作用加以区分。

表 9-10 政治激励与城市协同创新效率：基于官员学历的考察

被解释变量	Intra		Inter	
	(1) 书记学历	(2) 市长学历	(3) 书记学历	(4) 市长学历
PPCpre_2	0.036*** (2.899)	0.036*** (2.903)	0.057*** (4.260)	0.057*** (4.285)
PPCpre	0.042*** (2.793)	0.042*** (2.762)	0.067*** (4.316)	0.067*** (4.287)
PPC	0.042*** (3.046)	0.042*** (3.002)	0.072*** (4.900)	0.071*** (4.865)
PPCpost	0.004 (0.258)	0.005 (0.317)	0.003 (0.165)	0.004 (0.237)
Edu×PPCpre_2	0.015 (0.706)	−0.028 (−1.407)	0.013 (0.582)	−0.034 (−1.590)
Edu×PPCpre	0.028 (1.183)	−0.014 (−0.568)	0.027 (1.053)	−0.018 (−0.696)
Edu×PPC	0.011 (0.459)	0.014 (0.582)	0.001 (0.055)	0.004 (0.145)
Edu×PPCpost	0.002 (0.114)	0.007 (0.320)	0.000 (0.004)	−0.001 (−0.022)
Edu	−0.017 (−1.329)	0.001 (0.077)	−0.013 (−0.936)	0.005 (0.405)
du	−0.033** (−2.528)	−0.030** (−2.339)	−0.039*** (−2.637)	−0.036** (−2.481)
dv	0.002 (0.150)	0.003 (0.259)	−0.001 (−0.091)	−0.000 (−0.013)
_cons	−2.835*** (−3.163)	−2.868*** (−3.225)	8.113*** (7.797)	8.088*** (7.832)
其他社会经济变量	Y	Y	Y	Y
城市效应	Y	Y	Y	Y
时间趋势	Y	Y	Y	Y
样本量	4550	4549	4550	4549

（2）官员异地交流与政治激励

根据文献综述与假设中已提出的假设 4，在模型（9-4）的设定基础上，本部分将检验官员异地交流作为调节变量是否显著存在。从表 9-11 结果可看出，异地交流变量与党代会年份变量估计值皆有不同显著性地为正，官员的异地交流加强了政治激励与城市协同创新效率之间的联系，异地交流对二者关系有正向调节效应，且对于市长来说正向调节作用更为显著。从交互项系数来看，当异地交流的程度增加，即在任官员上一任职与当前官职的地理差异性越大，换届效应对城市协同创新效率的周期性影响越明显，即官员个人的异地就职经验有利于当地协同创新效率的周期性递增。可能的原因为经历过异地交流的官员掌握更成熟、丰富的相关经验（陈刚和李树，2012），易在地区间复制、推广成功的经验。

表 9-11　政治激励与城市协同创新效率：基于官员异地交流的考察

被解释变量	Intra		Inter	
	(1) 书记异地交流	(2) 市长异地交流	(3) 书记异地交流	(4) 市长异地交流
PPCpre_2	0.037*** (2.905)	0.038*** (3.043)	0.057*** (4.227)	0.059*** (4.436)
PPCpre	0.041*** (2.696)	0.043*** (2.906)	0.065*** (4.196)	0.068*** (4.503)
PPC	0.042*** (3.006)	0.042*** (2.987)	0.071*** (4.839)	0.070*** (4.828)
PPCpost	0.004 (0.262)	0.005 (0.368)	0.002 (0.138)	0.004 (0.266)
Exchange×PPCpre_2	0.038* (1.705)	0.062** (2.582)	0.050** (2.076)	0.070*** (2.692)
Exchange×PPCpre	0.044** (1.998)	0.046* (1.785)	0.059** (2.441)	0.049* (1.802)
Exchange×PPC	0.009 (0.434)	0.051** (2.278)	0.018 (0.780)	0.066*** (2.765)
Exchange×PPCpost	0.022 (0.948)	0.043 (1.511)	0.049* (1.856)	0.049 (1.633)

续表

被解释变量	Intra		Inter	
	(1) 书记异地交流	(2) 市长异地交流	(3) 书记异地交流	(4) 市长异地交流
Exchange	0.010 (0.540)	0.024 (1.211)	0.018 (0.821)	0.036 (1.631)
du	-0.047 (-1.261)	-0.029** (-2.236)	-0.066 (-1.582)	-0.034** (-2.363)
dv	0.006 (0.433)	-0.038 (-1.117)	0.004 (0.277)	-0.060 (-1.592)
_cons	-2.906*** (-3.246)	-2.913*** (-3.288)	8.085*** (7.787)	8.092*** (7.911)
其他社会经济变量	Y	Y	Y	Y
城市效应	Y	Y	Y	Y
时间趋势	Y	Y	Y	Y
样本量	4560	4560	4560	4560

(3)官员年龄与政治激励

根据相关理论分析，年龄作为职业晋升前景的重要代理特征，当官员年龄延长或会降低对个人职业前景的期待，从而削弱来自党代会换届效应的竞争激励程度，影响当地协同创新效率的表现。因此，有必要验证年龄的增长，是否会造成官员对政治竞争环境变化、政治激励接受程度的差异。从表 9-12 包含官员年龄和政治激励变量交叉项的估计数值当中，可观察到各项系数均不同显著水平地为负，因此官员的年龄对二者关系具有负向调节效应。具体呈现为，随着官员年龄的增加，党代会的换届效应对城市协同创新效率的正向周期性影响在弱化。那么反过来，对于年轻的官员来说，他们是否有更强的动力推动当地创新效率的增长。因此，有必要进一步厘清官员年龄在其中的影响机制，明确年龄延长的界限，下文为此结合了职业前景分析和异质性分析，综合考察官员年龄大小的差异性作用。

表 9-12　政治激励与城市协同创新效率：基于官员年龄的考察

被解释变量	Intra		Inter	
	(1) 书记年龄	(2) 市长年龄	(3) 书记年龄	(4) 市长年龄
PPCpre_2	0. 036*** (2. 874)	0. 036*** (2. 861)	0. 057*** (4. 276)	0. 057*** (4. 245)
PPCpre	0. 040*** (2. 622)	0. 041*** (2. 666)	0. 063*** (4. 038)	0. 065*** (4. 079)
PPC	0. 042*** (3. 042)	0. 040*** (2. 874)	0. 072*** (4. 894)	0. 069*** (4. 704)
PPCpost	0. 003 (0. 211)	0. 004 (0. 250)	0. 002 (0. 099)	0. 002 (0. 136)
Age×PPCpre_2	-0. 004 (-1. 323)	-0. 003 (-0. 719)	-0. 009*** (-2. 604)	-0. 006 (-1. 606)
Age×PPCpre	-0. 009** (-2. 380)	-0. 012*** (-2. 857)	-0. 017*** (-3. 932)	-0. 019*** (-4. 312)
Age×PPC	0. 000 (0. 118)	-0. 012** (-2. 539)	-0. 003 (-0. 800)	-0. 017*** (-3. 243)
Age×PPCpost	0. 003 (0. 692)	0. 001 (0. 208)	0. 003 (0. 641)	0. 004 (0. 739)
Age	0. 000 (0. 087)	-0. 001 (-0. 383)	0. 000 (0. 136)	-0. 001 (-0. 210)
du	-0. 032** (-2. 339)	-0. 030** (-2. 342)	-0. 039** (-2. 516)	-0. 036** (-2. 482)
dv	0. 003 (0. 271)	0. 003 (0. 260)	0. 001 (0. 041)	0. 001 (0. 102)
_cons	-2. 915*** (-3. 189)	-2. 908*** (-3. 254)	8. 071*** (7. 697)	8. 029*** (7. 877)
其他社会经济变量	Y	Y	Y	Y
城市效应	Y	Y	Y	Y
时间趋势	Y	Y	Y	Y
样本量	4558	4557	4548	4557

(4)官员职业前景与政治激励

依据前文理论假设章节，职业前景可分解为年龄限制和任期限制。因此，本小节将根据假设3检验，官员个人的职业前景的差异是否会干扰其面对的政治竞争强度，从而调节周期性的换届效应对城市协同创新效率的影响并产生差异。

通常，正厅级干部和副省级干部原则上60周岁退休，领导干部在临近退休前将离开实职岗位退居二线，作为退休前的过渡。官员干部在同一职位可连续任职两个任期，每个任期可达五年，因此对于大多数地级市官员来说，最晚的晋升机遇会出现于55周岁，55岁之后多调离实权部门退居“闲职”，因此随着年龄的上升，官员年纪越接近退休年龄，职业前景上能够向更高层次发展的空间越小，诸多研究表明55岁为地级市官员年龄上的“晋升天花板”(余靖雯等，2015；田文佳等，2019)。同时据本章对所有样本观察值的统计，55岁亦为官员出现职位向上调动的最大年龄值。对于处于“晋升天花板”年龄的官员来说，升迁无望、仕途即将终止，职业前景明显下降，他们对职业生涯的预期较为准确，由此本章将55岁设为年龄界限，检验该年龄限制是否削弱党代会召开前夕的政治激励对城市协同创新效率的正向冲击作用。若回归结果中Old与PPCpre_2、PPCpre 、PPC的交乘项显著为负，则能够证明具有较低仕途前景的地方官员在换届效应影响下具有较低的激励推动本地协同创新效率的增长。

表9-13汇报了基于调节效应模型中回归方程式(8-5)的结果。结果显示基础回归模型中核心解释变量PPCpre_2、PPCpre、PPC的回归系数仍显著为正(P-Value<0. 01)，说明换届效应对于本地协同创新效率的增长仍具有较明显的助推作用。但从列(1)、(4)、(6)可看出，2004—2019年，在以城市综合协同创新效率为被解释变量中，Old×PPCpre_2、Old×PPCpre的估计系数显著为负。说明55岁以上的地方官员在面临政治激励环境变化时的反应模式与年轻官员并不完全相同，在面对年龄限制时，市委书记的职业前景会一定程度上透过这一渠道对城市协同创新效率产生影响，其中在城市综合协同创新效率中反映较为明显。对于市长的年龄限制，虽统计意义上不显著，但系数数值上皆不同幅度为负。因此面对相同的政治竞争环境，不同特征的地方官员行为具有差异，并一定程度在城市协同创新效率上有所体现。

表 9-13　职业晋升前景与城市协同创新效率：基于年龄限制的考察

被解释变量	Intra			Inter		
	(1) 书记年龄	(2) 市长年龄	(3) 任一年龄	(4) 书记年龄	(5) 市长年龄	(6) 任一年龄
PPCpre_2	0.039*** (3.098)	0.036*** (2.817)	0.038*** (3.005)	0.062*** (4.531)	0.057*** (4.208)	0.060*** (4.431)
PPCpre	0.042*** (2.755)	0.040*** (2.678)	0.040*** (2.664)	0.066*** (4.218)	0.065*** (4.162)	0.065*** (4.144)
PPC	0.042*** (2.976)	0.039*** (2.815)	0.042*** (2.957)	0.071*** (4.812)	0.068*** (4.618)	0.071*** (4.781)
PPCpost	0.005 (0.351)	0.004 (0.249)	0.005 (0.317)	0.005 (0.302)	0.003 (0.168)	0.005 (0.270)
Old×PPCpre_2	-0.054* (-1.784)	0.057 (1.315)	-0.023 (-0.760)	-0.086*** (-2.642)	0.049 (1.082)	-0.054* (-1.654)
Old×PPCpre	-0.053 (-1.409)	-0.071 (-1.411)	-0.055 (-1.592)	-0.103** (-2.481)	-0.077 (-1.457)	-0.095** (-2.513)
Old×PPC	-0.014 (-0.315)	-0.025 (-0.393)	0.008 (0.209)	-0.039 (-0.791)	-0.042 (-0.612)	-0.016 (-0.362)
Old×PPCpost	-0.020 (-0.518)	-0.031 (-0.665)	-0.012 (-0.328)	-0.042 (-1.005)	-0.006 (-0.131)	-0.026 (-0.686)
Old	0.012 (0.694)	0.003 (0.120)	0.010 (0.639)	0.017 (0.924)	0.013 (0.517)	0.018 (1.031)
_cons	-2.938*** (-3.284)	8.046*** (7.781)	-2.931*** (-3.273)	8.046*** (7.781)	8.055*** (7.801)	8.052*** (7.779)
其他社会经济变量	Y	Y	Y	Y	Y	Y
城市效应	Y	Y	Y	Y	Y	Y
时间趋势	Y	Y	Y	Y	Y	Y
样本量	4560	4560	4560	4560	4560	4560

职业前景判断中，影响地方官员政治竞争程度的另一可能因素为任期限制。根据王贤斌(2010)和刘瑞明和金田林(2015)的建议，为厘清地级市官员任期对其参与政治竞争激励的影响关系，文章将在任时长超过 6 年的官员用虚拟变量 TenureL 单独标记，若回归结果中 TenureL 与 PPCpre_2、PPCpre、PPC 的交乘项显著为负，则基本验证任期过长具有较低仕途前景的地方官员在换届效应影响下具有较低的激励推动本地协同创新效率的增长。

从表 9-14 的列(2)和列(4)中可发现，当任期延长至 6 年以上，市长的 TenureL×PPCpre_2、TenureL×PPCpre 的回归系数显著为负，TenureL×PPC 估计值为正，即仅在党代会召开当年具有显著激励作用；在数值上，其绝对值约为对应党代会年份虚拟变量估计值的 2~5 倍。因此，在面对年龄限制时，市长的职业前景会一定程度上通过这一渠道对城市协同创新效率产生影响，尽管在党代会年份虚拟变量上估计系数数值相差无几，但的确在一定程度上阻碍了来自政治竞争的激励，削弱了政治周期带来的换届效应对城市协同创新效率的正向影响。而对于市委书记来说，任期限制对当地城市协同创新效率的影响幅度不大。

表 9-14 职业晋升前景与城市协同创新效率：基于任期限制的考察

被解释变量	Intra			Inter		
	(1) 书记任期	(2) 市长任期	(3) 任一任期	(4) 书记任期	(5) 市长任期	(6) 任一任期
PPCpre_2	0.038*** (3.008)	0.038*** (3.047)	0.038*** (3.014)	0.059*** (4.401)	0.060*** (4.436)	0.059*** (4.406)
PPCpre	0.041*** (2.711)	0.040*** (2.671)	0.041*** (2.698)	0.066*** (4.192)	0.065*** (4.168)	0.066*** (4.186)
PPC	0.040*** (2.860)	0.040*** (2.905)	0.040*** (2.875)	0.068*** (4.685)	0.069*** (4.727)	0.069*** (4.701)
PPCpost	0.004 (0.266)	0.003 (0.196)	0.004 (0.261)	0.003 (0.159)	0.002 (0.094)	0.003 (0.155)
TenureL× PPCpre_2	0.009 (0.162)	-0.141* (-1.898)	-0.033 (-0.652)	-0.003 (-0.049)	-0.141* (-1.738)	-0.040 (-0.724)

续表

被解释变量	Intra			Inter		
	(1) 书记任期	(2) 市长任期	(3) 任一任期	(4) 书记任期	(5) 市长任期	(6) 任一任期
TenureL×PPCpre	-0.032 (-0.400)	-0.207** (-2.011)	-0.087 (-1.322)	0.004 (0.043)	-0.153 (-1.430)	-0.040 (-0.560)
TenureL×PPC	-0.041 (-0.362)	0.211* (1.797)	0.024 (0.270)	-0.032 (-0.268)	0.304** (2.195)	0.062 (0.636)
TenureL×PPCpost	0.066 (0.886)	-0.162* (-1.687)	-0.002 (-0.026)	0.059 (0.704)	-0.161 (-1.422)	-0.003 (-0.042)
TenureL	0.008 (0.227)	-0.044 (-1.164)	-0.010 (-0.342)	0.021 (0.548)	-0.013 (-0.308)	0.008 (0.255)
_cons	-2.931*** (-3.277)	-2.947*** (-3.294)	-2.932*** (-3.280)	8.053*** (7.775)	8.047*** (7.764)	8.058*** (7.776)
其他社会经济变量	Y	Y	Y	Y	Y	Y
城市效应	Y	Y	Y	Y	Y	Y
时间趋势	Y	Y	Y	Y	Y	Y
样本量	4560	4560	4560	4560	4560	4560

对于以上发现，可能的原因为，市委书记相较市长来说，行政职务上高一级别，较多的市长在任期结束后直接晋升为同一辖区内的市委书记，在对已有样本统计后发现这其中的晋升年限大多不长。因此市长对任期限制更为敏感，一旦年限延长，参与政治竞争时面临的激励作用将会弱化。

对于市委书记来说，任期较长的市委书记，因为工作经验相对丰富、行政事务处理上更为娴熟，因此任期的延长可能意味着该地区的长期稳定发展和社会稳定需要市委书记在岗位上的优异组织统筹能力。但由于总体上，市委书记比市长平均更为年长，年龄更接近退休年龄上限，因此对年龄上的限制表现更为敏感。

9.3.5 城市特征和官员个人特征的异质性分析

该部分将探究政治周期性引致的换届效应影响在不同类型的城市之中是否存在异质性。在前文分析基础上，不同个人特质的官员面对政治竞争，激励程度迥异已得到了初步验证，进一步地，当官员的个体特征改变，换届效应对城市协同创新效率产生的差异性影响具体如何表现，在下文中也将做出回答。

(1)城市特征和城市规模异质性

为验证假设5，本章分别对创新型城市和普通城市两类样本进行回归，结果表明(见表9-15、表9-16的第(1)、(2)列)，首先省级党代会前两年，换届效应对非创新型城市的内部协同创新效率的影响比对创新型城市的高0.5%，城市综合协同创新效率为0.3%；省级党代会前一年及召开当年，政治周期引致的换届效应对创新型城市的内部协同创新效率及综合协调创新效率在数值和显著性上则明显下降，而普通城市依然保持高度显著；在党代会结束后一年，两类城市协同创新效率均基本无显著波动。其次，市委书记的非规律性流动对于创新型城市不再具有负面影响，这一结果不同于主体回归模型中的实证结果。因此假设5未得到实证佐证。对于这一发现可能的解释是：对于创新型城市来说，地区发展已具有一定的自主创新能力，无需政府牵头，基本可独立实现科技研发生产活动，在产学研创新过程中政府角色介入较浅，在实证检验中也由此可观察到，政治性因素对当地创新效率影响微乎其微。而普通城市的地区创新发展后劲不足，较依赖于财政投入、政策倾向等政府相关扶持，政府在创新活动中公共服务供给角色突出，产学研协同创新过程中仍需政府起到指导、管理和监督等作用。

表9-15 基于城市特征和城市规模异质性的城市内部协同创新效率

被解释变量	Intra				
	(1)	(2)	(3)	(4)	(5)
	创新型城市	普通城市	特大型及以上城市(≥500万)	Ⅰ型大城市(300万≤&<500万)	Ⅱ型大城市(100万≤&<300万)
PPCpre_2	0.034* (1.842)	0.039** (2.240)	−0.017 (−0.803)	0.069** (2.400)	0.065*** (2.844)

续表

被解释变量	Intra				
	(1) 创新型城市	(2) 普通城市	(3) 特大型及以上城市 (≥500 万)	(4) Ⅰ型大城市 (300 万≤& <500 万)	(5) Ⅱ型大城市 (100 万≤& <300 万)
PPCpre	0.002 (0.083)	0.054*** (2.771)	0.008 (0.340)	0.052* (1.879)	0.068** (2.431)
PPC	0.038 (1.583)	0.039** (2.252)	0.011 (0.406)	0.071*** (2.834)	0.054** (2.241)
PPCpost	-0.028 (-1.316)	0.011 (0.581)	-0.030 (-1.483)	0.036 (1.358)	0.025 (0.908)
du	-0.004 (-0.177)	-0.041*** (-2.633)	-0.022 (-1.066)	-0.038 (-1.481)	-0.015 (-0.652)
dv	-0.007 (-0.295)	0.006 (0.378)	-0.026 (-1.235)	0.037 (1.417)	-0.015 (-0.739)
_cons	-0.126 (-0.062)	0.006 (0.378)	-4.396*** (-3.642)	-4.455*** (-2.800)	-0.282 (-0.161)
其他社会经济变量	*Y*	*Y*	*Y*	*Y*	*Y*
城市效应	*Y*	*Y*	*Y*	*Y*	*Y*
时间趋势	*Y*	*Y*	*Y*	*Y*	*Y*
样本量	1200	3360	1408	1312	1680
截面数	75	210	88	82	105

表 9-16　基于城市特征和城市规模异质性的城市综合协同创新效率

被解释变量	Inter				
	(1) 创新型城市	(2) 普通城市	(3) 特大型及以上城市 (≥500 万)	(4) Ⅰ型大城市 (300 万≤& <500 万)	(5) Ⅱ型大城市 (100 万≤& <300 万)
PPCpre_2	0.042** (2.040)	0.060*** (3.619)	0.004 (0.200)	0.073*** (2.792)	0.083*** (3.619)

续表

被解释变量	Inter				
	(1) 创新型城市	(2) 普通城市	(3) 特大型及以上城市（≥500 万）	(4) Ⅰ型大城市（300 万≤&<500 万）	(5) Ⅱ型大城市（100 万≤&<300 万）
PPCpre	0.021 (0.897)	0.082*** (4.206)	0.035 (1.406)	0.066** (2.446)	0.099*** (3.431)
PPC	0.061** (2.328)	0.071*** (4.084)	0.040 (1.403)	0.102*** (3.988)	0.083*** (3.440)
PPCpost	-0.037 (-1.518)	0.015 (0.728)	-0.039* (-1.690)	0.046* (1.672)	0.024 (0.781)
du	-0.003 (-0.136)	-0.049*** (-2.730)	-0.027 (-1.125)	-0.050* (-1.732)	-0.016 (-0.613)
dv	0.000 (0.006)	-0.002 (-0.096)	-0.020 (-0.897)	0.031 (1.084)	-0.024 (-1.042)
_cons	11.484*** (5.536)	7.421*** (6.829)	6.625*** (5.212)	6.174*** (3.195)	10.774*** (5.358)
其他社会经济变量	*Y*	*Y*	*Y*	*Y*	*Y*
城市效应	*Y*	*Y*	*Y*	*Y*	*Y*
时间趋势	*Y*	*Y*	*Y*	*Y*	*Y*
样本量	1200	3360	1408	1312	1680
截面数	75	210	88	82	105

接下来，本章在不同规模城市间，对于具有政治周期性的党代会换届效应对协同创新效率的影响差异进行比较。文中城市规模异质性分析中，各个规模的子样本依据 2014 年国务院发布的《关于调整城市规模划分标准的通知》中的相关标准划分。具体为特大型及以上城市的城区常住人口为大于等于 500 万人，Ⅰ型大城市城区常住人口为 300 万人到 500 万人(不包括)，Ⅱ型大城市城区常住人口为 100 万人到 300 万人(不包括)。由于小城市及中等城市类别样本量较少，回归结果可信度弱，所以该部分研究结果只报告大城市及以上规模型城市。

报告显示(见表 9-15、表 9-16 的第(3)、(4)、(5)列)，特大型城市在协同创新效率上对党代会产生的换届效应无明显表现。Ⅰ型大城市和Ⅱ型大城市的协同创新效率对政治周期引致换届效应的反应程度更大，平均而言，Ⅰ型、Ⅱ型大城市比特大型及以上城市的协同创新效率高 6%左右。

出现以上结果，可能的原因为，相对于Ⅰ型大城市和Ⅱ型大城市，特大型及以上城市由于受人口规模影响，地方官员的工作任务繁重。就城市规模特征而言，由于人口规模极大，中央对地方稳定和民众的认可程度要求极高，职能范围内地方政府既要“养活”，又要“养好”当地企业和居民，因而需要发挥更多“援助”作用（文雁兵，2014b），这些援助作用主要表现在提高经济性公共物品的供给水平、改善人均基础设施水平等方面，因而地区发展重心众多，地方官员难以面面俱到。另一可能性为，特大型及以上城市集聚了更多的流动资本，显现规模报酬递减的征兆，政策之间、要素之间难以得到有效的协调，从而不利于创新效率的提升。

但总体上，当城市规模越大，当地的经济集聚效应越突出，创新要素流动、配置整合的效率相应越高，地区创新主体相对具有更强的对政策补贴资金吸收与成果转化的能力，在政策周期内能够迅速地对大量政策信息做出反馈，因此Ⅰ型大城市和Ⅱ型大城市政策引导、管理与监督的效率较高，能够有效助力推动城市的协同创新效率的周期性增长。

(2)官员个人特征异质性

在机制分析中，我们初步验证了政治竞争环境对官员的激励会因人而异，具体地，对于出现任期延长的地方市长和到达年龄限制的地方市委书记会被削弱正向激励程度，从而阻碍了党代会换届效应对地区协同创新效率的正面推动作用。这种地方官员对换届效应激励做出致力于辖区创新效率提高的反应是有条件的，由此本章将会针对官员年龄和任期，做出更为一般性的考察。

①官员“年龄天花板”、平均年龄和行政级别。

那么这种负向影响在党代会换届效应对城市协同创新效率的周期性变化中具体如何表现？本章对样本做了以下筛选处理：与机制分析中，有关官员职业前景设定一致，表 9-17 和表 9-18 列(1)删除了市委书记年龄大于等于 55 岁的样本，表 9-17 和表 9-18 第(2)列删除了市长年龄大于等于 55 岁的样本，第(3)列同时删除了市长和书记年龄大于等于 55 岁的样本。通过回归发现，与基本模型结果相比，核心观察变量的回归系数皆有不同幅度的轻微上升，其中市委书记的年龄上的“晋升天花板”被剔除时，省级党代会的政治激励冲击对城市协同创新效率增长的推动作用最为明显。具体而言，与总体回归结果中，党代会召开前两年、召开前一年、召开当年城市内部协同创新效率增长了3.5%、4.2%、4.1%，城市综合协同创新效率增加了5.5%、6.7%、7.0%相比，本章在删除晋升的年龄上限重新回归后，发现创新效率皆有不同幅度的提升，其中在市委书记分组中的提升幅度区间为0.9%—2.7%。这与机制分析中，有关对官员职业前景中年龄因素限制的结论一致，表明官员中尤其市委书记政治晋升中的“年龄天花板现象”的确会在一定程度上削弱党代会带来正向换届效应；当官员步入年龄“天花板”后，党代会的政治激励对于这些官员来说，相对不再强烈。这点在城市协同创新效率周期性变化中得到体现。

因副省级和正部级官员行政级别较高、更受上级重视，为了进一步识别官员行政级别的影响，接下来本章剔除了副部级干部和正部级干部样本，仅保留正厅级样本并对其回归，如表9-17和表9-18列(4)所示，结果发现，筛除直辖市和副省级市样本后，普通地级市组别的回归结果数值与显著性与主体模型相比显著性未改变，并有所提升。说明排除官员行政级别因素后，城市协同创新效率上的波动依然受党代会的周期性影响，并存在明显的换届效应，官员的行政级别并不构成干扰其政治竞争和激励程度的关键要素。

表9-17　基于官员“年龄天花板”特征和行政级别异质性的城市内部协同创新效率

被解释变量	Intra			
	(1)	(2)	(3)	(4)
	书记年龄≤55	市长年龄≤55	两人年龄同时≤55	普通地级市
PPCpre_2	0.048** (2.462)	0.027 (1.514)	0.042** (2.036)	0.036** (2.021)
PPCpre	0.058*** (2.895)	0.048** (2.573)	0.062*** (2.946)	0.051*** (2.740)
PPC	0.050** (2.479)	0.043** (2.351)	0.045** (2.142)	0.046** (2.497)

续表

被解释变量	Intra			
	(1)	(2)	(3)	(4)
	书记年龄≤55	市长年龄≤55	两人年龄同时≤55	普通地级市
PPCpost	0.013 (0.630)	0.007 (0.355)	0.012 (0.542)	0.009 (0.516)
du	-0.037** (-2.414)	-0.029** (-2.029)	-0.035** (-2.159)	-0.035** (-2.437)
dv	-0.012 (-0.764)	0.002 (0.147)	-0.013 (-0.843)	0.005 (0.329)
_cons	-3.014*** (-4.859)	-2.957*** (-5.052)	-3.038*** (-4.751)	-3.061*** (-5.302)
其他社会经济变量	*Y*	*Y*	*Y*	*Y*
城市效应	*Y*	*Y*	*Y*	*Y*
时间趋势	*Y*	*Y*	*Y*	*Y*
样本量	3508	4152	3257	4288
截面数	285	285	285	268

表 9-18　基于官员“年龄天花板”特征和行政级别异质性的城市综合协同创新效率

被解释变量	Inter			
	(1)	(2)	(3)	(4)
	书记年龄≤55	市长年龄≤55	两人年龄同时≤55	普通地级市
PPCpre_2	0.076*** (3.581)	0.049** (2.471)	0.071*** (3.166)	0.058*** (2.991)
PPCpre	0.094*** (4.324)	0.074*** (3.647)	0.098*** (4.321)	0.076*** (3.778)
PPC	0.085*** (3.937)	0.074*** (3.676)	0.082*** (3.599)	0.077*** (3.857)

续表

被解释变量	Inter			
	(1)	(2)	(3)	(4)
	书记年龄≤55	市长年龄≤55	两人年龄同时≤55	普通地级市
PPCpost	0.017 (0.782)	0.003 (0.155)	0.015 (0.649)	0.010 (0.500)
du	-0.046*** (-2.775)	-0.036** (-2.303)	-0.045** (-2.553)	-0.043*** (-2.709)
dv	-0.016 (-0.953)	-0.000 (-0.031)	-0.017 (-0.980)	0.001 (0.092)
_cons	7.832*** (11.659)	8.034*** (12.650)	7.809*** (11.244)	7.894*** (12.641)
其他社会经济变量	*Y*	*Y*	*Y*	*Y*
城市效应	*Y*	*Y*	*Y*	*Y*
时间趋势	*Y*	*Y*	*Y*	*Y*
样本量	3508	4152	3257	4288
截面数	285	285	285	268

年龄在官员之间对于个体来说为显性激励因素，官员相对容易意识到自身、他人与平均水平之间的差异，因此，进一步地，本章有必要厘清平均年龄是否可能成为年龄激励中的阈值。本章对低于或高于平均年龄的人事变动频率做出统计，从表 9-19 可以看出，有更多的官员在年纪低于官员平均在职年龄时出现人事变动。

进一步，我们分别对低于和高于平均年龄的官员进行异质性分析。如表 9-20 和表 9-21 所示，结果表明，大体上，在党代会召开前及当年，当官员的年龄低于平均值时，党代会的换届效应在促进协同创新效率的提升方面有显著作用（P-Value<0.01）。但当官员的年龄高于平均值时，党代会的换届效应对创新效率周期性影响普遍较为有限（P-Value>0.1）。这说明年轻领导干部想要得到上级赏识、实现工作抱负的愿望更热切，更愿意在青中年时期有所建树，因此，不论是在城市内部协同创新效率上还是在综合协同创新效率表现上都有较为显著的周期性增长。这也是理解“干部四化”要求中“年轻化”的重要实证依据。

表 9-19　基于官员平均年龄的人事变动频率统计

百分比	市委书记(%)	市长(%)	累积频率(%)
低于平均年龄(%)	53.457	58.208	100
高于平均年龄(%)	46.543	41.792	100
累积频率(%)	100	100	—

表 9-20　基于官员平均年龄异质性的城市内部协同创新效率

被解释变量	Intra			
	(1)	(2)	(3)	(4)
	书记年龄<平均	书记年龄>平均	市长年龄<平均	市长年龄>平均
PPCpre_2	0.032 (1.247)	0.031 (1.420)	0.048* (1.867)	0.024 (1.106)
PPCpre	0.061** (2.277)	0.017 (0.712)	0.083*** (3.104)	0.011 (0.454)
PPC	0.039 (1.442)	0.051** (2.242)	0.093*** (3.502)	-0.001 (-0.049)
PPCpost	-0.014 (-0.515)	0.016 (0.748)	0.001 (0.032)	0.005 (0.206)
du	-0.042** (-2.037)	-0.013 (-0.692)	-0.037* (-1.807)	-0.024 (-1.290)
dv	0.001 (0.054)	0.009 (0.531)	0.012 (0.628)	-0.007 (-0.378)
_cons	-1.753** (-1.971)	-2.682*** (-3.436)	-4.012*** (-4.634)	-2.106*** (-2.660)
其他社会经济变量	Y	Y	Y	Y
城市效应	Y	Y	Y	Y

续表

被解释变量	Intra			
	(1)	(2)	(3)	(4)
	书记年龄<平均	书记年龄>平均	市长年龄<平均	市长年龄>平均
时间趋势	Y	Y	Y	Y
样本量	2048	2512	2170	2390
截面数	275	284	279	284

表 9-21 基于官员平均年龄特征异质性的城市综合协同创新效率

被解释变量	Inter			
	(1)	(2)	(3)	(4)
	书记年龄<平均	书记年龄>平均	市长年龄<平均	市长年龄>平均
PPCpre_2	0.072*** (2.588)	0.038 (1.615)	0.081*** (2.894)	0.034 (1.416)
PPCpre	0.118*** (4.125)	0.019 (0.737)	0.133*** (4.602)	0.013 (0.499)
PPC	0.085*** (2.920)	0.072*** (2.875)	0.140*** (4.829)	0.012 (0.456)
PPCpost	-0.016 (-0.523)	0.017 (0.711)	-0.010 (-0.332)	0.010 (0.402)
du	-0.055** (-2.495)	-0.015 (-0.722)	-0.038* (-1.670)	-0.033* (-1.659)
dv	0.003 (0.116)	0.002 (0.089)	0.010 (0.485)	-0.013 (-0.642)
_cons	9.260*** (9.680)	8.298*** (9.754)	6.722*** (7.146)	9.149*** (10.719)
其他社会经济变量	Y	Y	Y	Y
城市效应	Y	Y	Y	Y

续表

被解释变量	Inter			
	(1)	(2)	(3)	(4)
	书记年龄<平均	书记年龄>平均	市长年龄<平均	市长年龄>平均
时间趋势	Y	Y	Y	Y
样本量	2048	2512	2170	2390
截面数	275	284	279	284

具体地，从官员组别情况来看，年轻的市长官员比年轻的市委书记官员在创新效率表现的推动作用更出色，原因可能在于市委书记是党设在市一级委员会的负责人，是党在一个地方的最高执政代表，主要负责贯彻中央的新政策，统筹全局；市长是城市的政府行政首长，在领导级别上虽低于市委书记，但掌管辖区内经济建设、社会管理等全面建设工作，在工作领域上负责全市大小事宜，在如何为高校、科研机构和企业营造更有利于创新的环境、提高创新效率等方面更有见解和想法，例如，财政资源的分配、高效调配创新分管部门、基础设施建设有效投资等，对地区创新的发展影响较为直接。而对于已超过平均年龄的年长官员来说，更倾向等待厚积薄发的质变时刻，稳扎稳打地实现政治抱负，因此对于政治竞争环境变化相对不再敏感，在地区协同创新效率上未产生周期性突出表现（P-Value>0.1）。

②官员任期限制和平均任期。

表 9-22 报告了基于回归方程(5)中任期限制的回归结果。本章对样本做了以下筛选处理：与机制分析中职业前景相对应，表 9-22 列(1)、列(4)删除了市委书记任期大于 6 年的样本，列(2)、列(5)删除了市长任期大于 6 年的样本，列(3)、列(6)同时删除了市长和市委书记任期大于 6 年的样本。

尽管在机制分析中已经检验证明，在任时长超过 6 年的地方官员面临的政治竞争环境改变时推动协同创新效率增长的反应方式具有差异，但在该部分的实证结果中，发现其变化对创新效率周期性波动的影响幅度并不很大，相比未处理的回归结果仅有微弱提升，说明了总体来说，地方官员在任期间的行政轨迹还是相对平稳。尽管任期延长，部分缓冲了党代会对官员的政治激励与竞争程度；但随着官员任期增加，他们积累的工作经验更为丰富，因此他们在促进城市创新上相对更有见解与经验，存在抵消不利因素的可能。

表 9-22 基于官员任期特征异质性的城市协同创新效率

被解释变量	Intra			Inter		
	(1)	(2)	(3)	(4)	(5)	(6)
	市委书记任期≤6	市长任期≤6	二者同时任期≤6	市委书记任期≤6	市长任期≤6	二者同时任期≤6
PPCpre_2	0.036** (2.087)	0.036** (2.092)	0.038** (2.177)	0.057*** (3.046)	0.059*** (3.197)	0.059*** (3.109)
PPCpre	0.043** (2.394)	0.043** (2.376)	0.046** (2.544)	0.067*** (3.432)	0.070*** (3.648)	0.069*** (3.507)
PPC	0.042** (2.370)	0.031* (1.763)	0.040** (2.208)	0.071*** (3.684)	0.066*** (3.434)	0.067*** (3.442)
PPCpost	0.001 (0.068)	-0.002 (-0.106)	0.004 (0.205)	0.000 (0.010)	0.006 (0.294)	0.003 (0.134)
du	-0.028** (-1.979)	-0.031** (-2.222)	-0.029** (-2.035)	-0.034** (-2.241)	-0.039*** (-2.594)	-0.036** (-2.329)
dv	0.005 (0.370)	-0.003 (-0.215)	0.004 (0.287)	0.001 (0.099)	-0.003 (-0.201)	0.000 (0.015)
_cons	-2.903*** (-5.066)	-2.820*** (-4.780)	-2.970*** (-5.147)	8.078*** (13.029)	8.017*** (13.077)	8.018*** (12.849)
其他社会经济变量	Y	Y	Y	Y	Y	Y
城市效应	Y	Y	Y	Y	Y	Y
时间趋势	Y	Y	Y	Y	Y	Y
样本量	4392	4306	4311	4392	4465	4311

任期延长不利于换届效应对官员的有效激励，那么对于短期在任时长的官员，在政治激励与竞争中政绩表现是否能出类拔萃？有学者指出部分较短任期的官员在政策制定中，倾向于采取“竭泽而渔”的政策，不利于

地区长期、可持续发展(刘瑞明和金田林，2015)。经刘瑞明和金田林(2015)启发，该部分将从短期任期视角审视地方政府的行为方式。

我们对小于、大于平均任期的市委书记和市长的样本分组回归，结果如表 9-23、表 9-24 所示，在任期小于平均水平的组别当中，核心解释变量出现多处不显著的现象，在列(1)、列(3)中城市协同创新效率基本不再具有周期性增长的特征。但 PPCpre_2、PPCpre、PPC 的估计系数中未产生负值，说明观察年份期间在地区创新驱动发展方面还未出现攫取迹象。但不显著的增长显示，在党代会周期内既定政策存在未充分有效地发挥的可能。

表 9-23　基于官员平均任期异质性的城市内部协同创新效率

被解释变量	Intra			
	(1)	(2)	(3)	(4)
	书记任期<平均	书记任期>平均	市长任期<平均	市长任期>平均
PPCpre_2	0.035 (1.407)	0.030 (1.236)	0.019 (0.734)	0.058** (2.429)
PPCpre	0.025 (0.956)	0.055** (2.136)	0.036 (1.295)	0.060** (2.413)
PPC	0.014 (0.580)	0.056** (2.083)	0.015 (0.586)	0.081*** (3.024)
PPCpost	-0.003 (-0.121)	0.011 (0.379)	0.003 (0.144)	0.000 (0.001)
du	-0.029 (-1.584)	-0.037 (-1.650)	-0.047 (-2.313)	-0.032 (-1.589)
dv	-0.005 (-0.279)	0.014 (0.683)	-0.021 (-1.061)	0.030 (1.497)
_cons	-1.244 (-1.533)	-3.874*** (-4.580)	-3.424*** (-4.105)	-2.439*** (-2.958)
其他社会经济变量	*Y*	*Y*	*Y*	*Y*
城市效应	*Y*	*Y*	*Y*	*Y*

续表

被解释变量	Intra			
	(1)	(2)	(3)	(4)
	书记任期<平均	书记任期>平均	市长任期<平均	市长任期>平均
时间趋势	Y	Y	Y	Y
样本量	2262	2298	2277	2283
截面数	285	285	285	285

表 9-24　基于官员平均任期特征异质性的城市综合协同创新效率

被解释变量	Inter			
	(1)	(2)	(3)	(4)
	书记任期<平均	书记任期>平均	市长任期<平均	市长任期>平均
PPCpre_2	0.055**	0.054**	0.040	0.082***
	(2.052)	(2.042)	(1.420)	(3.161)
PPCpre	0.040	0.088***	0.055*	0.089***
	(1.390)	(3.181)	(1.843)	(3.321)
PPC	0.021	0.102***	0.026	0.130***
	(0.790)	(3.484)	(0.939)	(4.500)
PPCpost	-0.000	-0.003	0.002	-0.006
	(-0.013)	(-0.117)	(0.096)	(-0.187)
du	-0.036*	-0.043*	-0.054**	-0.035
	(-1.810)	(-1.776)	(-2.484)	(-1.621)
dv	-0.008	0.013	-0.032	0.033
	(-0.390)	(0.598)	(-1.508)	(1.532)
_cons	9.944***	6.840***	7.622***	8.421***
	(11.329)	(7.494)	(8.454)	(9.465)
其他社会经济变量	Y	Y	Y	Y
城市效应	Y	Y	Y	Y

续表

被解释变量	Inter			
	(1)	(2)	(3)	(4)
	书记任期<平均	书记任期>平均	市长任期<平均	市长任期>平均
时间趋势	*Y*	*Y*	*Y*	*Y*
样本量	2262	2298	2277	2283
截面数	285	285	285	285

9.4　本章小结

由党代会事件产生对政府官员行为的周期性正向政治激励会影响到城市创新效率的改变。本章将城市内部协同创新效率和城市综合协同创新效率统筹在城市协同创新效率的研究框架下进行分析，分别利用网络 DEA 模型测算 2004 年到 2019 年中国 285 个城市内部协同创新效率，用引力模型测算城市综合协同创新效率，基于面板数据固定效应模型从省级党代会召开角度探究城市协同创新效率变动与政治周期之间的关系，揭示创新效率变动的政治性原因。运用调节效应模型从年龄、受教育程度、职业前景、异地交流制度等地方官员个人特征层面厘清政治周期与城市协同创新效率间关系变化的内在机制。进一步，通过异质性分析识别了政府官员个人特征与城市特征对城市协同创新效率政治周期的差异性影响。研究发现：

(1)城市协同创新效率呈现随党代会召开时间变化的政治周期性，来自党代会规模换届的政治激励形成了地方官员之间的相互政治竞争氛围，显著地刺激了城市协同创新效率的提升。党代会召开前两年、前一年及当年，城市内部创新效率提升幅度分别为 3.8%、4.1%、4.0%，城市综合协同创新效率上升分别为 5.9%、6.6%、6.8%；党代会召开结束后一年，城市协同创新效率整体未发生显著变化。并且在变化幅度上，城市综合协同创新效率对党代会政治周期性的反应程度较敏感于城市内部创新效率。

(2)党代会的换届效应并不等同于非党代会期间的官员调任，城市协同创新效率会随党代会召开时间发生周期性波动，但非规律的官员流动机制会造成城市协同创新效率的负向变动。

(3)地方官员对政治抱负的追求和接受政治竞争的程度成为城市协同创新效率周期性波动的重要政治性原因。在面对相同的政治竞争和政治激励下，官员异地交流的经历和个人职业前景差异造成了地方官员的创新效率增长行为的差异，具有异地交流经验或较好职业前景的官员有更大动力推动地区创新能力的提升。

(4)不同类型城市的协同创新效率在党代会政治周期性的影响下各具差异，具体表现为规模次大的城市在党代会前夕协同创新效率的增长幅度更大，周期性变动特征更明显；城市协同创新效率变化上，普通城市受换届效应影响的敏感程度高于创新型城市。

(5)官员干部的行政级别与学历水平对来自党代会的政治竞争与激励不会产生干预影响，但受年龄上“晋升天花板”和任期延长的限制，这些限制会削弱党代会换届效应对城市协同创新效率的正向冲击。但官员任期短期化则会阻碍已有政策效力的充分发挥，不利于地区创新效率的长期提升。

第10章　城市技术转移的时空格局及其影响因素

知识经济时代，知识复杂性的提升需要和已有知识的快速更迭促使创新主体陷入了发展的困境，单个创新主体难以依靠自身的资源和要素来实现可持续发展。另一方面，信息技术的迅速发展也为创新要素流动效率的提升提供了机会，在一定程度上也降低了空间交易成本。知识是核心竞争力的根本源泉，在新的社会发展背景下，技术转移成为知识流动和知识溢出的重要方式(Polanyi等，2015)。学界通常将知识流动划分为有意识和无意识两种(Ibrahim和Fallah，2014)。技术转移有意识的知识转移方式，技术转移在整个创新过程中承担着将新技术转化的重要功能，能够推动创新主体进行技术学习、减少技术创新的重复和降低研发的成本，进而促进创新驱动的良性循环。其次，不同地理区位将转移的技术进行应用性开发和集成创新也有利于技术成果利用率的提升以及区域创新系统的建设(Aghion等，1998)。因此，技术转移已经成为不同创新主体获取先进技术来弥补技术发展短板和实现集成创新的重要途径，以及区域促进新知识流入和丰富本地知识库的关键。但区域在知识转移的过程中仍然存在着技术转移链条不畅通、区域发展不均衡、转移内容不深入等问题。加上国家在技术创新发展的过程中还要面临外部技术封锁和技术追赶等挑战。所以，如何把握好区域内市场发展的巨大潜力，畅通内部技术转移的链条，以促进技术转移动能的有效提升成为区域发展政策关注的重要方向。但由于隐性知识的不可测度性，技术转移在研究中通常采用技术授权(Bercovitz和Feldman，2006)、技术人才流动(Trippl，2013)、共同研发(专利或论文)(Ponds等，2009)和国际商品贸易和国际外商投资(Coe和Helpman，1995)等变量替代。相关研究多围绕着高校、企业、科研机构等(Bercovitz和Feldman，2006；Teece，1997)技术转移主体展开，空间尺度也以国家(Henry等，2009；Reddy和Zhao，1990)为主，以城市为主体的技术转移研究相对较少。测度指标以论文和专利的合作关系为主，基于市场行为的技术转移关系研究稍显不足。

近年来，以城市为枢纽的创新网络空间迅速崛起。作为重要的高能级创新空间单元，城市内部研究机构的集聚水平较高，产业活动相对集中，城市已经成为知识创新和技术扩散的重要场所。相较独立的创新主体，充分利用城市内部的创新资源和知识基础的个体更易于建立技术合作和知识共享的关系，由此能够产生更大的创新乘数效应（Crespo 和 Vicente，2016）。中国的区域发展质量、创新资源和禀赋呈现明显的层级性和非均质性的特征。促进区域范围内的技术转移有利于驱动创新资源的交流共享，一方面欠发达地区能够通过技术转入推动本地技术的进步，另一方面发达地区也有机会获得异质性技术和刺激创新的产生（Aghion 等，1998）。中国以城市为基本单元的技术转移已经呈现网络式特征并处在不断的演进过程中，许多学者围绕中国城市中技术转移的溢出效应、网络格局、扩散规律等方面展开大量研究（Gui 等，2019；Liu，2002）。有助于强化对技术转移网络结构、空间布局的认知，但缺乏对城市技术转移模式和影响因素的探讨。

区域作为一个复杂的创新系统，区域间的技术转移表现为不同水平的势能技术主体之间的转移，许多发展中国家依靠发达国家的国际直接投资所产生的技术转移，作为获取技术的主要手段（Rink 和 Swan，1979），这也是产品生命周期和技术发展处于不同阶段作用的结果（Letchumanan 和 Kodama，2000）。而有效技术转移的关键在于识别并管理技术转移的影响因素，已有关于技术转移影响因素的研究主要从网络影响机制和要素作用机制展开。网络影响机制中，多从节点属性和节点间关系入手，分析不同因素对技术转移强度的影响（Ma 等，2022）。比如网络节点的创新水平、多维邻近性、经济基础和人力资本支撑等对转移网络的影响。技术转移作为技术创新的拓展，区域创新网络的形成和创新合作关系的稳定会受到多因素的影响（Fritsch 和 Kauffeld-Monz，2010）。城市作为网络关系的基础节点，网络的属性特征、外部环境和自身的资源情况等都会作用于转移网络。在要素的影响机制中，地区间的技术势差、技术特性、转移政策和吸收能力等都会影响地区间的技术转移（Lichtenthaler 和 Lichtenthaler，2010；Branstetter 等，2006；Glass 和 Saggi，1998）。研究也特别涉及一些非制度化因素对于技术转移的影响，比如文化、司法观念对技术转移产生的影响（Waldman 等，2022；Kedia 和 Bhagat，1988）。或者专门探讨某一类型的影响因素对技术转移的影响，比如关注以关系为导向的因素（Santoro 和 Gopalakrishnan，2001）。中国城市在创新水平上呈现等级式特征，创新等级相似，尤其是创新能级较高的城市之间更容易建立创新联结。对于中国来说，技术转移更有可能发生在研发投入较大的东部省份和较发达的经济体之间，区域之间的经济差距是技术转移的关键因素之一（Zhang 等，2016）。但创新能级较高的城市空间分布相对集中，区域范围内地区创新发展水平呈现明显的空间分异特征。而且发达的经济水平往往积累更多的产业知识基础、拥有更高的创新需求，而欠发达地区往往自发的创新行为较少，创新基础较弱，需要承接先进技术的转移，所以技术转让方和技术受让方考量的因素往往存在差异。学者在国际技术转移决策中有关经济因素的研究已经单独考虑了技术受让方和转让方的观点（Cho 和 Shenkoya，2020）。研究方法上，以往关于技术转移影响因素的探讨一般利用基于回归模型（Friedman 和 Silberman，2003），近年来围绕着转移网络构建，学者也引入了指数随机图模型（Zhang 等，2016）对影响机制进行分析，或者结合 ISM 与 ANP 模型（Hsu 等，2015）比较分析因素的相对重要性。但是，如前文所述，中国城市之间的技术转移明显受城市主体环境属性的影响，现有研究方法往往忽视了影响因素的空间异质性和尺度差异问题。地理加权回归模型（GWR）和多尺度空间地理加权回归模型（MGWR）等方法因为关注到了影响因素的空间异质性和不同尺度作用下解释变量对因变量的差异，学者在空气污染和住宅价格等相关研究中已经广泛应用（Gilbert 和 Chakraborty，2011）。因此，应用空间统计模型分析城市技术转移的影响因素对现有研究形成了有益补充。

近年来，为促进区域创新水平的提升和应对新发展形势下技术竞争带来的挑战，区域范围内技术转移的研究成果大量涌现，但已有研究仍存在以下几方面局限。首先是在主体和空间尺度上，现有研究以企业、高校和国家主体居多，城市之间技术转移研究相对较少。然后是在影响机理剖析上，多为传统的技术转移动因理论框架（以技术势差和区域吸收能力等因素为核心），对于城市主体的环境属性考量不足，特别忽视了城市自身经济发展条件。而且在区域内部的技术转移研究欠缺对于技术转入和转入方影响因素单独的分析。最后是在实证方法上，以往技术转移实证研究中多采用回归分析，未重视样本独立同分布假设的非现实性，这有可能导致实证结果的偏误。而网络关系相关的分析方法，通常需要专利引用关系的相关数据。因此，本章将基于 2013—2019 年我国 347 个地级市为分析单元的空间面板数据，运用充分考虑空间相关性的探索性空间分析方法（Exploratory Spatial Data Analysis，ESDA）和时空地理加权回归模型（Geographically and Temporally Weighted Regression，GTWR），以局部尺度来研究中国城市技术转移影响的时空异质性。以回答上述问题，即城际技术转移的核心影响因素是什么，以及技术转入和转出的影响因素是否存在差异。

10.1 数据来源与研究方法

10.1.1 研究方法

(1)城市技术转移差异测算方法

本章采用 Gagum(1997)提出的 Dagun 基尼系数测算城市创新绩效差异并对其进行分解。Dagun 基尼系数测算公式如下：

$$G = \frac{\sum_{i=1}^{k}\sum_{j=1}^{k}\sum_{u=1}^{n_i}\sum_{v=1}^{nj}\left|y_{i,u} - y_{j,v}\right|}{2n^2(\bar{Y})} \tag{10-1}$$

其中，当i等于j时，$G_{i,j}$为第i组组内基尼系数，当i不等于j时，$G_{i,j}$为第i、j组组间基尼系数，$\bar{Y}_i$为第i组组内均值。组内差异G_w、组间差异G_{nb}的测算方式如下：

$$G_w = \sum_{i=1}^{k} G_{i,i} p_i s_i \tag{10-2}$$

$$G_{nb} = \sum_{i=2}^{k}\sum_{j=1}^{i-1} G_{i,j}(p_j s_h + p_h s_j) D_{i,j} \tag{10-3}$$

(2) 探索性空间分析

使用空间计量方法的前提是样本数据之间存在空间依赖性，通常使用“莫兰指数 I”(Moran's I)统计量进行全域空间自相关测度，判断空间位置要素的观测值与其周围的观测值之间的相关性，其计算公式为：

$$I_G = \frac{n\sum_{i=1}^{n}\sum_{j=1}^{n} w_{ij}(x_i - \bar{x})(x_j - \bar{x})}{\left(\sum_{i=1}^{n}\sum_{j=1}^{n} w_{ij}\right)\sum_{i=1}^{n}(x_i - \bar{x})^2} \tag{10-4}$$

其中，$\frac{\sum_{i=1}^{n}(x_i - \bar{x})^2}{n}$表示样本方差，$w_{ij}$为空间权重矩阵的$(i, j)$元素。Moran's I 显著大于 0 表明样本间存在空间正自相关；小于 0 则表明存在负自相关；不显著则表明支持空间相关性的证据不足，可用传统 OLS 计量方法开展分析。

在探索性空间分析中，本章创建了后相邻(Queen Contiguity)关系的空间权重矩阵，主要考虑到对于跨区域的技术转移而言，在相同技术差距下，转出地和转入地是否邻近不仅反映流动的直接交通和通信成本，更反映因距离不同而存在的文化和司法观念等社会文化差异，并最终反映在沟通成本上。相邻两地间的流动，其直接成本和沟通成本相对较低，这一点在针对不同组织间技术转移障碍的研究中也得到了印证，研究指出技术转移与参与者的接近密切相关，多方面的接近使得同化和知识交流成为可能，而不同中介组织的出现减轻了技术转移过程中存在的障碍(Villani 等，2017)。

(3)技术转移的收敛检验

收敛检验主要有 σ 收敛、β 收敛和俱乐部收敛三种检验方法。σ 收敛反映不同区域技术转移偏离整体水平的离差随时间推演呈现的下降态势。如果不同区域技术转移的标准差随时间变化而缩小，技术转移则表现为 σ 收敛。在计算过程中，通常采用技术转移量对数的标准差，如式(10-5)所示，$\ln \text{Tran s}_{i,t}$ 为 i 区域在 t 时期技术转移的对数值，N 为区域数量。

$$\sigma_t = \sqrt{\sum_i (\ln \text{Tran s}_{i,t} - \ln \text{Tran s}_t)^2 / N} \tag{10-5}$$

β 收敛分为 β 绝对收敛与 β 条件收敛。β 绝对收敛意为在完全相同的结构下，所有区域的技术转移量会随着时间推移收敛于相同的水平。根据 Barro 和 Sala-I-Martin(1992) 的研究，β 绝对收敛模型如式(10-6) 所示。$\ln\left(\frac{\text{Tran s}_{i,t+1}}{\text{Tran s}_{i,t}}\right)$ 为 i 区域在 t 期的技术转移量的增长率，$\text{Tran s}_{i,t+1}$ 为 i 区域在 $t+1$ 期的技术转移量，$\text{Tran s}_{i,t}$ 为 i 区域 t 期的技术转移量，$\mu_{i,t}$ 为误差项，β 为待估参数。如果 β 小于 0，说明技术转移量存在收敛趋势；如果 β 大于 0，说明技术转移量存在发散趋势。收敛速度的计算如式(10-7) 所示。

$$\ln\left(\frac{\text{Tran s}_{i,t+1}}{\text{Tran s}_{i,t}}\right) = \alpha + \beta \ln(\text{Tran s}_{i,t}) + \mu_{i,t} \tag{10-6}$$

$$\phi = -\ln(1+\beta) \tag{10-7}$$

β 绝对收敛意为低技术转移量区域的转移量增速快于高技术转移量区域。在实际分析中，有学者发现存在多重均衡，结构差别较大的区域会趋向不同均衡点。与 β 绝对收敛相比，β 条件收敛认为转移量的增速不仅取决于初期转移量水平，还会受到其他因素影响。β 条件收敛表示不同区域会收敛于自身稳态。根据 Galor(1996) 的研究，俱乐部收敛表示技术转移量相近区域的内部城市在相似结构下趋于收敛。绝对俱乐部收敛、条件俱乐部收敛的计算公式与 β 绝对收敛、β 条件收敛相同。

$$\ln\left(\frac{\text{Tran s}_{i,\ t+1}}{\text{Tran s}_{i,\ t}}\right) = \alpha + \beta\ln(\text{Tran s}_{i,\ t}) + \mu\ln A \tag{10-8}$$

在式(10-8)中，A 为控制变量(本章选取的 8 个影响因素)，μ 是控制变量的回归系数。

(4)动态面板模型

采用动态面板模型初步对城市技术转移的影响因素进行研究，一方面，可对普通面板回归模型中可能的内生性问题予以克服；另一方面，可通过增加滞后期转移数量对可能遗漏的重要变量予以补充。构建基本 GMM 动态面板模型如下：

$$\text{Tran s}_{it} = \alpha_0 + \alpha_1\text{Tran s}_{it-1} + \alpha_5\text{Expva r}_{it} + \mu_i + \varepsilon_{it} \tag{10-9}$$

其中，被解释变量 Tran s_{it} 为城市 i 在 t 年的技术转移量，Expvar 表示影响城市技术转移的 8 个因素。μ_i 反映未观测到的不随时间变化的地区差异，ε_{it} 为随机扰动项。

式(10-9)中纳入了被解释变量滞后项，这一内生性问题导致普通最小二乘法或固定效应模型所得到的估计系数是有偏、非一致的。鉴于此，本章采用系统广义矩估计法(GMM)对动态面板模型进行估计时，使用水平变量滞后项作为差分方程的工具变量，同时使用差分变量的滞后项作为原水平方程的工具变量，以有效地解决内生性问题。在应用广义矩估计时通常采用两种方法来检验工具变量的有效性：一是自相关检验，即 Arellanobond 检验，原假设为随机误差项不存在序列相关性。二是过度识别约束检验，即 Sargan 检验，原假设为工具变量不存在过度识别约束。

(5)时空加权地理回归

传统空间计量全局模型，是在假定观测值具有空间同质性(Homogeneity)基础上归纳总结全域范围变量间的关系规律，然而各种社会经济因素对技术转移的影响规律可能因为观测点地理位置的不同而有所差异，体现为空间非平稳性(Spatial Non-stationarity)，为避免因同质性假设无法满足而使估计结果失真，往往运用地理加权回归模型(GWR)来解决异质性困境。GWR 的核心建模思路是对不同地区给予不同的参数，其公式为：

$$y_i = \beta_0(u_i, \nu_i) + \sum_{k=1}^{q} x_{ik}\beta_k(u_i, v_i) + \varepsilon_i$$
$$i = 1, 2, \cdots, 347, k = 1, 2, \cdots, q \tag{10-10}$$

允许变量系数根据空间位置的不同而发生变化，能够很好地利用研究对象的地理信息，但其不足在于仅能进行截面回归，当需要估计的参数过多时，将极大损失参数估计的精度。针对这一不足，本章选择适于面板数据的时空地理加权回归模型(GTWR)，在 GWR 基础上将时间赋值到局部样本点数据集上，求解局部样本点 i 的参数，充分利用较长时期内的地级市数据，提高参数估计的准确性，其公式为：

$$y_i = \beta_0(u_i,\ v_i,\ t_i) + \sum_{k=1}^{q} \beta_k(u_i,\ v_i,\ t_i)\, x_{ik} + \varepsilon_i$$
$$i = 1,\ 2,\ \cdots,\ 347,\ k = 1,\ 2,\ \cdots,\ q \tag{10-11}$$

式中，$(u_i,\ v_i,\ t_i)$ 为第 i 个样本的时空坐标，y_i 和 $\beta_0(u_i,\ v_i,\ t_i)$ 为第 i 个样本的被解释变量和截距项，x_{ik} 和 $\beta_k(u_i,\ v_i,\ t_i)$ 为第 i 个样本点的第 k 个解释变量及其系数，ε_i 为残差。时空地理加权回归模型可以采用最小二乘法进行回归系数的估计。*GTWR* 模型估计见下式：

$$\hat{\beta}(u_i,\ v_i) = [\boldsymbol{X}^{\mathrm{T}}\boldsymbol{W}^{\mathrm{T}}\boldsymbol{W}\boldsymbol{X}]^{-1}\boldsymbol{X}^{\mathrm{T}}\boldsymbol{W}^{\mathrm{T}}\boldsymbol{W}\boldsymbol{Y} \tag{10-12}$$

其中，空间权重矩阵 $\boldsymbol{W}$ 的元素计算由空间带宽、核函数、距离计算公式 3 个因素确定，本章借鉴 Huang 等(2010)的办法，基于自适应带宽(Adaptive Bandwidth)、高斯(Gaussian)核函数和欧式距离(Eu-clidean Distance)构建，并以 AICc 准则来确定。

(6)地理探测器

地理探测器基本原理是认为不同空间位置地理事物，制约发展变化的因素具有差异性，若两者在空间上变化表现显著一致性，即该因素对地理空间分布具有更为显著的贡献。本章运用该模型来探测中国城市技术转移的影响因素，理论模型如下：

$$P_{D,H} = 1 - \frac{1}{N'\sigma_H^2}\sum_{W=1}^{m} n_{D,W}\,\sigma_{H_{D,W}}^2 \tag{10-13}$$

式中：$P_{D,H}$ 为影响因子 D 对城市技术转移 H 影响力；σ_H^2 表示城市技术转移水平方差；$\sigma_{H_{D,W}}^2$ 为城市 W 技术转移水平方差；N' 为样本数。$P_{D,H}$ 取值范围为 [0,1]，$P_{D,H}$ 值越大，表明该因素对城市技术转移的影响越大。同时，地理探测器模型中交互作用探测可以分析不同影响因子间的相互作用，评估相互作用是否会增强或减弱对地理要素空间分异的影响程度。交互关系主要有 5 种基本类型：非线性减弱、单因子非线性减弱、双因子增强、相互独立、非线性增强。

10.1.2 变量与数据

(1)核心变量

专利数量是创新产出水平的重要体现，专利权的变更被视为技术转移的重要衡量指标(Villani 等，2017)。作为一种市场行为，专利交易是技术转移最为直接的方式，主要通过专利转移测度。本章主要使用专利交易的数据衡量技术转移，数据主要来源于国家知识产权局提供的"专利信息服务平台"，其提取与编码过程如下。一是利用 Python 与 C++语言构建分布式爬虫程序，在"专利信息服务平台"收集了 2013—2019 年专利转移数据。然后将 347 个城市单元依据全国各省、市、自治区地级行政单元的邮编号码，将邮编号码与相应的城市配对生成"邮编号—城市名称"空间数据库，从而获得专利权利人的城市地理信息。整理清洗后，将单个专利的转移过程抽象到城市层面，以 347 个地级市为分析单元，构建中国城市专利转移空间数据库。

基于上述数据处理流程，总共提取 2013—2019 年城市的专利转移数据 3975 条，其中，专利转出量表示净转出本地区的专利总量。转出的专利越多，则说明该城市的技术创新实力越强。而专利转入量表示净转入本地区的专利总量。转入的专利越多，则说明该城市对技术需求度高。

(2)影响因素

事实上，吸收能力往往在外生技术溢出过程与自身创新绩效当中充当中介角色(Crescenzi 和 Gagliardi，2018)。吸收能力是一种多维动态能力，涉及经济投入、人力资本、开放程度、基础设施、制度环境等多方面指标，综合反映了区域对创新技术的学习吸收能力。本章主要从技术吸收的角度选取影响因素，主要包括地区发展水平和创新投入的基本条件，同时考虑了产业、交通和外贸发展、区域政策等因素的综合影响。一是经济基础(GDP)：地区生产总值。地区生产总值是衡量一个城市经济发展水平的重要标志，地区较高的经济发展水平，为城市先进技术引入和创新产出溢出提供保障。二是人力资本投入(SciExp)：人力资本水平的提高可以增强对知识、技术以及其他信息的获取与运用能力，进而转化为创新产出，促进区域社会经济发展。三是研发投入(SciPop)：由于创新活动具有回报周期长、风险较高的特点，中国的科技经费构成中政府科技经费投入占比较大。科学技术支出作为城市研发投入的衡量标准，可能对技术转移产生影响。四是产业规模(Indus)：专利的应用场所主要是工业生产及产品，因此产业的规模水平可能对技术转移量有影响。五是外商直接投资(Foreig)：跨国公司拥有、掌握与生产了世界绝大多数的关键技术，是世界产品研发与创新的主要实施者。通过实行各种不同的优惠手段与优惠政策，发展中国家希望吸引更多的跨国公司进行直接投资，以期跨国公司的无形资产与关键技术在向子公司转移过程中扩散到当地企业(Blomström 和 Kokko，1998)。六是交通规模(RoadDe)：高水平的基础设施建设不仅吸引人才，还可以提高科技研发的效率，因此交通基础设施建设水平可能对技术转移量有影响。七是创新基础(Patent)：城市的技术溢出能力首先取决于其申请和授权的专利数量基础，可能是影响技术转移量的重要因素。同时还包括政府政策的支持(Inst)：国家通过设立技术转移示范机构并提供相关政策和经费支持来推动地方技术转移服务的建设与发展，城市当年是否存在国家技术转移示范机构可能对技术转移有影响。最终确定的被解释变量和 8 个解释变量的变量描述和数据来源如表 10-1 所示。

表 10-1　变量解释和数据来源

变量类型	指标选择	符号	指 标 描 述	数 据 来 源
被解释变量	创新实力/创新需求	Weight	专利转出量/转入量	专利转移数据统计
解释变量	经济基础	GDP	地区生产总值	《中国城市统计年鉴》(2014—2020 年)
	人力资本投入	SciPop	科学研究、技术服务和地质勘察业人员数	
	研发投入	SciExp	科学技术支出	
	产业规模	Indus	规模以上工业企业数	
	开放水平	Foreig	当年实际使用外资金额	
	交通规模	RoadDe	城市路网密度	OSM 道路数据计算
	创新基础	Patent	发明专利授权数量	专利数据统计
	政策支持	Inst	当年是否存在国家技术转移示范机构	科技部公示文件

10.1.3　数据来源

由于数据的可得性问题，在此选取 2013—2019 年作为影响因素的研究期。研究数据主要来源于《中国城市统计年鉴》(2014—2020 年)，并结合其他空间数据和政府文件进行研究变量的表征，如表征交通规模的路网密度数据由 OpenStreetMap 网站提供的开源路网数据经空间统计而得，表征创新基础的发明专利授权数量由国家专利数据库查询而得，并将科技部公示的各批国家级技术转移示范机构汇总整理，得到政策支持变量。相应地，由专利转移时空数据库中汇总整理 2013—2019 年各城市的专利转出量和转入量，作为被解释变量。主要变量的描述性统计分析见表 10-2(转出量)和表 10-3(转入量)。

表 10-2　专利转出量及其影响因素量化变量的描述性统计

变量	影响因素	均值	标准差	极小值	极大值	范围
Weight	专利转出量	412.09	1215.2	1	16392	16391
GDP	经济基础	14857272	2.7172	349409	381644460	1092.3
SciPop	智力资本	12622	44043	0.0000	717149	717149
SciExp	研发投入	123034	395737	519.00	5549817	5549298
EduExp	教育水平	752891	943669	18838	11400000	11381162
Indus	产业规模	1270.6	1532.2	0	11042	11042
Foreign	开放水平	95860	228262	0	3082563	3082563
RoadDe	交通规模	0.4109	0.5198	0.0039	5.5721	5.5682
Patent	创新基础	954.91	3246.6	0.0000	53127	53127
Inst	政策支持	0.2872	0.4526	0.0000	1.0000	1.0000

表 10-3　专利转入量及其影响因素量化变量的描述性统计

符号	影响因素	均值	标准差	极小值	极大值	范围
Weight	专利转入量	409.70	1150.9	1.000	15107	15106
GDP	经济基础	14901911	2.7012	349410	381644460	1092.3
SciPop	智力资本	12626	44054	0.0000	717149	717149
SciExp	研发投入	123105	395825	519.00	5549817	5549298
EduExp	教育水平	753314	943773	18838	11360000	11341162
Indus	产业规模	1270.9	1532.6	0	11042	11042
Foreign	开放水平	95908	228309	0	3082563	3082563
RoadDe	交通规模	0.4138	0.5260	0.0039	5.5721	5.5682
Patent	创新基础	955.51	3247.3	1.0000	53127	53126
Inst	政策支持	0.2869	0.4524	0.0000	1.0000	1.0000

10.1.4　数据预处理

为了消除数据单位和量纲的影响，对数据进行最大—最小值归一化处理，一方面使回归系数有更好的可比性，另一方面削弱变量异方差的影响。同时，由于考虑的因素较多，为避免各解释变量之间出现严重的多重共线性而导致模型的不准确性，利用方差膨胀因子法检验多重共线性，逐个剔除方差膨胀系数(VIF)大于 10 的变量，以使剩余解释变量的方差膨胀系数均小于 10。归一化后，变量多重共线性检验结果如表 10-4 所示。

表 10-4　各解释变量对专利转出量/转入量的多重共线性检验结果

变量	转出		转入	
	VIF	1/VIF	VIF	1/VIF
Patent	9.02	0.1109	9.01	0.1110
SciExp	7.37	0.1356	7.31	0.1369
SciPop	6.24	0.1604	6.23	0.1606
Foreig	3.44	0.2907	3.44	0.2909
Indus	3.42	0.2927	3.42	0.2927
GDP	2.82	0.3552	2.83	0.3528
RoadDe	2.27	0.4403	2.18	0.4594
Inst	1.59	0.6304	1.59	0.6271
Mean VIF	4.52	—	4.50	—

10.2　实证分析

10.2.1　城市技术转移的时空特征

(1) Dagum 基尼系数测算

采用 Dagum 基尼系数定量测算城市技术转移差异。根据国家统计局的说明，将研究的城市划分到“东部、中部、西部和东北部”四个地区类别中。利用 python 软件，根据城市经纬度确定所在省份，并进一步确定省份所在的地区。

①总体差异。表 10-5 为四个类别的城市在 2013—2019 年技术转移总差异及变化趋势。2013—2019 年中国城市技术转移总差异大，基尼系数处于 0. 7~0. 8。变化趋势上，城市技术转出的基尼系数小幅先升后降，而城市技术转入的基尼系数整体呈下降趋势。具体来说，2013—2015 年技术转移整体稳定在 0. 78 ~ 0. 80，2015—2017 年技术转出的系数稳定在 0. 78，而技术转入的系数却明显下降，逐渐下降至 0. 74 左右，差异仍然很大。

表 10-5　2013—2019 年城市技术转移总基尼系数及变化趋势

年份	2013	2014	2015	2016	2017	2018	2019
技术转入	0. 7911	0. 7913	0. 7862	0. 7621	0. 7532	0. 7264	0. 7352
技术转出	0. 7891	0. 7885	0. 7952	0. 7874	0. 7862	0. 7632	0. 7752

②组内差异。表 10-5 为 4 个类别城市在 2013—2019 年技术转移组内基尼系数测算结果。由表 10-6 可知，2013—2019 年，技术转入和转出的组内基尼系数有较大的差异。其中，东北和中部地区城市技术转移的组内差异相较东部和西部地区小，特别是中部地区城市技术转移的基尼系数下降比较明显。而东北地区技术转入和转出的组内基尼系数均有所上升，组内的差别拉大。东部地区城市的差异波动小，变化区间不大，技术转入的基尼系数基本稳定在 0. 67，技术转出的基尼系数基本围绕 0. 69 浮动。

表 10-6　2013—2019 年 4 类城市技术转移组内基尼系数

年份	技术转入				技术转出			
	东部	中部	西部	东北部	东部	中部	西部	东北部
2013	0. 71	0. 68	0. 744	0. 622	0. 699	0. 705	0. 784	0. 635
2014	0. 71	0. 578	0. 713	0. 648	0. 704	0. 615	0. 768	0. 709
2015	0. 703	0. 616	0. 71	0. 636	0. 712	0. 635	0. 754	0. 691
2016	0. 667	0. 586	0. 691	0. 688	0. 689	0. 621	0. 76	0. 684
2017	0. 658	0. 622	0. 67	0. 642	0. 682	0. 685	0. 755	0. 688
2018	0. 635	0. 528	0. 698	0. 686	0. 679	0. 613	0. 756	0. 706
2019	0. 651	0. 534	0. 692	0. 644	0. 679	0. 62	0. 753	0. 675
均值	0. 676	0. 592	0. 703	0. 652	0. 692	0. 642	0. 761	0. 684

③组间差异。表 10-7 展示了 4 类城市 2013—2019 年技术转移的组间基尼系数大小及变化趋势。本章将中国东部、中部、西部和东北地区的城市依次定义为第 1 组、第 2 组、第 3 组和第 4 组。由表 10-7 可知，2013—2019 年中国城市技术转移的组间差异较大，不同组与组之间的组间差异各有不同，组间基尼系数在 0.60—0.75。具体来说，4 类城市间有 12 个组间基尼系数，其中 4 个相邻组组间基尼系数相对较小，均值位于 0.70 以下。特别是 2—3(中部和西部地区的城市) 和 2—4(中部和东北地区的城市)之间的差距更小；3 个不相邻组的组间基尼系数相对较大，基本位于 0.75 以上，且间隔越远组间基尼系数越大。比如东部和西部地区的城市、西部和东北地区城市之间的基尼系数有较大的差距。

表 10-7　2013—2019 年 4 类城市技术转移组间基尼系数

时间	技术转入						技术转出					
	1-2	1-3	1-4	2-3	2-4	3-4	1-2	1-3	1-4	2-3	2-4	3-4
2013	0.760	0.791	0.736	0.718	0.671	0.719	0.759	0.785	0.721	0.745	0.694	0.756
2014	0.763	0.785	0.740	0.641	0.601	0.705	0.758	0.785	0.733	0.691	0.648	0.764
2015	0.758	0.782	0.735	0.662	0.627	0.699	0.768	0.791	0.745	0.692	0.657	0.747
2016	0.728	0.754	0.709	0.637	0.616	0.697	0.751	0.773	0.725	0.689	0.642	0.749
2017	0.717	0.748	0.697	0.657	0.635	0.671	0.747	0.772	0.721	0.722	0.694	0.748
2018	0.684	0.730	0.679	0.615	0.572	0.701	0.729	0.763	0.717	0.684	0.640	0.750
2019	0.690	0.745	0.692	0.620	0.567	0.687	0.729	0.770	0.718	0.690	0.642	0.741
均值	0.729	0.762	0.713	0.650	0.613	0.697	0.749	0.777	0.726	0.702	0.660	0.751

(2)城际技术转移空间分异

根据全局 Moran's I 指数公式，测算出 2013—2019 年长江经济带市域土地资源承载力全局 Moran's I 估算值(见表 10-8)。通过表 10-8 可知，在 0.1%的检验水平上，中国城市之间技术转移的整体水平全局 Moran's I 估算值均为正，表明 2013—2019 年市域尺度上技术的转入和转出均具有正向的自相关性特征；技术转入的全局 Moran's I 估算值从 2015 年的持续提升到 2019 年的 0.146，技术转出的 Moran's I 统计值从 2013 年的 0.062 增加到 2014 年的 0.103，再微降到 2015 年的 0.097，然后又攀升到 2019 年的最高水平 0.172，这表明 2013 年以来中国城市间技术转移空间集聚特征日益增强。

表 10-8 中国城市技术转移全局 Moran's I 值(2013—2019 年)

	技术转出			技术转入		
年份	Moran's I	Z	P	Moran's I	Z	P
2013	0.062	4.827	0.000	0.068	4.657	0.000
2014	0.103	6.931	0.000	0.093	6.134	0.000
2015	0.097	6.517	0.000	0.090	5.988	0.000
2016	0.129	8.111	0.000	0.127	7.966	0.000
2017	0.131	8.173	0.000	0.115	7.301	0.000
2018	0.139	8.770	0.000	0.126	7.974	0.000
2019	0.172	10.689	0.000	0.146	9.077	0.000

为进一步探索各城市之间技术转移的空间格局，探究技术转入和转出的集聚情况，按照局部空间自相关方法，结合 ArcGIS10.2 测度城市之间技术转移的 Getis-Ord G_i 指数值。整体而言，技术转移的冷热点分布呈现“极核化”的发展态势，热点区域主要分布于长三角区域，且大部分处于沿海地区，出现了明显的集聚现象，空间异质性凸显。第一，H-H 型(市域自身和相邻市域的技术转移水平均高)。2013 年技术转移的 H-H 型都主要集聚在上海、苏南地区，到 2019 年后浙江的杭州、绍兴及宁波等城市开始演化 H-H 型，研究期间城市技术转移的 H-H 型主要分布在下游地区上海、苏锡常及杭甬地区，究其原因，长三角城市群无论在经济基础、产业结构和对外开放性等方面，还是在金融服务功能、资本利用效率相较其他地区都具有明显的优势。特别是科研高校、研发机构和科创型企业等在此区域大量集聚，促进先进技术引进，地区整体的创新产出水平也较高。第二，H-L 型(市域自身技术转移水平高而相邻市域低)。这一类型的空间主要分布在中国中西部地区，主要包括西安、兰州、武汉、昆明、成都等省会城市。随着时间的变化，H-L 集聚区的数量有所减少。但成都、长沙、武汉等城市的集聚特征仍然十分显著，这些城市相对于周围的城市来说，创新要素集中，技术创新的水平较高，同时对技术引进有较高需求，但周围城市的创新能力水平较低，技术流动受到抑制，因此形成了中间高，四周低的“极化型”格局。第三，L-H 型(市域自身技术转移水平低而相邻市域高)。主要集中在京津冀地区，以及长三角的宣城市、盐城市。一方面个别城市的创新能力较弱，不受周边城市技术创新能力的影响。另一方面，区域内城市间存在明显差异时，实力较强的城市易产生

“逃离”动机，表现为对区域内部其他实力较弱的城市产生“偏见”，更多开展对外技术创新合作。第四，L-L 型(市域自身和相邻市域技术转移水平均低)。研究期内，观测样本中低水平集聚的城市主要分布在黄河中上游地区和西南地区。这些城市的创新能力属于低水平，同时与周边地区差异较小，从而形成了技术转移的低值区。

(3)收敛检验

表 10-9 反映了全国及 4 大地区技术转移的 σ 收敛系数的演变趋势。根据表 10-9，全国城市技术转移的 σ 系数总体呈现波动下降趋势，技术转移总体趋向收敛。从区域层面看，除东北地区外，其余地区的 σ 系数总体呈现下降态势，西部地区技术转入和转出的 σ 系数都呈现较快幅度的下降态势，中部地区技术转入的 σ 系数波动下降。综上，全国、东部、中部和西部地区的技术转移的 σ 收敛态势较为明显，而东北地区未呈现出 σ 收敛特征，σ 收敛检验结果与前文 Dagum 基尼系数的测算结果一致。

表 10-9 全国及 4 大地区技术转移的 σ 收敛系数

年份	技术转出					技术转入				
	全国	东	中	西	东北	全国	东	中	西	东北
2013	1.900	1.474	1.279	1.950	1.509	1.839	1.465	1.269	1.867	1.297
2014	1.809	1.413	1.187	1.775	1.758	1.996	1.425	1.094	2.356	1.511
2015	1.834	1.427	1.407	1.716	1.582	1.779	1.442	1.118	1.639	2.089
2016	1.837	1.420	1.159	1.722	2.244	1.527	1.325	0.999	1.213	1.488
2017	1.672	1.392	1.242	1.266	1.768	1.479	1.276	1.011	1.093	1.506
2018	1.609	1.393	1.141	1.310	1.703	1.471	1.280	0.955	1.157	1.537
2019	1.552	1.460	1.120	1.177	1.274	1.470	1.359	0.958	1.151	1.315

表 10-10 报告了 β 绝对收敛和 β 条件收敛的检验结果。在研究期，全国和四个地区技术转移的 β 系数显著为负，因此全国技术转移存在 β 绝对收敛，东部、中部、西部和东北部地区存在绝对俱乐部收敛，这表明在不考虑经济发展、基础设施、产业规模和人力资本集聚等因素的情况下，全国和四个区域的技术转移趋向收敛于相同稳态。四个地区技术转入的收敛速度由高到低依次为：东北、中部、西部、东部。而按技术转入的收敛速度排序，则为东北、东部、中部、西部。由于不同区域的经济发展和创新基础条件存在差异，收敛检验结果可能会因外部因素的变化而改变，不同

区域技术转移可能具有不同稳态。因此，本章在考虑经济发展、人力资本和创新基础设施等因素基础上，采用面板数据模型对全国和4个地区的技术转移进行β条件收敛检验和条件俱乐部收敛检验。根据表10-10，全国和4个地区的技术转移存在β条件收敛，京东北、东部、中部、西部存在条件俱乐部收敛，与绝对收敛检验的结果相比，收敛检验结果变化较小，结果表现较为稳健。在考虑经济发展、对外开放、创新基础设施、产业结构和人力资本等因素后，技术转移仍然会朝着相同稳态趋向收敛。

表10-10 β绝对收敛和β条件收敛检验结果

	技术转出					技术转入				
	全国	东	中	西	东北	全国	东	中	西	东北
绝对收敛	-0.098***	-0.089***	-0.099***	-0.090***	-0.135***	-0.079***	-0.086***	-0.080***	-0.069***	-0.119***
条件收敛	-0.118***	-0.128***	-0.142***	-0.117***	-0.144***	-0.097***	-0.133***	-0.129***	-0.091***	-0.141***
控制变量	YES	YES	YES	YES	YES	YES	YES	YES	YES	YES

10.2.2 城际技术转移影响因素分析

(1)基准回归分析

由于本章引入被解释变量的一期滞后项作为解释变量，可能导致内生性问题。因此，本章采用系统GMM方法对动态面板模型进行回归分析，以解决内生性问题(Arellano 和 Bover，1995)，并获得更有效的估计结果(见表10-11)。

表10-11 技术转移的影响因素分析(系统GMM方法)

变量	模型1	模型2
	技术转出	技术转入
Weight	0.194 (0.185)	-0.215 (0.157)
gdp	1.228*** (0.352)	1.361*** (0.293)
scipop	-0.133 (0.133)	0.073 (0.190)

续表

变　量	模型 1	模型 2
	技术转出	技术转入
sciexp	-0.206 (0.174)	-0.186 (0.258)
indus	0.013 (0.097)	0.057 (0.084)
foreign	-0.747*** (0.196)	-0.860*** (0.195)
roadde	0.227** (0.099)	0.375*** (0.117)
patent	0.160 (0.297)	0.087 (0.287)
inst	0.023 (0.014)	0.027 (0.016)
AR(1)	-3.61 [0.000]	-2.80 [0.005]
AR(2)	-0.63 [0.530]	-1.13 [0.260]
Hansen	18.36 [0.191]	18.64 [0.179]

从表 10-11 可以看到，在模型 1~2 中，Hansen 检验结果均不显著，说明 GMM 估计中工具变量不存在过度识别问题；AR(1)的 p 值显著、AR(2)的 p 值不显著表明只存在一阶自相关而不存在二阶自相关，即不能拒绝工具变量有效的原假设，验证了 GMM 估计的有效性。

模型中的因变量为各城市技术转出和技术转入的数量。其中，地区经济发展水平的系数显著为正，这说明地区经济发展对技术转移存在促进作用，即地区较高的经济发展水平，有利于地区不断吸收和引进外部技术，促进本地更高水平的创新产出。通常技术的传播和采用并非没有成本和无条件的，技术的传播、采纳和技术能力培育的速度，取决于地区生产主体的吸收能力和补充性的资产(Fu，2008)。地区滞后一期的技术转入量对城市新技术的转入具有负向影响，但是比那个不显著，说明城市的技术转入是一个持续性的过程。较高的外商直接投资不利于城市间的技术转移。对于技术转出而言，跨国企业的研发活动可能会对当地的技术变革和创新能力产生挤出(García 等，2013)，负向竞争效应会抑制内资部门技术效率的增长，减少了本地企业内部和关联企业的技术转移。从技术转入角度来看，地区技术引进虽然会增加城市的技术存量，但是新技术的引入还要考虑地区需求的情况和地区技术的吸收能力等方面。Djankov 和 Hoekman (2000)在研究中指出：外商直接投资的溢出效应对捷克的本地企业本身的产出增长是一种负面的影响，这是由于本地企业与外资企业技术差距过大以及本地企业技术吸收能力不足。不同地区之间技术传播会随着辐射范围而逐渐衰弱，即形成涟漪效应。地理上的邻近往往更能促进地区创新联系，这与知识创新空间溢出的原理相同(Maskell 和 Malmberg，1999)。因为技术转移作为一种市场交易行为，需考虑时空成本，较短的空间距离便于合作双方线下交易，促进交易合约的签订和转移行为的落实。但更好的基础设施(运输和储存等)为企业跨区域的技术转移提供了更多的可能(Saggi，2002)。交通设施的优化和发展往往能打破地理距离的限制，推动区域间的技术转入和转出。

(2)时空地理加权回归

由于我国国土面积广大，不同城市的基础发展条件差异巨大，各参数应存在显著的空间非平稳性。为探寻这种空间非平稳性，在原有模型中加入空间距离权重。由于技术转移存在显著的时间滞后性，长时间序列的研究是必须的，且不同因素对城市技术转移的贡献在时间上存在较大的差异。因此，需要将时间纳入变量坐标构成新的模型——时空地理加权回归模型（GTWR），从而提高拟合精度并增加解释能力。本章利用 Huang 等开发的 ArcMap 插件实现 GTWR 模型，其中使用自适应核函数并采用 AICc 法确定带宽，以拟合优度 R^2 作为模型置信度评价指标。将 8 个解释变量分别对技术转入和技术转出进行 GTWR 回归。

对不同时间内各城市技术转移的驱动因素参数进行模拟估计，得到每个因素在不同时空位置上对专利转出量和转入量影响的贡献系数。回归结果中，各影响因素回归系数的描述性统计如表 10-12 和表 10-13 所示。各影响因素对专利转出量的回归结果中，校正后的 R^2 为 0.956；各影响因素对专利转入量的模型回归结果中，校正后的 R^2 为 0.959，模型拟合程度较好。各因素对技术转移影响的平均系数与系统 GMM 模型的回归结果基本相似，特别是人力资本水平对于多数地区技术转入具有负向的影响，但是对于城市技术引进具有正向的影响。

表 10-12　各影响因素对专利转出量的 GTWR 回归系数描述性统计

变量系数	均值	标准差	极小值	极大值	范围
截距项	-0.0083	0.0088	-0.0355	0.0025	0.0380
C1_GDP	0.0530	0.1460	-0.3162	0.5484	0.8646
C2_SciPop	-0.0281	0.2494	-0.8321	0.7513	1.5834
C3_SciExp	0.3790	0.2327	-0.3875	1.1574	1.5449
C4_Indus	0.0794	0.1079	-0.1139	0.3366	0.4505
C5_Foreig	-0.0551	0.1648	-0.7221	0.5198	1.2419
C6_RoadDe	0.0385	0.0411	-0.0793	0.1956	0.2749
C7_Patent	0.4849	0.3536	-0.5203	1.3885	1.9088
C8_Inst	-0.0004	0.0042	-0.0149	0.0085	0.0234
$R^2=0.956356$		AICc = -10659.1		Neighbor = 273	
$R^2_{adj}=0.956179$		$\sigma=0.015510$		SSR = 0.476798	

表 10-13　各影响因素对专利转入量的 GTWR 回归系数描述性统计

变量系数	均值	标准差	极小值	极大值	范围
截距项	-0.0102	0.0103	-0.0384	0.0071	0.0455
C1_GDP	0.0917	0.1937	-0.2397	1.0010	1.2407
C2_SciPop	0.0464	0.2517	-1.0364	0.8099	1.8463
C3_SciExp	0.3272	0.2878	-0.4277	1.2350	1.6627
C4_Indus	0.1024	0.0865	-0.1494	0.4885	0.6379
C5_Foreig	-0.0632	0.1410	-0.6933	0.3364	1.0297
C6_RoadDe	0.0469	0.0663	-0.1541	0.2481	0.4022
C7_Patent	0.3730	0.4044	-0.6280	1.4772	2.1052
C8_Inst	0.0018	0.0050	-0.0140	0.0195	0.0335
$R^2=0.958673$		AICc = -10562.4		Neighbor = 207	
$R^2_{adj}=0.958505$		$\sigma=0.015513$		SSR = 0.476492	

为了进一步观测 GTWR 拟合参数在时间上的演变趋势和空间分布情况，绘制不同因素拟合系数随时间变化的箱状图和空间分布图。

①经济基础。

由图 10-2 可知，经济基础与专利转出量和转入量整体呈正相关关系，即较高的经济基础可能显著提升城市的技术转移量。究其原因，经济基础制约着地区现代化程度的高低，经济发达的地区往往拥有较丰富的资源和市场，城市的经济发展水平通过产业活力和多样性带来旺盛的技术需求（Driessen 等，2013），驱动城市对外部技术的引进和吸收。同样，城市的经济发展水平越高，生产效率越高，技术投入往往较大，整体的创新研发能力较强，这必然带来更强的技术输出能力。

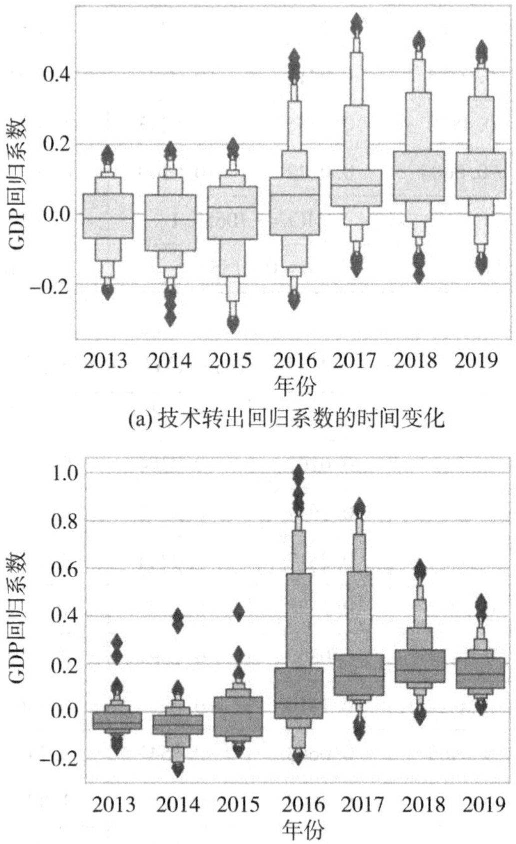

(a) 技术转出回归系数的时间变化

(b) 技术转入回归系数的时间变化

图 10-2　2013—2019 年经济基础对技术转移量的回归系数的时空分布

地区生产总值对技术转出回归系数的高值地区主要聚集在珠三角地区、东北地区、长江中游城市群，并且在长江中游城市群以核心城市为中心向周围发散。而对技术转入正向影响的高值区域主要分布于珠三角和西北部地区的省会城市。其中，长江中游省会城市对创新要素的虹吸效应强，居于区域创新的主导地位，同样对周边中小城市的创新产出具有明显的溢出效应。伴随粤港澳大湾区发展，珠三角地区的优势高新技术特色产业核心竞争力持续提升，高企数量和研发投入等指标跃居全国前列。区域整体的技术创新能力较强，对外部先进技术的需求也较高。加上国家科技成果转移转化示范区的创建，推动了区域科技创新合作及成果转移转化。中国作为最大的发展中国家，区域经济发展水平普遍较低且发展不均衡，投入要素存量及其变化将会带来规模经济效益。在此过程中，创新作为经济收益的副产品随之产生。比如，在国家政策支持下，2015 年乌鲁木齐市启动了国家技术转移东部中心的建立工作。通过技术转移平台，引入上海及长三角等华东地区成熟的技术成果与服务，把新疆本土的技术成果与服务推向内地。经济基础对技术转移影响的低值主要在长三角地区。对于经济发达的长三角地区而言，技术转移的要求较高。由于技术合作更具实验性和应用导向性，需要更多的面对面交流，对距离更加敏感（Ma，2022），长三角地区各城市的技术需求和产业结构较相似，形成了优势城市与落后城市间创新-模仿的竞争合作关系。加上受创新禀赋条件的约束，促使长三角地区会选择与其更匹配的发达地区技术引进，不利于与其他内陆地区长期的创新联系和合作。

随时间推移，全国绝大部分地区的生产总值对技术转移的正向影响有不断增强的趋势，回归系数的中值由略小于 0 提高到了 0.2 左右，说明经济基础对技术转移的影响程度逐渐升高。

②人力资本。

人力资本与技术转出量和转入量的相关关系随地区存在较大分异，回归系数的跨度在-0.75 到 0.75。人力资本对技术转出量回归系数的高值地区主要集中在长三角和长江上游城市群，而对技术转入量回归系数的高值区在长江下游地区。相较而言，人力资本水平对珠三角地区和京津冀地区技术转移的积极影响较小甚至负相关。从时间趋势来看，回归系数的中值略有提高，人力资本对技术转移量，尤其对技术转入量的影响，积极影响的趋势显现。技术创新活动具有地方化的特点（Caniëls 和 Verspagen，2001），探讨人力资本影响时地理区位因素仍然是重要的考虑因素。因为对于中国而言，地理距离近通常意味着相近的认知距离。技术转移受制于认知距离，城市位于同一省份或专利结构相似时，技术转移成本低。由于最佳认知距离的影响，使得相关知识的重组是有效的，新技术更有可能从当地现有的相关技术中产生，而不是从不相关或地理距离遥远的技术中产生(Burger 等，2021)。对于发达城市而言，较高的人力资本和技术水平能够促使其经济不断发展，同时，由于“干中学”效应，随着经济水平不断提高，也产生了更多的内生性技术进步，促进了区域创新能力；而落后城市大多通过对先进技术的吸收与模仿，实现其经济发展与技术飞跃。然而，区域范围内不同城市间人力资本水平差异会在很大程度上影响知识溢出与技术扩散。当区域内人力资本存量水平差距较大时，落后城市由于其较低的人力资本水平，使得其对先进技术的引进、消化、吸收与创新扩散过程受到一定程度的制约。具体而言，珠三角和京津冀地区内的经济发展差异较大，落后城市并不能充分和有效的吸收其他城市先进技术的转入，或者先进技术的引入并不能促进地区自身创新产出水平的提升。而对于人力资本水平相近的地区，技术引进的城市由于具备了一定的人力资本存量水平，可以有效地模仿、吸收引进技术，直至实现自主创新。因此，人力资本对于长三角地区技术转入和转出都具有正向的影响。

③研发投入。

由图 10-3 可知，除边疆地区外，研发投入对技术转出量和转入量的回归系数在绝大多数城市为正，且其回归系数的中值和最大值在所有解释变量中较高，呈现出显著的正相关关系，即较强的研发投入显著促进城市的技术转移。研发投入对技术转出和转入影响程度的空间差异格局相似，正向影响的高值区域主要在东北地区和东南沿海地区。并且从时间趋势来看，研发投入对技术转入的积极影响不断加强。

技术转移的路径依赖性决定了其要以一定的研发基础作为前提条件。即使是落后地区对发达地区的技术吸收也要建立在现有的研发投入水平上。“资源基础理论”认为，不同组织的绩效差异是由组织内独特的、不可流动的且难以复制的有形和无形的资源导致的，这些独特的资源与能力是企业持久竞争优势的源泉，但是也广泛应用于对公共部门的研究，比如大学技术转移方面的研究(Powers，2004)。众多文献的研究结果显示企业和政府的科技经费投入会导致创新主体科技成果转化活动的增加(Bolli 和 Somogyi，2011)。但是对于中国西部大多数经济落后的地区而言，随着大量政府资金的进入会提升企业的研发成本，名义投入虽然增加，但实际投入却减少了，可能不利于技术创新产出和扩散。而且政府的研发资助除了促进企业创新绩效提升外，还对企业研发投入具有引导作用，政府希望通过给予企业资助提高企业自身的研发投入，因此在给予资助时，政府往往会要求企业进行资金配比，从而增加企业自有资金投入。但是对于创新发展水平较低的企业，企业后期会过多地依赖于政府的资助，从而减少自身

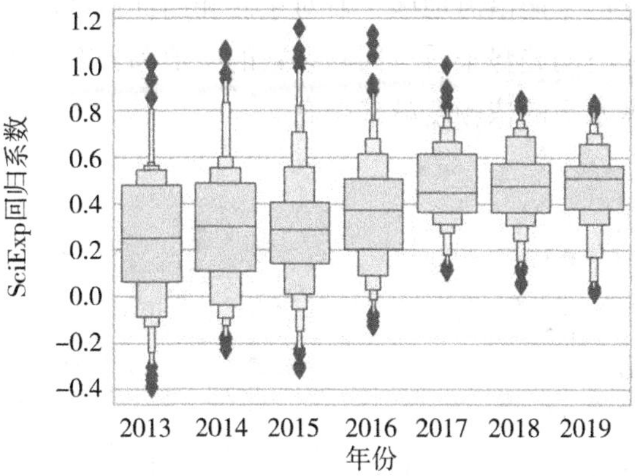

(a) 技术转出回归系数的时间变化

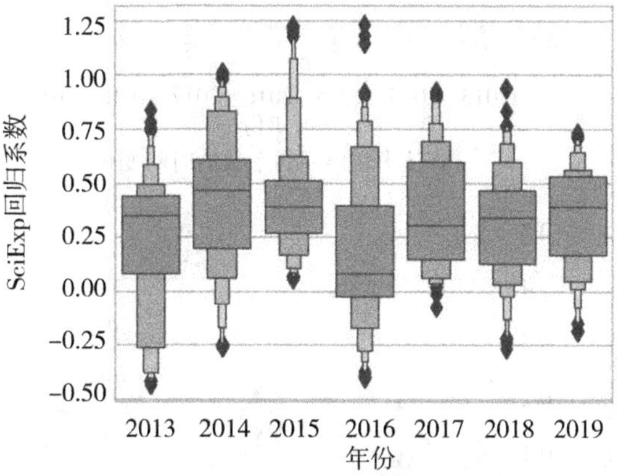

(b) 技术转入回归系数的时间变化

图 10-3　2013—2019 年人力资本对技术转移量的回归系数的时空分布

研发投入。其次，一方面政府并非是专利技术的需求主体，企业才是专利技术的主要需求方，从而政府无法直接创造出对地方企业专利技术的需求；另一方面，由于政府科技经费的投入更偏向于基础研究，其成果更易于通过期刊论文等学术成果来表现。加上经济不发达地区的创新企业较少，政府基础研究经费投入的增加往往强化了地方高校发表学术成果的倾向，从而导致了地方高校实质性的商业化活动的减少。因此政府科技经费投入对于经济落后地区专利技术转移存在着显著的负相关性。

④产业规模。

由图 10-4 可知，产业规模对技术转出量和转入量的回归系数在绝大多数时空点均为正，说明其对技术转移量具有显著的正向影响。在空间分布差异上，对技术转出量和转入量的回归系数的高值地区皆集中在二三产业发展基础较好的东南沿海地区，而对东北和西部地区的正向影响相对较弱甚至为负。从时间趋势来看，回归系数的中值和分布也逐渐升高，技术转移对产业发展水平的依赖度越来越高。

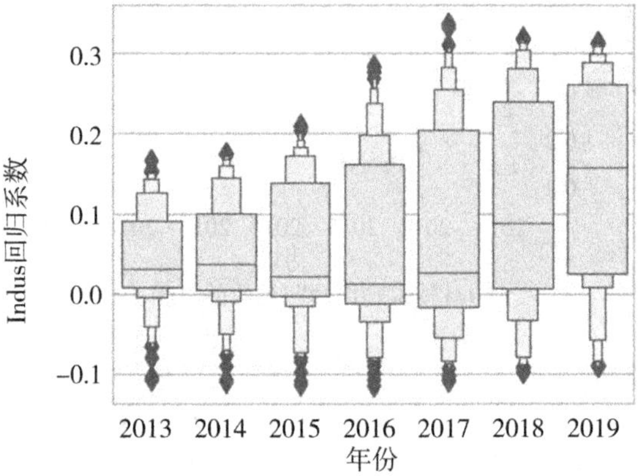

(a) 技术转出回归系数的时间变化

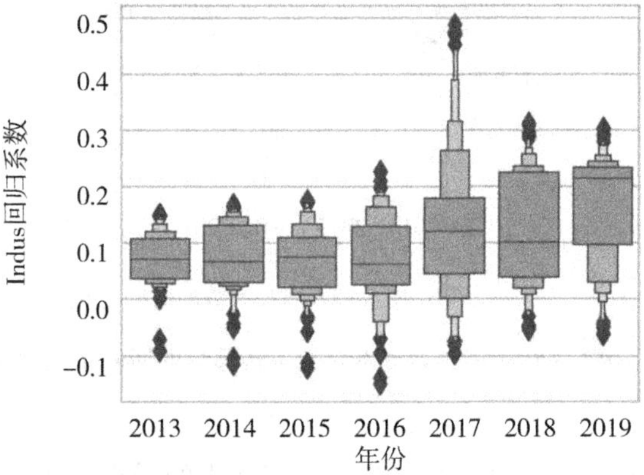

(b) 技术转入回归系数的时间变化

图 10-4 2013—2019 年研发投入对技术转移量的回归系数的时空分布

产业规模在本章中由规模以上的工业企业数量表征。长期以来，中国经济的发展有赖于工业化的拉动，工业经济发展水平较高的城市也同时拥有更高的产业创新能力，较大的市场潜力催生了强劲的创新需求。而专利技术的吸收又促进了地区的技术进步与生产效率提升，为可持续创新提供强大的推动力。因此，城市的产业规模与技术转移量之间存在正向相关关系。技术转移指的是专利权利人的变更，一项专利技术经历权利人的变更并不意味着其已能够实现产业化生产，事实上大多数专利需要经历多次的技术验证和修改才能实现专利产业化，而这其中就需要属于第三产业的信息传输、计算机服务和软件业，以及科学研究和技术服务业的支撑。对于西部地区多数城市而言，产业发展基础薄弱，城市技术和产业创新都还处于初级阶段，第二产业作为技术转移的需求方，产业规模效应未体现。

④交通规模。

由图 10-5 可知，交通规模对技术转出和转入的回归系数从 0 附近波动逐渐变为整体分布均大于 0，由影响不显著转变为正相关。这是由于现代发达的交通运输为技术转移和科研人员流动创造了良好的条件，这同样也使得专利技术在城市之间的转移可以更为迅速和便利、交易更为频繁，也同时加快了人才、商品、信息等各种要素在城市间的流动，因此有助于技术转移量提升。

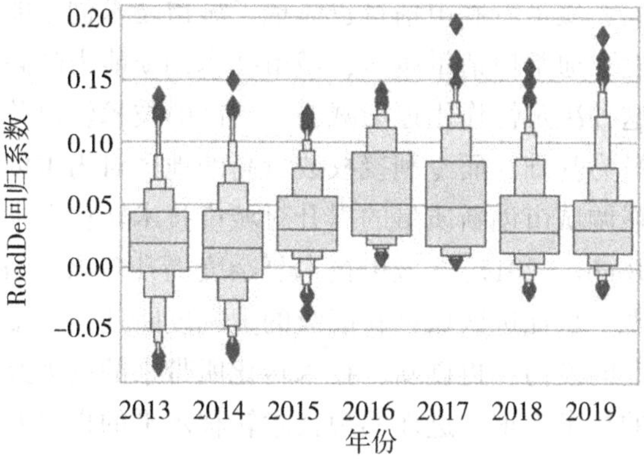

(a) 技术转出回归系数的时间变化

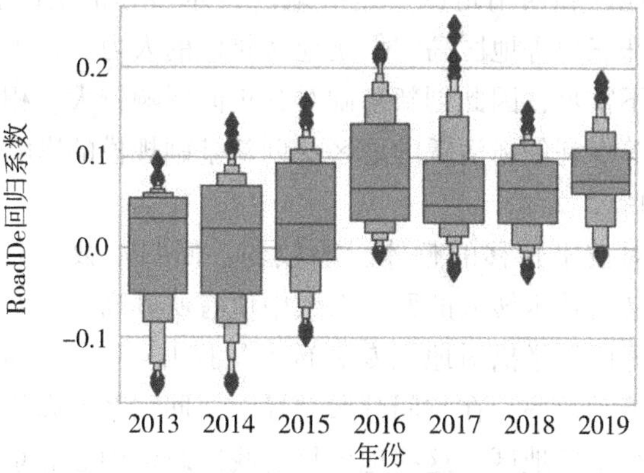

(b) 技术转入回归系数的时间变化

图 10-5　2013—2019 年产业规模对技术转移量的回归系数的时空分布

在空间分布差异上，交通规模对专利转出量回归系数的高值地区主要分布在中部和成渝地区，说明中部核心城市的技术转出对交通规模的依赖度较高。交通条件的改善，扩大了市场范围和区域技术溢出，加速经济集聚和形成规模经济。而技术转出量回归系数为正值的地区数量大于转出量，其高值地区更多分布在东南沿海地区，与产业规模对专利转入量的影响格局相似，地区良好的产业基础加上完善的交通条件，利于区域技术转移的互联互通。

⑤创新基础。

创新基础对技术转出和转入的回归系数中值在时间上由 0.75 降低至 0，尽管大多数时空点的回归系数仍为正，但起初较强的正向作用逐渐被削弱。研发存量是影响技术转移的重要因素（Henry 等，2009），城市专利申请量一方面作为城市技术转移的供给侧，决定了城市技术输出的规模与深度，另一方面，城市专利申请量也体现了城市技术创新能力的大小及创新体系的完善度，通常申请量越多，城市技术创新能力越高。然而回归系数的减小说明这种决定性作用逐渐减弱。地区的技术转出首先以其所拥有的专利授权数量为基础，而专利授权数量高的地区对内生创新的需求往往也较高。需要强调城市创新质量的提升对城市技术转移需求产生的巨大作用（Balland 和 Rigby，2017）。城市技术复杂度提升多源于当地突破性或基础性创新的实现，将促进区域创新能级的大幅度跃迁，所带来的领导效应将激发相关企业的模仿，再创新，技术转化所带来的巨大经济效益又将进一步推动城市的技术需求，进而实现技术转移水平的再提升。

在空间分布差异上，创新基础对技术转出量回归系数的高值地区主要分布在环渤海地区和西南地区。这些地区技术转移的活跃程度并不比京津、长三角和珠三角等地区高，但是地区整体的人力、资本、信息等创新要素也相对并不富足，因此创新基础对其正向影响较大。相反，京津、长三角、珠三角等专利创新活跃的地区受创新基础规模的影响较小。

⑥政策支持。

政策支持对技术转移的整体影响较弱，回归系数绝对值小于 0.02。其中，政策支持对技术转入的回归系数中值有所升高，表明实施建设技术转移示范机构等政策举措对地区专利转入量提升产生了一定的实践成效，提高了技术的流动效率。在空间分布差异上，回归系数高值区集中在环渤海、京津和山东半岛地区，这些地区靠近我国政治中心北京，政策响应能力较灵敏，也拥有承接技术扩散的地缘优势。

⑦外商直接投资。

外商直接投资对技术转移的回归系数，除在西部地区、黄河和长江中上游等创新活跃度较低的城市为正值外，开放程度和经济发展水平较高的东南沿海和京津冀地区，其回归系数趋于负值。如前文所述，尽管外资入驻有利于本地区企业向国外学习先进的技术知识和管理经验，然而，过多的外资也可能产生“逆向挤占”作用，与国内企业形成竞争关系，抑制技术引入地企业的自主创新能力，在长期上影响地区创新效率的提升。加上外商直接投资等带来的技术溢出对于创新绩效的促进，是基于地区自身的吸收能力作为知识传导途径来完成的。只有当区域已有技术水平跨越“临界值”时，技术转移才会正向促进区域创新质量的提升。

10.2.3　影响因素的贡献

(1)技术转移的因子探测

运用地理探测器模型中因子探测 2016—2019 年各影响因素对城市技术转移空间分异的 q 值大小，若 q 值越大则说明该因素对城市技术转移空间分异的影响贡献率越大。采用 K-means 聚类将连续的影响因子划分为 5 个等级进行离散化处理，然后以此为阈值对 2013—2019 年 3 个研究时间断面的各影响因素分析指标进行因子探测分析。同时，将因子探测的 q 值从大到小进行排序(见表 10-14)，用来比较各影响因子在不同时期对中国城市间技术转移影响程度大小及变化特征。通过表 10-13 可知：2013 年、2016 年、2019 年三个时间断面对城市间技术转出水平空间分异影响较大的因子(q>0.64)为：创新基础>研发投入>地区经济基础。对城市技术转出来说，影响因子的地位有较大的变化。随时间推移，地区经济发展水平和研发投入逐渐成为影响城市技术转入的主导因子。

表 10-14　城市技术转移的影响因子探测

指标	技术转出						技术转入					
	2013 年		2016 年		2019 年		2013 年		2016 年		2019 年	
	q 值	排序	q 值	排序	q 值	排序	q 值	排序	q 值	排序	q 值	排序
GDP	0. 645	3	0. 774	3	0. 805	2	0. 553	4	0. 806	2	0. 828	2
SciPop	0. 624	4	0. 524	5	0. 629	4	0. 747	3	0. 544	5	0. 667	4
SciExp	0. 868	2	0. 810	2	0. 843	1	0. 809	1	0. 803	3	0. 874	1
Indus	0. 461	6	0. 500	6	0. 606	5	0. 364	6	0. 465	7	0. 600	6
Foreign	0. 496	5	0. 562	4	0. 562	6	0. 423	5	0. 563	4	0. 606	5

续表

指标	技术转出						技术转入					
	2013 年		2016 年		2019 年		2013 年		2016 年		2019 年	
	q 值	排序	q 值	排序	q 值	排序	q 值	排序	q 值	排序	q 值	排序
RoadDe	0. 393	7	0. 448	7	0. 434	7	0. 308	7	0. 494	6	0. 498	7
Patent	0. 869	1	0. 863	1	0. 743	3	0. 764	2	0. 826	1	0. 738	3
Inst	0. 189	8	0. 165	8	0. 183	8	0. 136	8	0. 166	8	0. 203	8

(2)交互探测

本章对驱动技术转移的 8 个影响因素进行了两两交互探测(见表 10-15、表 10-16)。因子交互探测结果表明，不同影响因子两两之间交互作用都呈现了增强关系，主要表现为非线性增强和双因子增强，没有出现减弱和独立的关系。整体而言，2013 年，研发投入和其他因子的交互作用对于技术转出影响的强化作用较为显著，其中，研发投入和交通规模的交互影响高达 0. 932；和产业规模的交互影响达到 0. 927，和创新发展基础的交互达到 0. 926。此外，人力资本与产业规模、产业规模与创新基础的交互影响也达到了 0. 952 和 0. 957，这两组因子的交互作用强化了对技术转出的影响。2016 年，地区发展水平和其他因子的交互作用对于技术转出影响的强化作用显著。地区经济发展水平与人力资本的交互影响不断增强。2019 年，影响因子的交互作用比较均衡，地区经济发展水平、研发投入和其他因子的交互作用对于技术转出影响的强化作用最为显著，而人力资本与产业规模的交互影响也保持在较高水平，在 0. 94 以上。其他因子方面，产业规模与外商直接投资、产业规模与创新基础的交互作用强化了对城市技术转出的影响。从技术转入来看，影响因素的交互与技术转出较为一致，人力资本与交通规模和产业规模的交互作用强化了对技术转入的影响。从 2013—2019 年，地区发展水平与多数因子的交互作用增强了城市技术转移，比如人力资本、产业规模、外商直接投资。外商直接投资对中国工业部门的溢出效应可能存在一种明显的门槛现象，即只有地区经济发展到一定的水平以后，外商直接投资的溢出效应才会发生显著的跳跃，进入一个更高的层次。此外，本地企业的研发支出将提高本地企业对外资企业溢出的吸收能力，简言之，R&D 支出与外商直接投资的溢出效应之间存在一种互补的关系(Kathuria，2000)。

表 10-15　技术转出影响因子交互探测结果

年份	变量	GDP	SciPop	SciExp	Indus	Foreign	RoadDe	Patent	Inst
2013	GDP	0. 645							
	SciPop	0. 823	0. 624						
	SciExp	0. 893	0. 926	0. 868					
	Indus	0. 681	0. 952	0. 927	0. 461				
	Foreign	0. 673	0. 743	0. 921	0. 701	0. 496			
	RoadDe	0. 703	0. 919	0. 932	0. 608	0. 709	0. 393		
	Patent	0. 891	0. 936	0. 926	0. 957	0. 920	0. 923	0. 869	
	Inst	0. 650	0. 669	0. 875	0. 508	0. 518	0. 470	0. 871	0. 189
2016	GDP	0. 774							
	SciPop	0. 902	0. 524						
	SciExp	0. 881	0. 866	0. 810					
	Indus	0. 873	0. 902	0. 913	0. 500				
	Foreign	0. 842	0. 686	0. 864	0. 718	0. 562			
	RoadDe	0. 818	0. 839	0. 862	0. 680	0. 798	0. 448		
	Patent	0. 899	0. 905	0. 876	0. 932	0. 895	0. 924	0. 863	
	Inst	0. 778	0. 558	0. 828	0. 535	0. 575	0. 536	0. 864	0. 165
2019	GDP	0. 805							
	SciPop	0. 825	0. 629						
	SciExp	0. 884	0. 848	0. 843					
	Indus	0. 926	0. 944	0. 927	0. 606				
	Foreign	0. 827	0. 703	0. 863	0. 804	0. 562			
	RoadDe	0. 863	0. 803	0. 883	0. 704	0. 709	0. 434		
	Patent	0. 884	0. 785	0. 895	0. 842	0. 774	0. 791	0. 743	
	Inst	0. 812	0. 649	0. 851	0. 626	0. 587	0. 531	0. 748	0. 183

注：所有因子间均为双因子增强关系。

表 10-16　技术转入影响因子交互探测结果

年份	变量	GDP	SciPop	SciExp	Indus	Foreign	RoadDe	Patent	Inst
2013	GDP	0.553							
	SciPop	0.888	0.747						
	SciExp	0.822	0.941	0.809					
	Indus	0.593	0.964	0.956	0.364				
	Foreign	0.595	0.822	0.839	0.658	0.423			
	RoadDe	0.578	0.935	0.945	0.498	0.613	0.308		
	Patent	0.781	0.941	0.839	0.968	0.835	0.940	0.764	
	Inst	0.556	0.772	0.812	0.399	0.434	0.355	0.765	0.136
2016	GDP	0.806							
	SciPop	0.895	0.544						
	SciExp	0.878	0.865	0.803					
	Indus	0.876	0.887	0.891	0.465				
	Foreign	0.910	0.689	0.851	0.690	0.563			
	RoadDe	0.868	0.845	0.865	0.699	0.834	0.494		
	Patent	0.906	0.877	0.856	0.898	0.862	0.920	0.826	
	Inst	0.809	0.576	0.818	0.514	0.577	0.578	0.827	0.166
2019	GDP	0.828							
	SciPop	0.856	0.667						
	SciExp	0.901	0.880	0.874					
	Indus	0.927	0.949	0.929	0.600				
	Foreign	0.866	0.764	0.915	0.807	0.606			
	RoadDe	0.895	0.854	0.926	0.729	0.777	0.498		
	Patent	0.892	0.791	0.906	0.835	0.792	0.812	0.738	
	Inst	0.839	0.691	0.885	0.627	0.631	0.601	0.751	0.203

注：所有因子间均为双因子增强关系。

10.3 本章小结

技术转移是区域降低研发成本、创造新技术的重要途径和来源。以国家知识产权局专利检索及分析平台中历年专利转让记录为数据源，采用大数据挖掘技术、空间自相关、系统 GMM 回归、时空地理加权回归、地理探测器等方法对中国城市技术转移的时空分布特征及影响因素进行了研究。结果发现：(1)2013—2019 年，中国技术转移在城市尺度上表现出显著的空间相关性和空间集聚性。城市的技术转移总体差异大，基尼系数长期高于 0.7，其中技术转入的总体差异在研究期下降明显，中国的东北和中部地区技术转移的组内基尼系数小，地理距离较远地区之间的组间基尼系数大。其次，中国四个地区均存在绝对俱乐部收敛和条件俱乐部收敛。(2)不同因素对技术转入和转出的影响具有明显的空间异质性。在分析影响因素对技术转移的作用时，空间距离仍是重要的考量条件，区域范围内的城市受因素影响通常具有相似特征。(3)在研究期内创新基础、研发投入、地区经济基础始终是技术转移的主导因素。随时间推移，地区经济发展水平和研发投入逐渐成为影响城市技术转入的主导因子。2019 年，影响因子的交互作用比较均衡，地区经济发展水平、研发投入和其他因子的交互作用对于技术转出影响的强化作用最为显著，而人力资本与产业规模的交互影响也保持在较高水平。

第 11 章　技术转移网络与城市创新能力

区域创新网络具有产生新知识的特定能力，已成为区域知识创造和共享的重要载体，是推动区域经济发展的重要动力。区域内组织在集体互动与学习的过程中，往往能通过重组已确定的区域资源配置，充分挖掘区域发展潜力(Pekkarinen 和 Harmaakorpi，2006)。因此，区域内各组织的创新不仅依赖于内部资源，还在很大程度上需要内部资源与来自区域网络的外部创新资源的深度融合。区域创新网络是获取信息和实现资源整合的途径之一。现有研究表明，组织在区域创新网络中的嵌入性与组织间的知识和信息交换呈正相关(Fritsch 和 Kauffeld-Monz，2010；Asheim，2019)，多组织区域创新网络越来越成为解决区域背景下可持续发展问题的重要条件(Sol 等，2013)，成为促进区域创新驱动的重要引擎。城市作为区域创新网络的重要主体，嵌入区域创新网络不仅能增强城市内部的知识创造过程，提升本城市在网络中的地位与区域竞争力，同时能通过知识溢出提升区域整体的创新能力，促进区域可持续发展。

随着科技迭代的速度不断加快，协同创新日益成为创新主体整合内外部资源、协同合作突破关键技术的重要方式，越来越多的国家开始重视知识交互、构建区域协同创新网络的作用。根据 2022 年世界知识产权组织发布的全球创新指数排名，中国创新能力综合排名全球第 11 位，相较于上年上升 1 位。在 132 个经济体中，中国进入全球百强的科技集群数量达 21 个，数量首次与美国持平，居全球首位。其中，深圳—香港—广州排名第 2 位，北京居第 3 位，上海—苏州排名第 6 位。可见，中国城市在构建区域协同创新共同体，推动区域创新发展方面具有重要作用。因此，关注中国城市间区域创新网络的构建，研究其对城市创新能力的影响有助于理解区域创新网络及其绩效的内在机理，对现阶段全球经济体提升区域整体创新能力具有重要意义。

大量研究表明，嵌入区域创新网络一方面可以降低获取信息和资源的成本，另一方面有利于知识的积累与传播，促进学习与创新(De La Tour

等，2011；Guan 等，2006）。现有研究已经开始关注主体在区域创新网络中的结构嵌入性对其绩效的影响。结构嵌入性关注的是物质交换关系及其网络结构对经济活动的影响（Uzzi，1997），组织嵌入社会结构会确实影响知识的分布，从而对创新系统和创新的扩散产生影响（Beckman，2002；Dong 等，2015；Fritsch 和 Kauffeld-Monz，2010；Ter Wal 和 Boschma，2009）。然而，各组织在区域创新网络中所处的结构位置特征并不是完全对等的，不同的网络属性造成了创新绩效的差异。现有研究主要运用社会网络分析方法，采用网络中心性及结构洞等指标，研究区域创新网络组织在网络中的结构地位，探究其在区域创新网络中的结构嵌入对其绩效的影响。

网络中心性主要分为节点度中心性、接近中心性、中介中心性、特征向量中心性四种，已有文献利用网络中心性衡量节点在网络中的联系强度，得出了一系列重要结论。网络中心性描述了网络中节点的结构属性，而不是参与者本身的属性（Hossain，2009），衡量了其获取信息、指挥他人和影响网络经济决策的能力（El-Khatib 等，2015）。从微观主体来看，Bell（2005）分析了正式网络与非正式网络两个维度的中心性对企业创新的正向影响。Pappas 和 Wooldridge（2007）探究了度中心性，接近中心性，特征向量中心性与中层管理人员发散性战略活动之间的正向关系，这一新战略通过社会互动产生新知识、新想法和新能力。一部分学者从城市层面出发，分析了城市嵌入区域创新网络特征对其创新的影响（Yao 等，2020；Jin 等，2022）。一方面，技术引进提高了发达城市的创新质量，但对欠发达城市没有显著影响；另一方面，欠发达城市对于引进传统创新技术的路径依赖，会对可持续创新产生挤出效应。Nordensvard 等（2018）运用节点中介中心性及节点出入度衡量了创新核心国家及外围国家对资源和位置的控制能力差异，并分析了它们的网络结构对风能企业知识转移的影响。不同于上述研究，Gilsing 等（2008）则发现了网络中心性与企业创新的“倒U”形关系。网络中心性增加了知识和信息到达企业的可能性，但是随着中心性的提高，企业必须处理更大量、更多样化的信息，从而消耗了更多的时间和资源。得到相似结论的还有 Ferriani 等（2009），其认为中心性的增加意味着更高的协调成本，并且中心性的提高伴随着创新过程的不确定性，从而网络中心性是边际收益递减的。

网络中心性衡量了节点嵌入结构网络的强度，然而按照 Granovetter（1973）的观点，弱关系比强关系更有可能将不同子群的成员联系起来，有利于异质性信息的获得。结构洞在一定程度上反映了节点控制具有互补信息、弱连接群体的能力。占据结构洞的节点可以凭借其中介位置获取信息收益与控制收益(Burt，1992；1997；2004)。对企业主体的研究表明，网络中的企业可以通过弥补结构漏洞，提高创新绩效与竞争优势(Ahuja，2000；Zaheer和Bell，2005；Zaheer和Soda，2009)。Gonzalez-Brambila等(2013)通过构建研究人员创新网络，得出占据更丰富结构洞的研究人员将有更多创新产出的结论。对中宏观主体的研究集中于城市和国家，Guan等(2015)从城市-国家双层协作网络的相互作用出发，认为城市占据结构洞越多，越有利于城市创新绩效的提升，且国家的网络中心性正向调节这一关系。Rost(2011)对结构洞的研究则得出了不同的结论。Rost认为占据结构洞对知识创新具有“倒U”形关系，结构孔位置具有收益递减的性质，平衡的网络架构更有益于知识创造。

然而在现有的研究中，对区域创新网络的研究主要仍以企业为主。或者分析单元深入地域城市内，仅从网络中心性指标出发衡量城市技术转移网络的结构特征，并且较少考虑城市之间的弱联系以及嵌入知识网络对区域创新的调节作用，同时忽视了不同地区的空间互动与联系过程，缺乏对创新网络中技术流动所引致的空间知识溢出效应的考察。因此，本章利用Python爬虫技术获取了中国“专利信息服务平台”的专利数据，在进行一系列数据清洗和人工筛查后，通过空间地理信息匹配，建立中国城市专利转移空间数据库。在原始数据处理过程中可以发现，2001年国内专利授权为9万多条，自2001年至2020年，专利授权量不断增长，2020年已达到35万条，但每年实际上发生转移的专利占专利总授权量的比例最多不超过5%。之后，本章使用社会网络分析方法，采用网络中心性及结构洞等各项指标综合衡量城市在区域创新网络中的位置特征，以探究区域创新网络对城市创新能力的影响。同时，除考虑城市在技术转移网络中的结构嵌入特征之外，本章还分析了城市的知识嵌入对城市创新能力的影响。最后，结合空间面板回归模型，考虑了技术转移网络影响城市创新的空间溢出作用机制，揭示了区域创新网络与城市创新之间的空间依赖关系。

结合专利数据构建城市间技术转移网络，本章实证地回答了：技术转移网络中的结构嵌入对城市创新的影响是什么？知识嵌入对城市创新能力是否具有调节作用，从而带来技术转移网络对城市创新能力的不对称影响？此外，从空间联动视角来看，专利转移是否通过空间溢出作用于其他城市的创新选择？本章可能的边际贡献在于：一是基于复杂网络分析，运用网络中心性及结构洞指标综合考量城市在技术转移网络中的位置特征，丰富了从中观城市层面分析区域创新网络的研究，弥补了现有对城市研究采用单方面指标的局限性；二是整合了网络结构嵌入与知识嵌入对创新绩效的影响，深化了对城市技术转移网络的研究；三是采用空间面板模型，实证研究了技术转移的空间传导机制，识别出技术转移对城市创新的空间效应差异。

11.1　研究假设

11.1.1　技术转移网络对城市创新的影响

创新是城市经济发展与经济增长的重要引擎。随着技术合作逐渐跨越地理界线，城市之间逐步形成专利转移网络。从技术转移网络的资源获取角度看，按照资源依赖理论的核心假设，组织根植于各种各样相互联系的网络之中，其生存所需要的各种资源均是从环境与网络中获得的，因此组织不得不依赖于这些资源外部提供者及其整体网络（Pfeffer 和 Salancik，2003）。技术转移网络中的节点城市利用其位置和相互关系为自身发展提供了获取资源的重要渠道，节点城市之间相互影响，每个参与者都无法独立于整体技术转移网络结构之外。按照经济行为的"社会嵌入"理论（Granovetter，1985），随着现代化的发展，社会经济活动中的组织行为将变得越来越自主，但同时也嵌入在互动的网络结构中，会受到社会网络的影响。Uzzi（1997）认为，在嵌入结构网络关系中进行的信息交换，相比于独立个体之间进行的信息交汇更加有效。一方面，基于嵌入结构进行的复合信息处理方式使得组织摒弃了将信息作为独立数据块进行处理的弊端，因此，节点城市通过技术转移网络进行的信息与资源交换的价值将得到提高。另一方面，嵌入网络形成了一种相互协调与问题解决的机制，节点城市通过技术转移网络的交流，促进了相互学习与创新。嵌入技术转移网络关系为城市进行信息交换与资源获取提供了有效的渠道。从城市长期发展来看，创新需要获取外部知识与资源，融入城市间的创新网络可以帮助其更好地获得这些生存要素（Fritsch 和 Kauffeld-Monz，2010）。此外，从技术转移网络中获得的专利作为生产要素的一种，相对于传统的生产要素携带了更多的知识和技术，技术转移在促进创新知识传播、资源获取的同时，更能促进城市创新能力的整体提升。据此，本章提出：

假设 1：技术转移网络促进节点城市创新能力的提升。

然而，值得注意的是，成员在社会网络结构中的位置是不平等的，在网络中处于较高位置的个体拥有更多的信息、更多的资源。在技术转移网络中，不同类型的参与城市，在网络关系中相对地位的差异，造成其从网络中受益的情况也不尽相同。网络中心性是社会网络分析中用以衡量节点在整个网络中接近中心位置的程度，通过了解该节点的中心度，可以判断这个节点在网络中所占据的重要性。城市的网络位置越趋于中心，知识和信息的获取、传递渠道就越快、越丰富，信息优势也越明显。城市的网络中心性反映了城市的中心控制作用和从其他城市获取资源和信息的程度。在城市创新网络中，处于关键节点的城市与其他城市形成的较强纽带，将提高其在网络中的网络中心性，进而使得其从区域创新网络中获得相对较弱联系而言更大的收益(Borgatti 和 Foster，2003)。一方面，节点城市网络中心性的提高，有利于城市利用更多的专利转移与技术流动，更好地节省初期创新投入成本，整合知识与经验，从而为其创新赶超创造条件；另一方面，网络中心性越高的城市在网络成员交流的过程中能获得更多资源，有利于其获得更多的市场和信息资源。因此，技术转移将通过知识流动、合作学习和技术创新等途径促进城市创新能力的提升。基于此，本章提出：

假设 1a：在城市技术转移网络中，节点城市网络中心性的提高会促进其创新能力。

除节点网络中心性以外，结构洞也被用来衡量社会网络中的复杂关系。Burt(1992)提出使用结构洞这一概念描述节点之间非冗余的联系。结构洞指的是网络中拥有互补信息来源的个体之间由于未产生社会联系而形成的空缺。按照 Burt 的观点，在其他条件保持不变的情况下，大规模、多样化网络的信息收益要大于小规模且同质的网络带来的信息收益。然而，这并不意味着规模越大，信息收益就越大。当规模削弱了网络的多样性时，网络中每个节点获得的信息都是相同的，所有人都会在同一时间发现同样的获利机会，这将降低该网络所产生的信息收益的价值(Leiponen 和 Helfat，2010)。由于只有非冗余的联系才能带来高效的信息收益，并且处于非冗余节点位置的城市可以凭借其桥梁位置，获得控制收益，从而在与其他参与者的谈判中拥有优势(Zaheer 和 Soda，2009)，因此节点城市可以通过与多个不相连的子群网络建立联系，利用这些连接获得信息和控制优势。社会网络中的许多结构洞将增加节点对不同信息的获取，从而促进创新产出(Ahuja，2000)。节点城市凭借其中介人的角色，控制其他节点之间的信息传递与交流，从而在创新活动中相较网络其他位置上的成员更具有竞争优势。据此，本章提出：

假设 1b：在城市技术转移网络中，节点城市所占据的结构洞越多，越有利于其提升创新能力。

11.1.2　技术转移网络伙伴创新水平及城市知识吸收能力的调节效应

除技术转移的网络结构特征会对城市创新产生影响之外，城市嵌入知识网络也是影响城市创新能力的重要方面。城市创新能力的提升在很大程度上还受到技术转移网络伙伴创新水平及城市知识吸收能力等的影响。技术转移伙伴创新水平指的是在网络中拥有转移关系的伙伴城市长期积累的技术、知识及其他创新能力所处的水平(Bellamy，2014)。创新不仅仅是内部知识发展的结果，也是外部知识获取和应用的结果(Yli-Renko 等，2001)。城市技术转移伙伴创新水平体现了城市的外部知识存量，反映了城市可用外部知识的大小，知识吸收能力则反映了城市从外部环境中吸收信息并转化为创新绩效的能力。城市技术转移伙伴创新水平越高，外部知识存量越大，这些知识越有可能通过技术转移网络的溢出效应作用于城市的创新活动，从而促进城市创新能力的提升。然而，知识的转化与应用并不是自动的，它需要城市具备一定的知识吸收能力。具有较高知识吸收能力的城市更能保持其竞争优势，因而更容易将其所吸收的外部知识转化为城市的创新产出(Zahra 和 George，2002)提升自身创新能力。

经济行为受到社会关系的影响，城市网络中心性与所占据结构洞的丰富程度体现了城市在技术转移网络中的结构嵌入，然而根据 Zuckin 和 DiMaggio(1990)对“社会嵌入”的划分，知识嵌入也是信息交汇、资源获取的重要方面。随着创新复杂性和不确定性的提高，新兴开放式创新范式的提出表明，创新活动所需的很大一部分知识往往存在于组织外部(Chesbrough，2003)。因此，城市不能只在组织内部获取创新活动所需要的信息和知识，在更新换代日渐加快的时代形势下，必须充分认识到利用技术转移伙伴创新性的重要性。技术转移伙伴的创新性反映了城市在网络中可用知识的大小，城市通过相互学习所带来的知识转移间接获益，从而获得内部无法生成的新的创新路径。在高度互联的技术转移网络中，转移伙伴的创新水平越高，外部知识的互补性将越有利于促进城市利用其网络中心性和所占据的非冗余节点位置，进行知识流动和机会共享，从而促进城市创新能力的提升。据此，本章提出：

假设 2a：技术转移伙伴的创新水平正向调节技术转移网络与城市创新能力之间的关系。

外部知识存量并不是知识有效转化的充分条件，城市只有具备一定的对知识进行识别、吸收和转化的能力，才能将外部知识发展为对自身有价值的绩效。Cohen 和 Levinthal(1990)最早提出有关吸收能力的概念，将其定义为组织识别新的外部信息的价值、吸收它并将其应用于商业目的的能力，并认为组织的吸收能力在很大程度上是其研发投入和现有知识水平的函数。Mowery 和 Oxley(1995)则认为吸收能力是组织处理、修改和应用隐性知识的能力。Zahra 和 George(2002)在此基础上，提出吸收能力是组织获取、吸收、转化和利用知识的动态能力，并将其分为潜在吸收能力与已实现吸收能力。吸收能力体现了城市能否进行有效的组织学习，反映了城市能否利用外部知识进行知识创造和转化。缺乏知识吸收能力将会阻碍知识的转移，导致城市无法将外部信息转化为知识资本，由此造成创新的停滞。城市的吸收能力越高，其对外部环境和信息的掌控能力越强，也就具备更多的能力去识别外部有益的信息并加以利用，从而有利于城市保持其竞争优势，促进创新能力的提升。基于此，本章提出：

假设 2b：知识吸收能力正向调节技术转移网络与城市创新能力之间的关系。

11.1.3 技术转移网络对城市创新的空间溢出作用

要素的动态流动产生空间知识溢出，来自区域外的知识注入与技术关联是实现区域创新的关键途径(Boschma 和 Capone，2015)。一般来说，相较于隐性知识需要通过直接的、面对面的交流传播，专利作为外显知识的一种，以书面文字或编码等记录，具有能够通过间接的方式、在较大范围内进行传播的优点。知识溢出往往受到空间和距离的影响，根据显性知识和隐性知识各自的特点，显性知识的空间溢出效应往往大于隐性知识的空间溢出效应(Howells，2002)。专利特别是发明专利，以其本身所包含的大量知识信息与转化为创新生产的潜力，通过区域间的流动，促进不同主体之间的互动与交流，从而有力地带动城市间知识的溢出。根据 Fujita 和 Thisse(2003)提出的两区域流动的内生增长模型，知识扩散产生的外部性与集聚效应，将加速创新的步伐。一方面，专利转移所带来的显性知识的流动与传播，有利于降低相关城市的创新成本，空间知识溢出有利于城市实现创新赶超；另一方面，空间特征相似的关联城市之间的交流更能促进吸收与利用转移而来的创新资源，从而知识的传播与溢出对该区域创新活动及其绩效产生促进作用。以专利为载体的城际创新互动所产生的空间知识溢出，能推动创新资源的集聚，这一创新要素通过报酬递增的方式从空间上对技术转移网络中城市创新能力的提升产生正向影响。综上所述，本章提出：

假设 3：技术转移网络通过其引致的空间知识溢出促进相邻城市创新能力的提升。

11.2　研究方法与数据来源

11.2.1　数据

由于专利数据的体量庞大和获取权限限制，本章利用 Python 爬虫技术获取“专利信息服务平台”（http：//search. cnipr. com）的专利数据，经过 Python 和 Excel 进行数据清洗和人工筛查(去除国内与国外之间转移)，建立中国城市专利转移空间数据库。本章收集了 1985—2020 年的中国专利转移数据共 127. 0826 条。同时，利用高德开放平台的路线规划接口，爬取城市间的公路距离，为空间分析做好所需的数据准备。本章从专利法律状态信息中提取专利转移前和转移后的地址属性，从地址中提取其对应的城市。对于地址中未明确标出其城市的数据，利用地图服务 API 进行地址匹配，提取有效城市信息，如无法匹配到有效地址，则舍弃该条数据。最终，获得有效转移数据 126. 2316 万条(包括城市自转 70. 6759 万条，城际转移 55. 5557 万条)。总体来看，20 多年间，随着我国城市创新能力的提升，城市间的创新联系迅速增加，中国城市创新网络也发育得更加稠密，技术转移的路径更加多样化，区域发展更加协调。

在对城市间技术转移网络进行了初步分析后，本章剔除了转移数据量较少的城市，同时由于 1985—2000 年的专利转移数据量偏小，因此将研究的时间范围定为 2001—2020 年。最终确定以中国地级及以上 286 个城市作为研究对象。实证分析中的其他数据来源于中国研究数据服务平台(CNRDS)，《中国城市统计年鉴》(2001—2020 年)及中华人民共和国科学技术部官网。

11.2.2　变量与测量

(1)被解释变量。创新产出是地区知识产出能力、知识传播能力和科技整体实力的直观体现，专利是创新产出的重要成果，也是实证研究中最普遍使用的数据。在专利三大类型中，发明专利的技术含量和价值最高；相较于专利申请，专利授权的认可度和创新性更大。因此，本章使用发明专利授权数对数(inv)作为基准模型中城市创新能力的代理变量，并使用每万人发明专利数(inW)作为城市创新能力的替代变量，数据来源于中国研究数据服务平台(CNRDS)。

(2)解释变量。本章运用社会网络分析方法，研究各个节点城市在技术转移网络中的地位及城市间技术流动的结构与演变，分别采用网络中心性和结构洞指标度量城市的网络位置特征，并通过 Ucinet 软件计算得到相关指数。一般来说，社会网络分析中的相关研究将网络中心性分为节点度中心性、接近中心性、中介中心性、特征向量中心性四种。其中，节点度中心性可用于测度成员城市在网络中的交易能力与重要程度，是衡量城市在技术转移网络中相对位置最直观的方式之一，本章选取城市间技术转移网络中的节点度中心性对数(deg)衡量城市的网络中心性，并选用特征向量中心性对数(egdeg)作为替代指标进行分析。Burt(1992)提出的衡量结构洞的指标主要有四种：有效规模、效率、约束以及等级度，其中应用最广泛的是结构洞约束指数。除此之外，中介中心性衡量的也是网络中节点的中介作用，因此现有研究也将其作为结构洞的衡量指标加以使用。本章通过计算 1 与结构洞约束指数的差额(hole)并取对数作为网络中节点所占据结构洞的丰富程度，并选择中介中心性对数(btw)作为其替代指标进一步分析。

①参考 Freeman(1979)的做法，本章采用相对指标测算节点度中心性 $C_{RD}(i)$，衡量网络节点城市 i 在多大程度上位于城市间技术转移网络的核心位置，如下所示：

$$C_{RD}(i) = \frac{\sum_{j=1}^{N} a_{ij}}{n-1} \tag{11-1}$$

其中，a_{ij} 为城市专利转移邻接矩阵，$\sum_{j=1}^{N} a_{ij}$ 表示网络节点城市 i 的度数，即节点 i 与其他节点 j 之间存在的关联总和。若节点 i 与节点 j 存在技术转移关系，a_{ij} 取1；否则取0。$\sum_{j=1}^{N} a_{ij}$ 越大，表示节点城市与较多的其他节点建立起专利转移关系，在技术转移网络中的度中心性越大，关系越广，相对位置越重要。

②实际上，节点的网络中心性还与其相邻节点的中心性息息相关，一个节点的中心性是其相邻节点中心性的线性函数(Bonacich 等，2004)，因此，节点还可以通过增加与重要节点的连接提高其网络中心性。特征向

量中心性 $C_{\mathrm{ED}}(i)$ 的基本思想是节点连接重要节点的程度，节点的特征向量重要性既与邻接节点的数量有关，也与邻接节点的重要程度有关，其计算公式为：

$$C_{\mathrm{ED}}(i) = c\sum_{j=1}^{N} a_{ij}x \tag{11-2}$$

式中，c 为比例常数，a_{ij} 为城市专利转移邻接矩阵，若节点 i 与节点 j 存在技术转移关系，a_{ij} 取 1；否则取 0，x 为邻接矩阵的特征值。节点城市的特征向量中心性越高，表明该城市不仅可以通过提高自身的专利转移增强创新能力，还可以积极地与网络中心城市建立转移联系，从而提升自身的网络中心性地位。

③结构洞约束指数描述的是网络中某个节点与其他节点直接或间接联系的紧密程度，约束指数越高，说明该网络的闭合性越好，结构洞越少，其计算方式如下：

$$C_{\mathrm{SH}}(i) = \sum_{j\in\Gamma(i)}\left(p_{ij} + \sum_{q} p_{iq}\,p_{qj}\right)^{2} \tag{11-3}$$

在式(11-3)中，$\Gamma(i$ 为节点 i 的邻居节点集合，p_{ij} 表示节点 i 为维持与节点 j 邻居关系所投入的精力占总精力的比例，p_{iq} 和p_{qj} 分别是节点 i，j 与共同邻居 q 维持关系投入的精力占其总精力的比例。

$$p_{ij} = a_{ij}\Big/\sum_{j\in\Gamma(i)} a_{ij} \tag{11-4}$$

若节点 i 与节点 j 存在技术转移关系，a_{ij} 取 1；否则取 0，p_{iq} 和p_{qj} 的计算方法与p_{ij} 相似。根据式(11-4) 可知，$C_{\mathrm{SH}}(i)$ 的值越小，结构洞越少。由于网络约束指数的最大值为 1，借鉴现有研究，将 1 与该指数之差作为衡量结构洞丰富程度的指标，该指标越大，表明结构洞越丰富，从而节点城市可以充分利用该网络位置赋予的信息收益与控制才能促进创新能力的提升。

④中介中心性定义为所有节点对的最短路径经过节点 i 的比例。借鉴 Freeman(1979)提出的中介中心度指数作为结构洞指数，衡量中间人对资源的控制程度。计算公式为：

$$C_B(i) = \sum_{j=1;\ k=1;\ j\neq k\neq i}^{N} \frac{N_{jk}(i)}{N_{jk}} \tag{11-5}$$

式中，N_{jk} 为城市 j 到城市 k 的最短路径条数，$N_{jk}(i)$ 为城市 j 到城市 k 的最短路径经过城市 i 的条数。节点的中介中心性指数越大，表明其对网络的控制力越强。

(3)控制变量。借鉴已有研究(Fan 等，2022)，本章加入系列控制变量以增强研究的稳健性。通过计算人均地区生产总值(gdpp)衡量城市经济发展水平；运用第三产业生产总值与第二产业生产总值的比值(ind)刻画城市的产业高级化水平；用外商实际投资额占 GDP 的比重(fdi)表示外商直接投资水平，衡量城市从国际技术溢出所获得的创新知识程度；运用城市财政支出中科教支出占比(sci)衡量政府对科教创新的重视程度及创新投入；城市金融机构存贷总额占 GDP 的比重(finac)反映地区金融市场规模及发展水平；Hamidi 和 Zandiatashbar(2019)认为城市空间结构会影响城市创新，因此，本章加入城市人口密度(ubpd)作为控制变量；Wernsdorf 等(2022)发现网络基础设施通过提高信息的可获取范围，促进了创新边界的拓展和创新能力的提升，因此，本章加入人均互联网接入户数(infra)这一控制变量检验城市网络基础设施发达程度。

表 11-1 变量定义及其计量

变量类型	变量符号	变量计算方法或定义	数据来源
被解释变量	inv	发明专利授权数	CNRDS 数据库
	inW	每万人发明专利授权数	CNRDS 数据库
解释变量	deg	度中心性	中国专利信息服务平台
	egdeg	特征向量中心性	
	hole	结构洞丰富程度	
	btw	中介中心性	
控制变量	gdpp	人均 GDP	《中国城市统计年鉴》
	ind	第三产业产值与第二产业产值之比	
	fdi	外商实际投资额占 GDP 比重	
	sci	科教支出总额占 GDP 比重	
	finac	金融机构存贷总额占 GDP 比重	
	ubpd	每平方公里人口数	
	infra	人均互联网接入户数	
调节变量	partner	技术转移伙伴创新水平	CNRDS 数据库
	absorb	知识吸收能力(研发投入占 GDP 比重)	《中国城市统计年鉴》

(4)调节变量。借鉴 Bellamy 等(2014)，本章运用技术转移伙伴创新水平(partner)衡量城市可利用外部知识存量的大小。本章首先计算了每个

城市前五年的平均发明专利数代表城市专利存量，然后对每年每一城市所有技术转移伙伴的专利存量再取平均以反映其可利用外部知识的大小，得到技术转移伙伴的创新水平变量。参照 Cohen 和 Levinthal(1990)的研究，组织的吸收能力是其研发投入和当前知识水平的函数，本章运用研发投入强度代表城市识别、运用和转化知识的能力(absorb)，通过计算研发投入支出占 GDP 比重衡量城市的知识吸收能力。

11.2.3　模型构建

(1)基准回归模型

基于上述分析，本章在实证部分重点揭示技术转移网络，即网络中心性及结构洞指标对城市创新能力的影响程度。为减少遗漏变量问题带来的模型估计系数偏误，并考虑反映城市自身固有特征、不随时间变化的相关因素，通过 Hausman 检验，本章建立如下面板双向固定效应回归模型：

$$\mathrm{inv}_{it} = \beta_0 + \beta_1 X_{it} + \beta_2 \mathrm{Control}_{it} + \alpha_i + \delta_t + \varepsilon_{it} \tag{11-6}$$

其中，inv_{it} 为被解释变量城市创新能力，X_{it} 表示解释变量技术转移网络，包括网络中心性 deg 及结构洞丰富程度 hole，$\mathrm{Control}_{it}$ 为控制变量，α_i 为个体固定效应，δ_t 为时间固定效应，ε_{it} 为随机扰动项，β_0、β_1 和β_2 为待估计系数。

(2)调节效应回归模型

本章在实证分析中的另一核心问题是技术转移伙伴创新水平及知识吸收能力等知识变量对城市创新能力的调节作用，在双向固定效应模型的基础上加入调节变量，构造如下模型：

$$\mathrm{inv}_{it} = \lambda_0 + \lambda_1 X_{it} + \lambda_2 \mathrm{know}_{it} + \lambda_3 \mathrm{know}_{it} * X_{it} + \lambda_4 \mathrm{Control}_{it} + \alpha_i + \delta_t + \varepsilon_{it} \tag{11-7}$$

其中，know_{it} 为调节变量，包括技术转移伙伴创新水平和城市知识吸收能力，λ_0、λ_1、λ_2、λ_3 及λ_4 为带估计系数。

(3)空间回归模型

技术转移网络体现了创新要素在区域间的流动，要素流动引致的空间知识溢出促使城市间技术转移网络及创新具有一定的空间依赖，鉴于此，本章选取同时对解释变量和被解释变量的空间溢出效应进行检验的空间杜宾模型，建立如下空间回归模型：

$$\begin{aligned}\mathrm{inv}_{it} = {} & \theta_0 + \rho W * \mathrm{inv}_{it} + \theta_1 X_{it} + \theta_2 \mathrm{Control}_{it} + \mu_1 W * X_{it} + \\ & \mu_2 W * \mathrm{Control}_{it} + \alpha_i + \delta_t + \varepsilon_{it}\end{aligned} \tag{11-8}$$

W 为空间权重矩阵同时，包括空间邻接矩阵 N、空间地理距离矩阵 D

和空间经济距离矩阵 E。当城市相邻时，N 的矩阵元素为 1，否则为 0，D 的矩阵元素为两城市距离的倒数，E 的矩阵元素为城市间人均 GDP 差额绝对值的倒数。θ_0、θ_1、θ_2、ρ、μ_1 和 μ_2 为待估系数。

11.3 实证分析

为研究技术转移网络对城市创新能力的影响，本章构建双向固定效应模型进行估计。在基准回归的基础上，本章通过替换解释变量、替换被解释变量、模型替换及滞后一期进行了一系列稳健性检验；同时运用工具变量方法试图解决模型存在的内生性问题。异质性分析表明，技术转移网络对城市创新能力的正向影响是稳健的，但是在拥有不同资源禀赋及制度背景的城市之间存在差异。此外，本章通过构建调节效应模型，研究了技术转移伙伴创新水平及知识吸收能力对这一影响的强化作用。最后，本章进一步分析了技术转移网络影响城市创新能力的空间溢出作用。

11.3.1 基准回归

表 11-2 第(1)列及第(4)列为单变量检验结果，第(2)列及第(5)列在单变量回归的基础之上加入一系列控制变量及个体固定效应，第(3)列及第(6)列展示了基准模型中双向固定效应的回归结果。结果表明，节点度中心性以及结构洞丰富程度的估计系数均在 1%的水平下显著为正，节点城市在技术转移网络中的中心性及结构洞丰富度的提高将显著增加城市发明专利授权的数量，提高城市创新能力。城市在技术转移网络中的中心性越大，意味着该城市在网络中越处于中心地位，影响力越大，战略重要性越高，该城市能够便捷地运用网络中传递的技术与信息，从而提升自我创新能力，假设 1 及假设 1a 得到验证。占据更多结构洞的城市除可以获得网络中非冗余的信息与资源外，还能凭借其中介位置获得对网络的控制收益，有利于其创新能力的提升，假设 1 及假设 1b 得到验证。此外，在逐渐加入控制变量、个体固定效应及时间固定效应之后，核心解释变量的系数变小，表明遗漏变量及一些不随城市或时间变化的特征被忽略影响了城市创新能力，不控制这些变量特征将导致技术转移网络对城市创新能力的影响被高估。

表 11-2　基准回归结果

	(1) inv	(2) inv	(3) inv	(4) inv	(5) inv	(6) inv
deg	0.804*** (0.031)	0.259*** (0.033)	0.198*** (0.032)			
hole				0.758*** (0.132)	0.387*** (0.093)	0.039*** (0.005)
gdpp		1.282*** (0.052)	0.090 (0.111)		1.598*** (0.061)	-0.006** (0.002)
ind		0.240*** (0.079)	-0.031 (0.077)		0.304*** (0.068)	-0.001 (0.002)
fdi		-0.026*** (0.009)	-0.006 (0.009)		-0.001 (0.012)	0.001*** (0.000)
sci		0.045* (0.027)	0.035 (0.027)		0.112** (0.046)	0.000 (0.001)
finac		0.306*** (0.047)	0.050 (0.072)		0.239*** (0.033)	-0.009*** (0.002)
ubpd		0.154 (0.138)	0.093 (0.098)		0.190** (0.094)	0.001 (0.001)
infra		-0.030 (0.024)	-0.077*** (0.024)		0.095** (0.037)	-0.003*** (0.001)
_cons	6.851*** (0.118)	-9.392*** (0.956)	1.302 (1.194)	4.156*** (0.058)	-12.957*** (0.969)	-0.022 (0.024)
Year	*N*	*N*	*Y*	*N*	*N*	*Y*
City	*Y*	*Y*	*Y*	*Y*	*Y*	*Y*
R^2	0.575	0.811	0.849	0.160	0.790	0.461
N	5720	5720	5720	5720	5720	5720

注：*、**、***分别表示在 10%、5%、1%的水平上显著，括号内为聚类稳健标准误。

11.3.2 稳健性检验

替换解释变量。本章使用节点城市的特征向量中心性替代度中心性指标，中介中心性替代结构洞指标，重新进行回归，得到表 11-3 第(1)、(2)列。第(1)、(2)列结果显示，对核心解释变量进行替换并不会影响该研究的稳健性，且特征向量中心性、中介中心性相对于度中心性、结构洞指标更能促进城市创新能力的提升。特征向量中心性反映了城市联接节点的重要程度，城市的特征向量中心性越高，表明该城市与许多具有较高中心度的节点相连，从而自身的重要程度越高，信息与资源获取更加便捷，越有利于创新能力的提升，假设 1 及假设 1a 再次得到验证。中介中心性衡量节点城市为网络成员往来牵线搭桥的能力。当节点城市处于较多节点对的最短路径上，则具有较高的中介中心性。相应地，节点城市对网络中资源的控制程度越高，从而能够掌握更多有利于城市技术创新的各类信息和资源，提高本区域的创新能力，假设 1 及假设 1b 再次得到验证。

表 11-3 稳健性检验

	(1) inv	(2) inv	(3) inW	(4) inW	(5) auth	(6) auth	(7) inv	(8) inv
deg			0.822*** (0.094)		0.174*** (0.011)			
hole				0.026*** (0.009)		0.609*** (0.063)		
egdeg	0.044*** (0.013)							
btw		0.011** (0.005)						
L_deg							0.188*** (0.029)	
L_hole								0.012* (0.007)
gdpp	0.061 (0.119)	0.070 (0.121)	-0.047*** (0.014)	-0.075*** (0.018)	0.233*** (0.027)	0.274*** (0.027)	0.094 (0.113)	-0.082*** (0.019)

续表

	(1)	(2)	(3)	(4)	(5)	(6)	(7)	(8)
ind	-0.039 (0.083)	0.014 (0.088)	0.033* (0.018)	0.029 (0.020)	-0.122*** (0.028)	-0.110*** (0.028)	-0.092 (0.077)	0.021 (0.018)
fdi	-0.012 (0.009)	-0.013 (0.008)	0.001 (0.001)	0.003** (0.001)	0.004 (0.004)	0.003 (0.004)	-0.007 (0.009)	0.003** (0.001)
sci	0.034 (0.027)	0.022 (0.029)	-0.006* (0.003)	-0.005 (0.004)	0.045*** (0.012)	0.046*** (0.013)	0.042 (0.031)	-0.004 (0.004)
finac	0.068 (0.076)	0.047 (0.075)	-0.067** (0.029)	-0.097*** (0.032)	-0.025 (0.022)	0.001 (0.022)	0.050 (0.069)	-0.102*** (0.031)
ubpd	0.125 (0.098)	0.033 (0.093)	0.060 (0.046)	0.104* (0.055)	0.015 (0.024)	0.062*** (0.023)	0.056 (0.089)	0.099* (0.052)
infra	-0.087*** (0.024)	-0.074*** (0.025)	-0.028** (0.014)	-0.047*** (0.016)	-0.057*** (0.014)	-0.053*** (0.014)	-0.054** (0.024)	-0.055*** (0.019)
_cons	0.536 (1.273)	0.996 (1.264)	4.996*** (0.263)	4.920*** (0.322)	-1.624*** (0.327)	-3.058*** (0.315)	1.315 (1.240)	5.042*** (0.317)
Year	Y	Y	Y	Y	Y	Y	Y	Y
City	Y	Y	Y	Y	Y	Y	Y	Y
R^2	0.841	0.856	0.319	0.186	—	—	0.850	0.188
N	5720	5720	5720	5720	5720	5720	5434	5434

注：*、**、***分别表示在 10%、5%、1%的水平上显著，第(5)、(6)列括号内为普通标准误，其他均为聚类稳健标准误。

替换被解释变量。将被解释变量替换为每万人发明专利授权数对数(inW)做稳健性检验。表 11-3 第(3)、(4)列结果表明，替换被解释变量后，核心解释变量系数的正负号及显著性均未发生变化，进一步说明城市网络中心性及结构洞丰富度对创新能力的影响并没有被其他因素所覆盖，城市网络中心性及结构洞丰富度是提高城市创新能力的重要因素。

模型替换。由于发明专利授权为计数变量，取值为非负整数，存在“过度分散”问题，本章采用负二项双向固定效应模型对基准模型进行替换，并将被解释变量替换为发明专利授权数(auth)进行稳健性检验。第(5)、(6)列的负二项双向固定效应回归表明，网络中心性及结构洞指标的系数均在1%的水平下显著为正，因此模型替换不会影响研究结论的稳健性。

考虑技术转移网络影响的滞后性。城市在技术转移网络中的网络中心性及结构洞丰富度的提高可能需要经过一段时间才会对其创新能力产生影响。因此，为了避免回归可能产生的效应估计偏差，将解释变量滞后一期重新回归。结果如表11-3第(7)、(8)列所示，技术转移网络对城市创新能力的正向促进作用并没有发生根本性变化。因此，研究结论依旧稳健。

11.3.3 内生性检验

由于遗漏变量与双向因果等问题，基准回归可能存在内生性问题，造成系数估计的有偏和不一致性，本章引入工具变量，利用面板数据两阶段最小二乘回归进行解决。本章首先借鉴了Goldsmith等(2020)及Jin等(2020)的做法，构建网络中心性(shift_deg)及结构洞丰富度(shift_hole)的份额移动工具变量。一般而言，有效的工具变量需要满足相关性和外生性两个条件，为防止仅使用份额移动方法构造的工具变量可信度不足，借鉴Lewbel(2012)的做法，利用基于异方差的工具变量进行联合检验，共同解决内生性问题。使用这一识别方法的前提需满足异方差条件，及内生变量对外生变量回归的方程误差项为异方差，表11-4报告的Breusch-Pagan异方差检验显示，*P*值等于0.00，拒绝残差是同方差的假设。

表11-4 内生性检验

		(1) inv	(2) inv	(3) inv	(4) inv
Second Stage	deg	0.126*** (0.024)	0.181*** (0.040)		
	hole			0.282** (0.116)	0.010* (0.006)
First Stage	shift_degree	1.639*** (0.029)	1.499*** (0.373)		
	shift_hole			3.276** (1.298)	0.367*** (0.130)

续表

	(1)	(2)	(3)	(4)
Under identification test	112.215	94.541	52.704	134.758
	[0.00]	[0.00]	[0.00]	[0.00]
Weak identification test	3118.993	974.372	23.283	563.710
Over identification test	—	28.421	—	21.063
	—	[0.29]	—	[0.69]
Breusch-Pagan test	—	303.719	—	162.198
	—	[0.00]	—	[0.00]
Year	*Y*	*Y*	*Y*	*Y*
City	*Y*	*Y*	*Y*	*Y*
R^2	0.312	0.849	0.355	0.181
N	5720	5720	5720	5720

注：*、**、*** 分别表示在 10%、5%、1%的水平上显著，圆括号内为聚类稳健标准误，方括号内为识别不足检验、过度识别检验及 Breusch-Pagan 检验的 p 值，下同。

两阶段最小二乘回归结果如表 11-4 所示，第(1)、(3)列回归显示，利用份额移动工具变量进行内生性检验下，核心解释变量的系数依旧稳健。第(2)、(4)列展示了基于异方差的工具变量进行联合识别的结果，回归表明，网络中心性及结构洞指标的系数仍为正且显著水平不低于 10%。表 11-4 显示，两个工具变量均通过 Anderson canon. corr. LM 统计量、Kleibergen-Paap rk Wald F 统计量及 Hansen J 统计量的工具变量检验，进一步证明模型识别的有效性。因此，更换关键变量或工具变量并不会改变城市技术转移网络与城市创新能力之间的关系，模型的因果关系得以成立。

11.3.4　异质性分析

由于城市在地理区位、经济水平发达程度、政策背景等方面的差距，并非所有节点城市都拥有相同的创新环境，技术转移网络对城市创新能力的影响，也会因为创新资源、产业基础、要素需求等方面的差距产生较大差别。本章从城市是否处于东部地区、经济水平发达程度及是否为创新型城市对技术转移网络影响城市创新能力进行异质性分析。本章对发达城市的划分借鉴 Jin 等(2022)的做法，结合中国第一财经 2020 年城市等级排名名单，将人均 GDP 位于中位数以上的一、二、三线共计 89 个城市作为经济发达城市，其余三、四、五线共计 197 个城市列为欠发达城市。

由表 11-5 的回归结果可以看出，东部城市、经济发达城市及创新型城市网络中心性及结构洞丰富度的系数估计值显著较大，表明在具有这些特征的城市中，技术转移网络对城市创新能力的影响更加明显。可能的原因在于，这些城市的初始禀赋水平较高，资源条件优越，各类创新要素配置的缺口较小，往往是具有较高吸引力、创新资源流入的地区，促使技术转移网络对其创新能力的提升作用更加明显。此外，在这些城市当中，创新要素与该地区的制度与技术生态环境匹配程度较高，因此，技术转移网络提供的额外资源支撑，对该城市创新能力的提升效应可能更加突出。

表 11-5 异质性分析

		地理区位		经济发展水平		创新型城市	
		(1) 东部城市	(2) 中西部城市	(3) 发达城市	(4) 非发达城市	(5) 创新型城市	(6) 非创新型城市
Panel A	deg	0.270*** (0.051)	0.125*** (0.032)	0.290*** (0.047)	0.096*** (0.026)	0.332*** (0.049)	0.126*** (0.028)
	Year	*Y*	*Y*	*Y*	*Y*	*Y*	*Y*
	City	*Y*	*Y*	*Y*	*Y*	*Y*	*Y*
	R^2	0.891	0.811	0.927	0.798	0.929	0.803
	N	1980	3740	1780	3940	1440	4280
Panel B	hole	0.015*** (0.005)	0.002*** (0.001)	0.014*** (0.005)	0.001*** (0.000)	0.974*** (0.174)	0.571*** (0.184)
	Year	*Y*	*Y*	*Y*	*Y*	*Y*	*Y*
	City	*Y*	*Y*	*Y*	*Y*	*Y*	*Y*
	R^2	0.288	0.172	0.361	0.382	0.923	0.796
	N	1980	3740	1780	3940	1440	4280

11.3.5 技术转移伙伴创新水平及知识吸收能力的调节效应

不同的城市将嵌入不同的知识网络中，城市在社会网络中的互动推动其发现知识、获取知识，并根据创造知识的需要调整现有和可获得的外部信息，从而内化为自身的创新产出，促进自我创新能力的提升。虽然城市的网络中心性及结构洞丰富度可以促使城市从技术转移网络中获取更多的信息和资源，但本章进一步假设，外部可用知识存量以及吸收、内化这些可用信息和知识的能力将促使城市获得与其创新相关的额外收益。由表 11-6 可知，核心解释变量与调节变量的交互项系数显著为正，并且与两者的估计系数同为正，说明城市技术转移伙伴的创新水平及知识吸收能力正向调节技术转移网络对城市创新能力的影响，假设 2 得到验证。

表 11-6　调节效应回归

	(1) inv	(2) inv	(3) inv	(4) inv
deg	0. 168*** (0. 030)		0. 012 (0. 011)	
hole		0. 134*** (0. 030)		0. 104*** (0. 020)
partner	0. 002*** (0. 000)	0. 491 (0. 379)		
deg * partner	0. 023*** (0. 005)			
hole * partner		0. 735*** (0. 164)		
absorb			0. 151*** (0. 032)	0. 038 (0. 131)
deg * absorb			0. 074*** (0. 015)	
hole * absorb				0. 086** (0. 039)
gdpp	0. 178 (0. 108)	-0. 072*** (0. 018)	-0. 046*** (0. 014)	-0. 007 (0. 008)
ind	-0. 027 (0. 075)	0. 038 (0. 029)	0. 025 (0. 020)	0. 006 (0. 009)

续表

	(1) inv	(2) inv	(3) inv	(4) inv
fdi	-0.009 (0.009)	0.006*** (0.002)	0.000 (0.001)	0.001* (0.001)
sci	0.030 (0.025)	-0.008 (0.008)	-0.005 (0.004)	-0.002 (0.004)
finac	0.130* (0.068)	-0.111*** (0.036)	-0.070** (0.034)	-0.017*** (0.005)
ubpd	-0.013 (0.091)	0.073 (0.046)	0.030 (0.023)	0.002 (0.005)
infra	-0.046* (0.024)	-0.062*** (0.023)	-0.023 (0.014)	-0.010*** (0.002)
_cons	1.027 (1.171)	23.876*** (4.363)	7.318*** (0.365)	4.776*** (0.093)
Year	*Y*	*Y*	*Y*	*Y*
City	*Y*	*Y*	*Y*	*Y*
R^2	0.856	0.238	0.231	0.422
N	5720	5720	4782	4782

根据第(1)、(2)列的回归结果，技术转移伙伴创新水平与网络中心性及结构洞丰富度的交互项显著为正，表明伙伴创新水平强化了技术转移网络对城市创新能力的影响。具体而言，对于转移伙伴创新水平较低的城市，技术转移网络对创新能力的正向作用关系十分微弱，但对于转移伙伴创新水平较高的城市，技术转移网络与创新能力之间则呈现出较强的正向关系。假设 2 及假设 2a 得到验证。由第(3)、(4)列的结果可知，研发强度与技术转移网络指标的交互项仍显著为正，说明城市的知识吸收能力正向调节技术转移网络对其创新能力的影响。通过比较不同知识吸收能力下城市的创新能力水平可知，知识吸收能力对城市创新具有促进作用。在吸收能力较低的城市中，技术转移网络对城市创新能力的提升作用处于较低水平，在拥有较高吸收能力的城市中，技术转移网络对其创新能力的提升则更为明显，假设 2、假设 2b 得到验证。

11.3.6　进一步分析：技术转移网络对城市创新的空间溢出作用

在进行空间效应分析之前，本章运用全局莫兰指数(Moran's I)测度技术转移及城市创新的空间相关性。经过分析，三种空间权重矩阵下变量的莫兰指数均通过5%的显著水平检验。因此，技术转移网络及城市创新能力在全国地级市中的空间分布并不是随机的，而是存在较强的空间依赖特征与空间集聚现象，因此，在进行估计时需要考虑空间效应的影响。

依据 Anselin(1988)提出的模型优选原则，首先借助拉格朗日乘子法选择空间模型并计算出 4 个统计量，LM-lag，LM-error，RLM-lag，RLM-error。LM-lag，LM-error 统计量均通过 1%水平的显著性检验，在使用空间经济距离矩阵下，RLM-lag 未通过 10%的显著水平检验，RLM-error 通过 1%的显著水平检验，表明空间滞后模型和空间误差模型可能同时存在，倾向于选择空间杜宾模型(SDM)(LeSage 和 Pace，2009)。结合在空间邻接矩阵及空间距离矩阵下的 LM 检验，均选用空间杜宾模型。其次，进行似然比检验(LR-test)，确定空间杜宾模型是否存在空间固定效应或时间固定效应，通过检验发现确实存在。再次，在对空间杜宾模型进行 Hausman 检验后发现，仍然采用城市和时间双向固定效应的模型回归估计效果更优。最后，结合 Wald 和 LR 检验对模型进行空间滞后检验(H_0：$\theta_i = 0$)和空间误差检验(H_0：$\theta_i = -\rho\mu_i$)，结果均在1%的显著水平下拒绝原假设，说明空间杜宾模型不会退化为空间滞后模型和空间误差模型，空间杜宾模型具有最优的拟合效果。综上所述，本章选取空间杜宾模型进行研究。

从表 11-7 的估计结果看可以看出，空间邻接矩阵、空间地理距离矩阵和空间经济距离矩阵下的 rho 显著为正，即被解释变量的空间滞后系数均通过 1%水平的检验且不为 0，说明本城市创新将受到来自空间特征相似的城市创新活动的正向影响，区域创新网络的空间溢出效应十分明显。表 11-7 报告了双向固定效应空间杜宾模型下技术转移网络对城市创新的总效应以及分解得出的直接效应和间接效应。其中，直接效应的度中心性及结构洞丰富程度的系数均在 1%的水平下显著为正，表明技术转移网络对本城市的创新能力具有显著的提升作用。技术转移带动其所包含的大量信息资源在区域间流动，城市运用包含在专利中的外显知识及互动交流所传递的内隐知识，促进对这一创新资源的利用，从而促进自身创新能力的提升，假设 1、假设 1a、假设 1b 再次得到验证。

表 11-7 空间效应分解

		(1) inv	(2) inv	(3) inv	(4) inv	(5) inv	(6) inv
Direct Effect	deg	0.337*** (0.035)	0.281*** (0.032)	0.146*** (0.027)			
	hole				0.017*** (0.007)	0.020*** (0.004)	0.101*** (0.022)
Indirect Effect	deg	0.660*** (0.047)	0.120** (0.060)	0.419*** (0.151)			
	hole				0.071*** (0.017)	0.167*** (0.060)	0.693*** (0.211)
Total Effect	deg	0.997*** (0.051)	0.401*** (0.075)	0.565*** (0.148)			
	hole				0.088*** (0.012)	0.187** (0.060)	0.794*** (0.214)
	rho	0.637*** (0.018)	2.713*** (0.610)	0.889*** (0.019)	0.126*** (0.040)	1.294*** (0.172)	0.300*** (0.067)
	Year	*Y*	*Y*	*Y*	*Y*	*Y*	*Y*
	City	*Y*	*Y*	*Y*	*Y*	*Y*	*Y*
	R^2	0.401	0.752	0.491	0.277	0.252	0.185
	N	5720	5720	5720	5720	5720	5720

在间接效应下，网络中心性及结构洞指标的系数显著为正，说明本城市的技术转移不仅会显著提升自身所在城市的创新能力，还通过空间溢出效应对空间特征相似城市的创新能力提升带来很大的帮助。空间知识溢出有利于降低相关城市的创新成本，同时，空间特征相似的关联城市之间的交流能够促进其共享和合理配置创新资源，从而更有利于城市创新活动的展开，假设 3 得以验证。此外，观察技术转移网络的空间溢出效应和总效应可以发现，在不同的空间权重矩阵下，技术转移所带来的空间知识溢出对其他城市创新活动的促进作用大部分占总增长效应的 60%及以上，进一步证明技术转移网络所带来的空间溢出效应对具有相似空间特征城市的创新能力提升具有重要贡献。

11.4　本章小结

随着经济全球化和开放式创新的发展，区域创新网络已经成为一个区域经济发展和提升竞争优势的重要方面，城市嵌入区域创新网络有利于其充分获取知识与信息，挖掘创新资源，从而提升创新能力。本章以技术转移为视角，通过大数据挖掘技术爬取城市间技术转移数据，运用社会网络分析方法构建 2000—2020 年中国 286 个地级及以上城市间技术转移网络，运用双向固定效应模型检验了嵌入技术转移网络的结构特征对城市创新能力的影响，探究了技术转移伙伴创新水平及知识吸收能力对这一影响的调节作用。最后，采取空间计量方法分析了技术转移网络所带来的空间溢出效应及其对城市创新能力的影响。研究发现：(1)城市在技术转移网络中心性及结构洞丰富度的提高有利于城市通过外部互动获取更多资源，从而促进城市创新能力的提升；(2)城市技术转移伙伴创新水平及知识吸收能力越高，可用外部知识存量越大，将所获知识转化为创新绩效的能力越高，从而带来的知识嵌入特征将正向调节技术转移网络对城市创新能力的影响；(3)技术转移及创新活动存在显著的空间相关性，技术转移通过其引致的空间知识溢出，促进具有相似空间特征的城市创新。

第12章　专利转移的边界效应

创新是引领发展的第一动力。自熊彼特提出创新理论后，经济学家通常将技术创新视作增长的核心动力，尤其是进入新古典增长阶段(蔡昉，2013)。对于创新，现有研究通常选取专利数量或专利价值对其进行度量(Hall等，2005；Kogan等，2017)，但专利并不恒定能够提升企业创新绩效。从静态的专利授权视角来看，其一，创新可以根据专利的授权内容或专利类型划分为以发明专利为核心的实质性创新，及以外观专利类型为主的策略性创新，显然前者更能显著推动企业创新(黎文靖和郑曼妮，2016)。其二，创新可以从专利来源或专利归属划分为在位者自主创新、新入者创新以及创造性破坏，Akcigit和Kerr(2018)借助专利引用数据论证了新入者和小微企业具有更高的溢出效应，而就业转移视角得到的贡献分解则证实了在位者贡献更为突出的结论(Garcia-Macia等，2019)。其三，从产权视角来看，专利授权在一定程度上会显著促进知识外溢，克服"公地悲剧"。然而，与专利授权伴随而生的是技术垄断、价格高企、资源误置及福利损失(Brüeggemann等，2016)，容易导致"反公地悲剧"(Anticommons)(Heller和Eisenberg，1998)。区别于既有文献，Kwon(2020)从动态的专利转让视角出发，强调了专利除直接应用于技术创新外，还可能是专利受让方出于防御性的专利排他动机，引致专利影响创新的关键不再是"是否获取了专利"，而是"谁持有专利"。因此，专利作为一项可转让财产，专利转移将深刻改变区域创新格局。因此，在当前中国致力于构建全国统一大市场的背景下，一个自然的问题是：专利转让是否受到诸如市场分割等的空间制约？

2022年，《中共中央 国务院关于加快建设全国统一大市场的意见》强调"促进科技创新和产业升级""促进创新要素有序流动和合理配置"。显然，创新要素市场一体化是构建全国统一大市场的重要组成部分。然而，受地理阻抗、异质技术产业同构等因素影响，我国专利技术转移呈现出明显的集聚和空间邻近特征，网络效应仍然势弱(段德忠等，2018a；

2018b）。从学理性的角度来看，市场分割与全国统一大市场的概念相悖，诸如地理、产业、文化等因素以及以户籍制度、行政边界等为代表的制度性因素是市场分割形成的关键性诱因（陆铭和陈钊，2009；Zheng 等，2022）。现有与本章密切相关的文献通常借助改进型引力模型、“一价定律”（Law of One Price）、“流”（Flow）空间等技术手段聚力供需两侧刻画市场分割或一体化程度，抑或基于地理学视角考察专利转移的空间特征，二者无疑割裂了市场分割与专利转移之间存在的空间因果关联。本章聚焦于探讨以行政边界为指标的市场分割影响专利转移的因果关系。以文献综述为基础，本章首先刻画专利转移边界效应的典型事实，进而构建专利转移“边界效应”的因果识别框架，最后结合实证模型考察专利转移边界效应的弱化路径。

12.1　文献综述

地理边界以及法律、制度、文化等形成的“软性”边界导致市场分割，无疑阻碍了区域经济增长与就业水平提升（Giua，2017）。边界效应的研究整体可以概括为供给与需求两侧（Capello 等，2018）。其中，前者以资源利用效率（Efficiency Needs）与资源有效供给（Endowment Needs）为研究对象，如 Caragliu（2022）识别了边界区域未开发资产导致的福利损失，进而提升效率需求是重要任务；后者是当前贸易领域研究的焦点，与本章密切相关的有如下三支文献：

第一支文献以引力模型（Gravity model）的修订与“本土偏好”（Home Bias）的论证为演进脉络。McCallum（1995）通过将国界虚拟变量嵌入传统引力模型，估计表明国界的存在使加拿大省际贸易量达到美国和加拿大省际贸易量的 22 倍。后续文献针对该模型存在的问题持续做出完善。第一，遗漏变量问题首当其冲。Anderson 和 Wincoop（2000）指出遗漏变量和加拿大较小的贸易量会导致上述模型存在偏误，并通过控制除“区域对”之外核心区到其他区域的距离变量的“偏远指数”（Remoteness Indices）重新做出估计。Nitsch 和 Berlin（2000）以欧盟为研究对象，并在引力模型中引入了语言障碍（Eaton 和 Kortum，2002；Egger 和 Lassmann，2015）、地理邻接及偏远程度等指标，SUR 回归的估计结果显示，欧盟各成员国内部的贸易量达到成员国之间贸易量的 10 倍。Bergstrand 等（2015）则进一步控制内生价格和非观测的时间异质性、“区域对”固定效应及其与时间的交互效应、国内与国际贸易流等。Gil-Pareja 等（2005）进一步将引力模型拓展到单个国家情境，并加入贸易伙伴国土地面积、人均 GDP、岛国虚拟变量等控制变量。第二，内生性问题的处理是关键。Santamaría 等(2020)指出传统的引力模型并不能阐释边界与贸易量之间的因果关系，且本土偏见内生于地理边界，因此，需要可以有效控制地理因素的估计策略，进而创新性地提出采用因果推断框架来识别边界效应(才国伟等，2023)。第三，边界效应的异质性分析。Coughlin 和 Novy(2021)证实了边界效应的空间衰减特征，其对小城市的影响更大。然而，标准引力模型面临微观边界和宏观数据不匹配的问题，从而即使不存在边界摩擦，也可能会得到较大的边界效应。第四，边界效应诱因。部分学者考察了价格、替代弹性、距离测量对边界效应估计偏误的影响(Evans，2003；Head 和 Mayer，2002)，指明传统的引力模型会扩大边界效应，忽视了内部的差异性(Olper 和 Raimondi，2008)。Parsley 和 Wei（2001)则指出距离、运输费用及真实汇率综合解释了边界效应。

第二支文献以"一价定律"为基准。Engel 和 Rogers（1996)选取消费价格指数测度距离指数，结果表明距离与价格差异成正比，且在同等距离的情况下，国界将进一步放大价格差异。Gorodnichenko 和 Tesar（2005)指出如果存在价格差异，那么在缺乏结构估计和自然实验的前提下，文献所揭示的边界效应(Engel 和 Rogers，1996)无法与价格差异区分开，甚至完全是受价格差异影响。同理，简约式的边界效应回归估计可能导致误导。

与本章密切相关的第三支文献围绕专利空间分布及知识外溢的边界效应研究。当前有关静态层面专利的空间分布的文献居多，动态的专利转移研究的文献相对较少。有关专利转移的文献主要集中在两个方面：其一，专利转移的空间特征。张翼鸥等(2019)选用负二项式回归考察了多维邻近对知识专利网络结构的影响，结果证实了专利转移具有政治、地理、技术等的多维邻近特征。段德忠等(2020)结合空间计量模型检验得出"一超多强"的专利转移空间相关性及集聚特征。刘承良和管明明(2018)、刘承良和牛彩澄(2019)刻画了中国及东北三省的市际专利的转移特征及其影响因素，王帮娟等(2023)进一步考察了中国技术转移的"枢纽+腹地"的时空特征。其二，专利的知识外溢边界考察。团结协作和研究网络是创新成功的关键，Bottazzi 和 Peri（2003)发现知识外溢将使 300km 范围内区域的创新产出增加 2%~3%，但边界及社会文化等因素会进一步阻碍知识流动(Capello 等，2018)，并对 R&D 合作有明显的抑制作用(Scherngell 和

Lata，2012)，且一体化更利于核心区域，而若消除边界，则会产生边界的静态效应、动态效应和位置决策效应(Baldwin 和 Venables，1995)。区别于本支文献，本章主要考察专利转移过程中的“边界效应”。

综上，现有研究忽视了专利转移的边界效应，加之引力模型针对“边界效应”的考察受到遗漏变量、内生性等问题挑战，本章通过构建因果推断框架考察该问题。

12.2 典型事实

本部分通过梳理专利转移的典型事实阐释其“边界效应”。结合需求侧角度来看，“边界效应”指的是边界的存在使得内部贸易相当于跨界贸易的倍数，本章则强调边界的“因”导致内部专利转移多于跨界转移的“果”。本章基础数据源自中国国家知识产权局(SIPO)专利检索平台。首先，采用数据挖掘技术，借助 Python 软件获取中国 2020 年之前的专利转移详情数据，进而借助地理信息编码技术构建专利转移的“区域对”数据，在剔除国际专利转移及缺失数据后合计得到 1507543 条专利转移信息。经处理，2000 年，国内年专利转移数量仅为 3 件，这一数量快速增长至 2020 年的 285841 件。以该数据为基础，筛选得到 2000—2020 年专利在同一城市、同一省份之间以及省际的转移数据，如图 12-1 所示。需要说明的是，由于直辖市专利转移的权重较大，故在城市与省的分类统计中均包括直辖市。经统计，我们发现，专利转移存在鲜明的“边界效应”，且呈现出“渐衰”趋势。首先，2001—2020 年，城市内部专利转移占同一省内专利转移的比重仅由 98.59%下降至 80.01%，省域内部的专利转移更多源自相同城市内部的专利转移。其次，同省专利转移占到专利转移总数的比重始终大于 1/2，并由 87.65%下降至 53.13%；同一市内的专利转移占到专利转移的比重则由 86.42%下降至 45.87%。显见，行政边界导致的专利转移的“边界效应”确实存在，市级行政边界导致的阻抗效用较省级边界下降得更快。然而，上述特征仅能体现行政边界与专利转移数量的相关关系，因果关系则待进一步考证。

图 12-1 从静态视角考察了专利的转移特征。以市际专利转移为研究对象，我们进一步选取专利转移具有鲜明转折特征的 2013 年和 2020 年刻画专利转移的动态特征。

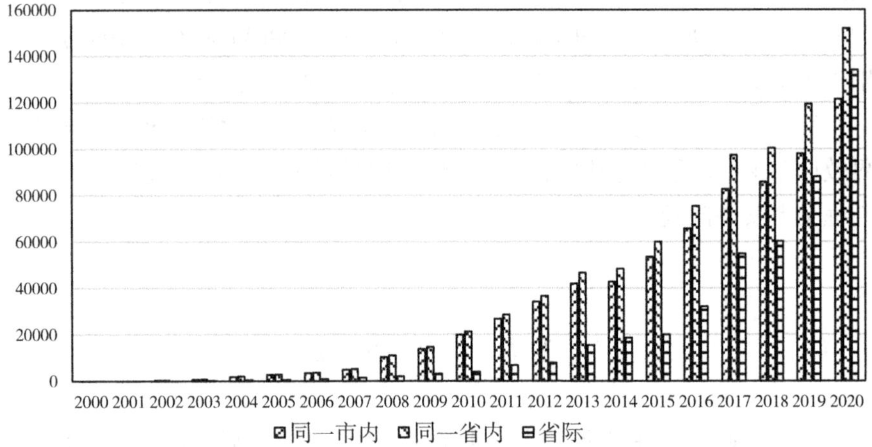

图 12-1　专利转移的空间特征

图 12-2 和图 12-3 刻画的是当年专利转出数量排名前 200 的区域对，分别展示了 2013 年和 2020 年在剔除同一行政区内部专利转移数据后的跨市和跨省专利转移特征。可以看出，跨市和跨省的专利转移数量均呈现出明显的增长势头。跨市专利转移中，北京、上海和深圳为专利输出前三的城市，且输出份额呈现增加态势；在跨省专利转移数据中，江苏、浙江两省增长较快，成为专利转移的重要输出省份，并与广东形成密切的省际专利转移网。

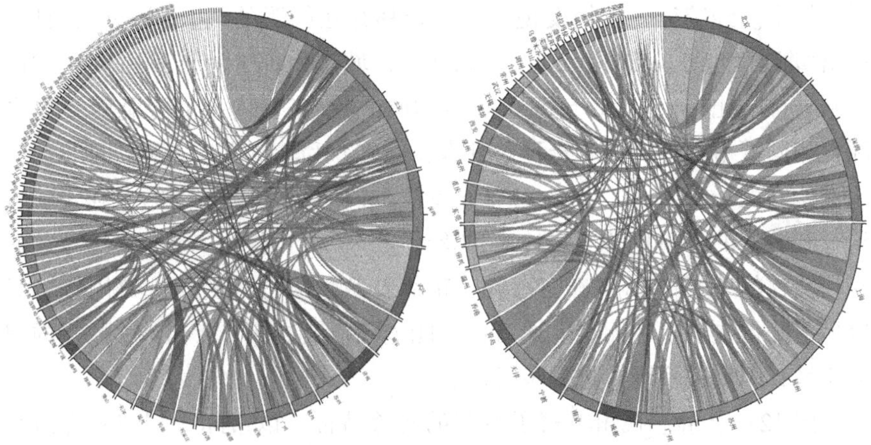

图 12-2　2013 年和 2020 年专利转移的城市对关联特征

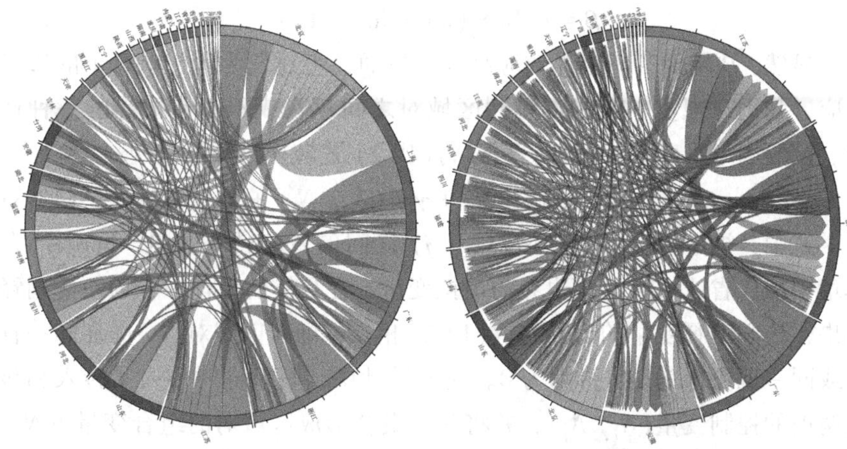

图 12-3　2013 年和 2020 年专利转移的省对关联特征

12.3　专利转移效应的研究框架

传统的引力模型使用省级汇总数据，其估计结果是省、市两级边界效应的叠加(才国伟等，2023)，从而不能得到"干净"的省界效应，加之传统的引力模型不能有效评估行政边界对专利转移的因果关系，故而本章通过构建因果推断框架来评估专利转移的边界效应。为了减轻城市规模等对专利转移的影响，借鉴 Santamaría 等(2020)，本章首先构建专利转移的标准化指标：

$$S_{ij} = \frac{T_{ij}/\ E_j}{Y_i/\ E} \tag{12-1}$$

式(12-1)中，T_{ij} 为区域 i 转出到 j 的专利数，$i \neq j$；E_j 为转入区域 j 的专利总数；$Y_i = \sum_{j=1}^{J} T_{ij}$ 为 i 区域专利转出总数；$E = \sum_{i=1}^{I} Y_i = \sum_{j=1}^{J} E_j$ 为全国的专利转移数。因此，如果 j 区域对区域 i 的重要性接近平均水平，则 S_{ij} 接近于 1；若区域 j 对区域 i 的重要性大于平均水平，则标准化后的专利转移数大于 1，反之则小于 1。以标准化后的专利转移数据为基础，进一步构建专利转移边界效应的因果推断框架。首先专利转移活动发生在一组区域对$(i,\ j)$，两个区域之间是否存在边界即决定了一组二者空间分布的潜在结果。为了便于说明，我们假定如果两区域不在同一省份，即区域对之间存在边界和不存在边界情境下的专利转移数量分别记为 $S_{ij}(1)$ 和 $S_{ij}(0)$。那么区域对$(i,\ j)$ 的平均边界效应为：

$$\beta = E(\ln S_{ij}(0) - \ln S_{ij}(1)) \tag{12-2}$$

显然，β越大，则边界效应越大。然而，上述仅为理想状态下的边界效应，我们在现实中仅能观测到区域对之间存在或不存在边界的一种情形。按照因果推断设计框架，可以将(12-2) 式转换为实证模型：

$$\text{lntransfer}_{ij} = \alpha + \beta\,\text{border}_{ij} + \gamma_{ij} f(N_i, N_j) + \lambda_i + \lambda_j + \mu_{ij} \tag{12-3}$$

式中，被解释变量为区域对(i, j)之间的专利转移数量。border_{ij}在本章中指代省或市级行政边界的虚拟变量，在具体的设计中，为便于阐释结果，核心解释变量的设计与式(12-2) 相反，即若区域对(i, j)在同一省份或同一地级市为1，否则为0。模型设计中，我们同时加入了转入和转出两地的控制变量(N_i, N_j)，并将两者组合形成区域对的组合变量$f(N_i, N_j)$。此外，模型还加入了区域对双边固定效应λ_i和λ_j，μ_{ij}为残差项。

12.4 模型估计结果

12.4.1 指标说明

第一，被解释变量。参照史丹等(2023)，本章专利转移基础数据爬取自国家知识产权局，进而按照式(12-1)统计得到标准化的专利转移数据以作为本章的被解释变量(lnSi)。

第二，核心解释变量。本章所爬取的微观个体层面专利转移数据为探讨市级层面边界效应提供了可行性，可以从更细致、更微观的视角捕捉专利转移的边界效应，考量市内专利转移与市际专利转移的数量关系，进而本章在选取省级行政边界(border_pij)的同时进一步引入了市级行政边界(border_ckj)。

第三，控制变量。本章在模型中加入经济社会和地理特征类控制变量，涵盖区域对双边及区域对共有的两类变量。借鉴才国伟(2023)、史丹等(2023)、Zheng 等(2022)，我们引入并设计了如下变量：(1)经济发展水平差(nlt)选用转入和转出地辖区的夜间灯光亮度平均值之差来衡量。考虑到经济发展水平与专利申请、专利转移之间存在不确定性，故而我们在实证中还引入了该变量的二次项(nlt2)，以体现经济水平差对专利转移的非线性影响。(2)河流密布可能会加重区域分割，导致区域一体化进程受阻。单边城市的河流密度(river)通过河流长度与区划面积之比测算。河流长度的统计选用行政区划矢量数据掩膜提取1∶100万的全国基础地理信息数据得到。区域对河流密度为转入和转出地河流密度的加总。(3)地级市质心到省界距离(distance)。距离边界越近则更加直接地面对行政边界的阻抗。我们选用 R 语言分别从矢量数据中计算地级市的区域质心、省界进而计算二者之间的距离，并选取区域对加总变量表示。(4)方言差异(dialect)通过两地是否归属同一方言片区的虚拟变量表示。其中，方言数据源自中山大学徐现祥研究团队提出的县域层面《中国语言地图集》。由于各县之间在较为微观的方言片数据中差异明显，故而在测算中我们按照市域下辖的多数县所属方言片区定义市方言类型，最终参照 Zheng 等(2022)，设计出了包含是否属于同一方言大区(dia_super)以及是否属于同一方言区(dia_group)和方言片(dia_sub)等 3 个控制变量。(5)专利申请-转移时间间隔(time)，由于专利有效期最长时间为 20 年，专利申请后披露的时间越长，专利转移概率越大，但专利转移后的有效时间会越短，故而其对专利转移具有重要影响。需要说明的是，当经济发展水平差面对市级边界时，则结果为 0，从而其对数形式并不存在，加入该变量将会导致核心解释变量被舍掉，故而在市级边界的估计中没有将其纳入。

12. 4. 2　数据处理

数据处理整体包括以下几个步骤：第一步，以国家知识产权局官网数据为基础，爬取专利转移“区域对”数据。以原始数据为基础，筛选专利转入地、转出地、申请年份、转出年份等“字段”信息，同时剔除掉我国港澳台地区数据，进一步汇总专利转移数量及是否发生“跨界转移”等信息，从而得到 2001—2020 年 85460 个专利转移的区域对数据，数据详情在前文已做出阐释，我们发现专利从申请到转移的时间平均间隔为 2. 88 年，这一时间间隔在剔除市内转移后将延长至 3. 2 年。第二步，统计专利转移标准数据与控制变量。被解释变量专利转移按照(1)式统计得到。控制变量方面主要涵盖了地理类以及专利信息等的特征变量。主要变量的描述性统计如表 12-1 所示。

表 12-1　描述性统计

VARIABLE	N	MEAN	SD	MIN	P50	MAX
lnS	85460	0. 5957	2. 2103	-4. 8953	0. 1430	11. 5663
border_c	85460	0. 0522	0. 2225	0	0	1
border_p	85460	0. 1781	0. 3826	0	0	1

续表

VARIABLE	N	MEAN	SD	MIN	P50	MAX
lnnlt	85460	0. 5434	1. 4668	-11. 9627	0. 7145	3. 0987
lnriver	85460	-1. 3393	0. 2200	-2. 9613	-1. 3526	-0. 2495
lndistance	85460	3. 9132	0. 5016	0. 5149	3. 9163	5. 7760
dia_super	80997	0. 5678	0. 4954	0	1	1
dia_group	80997	0. 8105	0. 3919	0	1	1
dia_sub	80997	0. 8876	0. 3158	0	1	1
lntime	81112	0. 8791	0. 6769	0	0. 6931	2. 9957

注："ln"代表取对数。

12. 4. 3 基准回归结果

首先对式(12-3)回归，基准回归结果列示于表 12-2。其中，模型(1)-(4)为省级边界效应的估计结果，模型(5)-(8)为市级边界效应的估计结果。估计中，我们均区分了是否加入控制变量以及是否控制固定效应等估计形式。表 12-2 结果显示，无论是否加入控制变量或控制固定效应，专利转移的边界效应均在 1%的水平上显著，表明专利转移确实存在"边界效应"。其中，模型(1)-(4)对省级边界效应的估计结果说明，在不加入控制变量和固定效应情形下的估计系数为 2. 9551，这一效应在同时加入控制变量和固定效应的情境下降至 0. 7174，从统计学意义上看，省级行政边界的存在使得省内专利转移相当于省际专利转移数量的 2. 049 倍到 19. 2036 倍。从控制变量来看，县域经济发展水平差对专利转移具有倒"U"形影响，即专利存在梯度转移特征，当区域对之间发展水平差异较大时，由于产业结构、创新水平等的差异则不利于实现专利转移；此外，河网密度、是否属于同一方言片区等专利转移表现出负向影响，而专利授权信息披露时间的长短与专利转移概率正相关。微观个体间的专利转移为市级边界效应的存在提供了便利，我们接下来进一步将考察空间收至市级层面。估计结果显示，市级行政边界较省级行政边界的效应更强，这一效应达到 18. 4175 至 454. 0013 倍，且方言对相对微观区域的专利转移具有重要的分割特征。

表 12-2 专利转移的边界效应回归

	(1)	(2)	(3)	(4)	(5)	(6)	(7)	(8)
border_p	2. 9551*** (0. 4267)	1. 6527*** (0. 0597)	1. 0750*** (0. 2244)	0. 7174*** (0. 0316)				
border_c					6. 1181*** (0. 0861)	3. 6187*** (0. 0439)	4. 7750*** (0. 0984)	2. 9133*** (0. 0499)
lnnlt			-0. 3877*** (0. 0187)	-0. 1163*** (0. 0100)				
lnnlt2			-0. 0189*** (0. 0045)	-0. 0125*** (0. 0024)				
lnriver			-1. 9368*** (0. 1520)	-2. 1667*** (0. 3851)			-2. 3286*** (0. 0552)	-1. 8589*** (0. 2775)
lndistance			-0. 1683*** (0. 0534)	0. 0469 (0. 0588)			-0. 0403 (0. 0257)	-0. 0202 (0. 0514)
dia_super			0. 0523 (0. 0594)	-0. 0520* (0. 0279)			-0. 2407*** (0. 0238)	-0. 1616*** (0. 0182)
dia_group			-0. 4009*** (0. 1315)	-0. 1224*** (0. 0271)			-0. 8427*** (0. 0458)	-0. 3854*** (0. 0243)

续表

	(1)	(2)	(3)	(4)	(5)	(6)	(7)	(8)
dia_sub_			0. 0613 (0. 1474)	0. 1395*** (0. 0327)			−0. 1694** (0. 0705)	−0. 3300*** (0. 0342)
lntime			0. 0476*** (0. 0135)	0. 0373*** (0. 0062)			0. 0162* (0. 0093)	0. 0504*** (0. 0057)
_cons	0. 0694*** (0. 4267)	9. 4653*** (0. 4764)	−1. 3201*** (0. 3105)	5. 4019*** (0. 8441)	0. 2762*** (0. 0113)	7. 3778*** (0. 3943)	−1. 6615*** (0. 1248)	4. 9834*** (0. 6303)
年份固定	不固定	固定	不固定	固定	不固定	固定	不固定	固定
双边固定	不固定	固定	不固定	固定	不固定	固定	不固定	固定
R^2	0. 2616	0. 7543	0. 2748	0. 7140	0. 3792	0. 7950	0. 4673	0. 8054
观测值	85460	85460	76864	76864	85460	85460	81112	81112

注：***、**、*分别对应1%、5%和10%的显著性水平。括号内为省份对层面的稳健标准误。下同。“双边固定效应”为转入-转出地固定效应。

12.4.4　稳健性检验

(1)调整研究样本

借鉴才国伟等(2023)，通过“修剪”样本的稳健性检验主要包括如下内容：第一，仅保留相邻城市样本，结果见表 12-3 模型(1)。可以看出，相邻城市样本量下降明显，且专利转移的边界效应确实存在，且使得省内相邻城市专利转移数量相当于跨界城市的 1.55 倍，与基准回归结果相近。第二，通过设置不同城市对的质心距离门限值以调整控制组样本。具体地，我们分别按照城市对 400km、600km 及 1000km 筛选跨省城市对样本，分别大致对应地理距离的 10%、50%和 75%分位数，相应的估计结果见表 3 中的模型(2)-(4)。可以看出，随着地理距离增加，省级行政边界的边界效应由 1.96 增大至 2.07，但增长趋势趋缓，表明在大国背景下，专利受边界效应的影响显著，尤其是多重边界效应会约束专利向较远地区转移，原因可能在于相邻区域会受到“自我小循环”抑或单中心城市形态的影响。市级“边界效应”的强度相对稳定。第三，以 2020 年专利转移数据为基准，将河流密度(lnriver)和质心距离(lndistance)作为协变量，结合倾向得分匹配(PSM)方法通过调整控制组样本以有效控制选择性问题，匹配结果通过了平衡性检验。其中，表 12-3 中的模型(5)为 1∶1 近邻匹配，同时附加 0.05 的卡尺范围及不放回条件下的估计结果，模型(6)为卡尺范围在 0.01 上的估计结果。以上模型均控制了年份固定效应以及专利转入、转出地的双边固定效应，结果显示通过进一步的控制选择性偏误，估计系数较基准回归结果更强，表明了基准回归结果的稳健性。

表 12-3　稳健性检验的估计结果

	(1) 相邻城市	(2) <400 公里	(3) <600 公里	(4) <1000 公里	(5) 近邻匹配	(6) 核函数匹配
border_p	0.4389*** (0.0629)	0.6712*** (0.0310)	0.7121*** (0.0281)	0.7264*** (0.0310)	0.8264*** (0.0436)	0.8264*** (0.0576)
R^2	0.7299	0.7478	0.7311	0.7156	0.7997	0.7045
观测值	4604	16316	24861	42696	3209	17304
border_c	—	3.1756*** (0.0512)	3.1027*** (0.0514)	3.0190*** (0.0508)	3.3419*** (0.0780)	3.3882*** (0.0679)

续表

	(1) 相邻城市	(2) <400 公里	(3) <600 公里	(4) <1000 公里	(5) 近邻匹配	(6) 核函数匹配
R^2	—	0. 8692	0. 8554	0. 8342	0. 8485	0. 7425
观测值	—	20564	29109	46944	3443	17589
控制变量	控制	控制	控制	控制	控制	控制
年份固定效应	固定	固定	固定	固定	固定	固定
双边固定效应	固定	固定	固定	固定	固定	固定

(2)变更估计方法

与因果推断框架不同，传统的边界效应是以引力模型为基准，并选用将微观数据加总到省级层面作为核心数据集，其估计结果通常为省市两级边界效应的加总。参照引力模型的估计范式，我们首先将“城市对-年份”专利转移数据汇总为“省份对-年份”面板数据，合计得到 8826 个研究截面。其次，模型估计中均考虑了是否加入控制变量及是否加入固定效应的情形，估计结果列示于表 12-4。可见，传统引力模型估计的边界效应整体处在 1. 61-45. 63，受省界、市界叠加的影响，模型(1)-(3)估计的边界效应大于因果推断框架的估计结果。

表 12-4　传统引力模型的估计结果

	(1)	(2)	(3)	(4)
border_p	3. 8205*** (0. 3103)	2. 1096*** (0. 2304)	1. 3428*** (0. 3028)	0. 4758*** (0. 0909)
R^2	0. 1605	0. 8059	0. 2718	0. 8058
观测值	8826	8826	8054	8054
控制变量	不控制	不控制	控制	控制
年份固定效应	不固定	固定	不固定	固定
双边固定效应	不固定	固定	不固定	固定

12. 4. 5　分区域异质性分析

基准回归与稳健性检验的结果显示，海拔差异、水网密度、方言距离等均对专利转移产生影响。显然，这些因素是东西差异、南北异质等空间形态的重要特征。因此，异质性分析选择了从东至西三大板块及南北两方作为考察重点，相应的估计结果见表 12-5，我们选取了在模型中同时加入省、市两级行政边界的方法进行估计，并聚类到城市对层面。模型(1)-(3)中，省级行政边界的虚拟变量系数显示，从东到西，专利转移的边界效应由 2.16 倍升至 2.41 倍，表明东部地区省级行政边界对市际专利转移影响相对较小，西部地区同省内部市际专利转移较跨省专利转移规模更大。此外，与典型事实及基准回归发现一致，市级边界效应较省级行政边界效应更强，且与省级行政边界效应相反，市级行政边界效应自东到西由 30.76 降至 15.98，即东部地区同一城市内部的专利转移规模相比跨市专利转移的倍数更大，这也从一定程度上反映了东部地区城市产业体系更加完善，专利研发与需求更均衡，这一结论与模型(4)、(5)对市际行政边界效应的估计结果一致。此外，模型(4)和(5)对省级边界效应的估计结果也揭示出南方各省之间创新发展的不均衡特征。

表 12-5　异质性分析

	(1) 东部	(2) 中部	(3) 西部	(4) 南方	(5) 北方
border_p	0.7685*** (0.0354)	0.8376*** (0.0382)	0.8802*** (0.1046)	0.7624*** (0.0246)	0.7140*** (0.0359)
border_c	3.4262*** (0.0603)	2.7716*** (0.0881)	2.2299*** (0.1124)	3.0049*** (0.0542)	2.6379*** (0.0802)
控制变量	控制	控制	控制	控制	控制
年份固定效应	固定	固定	固定	固定	固定
双边固定效应	固定	固定	固定	固定	固定
R^2	0.7688	0.8790	0.8857	0.7991	0.7692
观测值	27054	8220	4082	39126	11604

12.4.6　相邻省份的边界效应估计

借鉴才国伟等(2023)，本部分进一步筛选出相邻省份对，以考察省、市两级专利转移的边界效应。结合表 12-6 我们可以得出毗邻省份专利转移表现出如下特征：其一，省级边界效应较强的省份对多在中西部地区，东部地区尤其是长三角、京津冀等地专利转移的边界效应相对较小；其二，跨板块专利关联特征明显，尤其是中部地区“分散突围”战略在专利转移的关联特征上表现突出。如，湖南、江西融入粤港澳大湾区，安徽融入长三角一体化发展战略等取得一定成效。其中，湘-粤、赣-粤、皖-苏省份对的边界效应为1.72、1.59和1.64，小于全国平均水平。其三，与中西部地区相比，东部地区市界的边界效应更大，即东部地区地级市内部的专利转移更加活跃，效率更高。

表 12-6　相邻省份对专利转移边界效应估计

省份对	省界	市界	省份对	省界	市界	省份对	省界	市界
渝-陕	3.3200***	2.6283***	福-赣	0.8656***	2.8018***	赣-浙	0.5858***	3.3146***
渝-贵	1.8435***	2.4415***	桂-贵	0.8358***	2.5296***	冀-津	0.5667***	3.4582***
鄂-陕	1.7105***	2.7688***	皖-赣	0.8344***	3.0441***	甘-青	0.5588**	2.2542***
湘-渝	1.6318***	2.9389***	皖-鄂	0.8200***	3.1563***	湘-粤	0.5404***	3.1551***
鄂-渝	1.4979***	3.0530***	吉-黑	0.8049***	2.8352***	内-辽	0.5216***	2.5923***
川-青	1.3863***	2.5920***	湘-桂	0.8011***	2.8017***	皖-苏	0.4941***	3.6986***
青-新	-1.2725***	1.6546***	鲁-豫	0.7815***	3.4177***	赣-粤	0.4632***	3.2621***
渝-川	1.2645***	2.6278***	川-甘	0.7799***	2.4960***	辽-吉	0.4556***	2.8719***
豫-鄂	1.2627***	3.1630***	福-粤	0.7762***	3.3484***	冀-辽	0.4300***	3.0310***
晋-陕	1.1827***	2.2553***	冀-鲁	0.7724***	3.6409***	沪-苏	-0.3716***	4.0545***
贵-云	1.0732***	2.4289***	鲁-苏	0.7625***	3.8514***	内-宁	0.6765	1.9152***
豫-晋	0.9716***	2.8260***	粤-桂	0.7397***	3.0906***	晋-内	0.3944	2.0828***
川-云	0.9476***	2.5100***	苏-浙	0.7111***	3.8526***	甘-宁	0.3550	2.0347***
鄂-湘	0.9338***	2.9184***	桂-云	0.7007***	2.4685***	甘-内	0.3437	2.1321***
赣-鄂	0.9208***	3.0070***	豫-冀	0.6397***	3.2435***	冀-内	0.2177	3.2511***
川-贵	0.9098***	2.4904***	湘-贵	0.6371***	2.8378***	陕-宁	0.1940	1.9917***
豫-陕	0.9050***	2.9240***	晋-冀	0.6332***	2.9295***	陕-甘	0.1329	2.5596
福-浙	0.8994***	3.3289***	皖-浙	0.6227***	3.5942***	川-陕	0.1141	2.5606***
内-陕	0.8952**	2.3287***	吉-内	0.6184**	2.8061***	沪-浙	-0.1180	3.6528***
赣-湘	0.8850***	2.9197***	甘-新	0.5993*	2.0114***	京-冀	-0.2551	3.6845***
皖-豫	0.8849***	3.1707***	皖-鲁	0.5934***	3.5094***			

12.5　专利保护、路径拓展与专利转移

我们着重考察知识产权的司法保护、行政保护和转移路径拓展对专利转移边界效应的影响。第一，司法保护(judicial)。2014 年，为进一步加强知识产权司法保护，全国人民代表大会常务委员会决定在北京、上海、广州设立知识产权法院。本章据此引入 2014 年设置知识产权法院的处置变量，并将其与行政边界的交互项作为核心变量。第二，行政保护(admin)。2011 年，国家知识产权局发布国家知识产权示范城市评定公告，并在 2012 年公布首批 23 个城市。2012—2019 年，陆续又有 6 批合计 54 个城市获批。国家知识产权示范城市的重要目标之一即推动专利技术产业化及提升知识产权运用转化能力，是对专利转移有效的行政保护和激励措施。第三，转移路径(digital)。本章着重考察数字经济新业态对专利转移的影响。数字经济是专利质量提升的重要推动力，对生产全过程具有支撑作用。同时，数字经济本身也是专利发展的重要领域。2013 年，《“宽带中国”战略及实施方案》强调“发展宽带以促进信息消费”，要求以数字经济为支点“推动产业协同创新”，明确强化数字内容和互联网应用的知识产权保护。故而，我们引入“宽带中国”战略试点城市的处置变量。基于上述渠道，我们通过估计式(12-4)来探讨“有为政府”对专利转移边界效应的影响：

$$\ln \text{transfer}_{ij} = \pi + \gamma_1 \text{border}_{ij} \times \text{channels} + \gamma_2 \text{border}_{ij} + \gamma_3 \text{channels} + \gamma_{ij} f(N_i,\ N_j) + \lambda_i + \lambda_j + \mu_{ij} \tag{12-4}$$

上式主要通过引入处置变量交互项的形式来探讨“有为政府”在专利转移中的作用。需要说明的是，针对新引入的第二个处置变量，我们按照该项政策公布的月份来界定试点基期年份。如，第二批国家知识产权示范中心于 2013 年 8 月公布，由于公布月份为下半年，故而我们将当期年份设置为 2014 年。相反，公布时间为上半年则界定公示年为当期。其中，北京、天津、上海、重庆仅有部分区纳入国家知识保护示范城市范围，考虑到其对整个城市知识产权保护具有外溢效应，故而我们将其进行了保留处理。首先，引入专利转出地为国家知识产权示范城市的虚拟变量，估计结果见表 12-7。可以看出，第一，从市界效应来看，司法保护、行政保护、数字经济均会进一步扩大专利转出的边界效应，即同一城市内部专利转出显著增长。第二，从省界效应来看，司法保护可以有效降低专利转出

行政壁垒，行政保护和数字经济对边界效应呈强化趋势，但并不存在统计学意义上显著的影响作用。其次，我们还引入专利转入地位国家知识产权示范城市的虚拟变量，其与表 12-7 内容类似，备索。

表 12-7　专利保护与路径拓展对专利转出的调节效应

	知识产权司法保护		知识产权行政保护		专利转移路径拓展	
	(1)	(2)	(3)	(4)	(5)	(6)
border_p	1.0132*** (0.0714)		0.9623*** (0.0359)		0.9438*** (0.0395)	
border_c		2.8738*** (0.0520)		2.6580*** (0.0508)		2.7195*** (0.0594)
judicial	-0.1678 (0.2279)	-0.4766** (0.1849)				
admin			0.1379 (0.0845)	-0.0601 (0.0531)		
digital					0.4785*** (0.1009)	0.3891*** (0.0579)
交互项	-0.3830*** (0.0892)	0.4762*** (0.1138)	0.0255 (0.0647)	0.9909*** (0.0662)	0.0530 (0.0496)	0.4653*** (0.0783)
控制变量	控制	控制	控制	控制	控制	控制
年份固定	固定	固定	固定	固定	固定	固定
双边固定	固定	固定	固定	固定	固定	固定
R^2	0.7772	0.8056	0.7769	0.8071	0.7772	0.8061
观测值	81112	81112	81112	81112	81112	81112

12.6 本章小结

创新是引领发展的第一动力。专利影响创新的关键在于“谁持有专利”，从而专利转移关乎技术交易市场的互联互通进而全国统一大市场的构建。基于微观主体间专利转移数据，基于“边界效应”视角，本章首次系统考察了省、市两级行政边界对专利跨界转移的影响。基准回归及稳健性检验均发现，专利转移的边界效应确实存在，省、市两级行政边界效应分别为 2.05 倍和 18.42 倍，即省内专利转移相当于省际专利转移数量的 2.05 倍，且专利转移更多发生在同一城市内部的微观主体之间。异质性分析表明，省际专利转移具有地理衰减及“东→西”向的衰减特征，中东部地区跨板块专利市场一体化趋势增强。相反，市界效应则在东部发达地区更强。结合“有为政府”视角，本章发现知识产权司法保护可有效弱化边界效应，其与行政保护、数字经济路径等均会强化市际效应。

第13章 创新要素的集聚和流动与区域创新效率

在中国推进创新型国家建设的进程中，如何科学有效地组织与协调创新要素，进行创新活动，从而提升区域创新效率，是一个值得关注的议题。从中国各区域进行创新生产的过程来看，其创新要素的获取主要有以下两种途径：一是各区域自身创新要素的集聚，即该区域利用自身积累的创新资源和条件进行生产；二是其他区域的创新要素，即该区域利用来源于其他区域的创新要素进行生产。这两种方式也基本上涵盖了创新要素在区域创新系统内部以及系统之间的联结关系。那么这两种方式如何影响区域的创新效率？其机理是什么？是否存在空间溢出效应？对创新效率的传导机制是什么？回答这些问题对于正确认识区域创新要素的集聚、流动、空间溢出过程，提高区域创新效率，从而科学制定区域创新发展政策具有重要意义。

新经济增长理论认为，经济增长最持久的源泉在于知识生产和人力资本积累(Romer，1990)，而技术进步和创新是一个国家经济发展的推动力(余泳泽，2011)。伴随知识经济的发展和科技全球化水平的不断提升，科技创新水平已成为衡量一个区域竞争力的关键因素，而区域创新效率的高低又作为衡量某一区域创新水平与能力高低的重要指标之一(Cantner，2001)。学术界有关创新效率的研究主要侧重于两个方面：一是集中于特定产业或者企业的创新效率分析，如中国的高技术产业(刘树林，2015)、战略新兴产业(刘迎春，2016)、创新型企业(周海涛，2016)的创新效率测算、演变以及影响因素分析等。另一方面是集中于创新效率的评价研究，大多是运用DEA模型测度并分析了特定国家(Sivak，2011)或者特定区域(杜程鹏，2014)的创新效率。在测算其创新效率的基础上，就各区域如何配置创新资源、提高效率等问题进行了积极的探讨。然而，上述研究将各区域看作一个“孤岛”，仅通过测算各区域创新资源的投入产出来衡量其创新效率，并没有深入揭示区域创新系统之间的相互关系与运作机制，也没有考虑区域之间创新要素流动对创新效率的影响(白俊红和蒋伏心，2015)。

随着知识经济时代的到来，大部分地区通过创新要素的快速集聚，实现了创新能力的跃迁。Buzard 和 Carlino (2013)的研究发现美国大多数行业的 R&D 活动倾向于集中在东北走廊，五大湖地区以及加利福尼亚湾区等。Fornahl 和 Brenner(2009)通过分析统计数据得到，德国的专利发明往往集中在 97 个地区中的 11 个地区，再次强调了知识流动和创新活动的异常集中。方元平等(2012)总结了中国各省市的创新要素空间分布规则，发现了区域创新要素空间分布存在着一定的空间依赖性。可以发现，以创新投入和科技成果为代表的创新行为也出现了空间集聚的现象，但大部分研究仍将各个区域视作一个独立的系统，只考虑了区域本身的创新要素集聚，没有考虑区域之间由于创新要素流动可能存在的关联效应。

而针对区域创新系统之间关联的研究，学者们主要是应用相关计量方法对区域创新是否存在空间相关性予以检验。比如张玉明等(2008)应用区位 GiNi 系数和 Moran'*I* 指数证明了中国省际创新产出的非随机分布，即中国的省级区域创新行为存在明显的空间相关性。Bernardi(2007)等通过对西班牙 17 个地区研发投入现状进行分析，发现各地区之间的研发投入存在着彼此关联的空间特性。事实上，区域之间的创新要素禀赋条件接近与否，只反映出区域之间的一种静态空间特征，而创新要素流动对区域创新效率的影响机制等问题仍值得进一步探究。更为重要的是，目前的研究并没有将创新要素集聚与流动纳入一个统一的分析框架，全面地考察其对区域创新效率的影响。如果把各个区域看作国家创新系统的子系统，那么创新要素在子系统内部的集聚就是产生创新活动的前提和保障，而流动则反映出创新要素在不同子系统之间的联结关系。因而，将区域内部的创新要素集聚与区域之间创新要素流动综合考虑，也有利于更为全面地揭示中国各区域创新要素的配置方式与整体效率。此外，由于传统计量经济学忽视了空间因素的影响(Tobler，1979)，空间计量较普通面板回归能较好地把事物间的这种联系考虑在内，从而降低因忽略变量间的空间相关性而引发的估计偏误问题，克服了传统计量模型忽视空间因素的设定误差、信息损失以及变量相互独立的假设(Fan，2019)。因而，本章将从区域创新要素流动这一视角，采用空间计量模型来考察区域内创新要素的集聚以及区域间创新要素的流动对区域创新效率的影响，并通过中介效应模型实证检验创新要素对区域创新效率的传导机制。

13.1 理论假说

国家创新系统是由作为其子系统的各个区域创新系统有机构成的(Freeman，1987)，而区域创新系统是由两个子系统构成，即“知识应用和开发子系统”和“知识产生和传播子系统”，两个子系统之间存在着知识、资源和人力资本的流动与相互作用(Autio，1998)。在国家创新系统的整体框架内，区域创新系统内部的创新主体通过资源共享、协作互动等方式，促进创新效率的提高，进而形成区域内部的协同创新网络，演化为“知识应用和开发子系统”。因此，以知识和技术为代表的创新活动在区域内部聚集时，创新主体可以从外部获取专业的技术人才以及专业的创新服务(例如专利律师、产品测试商业实验室和贸易组织等)，知识和技术可以通过区域内部创新主体之间的联系迅速流动(Poter，1990)，在区域内部形成“模块化”的创新供应链(Sturgeon，2002)，这些投入的生产要素就会在特定的区域内形成规模经济，有助于降低创新生产的平均成本，提高区域创新的收益水平，进而对区域创新效率产生影响。同时，创新要素在特定区域内部的集聚，也可以发挥劳动力的蓄水池效应，增加劳动力在区域内部的供求匹配，更厚的创新要素市场可以提高当地劳动力市场的匹配质量(Helsley 和 Strange 2002；Wheeler，2001)，降低了创新系统内劳动者的失业风险和企业的生产成本，进而实现提高区域创新生产效率的目的。

知识与技术的集聚与空间溢出表现为相互强化的累积循环因果关系，在区域创新系统中产生了内生互动效应(Berliant 等，2006)。由于隐性知识难以进行编码化或记录，而创新主体之间的地理接近，创造了一个知识快速传播的环境，有利于知识、技术人员、研究人员以及企业家在不同空间范围内流动并与周围群体发生互动和交流(赵勇，2009)。这一现象不仅促进了新知识的创造，还加快了知识在不同群体之间的传播(Almeida 和 Kogut ，1999)，特别是降低了科学发现和科学商业化的成本，进而促进了创新产出的增长和技术进步(Audretsch 和 Feldman ，1996；Feldman，1999)。同时，创新要素的集聚也为知识溢出提供了更多的渠道，使知识交换的模式更加专业化和规模化，不仅带动本地区创新效率的提升，也对其他地区存在空间溢出效应。综合上述观点，本章提出第一个理论假说：

假说 1：创新要素集聚不仅有助于提高本地区创新效率，同时也具有空间溢出效应，有助于其他地区创新效率的提升。

在区域创新系统的框架下，区域之间的协同创新网络又通过创新要素的流动，形成"知识生成和传播子系统"，同时对区域创新效率产生影响。与传统经济要素类似，创新要素亦具有稀缺性和逐利性的特征，会从边际收益率低的区域向边际收益率高的区域流动(杨省贵和顾新；2011)。对于不同的区域创新系统，这种"择优"机制会促使创新要素在各区域创新系统之间动态流动。同样地，创新人员要素与创新资本要素为提高自身价值与边际产出效益，往往会向创新要素高度集聚区域靠拢，进而会对区域创新产出与绩效产生重要影响，主要表现在以下两个方面：(1)创新要素流动产生的知识溢出效应能够提升区域创新效率。创新要素本身就具有知识密集型的特征，其内在携带丰富的知识元素，能够带动创新知识在区域间扩散与传播。这些创新要素的流动会产生知识溢出效应(Fallick，2006)，而知识溢出能够促进创新主体之间的交流与学习，强化创新主体之间的相互竞争，有助于区域创新效率的提升。(2)创新要素流动产生的要素配置优化效应能够提升区域创新效率。在市场机制条件下，创新要素通过区际流动也是一种帕累托改进的过程(卞元超，2020)，能够改善区域创新生产的要素结构与规模，可以将不同的异质性创新主体联合起来，加快区域间的互动与合作，从而对区域创新活动及其生产效率产生积极影响。由此，进一步提出以下假说：

假说 2：区域间创新要素的动态流动具有空间溢出效应，有助于区域创新效率的提升。

从系统的角度来讲，系统绩效除了受内部组分及组分之间的连接关系影响外，还受环境因素的影响。环境因素既是系统发生作用的动力，也是系统运行的条件。因此，创新要素还必须嵌入当地社会经济环境、制度框架等，综合探讨其对区域创新效率的影响机制。基于此，我们认为创新要素集聚对区域创新效率的影响机制可能表现在以下几个方面：(1)区域创新系统的开放水平。开放的区域创新系统，可以通过国际先进的科学技术、管理经验和充裕的资金等影响区域的创新效率，但是国际知识与技术对区域创新系统外溢效应的显著性和作用方向存在不确定性。Harris 和 Robinson(2004)等认为开放的区域环境反而会抑制本区域的技术创新水平，没有对东道国的技术发展起到促进作用。而潘文卿(2003)认为主要是由于地区经济发展不平衡导致外溢存在着"门槛效应"。(2)区域创新系统的生态环境对创新效率的影响存在不确定性，一方面，传统的新古典理论认为，环境保护会提高社会整体福利，但必然会以厂商的生产成本增加为代价，降低企业的技术创新能力。另一方面，Porter(1991)指出环境规制在提高企业生产成本的同时，也会对企业的技术创新产生一定的激励作用，进而会提高区域的创新效率。(3)区域创新系统中信息服务能力主要是为创新活动提供必要的物质、信息交换等支撑条件，这些支撑条件越完善越有利于创新的发生，从而对区域创新效率产生影响(白俊红，2009)。(4)区域创新系统的制度因素。发展中国家政府干预被视作是创新的关键(Dunning 等，2017)，政府可以通过颁布相关优惠政策、搭建创新平台等途径直接影响创新行为，降低创新主体之间的信息交流成本，还可以通过改善基础设施条件为创新主体的创新活动提供便利，进而制度因素也会对区域创新效率产生重要影响。(Knoben 和 Oerlemans，2006)。(5)区域创新系统的经济发展。地区创新投入是与地区经济发展水平密切相关的，通常情况下，地区经济发展水平越高，创新投入也会越多，因而也越有能力进行创新生产活动。综上，提出第三个假说：

假说 3：区域创新要素集聚可以通过创新系统的开放水平、生态环境、信息服务、制度因素、经济发展水平影响区域创新效率。

13.2 变量、方法与数据

13.2.1 城市创新效率

本章选择数据包络分析方法测算城市的创新效率。由于传统的 DEA(Data Envelopment Analysis)模型对有效决策单元无法作进一步的精确划分，因此本章采用改进的 DEA 模型(Srdjevic，2005)来测算创新绩效。

在城市创新投入方面，Fan 等(2014)认为人力资源和财力资源投入是科技生产的基本要素。科学研究、技术服务从业人员数(万人)反映了区域对人才的吸引能力，是区域能够进行持续创新的本质所在。财政科学支出(万元)是表征区域对科技活动的支持程度，也是衡量区域科技能力的重要标准。在城市创新产出方面，发明专利数(个)与科技论文数(篇)代表了知识形态存在的科研成果(Acs 等，2002；Bettencourt 等，2007)，是知识与技术信息传递、存储的载体与科研成果的重要形式，也是科学研究能力的直观体现。

综上，我们利用改进的 DEA 模型，根据上文的投入产出指标核算城市的创新效率。结果表明，中国城市创新效率的分布并不均匀，基本呈现东、中、西依次递减的格局。2017 年，创新效率排名前五名的城市依次为：重庆、上海、北京、西安和苏州，其效率都在 0.9 以上。与 2004 年相比，2017 年创新效率排名靠前的城市分散的区域更为广泛，从中国东部地区不断延伸至中西部地区，各地区创新效率分布不均匀的状况得到一定程度的改善，但是城市创新效率较低的城市所占比重较大的格局并没有改变。这说明在中国的中、西部地区，由于经济发展水平较为落后，存在人才流失、科技基础薄弱、自主创新能力不强等问题，创新投入的产出转化效率也相对较低。可以发现，中国城市的创新效率呈块状、团状分布，具有一定的地域关联性，因此，可以使用空间计量模型探索中国城市创新效率的影响机制。

13.2.2　创新要素集聚

现有文献主要采用创新活动的地理密度(Verspagen，2004)、区位熵(Feldman，1994)、空间基尼系数(Fingleton，2003)、行业集中度以及 E-G 指数(Ellison，1997)等指标来衡量区域创新要素集聚。由于知识和技术是科技创新的重要表征，考察区域知识和技术要素的集聚，可以在一定程度上代表区域创新子系统中知识和技术的应用状况。综合数据可得性和指标直观性等方面的考虑，在测度知识要素聚集时借鉴 Henderson(1995)研究中采用的测度方法，其中 IN_{ij} 代表了区域创新要素的投入，具体公式如下：

$$PS_{ij} = \frac{IN_{ij} \Big/ \sum_{i} IN_{ij}}{\sum_{j} IN_{ij} \Big/ \sum_{i} \sum_{j} IN_{ij}} \tag{13-1}$$

基于此，选择高等学校教师数(人)作为衡量区域知识创新集聚(INK)的指标，高等学校拥有庞大的创新人才队伍和先进的科研仪器设备，掌握着前沿的知识和技术，是基础创新的发源地，是新技术、新发明的先导。同时，高校丰富的人才资源在促进创新要素优化配置与高效利用的同时，也促进了区域创新产出绩效的整体提升(Fan，2019)。

技术要素集聚主要体现在技术效率与成果转化创新能力，因此用比较劳动生产率(%)表示技术创新能力，代表每个员工在单位时间的生产价值，也是代表企业生产综合绩效、技术水平、管理水平、技术水平和劳动者劳动积极性的重要指标。

$$\mathrm{INT}_i = \frac{\mathrm{GDP}_i \Big/ \sum_{i=1}^{n} \mathrm{GDP}_i}{\mathrm{Labor}_i \Big/ \sum_{i=1}^{n} \mathrm{Labor}_i} \tag{13-2}$$

13.2.3 创新要素流动

引力模型源于牛顿的万有引力定律，Anderson(1979)、Bergstrand(1985)、Anderson 和 Wincoop(2003)等学者别从柯布道格拉斯支出系统法、一般均衡分析方法，多边阻力法等不同的视角，探究了引力模型的微观理论基础，使其具备了相应的微观理论支撑。目前，这一模型已被广泛应用于国际贸易流量测算、人口迁移、跨国投资等领域，被用来分析两地区的空间联系(Dalgin，2004)，逐渐成为研究要素流动的一个主流模型。本章借鉴(Roy，2004)的研究成果，拟采用引力模型对区域创新系统之间的要素流动强度进行度量。基于此，城市间创新要素流动的引力模型可被定义为：

$$T_{ij} = k_{ij} \frac{m_i \times m_j}{D_{ij}^2} \tag{13-3}$$

式中，T_{ij} 表示 i 和城市 j 的要素流动强度；k 为常数，通常取1；D_{ij} 为两城市间的最短交通距离；m_i 和m_j 为代表城市 i 和城市 j 的创新要素流动的变量，分别以城市之间的创新资本流动(TC)和创新人员流动(TP)表示。由于资本和人力资源是创新活动得以进行的基本保障(余泳泽和刘大勇，2013)，选择财政科技支出(万元)作为衡量城市创新资本要素的指标，代表城市之间的创新资本流动；普通高等学校学生数(人)作为衡量城市人力要素的指标(周元元，2015)，代表城市之间的创新人才流动。地理邻近性可以促进创新的流动，是创新溢出的先决条件和沟通的最佳方式，相邻的主体更容易发生创新合作。因此本章中的 D 选择了地理距离，利用 Geoda095i 软件测量得到。

根据公式(13-3)，区域间的创新资本的流动强度与两地的创新资本规模成正比，与两地间的距离成反比。因此，可以用矩阵的形式定义两地间的创新资本流动强度。对于矩阵中的任何一个元素，定义如下式表示：

$$\omega_{ij} = \begin{cases} \mathrm{TC}_{ij}, & i \neq j \\ 0, & i = j \end{cases} \tag{13-4}$$

其中，ω_{ij} 为空间关联矩阵中的一个元素。创新人员流动强度矩阵也可参照公式(13-4)来设置。

13.2.4　空间计量模型的建立

空间计量模型分为 3 种类型：空间滞后模型(SAR)、空间误差模型(SEM)和空间杜宾模型(SDM)。空间滞后模型在一般面板数据模型中加入了被解释变量的空间滞后项，表示某空间单元上解释变量受到邻近空间单元解释变量的影响；空间误差模型则加入了空间相关的误差项，即认为某空间单元模型误差项受到邻近空间单元模型误差项的影响；空间杜宾模型则对空间滞后模型与空间误差模型的特征进行了综合，这种受邻近空间单元影响的强度用空间权重矩阵表示。空间滞后模型、空间误差模型和空间杜宾模型分别如下(Elhorst，2014)：

$$Y = \rho WY + X\beta + \varepsilon \tag{13-5}$$

$$Y = X\beta + \mu \tag{13-6}$$

$$Y = \rho WY + X\beta + WX\theta + \varepsilon \tag{13-7}$$

其中，Y 为被解释变量，X 是解释变量，W 为空间权重矩阵，WY 为被解释变量的空间加权自相关变量。ρ 为空间自回归系数，β 为解释变量的回归系数，ε 均值为 0，方差为 σ^2，服从独立同分布的随机误差项。空间误差模型在误差项里加入了空间结构，反映没有作为解释变量而是归入随机扰动项的因素在空间上的交互作用。其中，μ 为空间自相关误差项，$\mu = \gamma W\mu + \varepsilon$，$W\mu$ 为误差项的空间滞后项；γ 为空间自相关系数。空间杜宾模型是二者的综合，$WX\theta$ 代表来自相邻自变量的影响，而 θ 为相应的回归系数。

13.2.5　数据来源

至 2017 年，中国共有 4 个直辖市与 294 个地级市，其中海南省的三沙市、儋州市，贵州省的毕节市、铜仁市，云南省的普洱市、昭通市，西藏自治区的 6 个城市以及青海省的海东市，新疆维吾尔自治区的吐鲁番市、哈密市个别年份数据缺失，将此 15 个城市排除在研究范围内。城市科技论文总数(篇)为中文与英文文献检索加总，其中国内论文数在知网(http：//www. cnki. net/)高级检索中通过设定不同作者单位完成，国外论文数在 Web of Science(https：//www. webofscience. com/)通过高级检索中设置 AD 来完成。检索三大专利申请数(件)通过检索《中国专利全文数据库(知网版)》获得。其余衡量创新要素集聚度等指标数据主要来源于《中国城市统计年鉴》(2005—2018 年)、《中国科技统计年鉴》(2005—2018 年)以及相关城市所在的省份的统计年鉴计算所得。

13.3 实证分析

13.3.1 模型形式的选择

首先运用 LM 检验来判断空间滞后效应与空间误差效应是否显著，然后通过 Wald 或 LR 检验来判断空间杜宾模型是否可以简化成空间滞后模型或空间误差模型。假设 1：$\theta = 0$；假设 2：$\theta + \lambda\beta = 0$。如果假设 1 通过显著性检验则认为空间杜宾模型可以简化为空间滞后模型，如果假设 2 通过显著性检验则认为空间杜宾模型可以简化成为空间误差模型(Elhorst, 2014)。

本章给出了基于创新人员流动空间权重矩阵($\boldsymbol{W}_{\mathrm{TP}}$)、创新资本流动空间权重矩阵($\boldsymbol{W}_{\mathrm{TC}}$)以及地理距离空间权重矩阵($\boldsymbol{W}_{\mathrm{D}}$)下的 LR 检验结果显示(见表 13-1)：时间固定和空间固定的空间杜宾模型的 LR-lag 和 LR-error检验分别在不同程度上通过了显著性水平检验，三种矩阵下的空间杜宾模型均不能简化为空间滞后模型或空间误差模型。而时空固定的空间杜宾模型并未通过显著性检验，即时间固定或空间固定的空间杜宾模型对中国城市创新效率影响因素的模拟最优。

表 13-1 不同形式的空间杜宾模型 LR 检验

检验	检验结果($\boldsymbol{W}_{\mathrm{TP}}$)(时间)	检验结果($\boldsymbol{W}_{\mathrm{TC}}$)(时间)	检验结果($\boldsymbol{W}_{\mathrm{D}}$)(时间)
LR-lag	78.21 (0.000)***	127.85 (0.000)***	46.52 (0.000)***
LR-error	102.25 (0.000)***	134.82 (0.000)***	46.84 (0.000)***
检验	检验结果($\boldsymbol{W}_{\mathrm{TP}}$)(个体)	检验结果($\boldsymbol{W}_{\mathrm{TC}}$)(个体)	检验结果($\boldsymbol{W}_{\mathrm{D}}$)(个体)
LR-lag	15.10 (0.0347)**	24.96 (0.008)***	38.30 (0.000)***
LR-error	102.25 (0.000)***	134.82 (0.000)***	36.01 (0.000)***

续表

检验	检验结果(W_{TP})(时间、个体)	检验结果(W_{TC})(时间、个体)	检验结果(W_D)(时间、个体)
LR-lag	4. 73 (0. 6931)	6. 81 (0. 4485)	1. 78 (0. 9386)
LR-error	3. 58 (0. 000)	7. 11 (0. 4172)	1. 84 (0. 9340)

基于创新人员流动空间权重矩阵(W_{TP})、创新资本流动空间权重矩阵(W_{TC})以及地理距离空间权重矩阵(W_D),对三种形式下的空间杜宾模型进行 Hausman 检验,结果显示(表 13-2):随机效应模型被拒绝,且对数似然值显示时间固定、空间随机形式下的空间杜宾模型拟合程度明显优于空间固定、时间随机形式下的空间杜宾模型。因此,本章建立时间固定、空间随机形式下的空间杜宾模型(SDM)的实证方程:

$$Y_{it} = \alpha + \rho \boldsymbol{W}_{ij} Y_{it} + \beta_1 \mathrm{INT}_{it} + \beta_2 \mathrm{INK}_{it} + \theta_1 \boldsymbol{W}_{ij}\mathrm{INT}_{it} + \theta_2 \boldsymbol{W}_{ij}\mathrm{INK}_{it} + \sum_k X_{kit}\beta_k + \sum_k X_{kit}\beta_k \boldsymbol{W}_{ij} + \varepsilon_{it} \tag{13-8}$$

表 13-2　不同形式的空间 Durbin 模型 Hausman 检验

W	检验结果(时间)	检验结果(个体)
W_{TP}	450. 89(0. 000) ***	462. 10 (0. 000) ***
W_{TC}	418. 74 (0. 000) ***	421. 52(0. 000) ***
W_D	81. 51 (0. 000) ***	229. 88(0. 000) ***

式(13-8)中：Y_{it} 为 i 城市 t 期的创新效率，$\boldsymbol{W}_{ij}$ 为空间权重矩阵，$\boldsymbol{W}_{ij} Y_{it}$ 即为城市创新效率的空间加权自相关变量；ρ 为空间自相关回归系数，表示了加权创新效率观察值$\boldsymbol{W}_{ij} Y_{it}$ 对本城市创新绩效观察值Y_{it} 的影响；β、θ 为相应变量的系数；ε 为随机误差项。X 为其他一系列控制变量：第三产业占 GDP 的比重作为产业结构高级化的代名词，代表地区产业结构(Ind)，有利于考察产业结构变化的情况。用社会消费品零售总额(万元)表示地区消费需求以及消费对创新的拉动作用，代表地区的消费需求(Cons)，居民消费水平的提高，有利于实现需求引领，带动区域经济转型升级。用公路货运量(万吨)表示地区的基建水平(Inf)，城市基础设施

建设水平的提高，有助于营造良好的创新环境，促进创新要素在区域内的自由流动。用全社会用电量(万千瓦时)表示地区的经济活力，代表地区的经济活力(Vit)，一个地区的经济活力越高，其对创新型人才的吸引就会越大，也可以营造良好的创新氛围，有助于城市创新效率的提升。

由于空间杜宾模型(SDM)空间滞后项系数并不能直接解释为空间溢出效应。借鉴(LeSage，2009)的研究成果，总效应表示 X 对所有城市造成的平均影响，直接效应表示 X 对本城市 Y 造成的平均影响，间接效应表示 X 对其他城市 Y 造成的平均影响。因此，将式(13-9)进一步求解偏微分系数：

$$(I_n - \rho W)\ Y = X\beta + WX\theta + \varepsilon \tag{13-9}$$

经过推导换算，直接效应的值为矩阵 $\boldsymbol{S}_r(\boldsymbol{w})$ 中对角线元素的平均值，如下：

$$\bar{M}\ (r)_{\text{Direct Effect}} = n^{-1}\text{tr}(\boldsymbol{S}_r(\boldsymbol{w})) \tag{13-10}$$

$$\bar{M}\ (r)_{\text{Indirect Effect}} = \bar{M}\ (r)_{\text{Total Effect}} - \bar{M}\ (r)_{\text{Direct Effect}} \tag{13-11}$$

总效应为矩阵 $\boldsymbol{S}_r(\boldsymbol{w})$ 所有元素的平均值，如下：

$$\bar{M}\ (r)_{\text{Total Effect}} = n^{-1}\ l_n^{-1}\ \boldsymbol{S}_r(\boldsymbol{w})\ l_n \tag{13-12}$$

13.3.2 空间计量模型回归结果分析

(1)基于空间杜宾模型的检验

本章利用 Stata. 15. 1 软件对空间计量模型予以估计，表 13-3 报告了基于地理距离权重矩阵($\boldsymbol{W}_{\mathbf{D}}$)的空间杜宾模型计量结果，表 13-4 报告了创新人员流动权重矩阵($\boldsymbol{W}_{\mathbf{TP}}$)和创新资本流动权重矩阵($\boldsymbol{W}_{\mathbf{TC}}$)的空间杜宾模型计量结果。

表 13-3　基于地理距离权重矩阵的空间杜宾模型结果

解释变量	直接效应	间接效应	总效应
	$\boldsymbol{W}_{\mathbf{D}}$	$\boldsymbol{W}_{\mathbf{D}}$	$\boldsymbol{W}_{\mathbf{D}}$
知识要素集聚(INK)	0. 0415***(9. 35)	0. 2879*(1. 81)	0. 3295(1. 15)
技术要素集聚(INT)	0. 0018***(15. 51)	0. 0110(1. 05)	0. 0129(1. 23)
地区基建水平(INF)	-0. 0444***(-8. 32)	-0. 8577**(-2. 41)	-0. 9021**(-2. 53)
地区产业结构(IND)	0. 0009**(2. 37)	-0. 0301(-1. 16)	-0. 0291(-1. 21)

续表

解释变量	直接效应	间接效应	总效应
	W_D	W_D	W_D
地区经济活力(VIT)	0.0982***(25.80)	0.7723***(2.64)	0.8706***(2.97)
地区消费需求(CONS)	0.0080(1.38)	-2.214***(-3.22)	-2.206***(-3.02)
Rho	0.3810(1.21)	0.3810(1.21)	0.3810(1.21)
R^2	0.4842	0.4842	0.4842
likelihood ratio	737.5762	737.5762	737.5762

注：***表示1%水平上显著，**表示5%水平上显著，*表示10%水平上显著。

表 13-4　空间杜宾模型计量结果

解释变量	直接效应		间接效应		总效应	
	W_{TP}	W_{TC}	W_{TP}	W_{TC}	W_{TP}	W_{TC}
知识要素集聚(INK)	0.0276*** (7.10)	0.0339*** (7.72)	0.0237* (1.94)	0.0005* (1.90)	0.0557*** (4.22)	0.0345*** (3.44)
技术要素集聚(INT)	0.0076*** (8.45)	0.0049*** (8.90)	-0.1036*** (-4.98)	-0.1230*** (-4.41)	-0.0959*** (-4.51)	-0.1174*** (-4.12)
地区基建水平(INF)	-0.0500*** (-9.45)	-0.0509*** (-9.25)	-0.0179 (-1.12)	-0.0479** (-2.32)	-0.0680*** (-3.99)	-0.0979*** (-4.70)
地区产业结构(IND)	0.0017*** (4.06)	0.0016*** (3.80)	0.0024** (2.16)	0.0008 (0.55)	0.0041*** (3.56)	0.0025* (1.57)
地区经济活力(VIT)	0.1029*** (26.90)	0.1034*** (25.43)	0.0551*** (5.30)	-0.0311* (-1.95)	0.1508*** (14.16)	0.0724*** (4.48)
地区消费需求(CONS)	0.0263*** (4.88)	0.0373*** (6.00)	0.0119 (0.89)	0.1738*** (6.81)	0.0383* (2.57)	0.2099** (8.04)
Rho	0.0647***	0.1529***	0.0647***	0.1529***	0.0647***	0.1529***
R^2	0.4583	0.5291	0.4583	0.5291	0.4583	0.5291
likelihood ratio	1588.7540	662.5997	1588.7540	662.5997	1588.7540	662.5997

注：***表示1%水平上显著，**表示5%水平上显著，*表示10%水平上显著。

通过对比表 13-3 可以发现，基于地理距离空间权重矩阵的空间回归系数为 0.3810，且没有通过显著性检验，而创新人员流动权重和创新资本流动权重下的空间回归系数分别为 0.0647 和 0.1529 且均在 1%的水平上通过了显著性检验，这表明区域间创新人员和创新资本的动态流动有助于知识和技术的空间溢出，并促进了创新效率的提升。其中，区域创新资本要素流动对创新效率的正向溢出效应要大于创新人员流动。正如前文所述，创新人员和资本等创新要素本身蕴含了大量的知识和信息，其在区域间的动态流动有助于区域之间的知识溢出，优化区域间创新要素的配置方式，从而促进区域整体创新效率的提高，验证假说 2 成立。

地理距离权重下，区域创新知识对创新效率存在显著的正向直接效应和空间溢出效应，但显著性水平不完全相同，直接效应在 1%的显著性水平上显著，而空间溢出效应在 10%的显著性水平上显著。区域创新技术要素集聚对创新效率只存在显著的正向直接效应。而创新人员流动与创新资本流动权重下，区域创新知识要素集聚对创新效率造成显著的正向影响，空间溢出效应与总效应对区域创新效率的影响与直接效应表现出相同的影响方向，但显著性水平不完全相同，区域创新知识要素集聚的直接效应与总效应在 1%水平上显著，显著水平较高。区域创新技术要素集聚对创新效率存在显著的正向直接效应，空间溢出效应与总效应对区域创新效率的影响与直接效应表现出相反的方向，但都通过了 1%水平下的显著性检验。

可以发现，基于创新人员流动和创新资本流动的权重下的区域知识要素集聚与技术要素集聚对创新效率的直接效应弹性系数更大，而且存在更为显著的空间溢出效应和总效应，再次验证假说 2 成立。区域创新知识要素集聚不仅可以促进本地区创新效率的提高，也可以有效的带动其他地区创新效率的提高，对于本地区的带动作用明显要大于对于其他地区的带动作用，区域创新技术要素集聚有助于本地区创新效率的提升，但不利于其他地区创新效率的提高。基于此，验证假说 1 部分成立。究其原因，由于中国大部分城市还处于创新发展的初级阶段，而创新技术大都集中于经济发展水平较高、基础设施完善、创新氛围浓郁的少量创新中心城市，比如广州、深圳、上海、北京等，创新技术在特定城市的过度集聚，并不利于中国区域创新效率整体的提高，所以其对其他地区的空间溢出效应也显著为负。

从控制变量来看，创新人员流动和创新资本流动权重下，地区产业结构、地区消费需求和地区经济活力的直接效应的显著水平明显大于其间接效应，说明这三个控制变量对本地区的创新效率促进作用明显。地区基建水平的直接效应、空间溢出效应及总效应对创新效率造成显著的负向影响。究其原因，中国不同城市的基础设施发展水平差距较大，绝大多数城市仍需要耗费大量的人力、物力和财力投入基础设施的建设中以保障创新活动有序、高效开展。长期以来，可能会挤占一部分用于科技创新的资源投入，进而对区域创新效率产生负面影响。

(2)基于空间动态杜宾模型的检验

创新理论告诉我们，创新是一个连续的过程，上期的创新效率很可能会对当期的创新效率产生影响。因此，我们引入被解释变量的滞后项 $Y_{(-1)}$ 作为解释变量，通过建立动态空间面板模型来控制动态时滞和遗漏变量对区域创新效率的影响并检测上文估计结果是否稳健(见表 13-5)。

表 13-5　动态 Durbin 空间模型的回归结果

解释变量	直接效应		间接效应		总效应	
	W_{TP}	W_{TC}	W_{TP}	W_{TC}	W_{TP}	W_{TC}
知识要素集聚 (INK)	0.0276*** (6.22)	0.0298*** (6.75)	0.0303** (2.36)	0.0230** (2.30)	0.0579*** (4.24)	0.0529*** (2.86)
技术要素集聚 (INT)	0.0079*** (5.04)	0.0013*** (5.25)	-0.1226*** (-5.13)	-0.1446*** (-4.42)	-0.1147*** (-4.61)	-0.1433*** (-4.23)
地区基建水平 (INF)	-0.0523*** (-9.39)	-0.0521*** (-9.04)	-0.0277 (-1.57)	-0.0646*** (-2.63)	-0.0520*** (-9.34)	-0.1168** (-4.68)
地区产业结构 (IND)	0.0017*** (3.92)	0.0015*** (3.62)	0.0024** (2.12)	0.0015 (0.89)	0.0042*** (3.31)	0.0031* (1.72)
地区经济活力 (VIT)	0.1028*** (24.55)	0.1013*** (23.92)	0.0773*** (5.50)	-0.0121 (-0.61)	0.1802*** (11.24)	0.0892*** (3.39)
地区消费需求 (CONS)	0.0279*** (4.92)	0.0326*** (5.72)	0.0092 (0.65)	0.2096*** (7.49)	0.0372** (2.42)	0.2422*** (8.42)
Rho	0.0270***	0.0466***	0.0270***	0.0466***	0.0270***	0.466***
R^2	0.9578	0.9684	0.9578	0.9684	0.9578	0.9684
likelihood ratio	1588.7450	958.4428	1588.7450	958.4428	1588.7450	958.4428

注：***表示 1%水平上显著，**表示 5%水平上显著，*表示 10%水平上显著。

创新人员流动和创新资本流动权重下，空间相关系数均显著为正，且区域创新效率的一期滞后项均通过了显著性检验，表明区域创新效率的空间自相关性明显，说明创新生产确实存在着累积效应，前期的创新活动会对当前的创新效率产生影响。从直接效应来看，动态空间面板的知识创新集聚和技术创新集聚都对城市创新效率造成显著正向影响；从空间溢出效应来看，区域知识要素集聚对创新效率产生显著的正向作用，而技术要素集聚对创新效率产生显著的负面影响，且影响效应更大。可以发现，无论是直接效应、空间溢出效应还是总效应，相对于静态空间杜宾模型，动态空间杜宾模型下的区域创新知识要素集聚与技术要素集聚对创新效率的影响作用更大，显著性更强。这也在一定程度上说明，创新要素的集聚是一个长期的过程，对区域创新效率的影响具有一定的时滞性，各区域的创新要素的配置与结构调整要经过一定时期的磨合，才能获得良好的规模经济效应，进而对区域创新效率产生更强的正面影响。

从控制变量的直接效应来看，创新人员流动和创新资本流动权重下控制变量中的地区产业结构、地区经济活力以及地区消费需求对区域创新效率均有正向影响，地区基础设施对区域创新绩效有负面影响。这些结论均与前文一致，表明采用动态空间面板计量模型，控制动态和遗漏变量以后，并没有改变前文的基本结论结果具有稳健性。

(3)基于创新型城市与非创新型城市的进一步检验

随着中国经济不断发展，城市之间的社会分工网络正在逐步形成，创新型城市是指以科技进步为动力，以自主创新为主导，以创新文化为基础，主要依靠科技、知识、人力、文化、体制等创新要素驱动发展的城市。中国于2008年批复深圳成为首个国家创新型城市试点，而后创新型城市数量不断增加，共有78个受科技部批准成为试点城市。由于数据可获得性的原因，拉萨市、石河子市和昌吉市尚不在本章的研究范围之内，因而本章的创新型城市研究对象有75个，非创新型城市共有208个。

通过对比表13-6可以发现，创新型城市基于地理距离权重下的空间回归系数为0.0021，在10%的水平上通过了显著性检验，创新人员流动权重和创新资本流动权重下的空间回归系数分别为0.1559和0.1689均在1%的水平上通过了显著性检验，且创新型城市之间的人员和资本流动区域创新效率的溢出效应更大，这表明创新型城市间人员和资本的动态流动有助于知识和技术的空间溢出，并促进了区域创新效率的提升，结论与前文一致。创新人员流动和创新资本流动权重下，创新型城市的创新知识要素集聚与技术要素集聚都对创新效率造成显著的正向影响，空间溢出效应与总效应对区域创新效率的影响与直接效应表现出相同的影响方向，且在1%的显著性水平上显著。这说明创新型城市的知识要素集聚与技术要素集聚不仅可以促进本地区创新效率的提高，也可以有效的带动其他地区创新效率的提高。基于此，假说 1 得到验证。

表 13-6 分城市类型的空间杜宾模型回归结果

解释变量	直接效应		间接效应		总效应	
	创新城市	非创新城市	创新城市	非创新城市	创新城市	非创新城市
知识要素集聚	0.0266***	0.0360***	0.0299*	0.0449**	0.0505**	0.0676***
(INK)	(2.94)	(6.99)	(2.12)	(2.21)	(2.23)	(3.83)
技术要素集聚	0.0009*	-0.0108	0.2656***	-0.5222***	0.2665***	-0.5330***
(INT)	(1.78)	(1.02)	(1.28)	(-3.07)	(1.34)	(3.04)
地区基建水平	-0.1011***	-0.0399***	0.0938	0.1991	-0.0072*	0.1592
(INF)	(-8.38)	(-7.02)	(0.37)	(1.04)	(-0.03)	(0.83)
地区产业结构	0.1325***	-0.0015**	0.0637**	-0.0093	0.0663**	-0.0108
(IND)	(12.11)	(-2.81)	(2.08)	(-0.46)	(2.16)	(-0.53)
地区经济活力	0.1325***	0.0825***	0.2086	-1.1214	0.3412	-0.0389
(VIT)	(12.11)	(19.77)	(0.77)	(-0.67)	(1.26)	(-0.21)
地区消费需求	0.1110	-0.0069	-0.6207*	-0.6796***	-0.5096	-0.6865***
(CONS)	(8.17)	(-1.19)	(-1.73)	(-2.78)	(-1.41)	(-2.80)
Rho	0.0021*	0.0032	0.0021*	0.0032	0.0021*	0.0032
R^2	0.6436	0.4892	0.6436	0.4892	0.6436	0.4892
likelihood ratio	206.9240	596.9971	206.9240	596.9971	206.9240	596.9971

注：*** 表示 1%水平上显著，** 表示 5%水平上显著，* 表示 10%水平上显著。

表 13-7 创新城市动态杜宾空间模型的回归结果

解释变量	直接效应		间接效应		总效应	
	W_{TP}	W_{TC}	W_{TP}	W_{TC}	W_{TP}	W_{TC}
知识要素集聚	0.0272***	0.0262***	0.0233***	0.0049***	0.0505***	0.0313***
(INK)	(2.99)	(2.92)	(2.80)	(2.71)	(3.17)	(3.03)
技术要素集聚	0.0031***	0.0069***	0.0255***	0.0548***	0.0286***	0.0602***
(INT)	(3.04)	(3.63)	(3.53)	(3.27)	(2.72)	(3.42)

续表

解释变量	直接效应		间接效应		总效应	
	W_{TP}	W_{TC}	W_{TP}	W_{TC}	W_{TP}	W_{TC}
地区基建水平 (INF)	-0.0955*** (-8.17)	-0.1008*** (-8.28)	-0.0632** (-2.27)	-0.0103*** (-3.90)	-0.1587** (-5.57)	-0.109*** (-3.35)
地区产业结构 (IND)	0.0016** (1.98)	0.0018** (2.17)	-0.0109*** (-5.25)	0.0419 (1.19)	-0.0092 (-4.00)	-0.0085*** (-2.97)
地区经济活力 (VIT)	0.1120*** (10.24)	0.1236*** (10.82)	0.0233 (0.85)	-0.0505 (-1.19)	-0.0008 (-0.05)	0.1649*** (4.53)
地区消费需求 (CONS)	0.1345*** (9.95)	0.1209*** (8.91)	0.0847** (2.17)	0.0784*** (3.03)	0.2193 (5.31)	0.0710* (1.65)
Rho	0.1559 ***	0.1689***	0.1559***	0.1689***	0.1559 ***	0.1689***
R^2	0.6685	0.6524	0.6685	0.6524	0.6685	0.6524
likelihood ratio	1588.7540	1588.7540	1588.7540	1588.7540	1588.7540	1588.7540

注：*** 表示 1%水平上显著，** 表示 5%水平上显著，* 表示 10%水平上显著。

从控制变量来看，地区基建水平的直接效应、空间溢出效应及总效应对创新效率造成显著的负向影响。地区产业结构、地区消费需求和地区经济活力对创新效率存在显著的正向影响，而其空间溢出效应不明显，说明这三个控制变量对本地区的创新效率促进作用明显，对其他地区的创新效率影响不明显。

表 13-8 非创新城市动态杜宾空间模型的回归结果

解释变量	直接效应		间接效应		总效应	
	W_{TP}	W_{TC}	W_{TP}	W_{TC}	W_{TP}	W_{TC}
知识要素集聚 (INK)	0.0353*** (6.87)	0.0358*** (6.94)	0.0380*** (2.84)	0.0449** (2.21)	0.0733*** (5.05)	0.0808*** (3.83)
技术要素集聚 (INT)	0.0120 (1.18)	0.0114 (1.11)	-0.1902*** (-7.19)	-0.2562*** (-6.01)	-0.1702*** (-7.15)	-0.2448*** (-6.21)
地区基建水平 (INF)	-0.0405*** (-7.13)	-0.0402*** (-7.05)	0.0130 (0.86)	-0.0207 (-0.17)	-0.0274* (-1.72)	-0.0672 (-3.22)
地区产业结构 (IND)	-0.0014*** (-2.71)	-0.0013** (-2.48)	0.0021 (0.86)	-0.0005 (-0.29)	0.0007 (0.41)	-0.0019 (-0.91)

续表

解释变量	直接效应		间接效应		总效应	
	W_{TP}	W_{TC}	W_{TP}	W_{TC}	W_{TP}	W_{TC}
地区经济活力 (VIT)	0.0817*** (19.56)	0.0810*** (19.24)	0.0192* (1.68)	0.0432*** (2.86)	0.1009*** (8.52)	0.1243*** (7.85)
地区消费需求 (CONS)	−0.0045 (−0.79)	−0.0035 (−0.61)	0.0434*** (2.72)	0.0173 (0.80)	0.0388** (2.24)	0.0138 (0.60)
Rho	0.056**	0.0400**	0.056**	0.0400**	0.056**	0.0400**
R^2	0.3598	0.3444	0.3598	0.3444	0.3598	0.3444
likelihood ratio	1588.7540	1588.7540	1588.7540	1588.7540	1588.7540	1588.7540

注：*** 表示 1%水平上显著，** 表示 5%水平上显著，* 表示 10%水平上显著。

通过对比表 13-6 可以发现，非创新型城市基于地理距离权重下的空间回归系数为 0.0032 并没有通过显著性检验，创新人员流动权重和创新资本流动权重下的空间回归系数分别为 0.056 和 0.040 且均在 5%的水平上通过了显著性检验，这表明非创新型城市之间创新人员和资本的动态流动有助于知识和技术的空间溢出，也可以有效促进区域创新效率的提升，假说 2 再次得到验证。创新型城市两类空间权重下的空间回归系数要大于非创新型城市的空间回归系数，且显著性水平也高于非创新型城市，说明创新人员和资本在创新型城市之间的动态流动对区域创新效率的积极影响更大。

两类空间权重模型下，非创新型城市知识要素集聚对创新效率造成显著的正向影响，空间溢出效应与总效应对区域创新效率的影响与直接效应表现出相同的影响方向，但显著性水平不完全相同。区域创新知识要素集聚的直接效应与总效应在 1%的显著性水平上显著。这说明非创新型城市的创新知识要素集聚不仅可以促进本地区创新效率的提高，也可以有效的带动其他地区创新效率的提高。非创新型城市技术要素集聚对创新效率的影响不显著，但存在负向的空间的溢出效应和总效应，均在 1%的显著性水平上显著。可以发现，非创新型城市知识要素集聚对创新效率的总效应的回归系数要大于创新型城市，而创新型城市技术要素集聚对创新效率的负面影响要小于非创新型城市。究其原因，知识创新是技术创新的先导，非创新型城市仍处于需要大量创新知识支撑技术的初级发展阶段，因此还需要知识创新的集聚以提高区域的创新效率。

从控制变量来看，地区经济活力的直接效应、空间溢出效应与间接效应对创新效率的促进作用最明显。地区基建水平、地区产业结构的直接效应与空间溢出效应对创新效率造成显著的负向影响。只有基于人员流动权重的地区消费需求对创新效率存在显著的正向影响，说明人员流动更有助于提升地区的消费需求，从而促进区域创新效率的提升。

13.3.3　基于区域创新系统的中介效应检验

由前文可知，创新集聚可能通过对外开放、生态环境、信息交流、制度因素和经济发展五种途径影响区域创新效率。本小节借助中介效应模型对上述传导途径进行识别检验。其中，对于对外开放，我们选择外商直接投资予以反映。生态环境、信息交流分别用建成区绿化面积和邮电业务总量占 GDP 的比重(%)予以度量。用城市人均 GDP 和就业人数占总人口的比重代表经济发展和制度因素。进而，构建由如下三个回归方程所组成的中介效应模型：

$$Y_{it} = \alpha_0 + \alpha_1 \mathrm{INK}_{it} + \alpha_2 \mathrm{INT}_{it} + \alpha_3 D_{it} + \varepsilon_{it} \tag{13-15}$$

$$M_{it} = \mu_0 + \mu_1 \mathrm{INK}_{it} + \mu_2 \mathrm{INT}_{it} + \mu_3 D_{it} + \vartheta_{it} \tag{13-16}$$

$$Y_{it} = \gamma_0 + \gamma_1 \mathrm{INK}_{it} + \gamma_2 \mathrm{INT}_{it} + \gamma_3 M_{it} + \gamma_4 D_{it} + \sigma_{it} \tag{13-17}$$

其中，D 为控制变量组成的向量集；M 为可能的中介变量，包括对外开放、生态环境、信息交流、经济发展和制度因素；INK 和 IKT 分别为区域创新的知识要素集聚和技术要素集聚。根据中介效应的原理(Baron 和 Kenny，1988)，若知识要素集聚与技术要素集聚的系数 α、μ、γ 均显著，并且系数 γ 较 α 变小或显著程度下降，则表明存在中介效应。

表 13-9 报告了基于 SDM 方程的中介效应估计结果，当经济环境作为中介变量时，式(13-15)中知识要素集聚相对于式(13-17)有所上升，据此可以判定经济环境并非创新要素集聚影响区域创新效率的中介变量。对于开放环境、生态环境、信息环境、就业环境这四个潜在的中介变量，式(13-15)中知识要素集聚与技术要素集聚的系数均显著为正，式(13-16)中知识要素集聚与技术要素集聚的系数均非常显著，而式(13-17)中的知识要素集聚与技术要素集聚系数均有所下降，符合中介变量的判断标准。因此，可以得出如下结论：开放水平、生态环境、信息交流、制度因素是创新要素集聚通过创新环境影响区域创新效率的主要途径，而区域经济发展的中介作用并不显著。由此可见，假说 3 部分成立。由此可见，在区域创新系统建设的过程中，创新要素集聚可以通过地区的开放水平、生态环境、信息交流和制度因素对区域创新效率产生影响，但是经济发展对区域创新效率的影响不明显，说明区域的经济发展受创新驱动的影响仍然较弱。

表 13-9 基于区域创新体系的中介效应检验

解释变量	对外开放			生态环境			信息交流		
	(15)	(16)	(17)	(15)	(16)	(17)	(15)	(16)	(17)
知识要素集聚 (INK)	0.0449*** (6.58)	0.5392*** (10.81)	0.0405*** (5.96)	0.0454*** (6.80)	0.0966*** (6.54)	0.0430*** (6.41)	0.0437*** (6.55)	0.0303*** (10.78)	0.0408*** (6.02)
技术要素集聚 (INT)	0.015*** (15.83)	0.0071*** (9.89)	0.0014*** (15.83)	0.0016*** (16.75)	0.0023*** (10.79)	0.0015*** (15.92)	0.0018*** (17.34)	0.0057*** (15.01)	0.0017*** (16.25)
M			0.0110*** (4.98)			0.0252*** (3.38)			0.0112*** (2.47)
解释变量	经济发展			制度因素					
	(15)	(16)	(17)	(15)	(16)	(17)			
知识要素集聚 (INK)	0.0444*** (6.65)	0.3973*** (15.27)	0.0538*** (5.22)	0.0420*** (6.09)	0.3225*** (36.27)	0.0200** (2.50)			
技术要素集聚 (INT)	0.0017*** (17.06)	0.0097*** (23.85)	0.0015*** (14.06)	0.0014*** (13.44)	0.0020*** (14.34)	0.0016*** (14.36)			
D			0.0215*** (5.12)						

注：*** 表示 1%水平上显著，** 表示 5%水平上显著，* 表示 10%水平上显著。

13.4 本章小结

以知识和技术为代表的创新要素集聚是提升区域创新能力的关键。本章采用2004—2017年中国283个地级以上城市的面板数据，通过测算区域创新效率、区域创新要素集聚度，并从区域间创新要素流动视角建立空间权重，运用空间计量模型与中介效应模型，实证考察了创新要素集聚、流动对区域创新效率的溢出效应及传导机制。研究发现：(1)无论采用静态还是动态空间面板计量模型，整体回归结果显示，以知识和技术为表征的创新要素集聚都对创新效率产生显著的正向影响；区域知识要素集聚对创新效率存在正向的空间溢出效应，而区域技术要素集聚对创新效率存在负向的空间溢出效应。(2)分类别回归结果显示，创新型城市的知识与技术要素集聚无论是直接效应还是空间溢出效应都对创新效率产生显著的正向影响；非创新型城市的知识要素集聚对创新效率产生正向的直接效应与空间溢出效应，而技术要素集聚对创新效率的影响不显著，但存在负向的空间溢出效应。(3)区域间创新人员与创新资本的动态流动有利于知识的空间溢出，而区域创新资本要素流动对创新效率的正向溢出效应要大于创新人员流动，且在创新型城市之间的动态流动对区域创新效率的提升更为显著。(4)区域创新要素的集聚可以通过创新系统的开放水平、生态环境、信息服务、制度因素等中介变量的传导影响区域创新效率。

第14章　粤港澳大湾区知识创新网络及其外部性

城市群是引领区域经济发展、参与全球竞争的重要空间载体，在知识经济的时代背景下，更是成为区域创新发展的高地。随着“地方空间”向“流动空间”的不断转变(Castells，1996)，城市群的创新空间格局逐渐由传统的等级化向网络化演变(Taylor，2001)，城市之间在创新要素的集聚与扩散、创新活动的分工与合作等方面的关联突破了地理距离对创新外部性的限制，而呈现错综复杂的网络化特征。城市从空间中的集聚点转变为网络中的枢纽，城市间的互动关联及其网络结构已成为影响创新绩效和经济发展的重要因素(Cooke等，2011)。

粤港澳大湾区是中国开放程度最高、经济活力最强的地区之一。为持续保持竞争力，中国政府于2019年发布《粤港澳大湾区发展规划纲要》，目的是对标世界著名的东京湾区、纽约湾区和旧金山湾区，将粤港澳大湾区建设成为国际一流湾区、世界级城市群和国际化科技创新中心。规划将广州、深圳、香港地区、澳门地区作为粤港澳大湾区的四个科技创新中心，意在打造多中心、开放型、融合型的科技创新网络格局。

现实中粤港澳大湾区的科技创新网络是否形成了多中心格局，创新网络外部性如何，是否达到了规划的目的和预期？现有的关于粤港澳大湾区城市网络的研究大多是从经济联系和要素流动视角对城市群网络格局及其演化机制进行分析(彭芳梅，2017；邱坚坚等，2019；王方方等2020)。仅有少数文献着眼于粤港澳创新发展问题，如探讨其创新发展路径(辜胜阻等，2018)，测度创新网络的空间结构并分析其影响因素等(王盟迪，2019；许培源等，2019；马海涛等，2020)，却没有进一步探讨网络格局对城市创新的外部性影响。那么到底当前粤港澳大湾区城市群创新网络格局的空间效应如何，四个创新中心城市对其他城市的影响是以积极的借用规模还是消极的集聚阴影为主？以这一问题为导向，本章对粤港澳大湾区城市群创新网络格局及其外部性进行测度，以期厘清大城市在城市群创新合作中的影响，为调整和优化粤港澳大湾区创新网络格局，提高创新外部性提供借鉴和参考。

14.1 文献综述与理论阐述

14.1.1 从集聚外部性到网络外部性

集聚与扩散是城市群空间演化过程中始终存在的一对矛盾现象，是经济地理学者们长期关注和研究的焦点。瑞典经济学家缪尔达尔于 1957 年提出的“回波-扩散”理论是解释空间相互作用导致区域发展不平衡的经典理论。他将城市对周边地区的推动作用称为“扩散效应”，对周边地区的阻碍作用称为“回波效应”。空间上任何一点同时受到扩散效应和回波效应的双重影响，其叠加作用决定了最终溢出效应的性质(Gaile，1980)。随着空间距离的变化，溢出效应的变化趋势取决于扩散与回波效应随距离的递减率；如果扩散效应递减快于回波效应，则中心城市周边地区受到的溢出效应较大，也会成为经济发展较快的地区；如果回波效应递减快于扩散效应，那么溢出效应在离中心城市一定距离后达到最大值，而邻近中心城市的地带则成为经济发展的低谷区(张京祥和庄林德，2000)。大约同一时期，Hirshman(1958)提出了“极化-涓滴”理论来解释经济发达地区与欠发达地区之间的相互作用。他认为，由于资源剥夺和贸易剪刀差等原因，发达地区对欠发达地区经济发展会带来的不利影响，称为极化效应；但从长期来看，发达地区的经济发展也会对欠发达地区产生积极影响，称为涓滴效应，如增加对欠发达地区的进口和投资，促进先进技术和管理方式向欠发达地区传播等，因此，在区域经济发展中，涓滴效应最终将会大于极化效应。之后，Friedmann(1972)在创建核心-外围理论时，借鉴了熊彼特的创新思想，认为“发展可以看作一种由基本创新群最终汇成大规模创新系统的不连续积累过程”，而具备创新活动有利条件的大城市往往成为区域创新的核心区，创新活动逐渐从 核心区向外围地区扩散。核心区与外围区共同组成完整的空间系统，其中核心区居支配地位，外围区与核心区之间为依附关系。着眼于城市间关系的探讨，Alonso(1973)提出了“借用规模”的概念。他认为一个国家的城市组成了一个相互关联的系统，一个城市的规模和经济活动的变化会对另一个城市的规模和经济活动产生影响。靠近大都市区的小城市可能会具有超出其规模的大城市特征，如位于美国东北海岸大都市区附近的小城市要比同等规模、独立发展的小城市拥有更高的收入水平。通过借用规模，这些小城市不仅能够在一定程度上达到大城市的优势，也可以避免大城市的劣势。Krugman 和 Fujita(1995)在新经济地理学文献中引入了与借用规模相对立的概念——集聚阴影，意指大城市周边的小城市之间存在竞争，结果就会出现一些小城市在竞争中失去发展动力，它们不仅没有因为邻近大城市获得优势，反而陷入不利境地(Meijers 等，2016)。

以上关于集聚与扩散现象和空间相互关系的阐述都是新古典区位理论和新经济地理理论的经典内容，并引导了大量的实证研究来验证集聚的双面外部性。一些学者从产业集聚的视角将集聚经济划分为地方化经济和城市化经济，并分别探讨两种集聚类型对产业和城市经济的外部性影响(Glaeser 等，1992；Henderson，1997；Moomaw，1998；Farahmand 等，2012；Jofre-Monseny 等，2014；Tao 等，2019)。对于集聚所带来的正外部性，一些学者通过对大都市区周边小城市的研究验证了阿隆索对于借用规模的论断，如 Hepworth(1992)对伦敦周边小城市的实证研究发现信息和通信技术的运用强化了借用规模效应，从而在伦敦周边形成了一个广阔的电子腹地。Phelps(1998，2001)发现小城市对伦敦借用规模的本质是小城市的本地优势(如较低的租金和较少的交通拥堵)与伦敦的优势条件(如广阔的市场、更大的劳动力市场和多样化的消费、文化设施等)之间的互补性。然而，与此相反，一些学者也验证了大城市对小城市的集聚阴影效应的存在。大都市与其阴影区的土地利用类型存在显著差异，借此可以界定集聚阴影的空间结构和范围(Fujita 和 Mori，1997；Ellin，2001；Gallent，2006)；大城市与其周边规模偏小的城市在人均收入水平上差异巨大，引起劳动力资源向大城市的倾斜，从而导致区际发展出现严重的不平衡(Au 和 Henderson，2006)；亚洲开发银行 2004 年的一份研究报告曾指出“环京津贫困带”的概念，指的是在北京和天津周围形成一片 C 形带状贫困区域(罗俊和马燕坤，2015)，从而引起了学者对该区域集聚阴影形成机理和减贫措施的研究(孙东琪等，2013；陈玉和孙斌栋，2017；何仁伟等，2018)。

然而，随着交通、信息技术的进步和网络社会的到来，城市之间人口、资本、信息、技术的流动变得便捷和频繁，城市之间相互作用的形式和机制也在发生变化。城市及其内部的企业不仅得益于本地的交流，也愈发受到外部区域的影响。对于许多企业而言，拥有对集聚优势的可获得性就足够了，而无需存在于集聚区域中或与其接近(Parr，2002)。而以中心-外围理论为代表的集聚外部性视角由于将城市的影响限定于城市内部或周边邻近地区，而忽视了跨区域联系的事实，已经不能很好解释更大尺度上的集聚现象。Castells(1996)提出了以要素流动构成的空间形式——“流空间”的概念。Taylor 等(2010)在此基础上提出了以城市间网络关系为基础的中心流理论来批判和修正建立在城市等级关系基础上的中心地理论。在流空间的背景下，各种要素的城际流动塑造了城市之间的关联和相互作用，促使区域空间结构的研究从城市的内部属性转向城市间的外部关联，关注的焦点由城市的规模位序和等级体系变为城市的功能和网络结构(Batten，1995)。Capello(2000)将“网络外部性”概念引入到集聚经济的研究中，发现网络外部性随着城市网络中节点的增多而上升。通过参与网络，城市可以通过合作行为实现城市间的功能互补，获取规模效应和协同利益，从而降低不确定性、风险和信息不对称。城市网络对城市发展所带来的积极效应实质上是由参与网络的所有节点共享的一种俱乐部产品。根据 Meijers(2005)的研究，嵌入城市网络能为城市带来的协同效应可以分为两种，其一是横向协同效应，指的是节点之间的简单合作行为带来的规模效应，从而出现正的网络外部性；其二是纵向协同效应，指的是节点之间进行分工和专业化生产，每个节点将资源集中于自身的相对优势领域，从而产生正的网络外部性。在流空间的背景下，城市间的借用规模不再以地理邻近性为前提条件，而是通过嵌入区域、国家甚至世界网络来实施借用规模行为和获得协同效应(Meijers 等，2016；Hesse，2016)。因此，城市建立网络关联的能力或其网络通达性成为影响其实现借用规模和网络正外部性的重要因素。

总而言之，集聚经济是引发外部性的原因，在中心地理论中，城市间的关系和空间相互作用取决于地理邻近性和城市的规模和等级，随着网络社会的到来，城市间的关系逐渐突破地理距离的限制而逐渐呈现网络化格局。然而，不管区域空间结构如何变化，借用规模和集聚阴影一起组成了外部性的正反两面(Meijers 等，2016)，外部性的最终效应取决于两种作用的叠加和权衡。因此，辨析外部性的作用，厘清城市之间相互关系的性质，对于客观评价和优化区域空间结构具有重要意义。

14.1.2 关于创新网络外部性的研究

与经济发展由均衡到集聚的轨迹不同的是，创新活动的发展由于创新资源的非均质分布，在发展伊始就呈现非均衡态势(Mohnen 等，2002)。在路径依赖的作用下，创新资源持续向某一地区高度集聚促进了创新极的产生，在创新极的创新活动非常活跃，而周边地区则形成了“创新空洞”，使得创新空间格局呈现极化现象。在创新极内，随着参与创新的人、资源与机构之间的关联和互动不断加强，创新网络产生并被持续扩展(Seufert，1999)，不仅直接影响知识生产，而且延伸至经济社会领域，在企业、政府、学术界、消费者和市场之间形成从知识生产、传递、交易到利益分配的广泛网络联结(Foray 和 Lundvall，1998)。在全球化和知识经济的双重推动下，创新活动在加强空间集聚的同时也不断向外扩散，最终形成汇集本地和跨区域互动关联的创新网络。这种基于创新合作关系所形成的网络架构具有协同共生特征，既存在明显的集聚边界又具有开放性，使得创新网络的空间效应出现不确定性，从而引发学者的关注和研究。

从内部因素来看，创新网络结构对创新产出有着显著影响(Rycroft，2007)，网络密度、网络中心度与企业的创新绩效呈正相关关系(Boschma 和 Ter Wal，2007)。创新网络结构的高集聚和高密度特征能够显著影响企业的知识创造，嵌入创新网络的企业比游离于网络之外的企业具有更多的创新产出(Schilling 和 Phelps，2007)。根据创新网络节点之间联结程度的强弱，创新合作关系可被分为强联结和弱联结(Granovetter，1973)。强连结有助于增进创新主体之间的信任与合作，促进网络内资源流动和知识共享，从而有利于创新发展(Uzzi，1996；Hansen，1999)；但也有研究认为强联结会减少创新集群中成员的多样性，导致新创意和技术来源的减少，而弱联结具有低成本优势和更高的开放度，可将联系延伸至网络外部，促进跨边界交流和创新发展(Baron 和 Gomez，2013)。Rowley(2000)等通过对美国钢铁行业和半导体行业的研究发现，强连结有利于渐进式技术创新，而弱联结有利于突破性技术创新。Capaldo(2007)强调，创新网络中只有强联结或弱联结都不利于企业创新，应构建具有强连结的内部结构和弱联结的外围联系的双层网络结构，才能产生积极的外部效应。Eisingericha(2010)等从网络强度和网络开放度两方面衡量创新网络结构，并且发现网络强度对创新绩效的正向效应会随着环境不确定性的增加而降低，网络开放度对创新绩效的正向效应则会随着环境不确定性的增加而增强。这些观点的提出意味着对创新网络关系的探讨需要考虑外部环境的影响，否则分析将失去现实意义。

从影响创新网络的外部因素来看，Boschma(2010)指出认知邻近性、社会邻近性、组织邻近性、制度邻近性和地理邻近性是影响创新网络空间演化的重要因素。创新机构的空间集聚能够产生一定的规模效应从而促进创新产出，但是随着地理距离的增加，由规模带来的创新边际收益会越来越低(Foxon，2014)，而且创新网络在空间上的过于集聚容易形成稳定、刚性的封闭关系网络，从而产生地理邻近“锁定”的负面效应，最终不利于创新发展(Bathelt 等，2012)。但是也有学者认为，技术会重塑空间距离，互联网的发展和普及导致“世界是平的”，从而在软创新方面重新定义创新网络空间(Howells 和 Bessant，2012)。社会文化特征对创新活动也有重要影响。创新人员所具有的文化背景和创新机构所在地区的文化氛围会对成员及其创新活动产生影响，文化习俗较为接近的成员和机构之间的互动和信任会更多，从而维持并促进创新合作的开展(Porter，1998；Engel，2015)。但是文化习俗的过度单一有可能产生排外情况，不利于创新多元化发展。此外，地区的制度因素也对创新活动十分重要。制度邻近性反映了企业受正式或非正式规则约束的相似程度，是企业间建立合作关系的最基础因素，可以减少创新主体合作的不确定性和冲突(Balland 等，2016)。然而，过多的制度临近性也会造成企业对组织的过度依赖和企业间知识的过度溢出，不利于知识产权保护和降低创新激励(Molina-Morales 等，2015)。

概括而言，在创新路径依赖的作用下，创新网络存在于一定的地理空间范围内具有显著的集聚特征，但在全球化和交通、通信技术的推动下，创新合作关联得以突破地理边界而向外扩展。高密度和开放性成为创新网络空间效应的来源，而文化、制度等软环境因素是影响创新网络空间效应性质的重要因素。在中国的发展实践中，粤港澳大湾区是最具代表性的创新区域之一。但是粤港澳大湾区的“一国、两制、三个关税区”的特殊管理格局，使其创新发展面临比其他地区更多文化、制度方面的挑战。中国政府针对粤港澳大湾区的发展规划提出建立以广州、深圳、香港和澳门为中心的创新网络结构，那么当前粤港澳大湾区的创新发展情况如何，是否形成了多中心创新网络结构，创新网络的外部性是积极的借用规模还是消极的集聚阴影？以往的研究大多关注的是创新网络的演化过程和空间结构特征(马海涛等，2018；许培源等，2019；李文辉等，2019；马双和曾刚，2020)、创新绩效(陈子凤和官建成，2009；颜莉，2012；肖泽磊等，2017)和影响因素等(魏守华等，2010；申小莉，2011)，而忽视了创新网络的外部性问题，从而不能真正了解创新网络的效用。有鉴于此，本章用论文数据来测度粤港澳大湾区创新网络的空间结构，并分析在地理距离、文化差异和制度差异影响下其创新网络的外部性，以期厘清粤港澳大湾区创新网络发展态势和复杂外部环境对其网络效应的影响，从而对进一步优化网络结构，提升网络效应做出有益探讨。

14.2　数据与方法

14.2.1　研究范围

粤港澳大湾区(以下简称“大湾区”)的概念于 2015 年在中国关于“一带一路”建设的相关规划中首次正式提出，随后于 2016 年纳入国家“十三五”规划纲要。2017 年，为加强内地同香港、澳门地区的互利合作，“推进大湾区建设”先后被写入当年的政府工作报告和党的十九大报告，成为国家战略。2019 年 2 月，国务院印发《粤港澳大湾区发展规划纲要》，明确提出要将粤港澳大湾区建设成为充满活力的世界级城市群和全球科技创新高地和新兴产业重要策源地。大湾区由香港、澳门 2 个特别行政区和广东省的广州、佛山、肇庆、江门、中山、珠海、深圳、东莞和惠州 9 个城市组成，在总面积 5.6 万平方公里的土地上，运行着 2 种制度、3 个单独关税区，有别于中国其他地区乃至世界上的其他湾区，具有独特而复杂的发展环境。

14.2.2　数据来源与介绍

本章以科研论文合作数量来表征城市间创新合作关联。城市创新合作的指标除了论文以外，还有专利合作数据，但是由于粤港澳大湾区跨境专利合作的数量较少，大部分专利合作发生在广东省各市之间和中国内地其他省份的城市之间，难以表征粤港澳大湾区创新合作的整体情况和真实态势。因此，选择合作论文数据作为测度城市群创新关联的指标。本章的论文数据来源于“Web of Science”核心数据库，数据时间为 2000—2019 年共 20 个年份，具体指标为 11 个城市在 20 个年份的发文总量、本地独著论文数量和城市间合作论文数量。

为了测度粤港澳城市群特殊的文化、制度环境对创新合作的影响，本章设置了两个虚拟变量。就文化差异虚拟变量而言，用各个城市的方言来表征文化差异，其虚拟变量的设置方法如下：首先，根据《汉语方言大词典》和《中国语言地图集》确定粤港澳城市群各个城市的方言；然后，将汉语方言划分为三个层次，方言大区、方言区和方言片。当两个城市属于同一方言片时，方言差异为 0；当两城市属于同一方言区的不同方言片时，方言差异为 1；当两城市属于同一方言大区的不同方言区时，方言差异为

2；当两城市属于不同的方言大区时，方言差异为 3。制度差异虚拟变量设置方法为，从城市所属的政治体制、关税区和行政等级三方面来考虑制度差异。粤港澳大湾区城市群包含三个关税区，广东省内 9 个城市的关税区相同，香港和澳门地区分别具有各自的关税区；城市的行政等级分为三种，广州和深圳为副省级城市，珠海、中山等 7 个城市为地级市，香港和澳门为特别行政区。当两城市所属社会制度、关税区和行政等级相同时，其制度差异为 1；当两城市的社会制度和关税区相同，但行政等级为副省级城市和地级市时，其制度差异为 2；当两城市的社会制度和行政等级相同，但关税区不同时，其制度差异也为 2；当两城市所属的社会制度和关税区都不同，且行政等级为特别行政区与副省级城市时，其制度差异为 3；当两城市的社会制度和关税区都不同，且行政等级为特别行政区和地级市时，其制度差异为 4。

此外，本章还使用了一些社会经济指标，以作为控制变量来测度粤港澳城市群创新网络外部性。这些指标来源于广东省各市统计年鉴。数据的统计性特征如表 14-1 所示。

表 14-1　数据的统计性特征

指标	含　　义	均值	标准差	最小值	最大值
copaper	城市间合作论文数量	556. 30	1040. 73	0	6421
localpaper	城市本地论文数量	2359. 22	4764. 74	1	27732
tpaper	论文总数	2915. 53	5728. 51	1	34153
centrality	每个城市的网络中心性	1. 96	3. 36	0. 00	11. 20
distance	每两个城市之间的距离	0. 89	0. 80	0. 00	3. 73
culture	每两个城市的方言差异	0. 78	0. 73	0	4
institution	每两个城市的制度差异	2. 18	1. 21	1	4
borrowscale	合作论文与每个城市本地论文的比例	44. 92	22. 70	0. 00	120
gdp	各城市 GDP	5240. 84	6027. 86	362. 50	24221. 98
researcher	每个城市研究人员占总人口的比例	15. 28	23. 78	0. 00	118. 20
expend	每个城市的研究经费	105. 81	159. 16	0. 16	966. 75
popuflow	每个城市的人口流动	29. 42	33. 67	4. 03	170. 40

续表

指标	含　义	均值	标准差	最小值	最大值
internet	每个城市互联网用户占家庭总数的比例	143. 61	151. 53	0. 01	766
gap_tpaper	每两个城市论文总数的比例	30. 74	132. 48	0. 00	2583
gap _centrality	每两个城市的网络中心性比值	32. 37	161. 85	0. 00	3311
gap_gdp	每两个城市 GDP 的比值	13439. 24	24302. 53	0. 03	114770
gap _researcher	每两个城市的科研人员数量之比	4. 43	23. 40	0. 00	467. 87
gap_expend	每两个城市科研经费的比值	6. 01	21. 75	0. 00	343. 18
gap _popouflow	每两个城市的人口流动比值	2. 38	2. 87	0. 16	23. 41
gap_internet	每两个城市互联网用户比值	41. 01	670. 30	0. 00	13855. 31

14.2.3　方法介绍

(1)社会网络分析法

在对城市群创新网络的分析中，本章使用了社会网络分析法，借助 UCINET 软件计算得到网络中心性和密度等指标。中心性能够反映城市在网络中的中心地位和影响力，是网络中一个点与其他点直接联系的总和。密度则反映的是创新网络中城市创新合作关联的紧密程度。本章的创新网络是一个无向关系网，网络规模随时间不断变化，因此采用相对度数中心度和如下的网络密度公式：

$$\text{Centrality} = \frac{d(i)}{(n-1)} \tag{14-1}$$

其中，Centrality 为相对度数中心度，$d(i)$ 表示网络中任一节点 i 所拥有的关系数；$(n-1)$ 为网络中节点可能拥有的最大关系数。

$$\text{Density} = \frac{m}{n}(n-1)/2 \tag{14-2}$$

其中，Desnsity 为网络的整体密度，m 表示网络中实际包含的关系总数；分母为网络中理论上可能存在的关系总数的最大值，即 $\frac{n(n-1)}{2}$。

(2)空间计量模型

在测度网络外部性时，本章使用空间计量模型来考察网络中城市中心性对周边地区创新发展的空间效应。为了深入了解粤港澳城市群特殊的文化、制度环境对创新合作的影响，本章在设置文化差异和制度差异虚拟变量的基础上，生成相应的空间权重矩阵，并与地理距离空间权重矩阵一起，来分别测度在距离、文化和制度因素影响下粤港澳城市群的创新网络外部性。距离空间权重矩阵($\boldsymbol{W}_{\text{dis}}$)、制度空间权重矩阵($\boldsymbol{W}_{\text{ins}}$)和文化空间权重矩阵($\boldsymbol{W}_{\text{cul}}$)的公式如下：

$$\boldsymbol{W}_{\text{dis}}=\begin{cases}\text{distance}_{ij}, & i\neq j\\ 0, & i=j\end{cases} \tag{14-3}$$

$$\boldsymbol{W}_{\text{ins}}=\begin{cases}\text{institution}_{ij}, & i\neq j\\ 0, & i=j\end{cases} \tag{14-4}$$

$$\boldsymbol{W}_{\text{cul}}=\begin{cases}\text{culture}_{ij}, & i\neq j\\ 0, & i=j\end{cases} \tag{14-5}$$

其中，distance_{ij} 为城市 i 和 j 之间的地理距离；institution_{ij} 和 culture_{ij} 分别为城市 i 和 j 的制度差异虚拟变量和文化差异虚拟变量。

由于 LM 和 Robust LM 结果都通过了1%的显著性水平检验，故使用空间杜宾模型来进行实证检验，具体模型设置如下：

$$\text{paper}_{i,t}=\alpha_{i,t}+\beta_1\text{centrality}_{i,t}+\delta X_{i,t}+\theta\boldsymbol{W}\textbf{centrality}_{i,t}+\varepsilon_{i,t} \tag{14-6}$$

其中，$\text{paper}_{i,t}$ 表示城市 i 在第 t 年的论文数量，分为论文总量、合作论文数量和本地独著论文数量三种类别；$\boldsymbol{W}$ 为空间权重矩阵，包括距离、文化和制度空间权重矩阵；$\theta\boldsymbol{W}\textbf{centrality}_{i,t}$ 为城市 i 在第 t 年中心度的空间滞后项，其系数能够反映该城市在网络中的地位对周边地区创新发展的影响；α 为常数项，β、δ 和 θ 都为需要估计的参数，ε 为误差项。

此外，为了进一步探究城市群创新网络的外部性影响，本章检验了城市的创新网络中心性与地区差异之间的关系，以判断城市创新网络发展是否有助于缩小地区间差距。具体的模型如下：

$$\text{gap\_paper}_{i,j}=\alpha+\gamma_1\text{gap\_centrality}_{i,j}+\varphi\text{gap\_X}_{i,j}+\varepsilon \tag{14-7}$$

其中，$\text{gap\_paper}_{i,j}$ 表示城市 i 和 j 之间在知识创新方面的差距，$\text{gap\_centrality}_{i,j}$ 为城市 i 和 j 的网络中心度的差距，$\text{gap\_X}_{i,j}$ 为两城市在控制变量上的差距。

14.3　粤港澳城市群知识创新网络空间格局与外部性检验

14.3.1　知识创新网络的空间结构测度

首先，从论文总数来看，2001—2019 年粤港澳城市群论文发表总量不断增加，其中 2001 年至 2012 年增幅相对平缓，2013—2019 年增势较快。广州、香港是粤港澳城市群中论文发表数量最多的前两位城市，在 2011 年之前香港的论文总量排名第一，在 2012 年之后广州跃居第一，香港降为第二。深圳在 2012 年之后成为城市群中论文总量排名第三的城市，且其与香港之间的差距不断缩小。而澳门的论文总量一直较少，与广州、香港和深圳相比差距较大，2019 年广州、香港、深圳的论文总量分别约为澳门的 38 倍、22 倍和 20 倍。就本地独著论文而言，广州和香港的独著论文数量依然是城市群最高的前两位城市，但香港独著论文占城市群独著论文总数的比重一直处于下降状态，从 2001 年的 77.59%下降到 2019 年的 24.09%，而广州所占比重不断上升仅在 2019 年稍有回落，在 2012 年超越香港之后一直保持第一，在城市群的比重由 2001 年的 14.11%提高至 2019 年的 41.76%。深圳本地独著论文在 2012 年及之后位居城市群第三，与香港的差距不断缩小，但与广州的差距仍然较大，至 2019 年在城市群中的比重为 19.80%。澳门的本地独著论文所占比重一直较低，直至 2019 年仅占城市群的 0.88%。从城市间合作论文来看，在 2012 年之前，广州、中山和香港是跨城市论文合作数量最多的三个城市，在 2013 年之后，深圳代替中山成为排名前三的城市。在 2001—2019 年，香港合作论文占城市群比重在波动中有所上升，而广州尽管一直在数量上保持第一，但其在城市群中的比重却出现较大下降，从 2001 年的 42.85%减少至 2019 年的 33.47%。深圳在城市群比重呈不断上升趋势，且在 2019 年超过香港成为城市群中合作论文比重排名第二的城市。而澳门的合作论文占比依然较少。由城市群论文发表趋势来看，广州、香港和深圳是当前粤港澳城市群的三个中心城市，而澳门作为政府规划中的第四个中心城市却尚未在知识创新中表现出较高的中心地位。

根据社会网络分析法的测度结果，2001—2019 年粤港澳城市群知识创新网络的整体密度呈现不断提高的趋势，表明城市群中各城市间的创新合作关联在不断增加（见图 14-1）。就创新生产网络的中心度而言，香港的中心度在2012年之前为城市群中最高，在2013年之后被广州超越，且呈不断下降的趋势。广州的中心度在2012年之前呈快速增长态势，而2013年后增长趋势有所减缓。2012年之前中山是城市群知识创新中心度排名第三的城市，深圳在2013年时超越中山成为第三，2019年时深圳的中心度已十分接近香港。其他城市的中心度则均处于较低水平，相互之间差距不大。就创新合作网络的中心度而言，广州的中心度一直处于城市群最高水平，在2018年之前中山的中心度排名第二甚至超过了香港，仅在2019年低于香港，而深圳的中心度呈现先上升后下降的趋势，在城市群中排名第四。由创新生产网络和创新合作网络中心度的差异可知，广州在创新生产和跨城合作方面均为粤港澳城市群网络中最核心的城市，香港的创新生产能力较强，但跨城市创新合作的地位稍弱。深圳的创新生产能力提高较快，但其在跨城创新合作上的影响力出现下降，表明近年来深圳的创新主要以集聚为主，而与其他城市的合作相对较少。澳门则在创新生产和跨城合作方面的实力均较弱，与政府规划的预期相差较远。

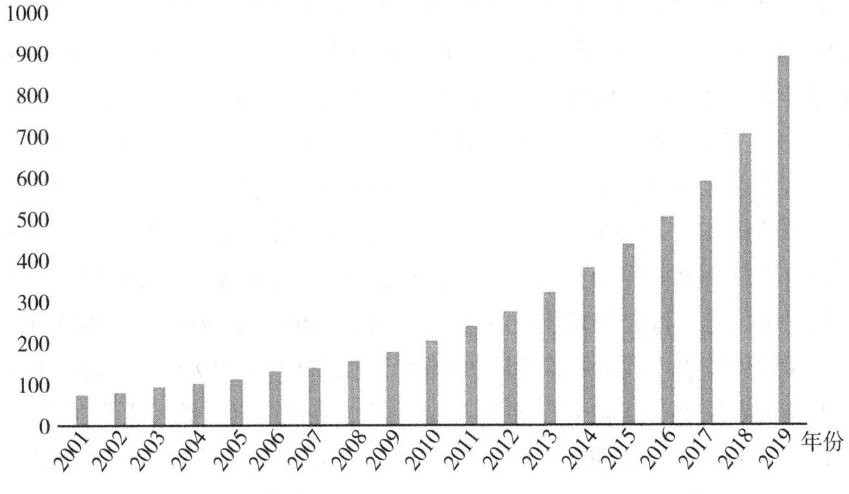

图14-1 2001—2019年知识网络密度(Density (matrix average))

在2001年，从整体上看，粤港澳城市群创新合作关联较为稀疏，香港、广州和中山是论文总量最多的前三个城市；深圳仅与广州的合作联系较多；而澳门的创新合作关联较少，地位较不突出。到2010年，粤港澳城市群创新合作网络密度得到较大提高，广州、香港、深圳和中山是城市群论文总量最多的前四位城市，相互之间的合作关联显著加强，澳门的论文总量和合作关联均有所提高，但仍未显现出较高的中心地位。至2019

年，城市间的创新合作关联大大增强，深圳的中心地位显著提高，与广州和香港成为城市群影响力最强的前三位城市；珠海、东莞和佛山的地位也有所提升；而相较之下，澳门的地位没有得到改善。

14.3.2　粤港澳城市群创新网络外部性测度

(1)对城市创新的外部性检验

首先，从距离、制度和文化差异三个方面探讨城市群创新网络格局对城市总体创新能力的空间影响(见表 14-2)。从核心解释变量的估计结果来看，在距离的影响下，城市在创新合作网络中的中心度对城市自身的总体创新没有显著影响，而对周边地区创新有显著的负向影响；当考虑制度差异的影响时，城市中心度对自身总体创新能力和其他城市创新发展均有显著的负向影响；而文化差异的影响较为微弱，城市中心度对自身创新能力为负向影响，但未通过显著性检验，对周边地区的创新发展也没有显著影响。这表明，当前粤港澳城市群城市创新的外部性存在一定的地理边界，具有高创新中心度的城市对外围地区的创新具有负向影响，且对制度差异较大地区的创新也有不利影响，而文化差异对地区创新发展的影响较为微弱。

表 14-2　对总体创新的外部性估计结果

被解释变量	论文发表总量		
空间权重矩阵	距离	制度	方言
centrality	−0.1235 (−1.48)	−0.1357* (−1.84)	−0.0330 (−0.32)
lnresearcher	0.0934** (2.02)	0.0881* (1.90)	0.0747 (1.38)
lnexpend	0.0465* (1.82)	0.0436* (1.92)	0.0297 (1.27)
lngdp	1.4943*** (6.49)	1.2813*** (3.64)	1.2697*** (3.04)
popuflow	−0.0025** (−2.30)	−0.0025 (−1.42)	−0.0027* (−1.70)
internet	0.1056** (2.31)	0.0747** (2.30)	0.0533 (1.38)

续表

被解释变量	论文发表总量		
Spatial rho	0.2694** (2.32)	−0.2530** (−2.28)	0.0939 (1.11)
R-sq	0.6557	0.6947	0.5703
Log-pseudolikelihood	−167.5218	−167.1068	−174.1501

从控制变量的估计结果来看，城市研究人员对本地创新有积极影响，而当考虑文化差异影响时，城市研究人员对创新的影响变得不显著。无论在距离、制度还是文化差异的影响下，研究经费均对本地创新有积极影响，且经济发展水平越高的地区往往也具有较强的创新能力。距离、制度和文化差异使得人口流动性与城市创新表现为负相关关系。城市互联网发展水平对创新起到显著的积极影响。

其次，将城市创新网络格局对城市间创新合作的影响进行检验(表14-3)。就核心解释变量来看，在地理距离的影响下，城市创新中心度对相距较远的其他城市的创新合作具有显著的负向影响，而对自身创新合作没有影响。制度因素不仅使城市创新中心度对本地开展对外合作不利，也显著限制了其他地区对外合作的发展，这表明，城市创新合作关联主要建立在相同制度环境下的城市之间，而制度差异越大，城市间的创新合作越少。在文化差异的影响下，城市创新中心度既不利于自身开展对外合作，也不利于其他城市创新合作的发展。由此表明，制度差异和文化差异是阻碍城市间建立创新合作关联的主要障碍，而距离使得创新合作的开展局限在一定地理范围内，但相较制度和文化差异而言，距离的影响相对较小。

表 14-3 对创新合作的外部性估计结果

被解释变量	合著论文发表量		
空间权重矩阵	距离	制度	方言
centrality	−0.1538 (−1.54)	−0.1690* (−1.73)	−0.5702** (−2.27)
lnresearcher	0.0892* (1.80)	0.0776 (1.53)	−0.8986** (−2.38)

续表

被解释变量	合著论文发表量		
lnexpend	0. 0472 (1. 59)	0. 0468* (1. 72)	0. 2219** (2. 58)
lngdp	1. 0695*** (3. 84)	0. 7713* (1. 90)	0. 2754 (1. 14)
popuflow	-0. 0018 (-1. 35)	-0. 0019 (-1. 00)	-0. 0004 (-0. 44)
internet	0. 0778 (1. 34)	0. 0489 (1. 12)	0. 0004 (0. 64)
W * centrality	-0. 8308* (-1. 74)	-0. 9103* (-1. 74)	-4. 1932** (-2. 04)
Spatial rho	0. 4853*** (4. 23)	0. 1176 (1. 23)	-2. 9227*** (-4. 73)
R-sq	0. 5676	0. 5321	0. 6836
Log-pseudolikelihood	-187. 2219	-185. 5959	-96. 7841

再次，以城市本地独著论文为被解释变量，检验城市创新网络结构对城市独立创新的影响(见表 14-4)。距离、制度和文化差异均使得城市网络中心度对本地独著论文起到负向影响，且不利于周边其他地区独著论文的增加。由此进一步证明了当前粤港澳城市群创新网络结构对周边地区的外部性表现为负向的空间影响，而复杂的制度环境和文化观念差异是比地理距离更主要的阻碍因素，创新更倾向于集中在本地和制度环境相同、文化观念接近的地区。综上分析可知，在粤港澳城市群，距离、制度和文化差异不仅对城市创新合作具有不利影响，也会限制城市自身创新能力的提高，最终制约了城市总体创新的发展。

表 14-4　对城市本地创新的外部性估计结果

被解释变量	本地独著论文发表量		
空间权重矩阵	距离	制度	文化
centrality	-0. 1010 (-1. 32)	-0. 1116* (-1. 69)	-0. 1438** (-2. 08)

续表

被解释变量	本地独著论文发表量		
lnresearcher	0.0872** (2.08)	0.0789* (1.84)	0.0956*** (2.89)
lnexpend	0.0471** (2.13)	0.0534 (1.14)	0.0145 (0.76)
lngdp	1.4840*** (7.58)	1.2668*** (4.13)	-0.1368 (-0.34)
popuflow	-0.0025** (-2.49)	-0.0020 (-0.91)	-0.0075*** (-2.96)
internet	0.1053*** (2.83)	0.0655** (2.46)	-0.0001 (-0.68)
W * centrality	-0.9324** (-2.66)	-0.8239** (-2.06)	-1.7188*** (-2.73)
Spatial rho	0.2714** (2.67)	-0.3817** (-2.50)	-1.4978*** (-3.56)
R-sq	0.6778	0.7122	0.5703
Log-pseudolikelihood	-140.4507	-141.4684	-174.1501

(2)对城际创新差距的外部性检验

最后，以两两城市间论文总数的差值为被解释变量，分别设置距离、制度和文化差异与城市创新中心度的交互项，来进一步探究粤港澳城市群创新网络格局和创新环境对创新差距的交互影响，结果如表 14-5 所示。城市间创新网络中心度的差距与城市间创新差距呈显著的正相关关系，表明当前粤港澳城市群创新网络集中度越高，则城市间创新差距就越大，反映出当前广州、香港和深圳在创新上的高度集聚加大了城市群创新的空间差异，对其他城市的创新发展具有显著的负外部性。距离、制度差异在一定程度上加剧了创新中心城市的负外部性，而文化差异的影响相对较小。此外，城市间在互联网发展水平上的差距也是拉大城市间创新差距的因素之一，表明当前粤港澳城市群中其他城市与广州、香港和深圳相比，在创新基础设施水平上的差距较大，是制约其他城市创新发展的客观因素。

表 14-5　对城际创新差距的外部性估计结果

被解释变量	城市间论文总量的差距				
模型	模型 1	模型 2	模型 3	模型 4	模型 5
gap_centrality	1. 0007*** (3442. 34)	1. 0001*** (1932. 15)	0. 9979*** (859. 12)	1. 0002*** (1282. 59)	0. 9958*** (550. 79)
dis * centrality		0. 0006* (2. 10)			0. 0010 (1. 48)
ins * centrality			0. 0013** (2. 74)		0. 0019** (2. 56)
cul * centrality				0. 0003 (0. 83)	-0. 0001 (-0. 17)
gap_gdp	0. 0000 (-1. 46)	0. 0000** (-2. 43)	0. 0000 (-1. 33)	0. 0000 (-1. 51)	0. 0000** (-2. 41)
gap_lnresearcher	-0. 0026 (-0. 92)	-0. 0021 (-0. 79)	-0. 0009 (-0. 40)	-0. 0026 (-0. 92)	0. 0008 (0. 90)
gap_expend	0. 0076 (0. 65)	0. 0100 (1. 58)	0. 0062 (0. 60)	0. 0073 (0. 81)	0. 0098** (2. 67)
gap_popouflow	0. 0018 (0. 45)	0. 0010 (0. 37)	0. 0006 (0. 15)	0. 0022 (0. 69)	-0. 0014 (-1. 30)
gap_internet	0. 0804** (0. 0804)	0. 1071** (2. 51)	0. 1092*** (3. 55)	0. 1101 (1. 70)	0. 1574*** (3. 17)
_cons	0. 0035 (1. 10)	0. 0051* (1. 95)	-0. 0007 (-0. 30)	0. 0045 (1. 72)	-0. 0003 (-0. 29)

14.4　本章小结

粤港澳大湾区是中国创新发展最为活跃的地区之一，而复杂制度环境和文化差异使其创新合作面临较大挑战。基于论文合作数据，本章利用社会网络分析法和空间计量模型对 2001—2019 年粤港澳大湾区知识创新网络的空间格局和演化特征进行分析，并对其外部性进行检验。结果发现：(1)粤港澳大湾区知识创新网络密度不断提高，形成了以广州、香港和深圳为中心，其他地区为外围的网络格局，但澳门的创新实力较弱，与政府规划中第四中心的地位相差较远。(2)创新合作关联集中于广州、深圳和香港之间，复杂的制度环境和文化差异加剧了知识创新的空间差异，其他城市并未从中心城市的创新发展中获得借用规模，反而处于集聚阴影之中，粤港澳大湾区知识网络表现出显著的负外部性。(3)规划与现实的落差表明粤港澳大湾区未来的创新发展需要重视空间差异问题，要根据城市发展基础和特色优势来协调创新合作，通过区域创新优势互补，促进创新格局的优化调整和整体创新实力的提高。

第15章　跨国知识转移与全要素生产率

全要素生产率(Total Factor Productivity，TFP)是衡量要素投入对经济增长的贡献的一个重要手段，也是体现经济增长方式和增长质量的重要指标(Jacek 等，2020)。正如 McMorrow(2010)所指出的，全要素生产率(TFP)是大多数成熟经济体增长的主要动力。Solow(2001)也提出，全要素生产率是跨国经济绩效分析的一个重要变量，为社会提供了一个从根本上提高福利的机会，从而实现福利的长期增长。根据内生增长理论(Romer，1990)，技术进步是保持经济持续增长的重要因素，全要素生产率会随着国内研发强度的提高而上升(Grossman 和 Helpman，1991)，同时也是一个经济体内技术水平的代表。

技术进步的主要实现途径是自主创新和来自国际的知识技术转移(Aghion 和 Howitt，2006)。Teece(1977)最早提出了知识转移的思想，认为创新主体通过知识的国际转移，能积累起大量跨国界应用的知识，而复制和再生产新知识的成本很低。因此，落后国家在跨国知识转移的过程中获取先进知识的成本远远小于其自主创新成本，从而获得竞争优势(Alseben，2005)。现有文献对跨国知识转移对技术进步的影响研究主要基于两种对立的观点：一方面，知识在交流与转移中可以得到更大的发展，旧知识会不断被新知识所补充，是一个创新知识库不断完善的过程(Chiesa，1996；Cohen 和 Klepper，1996)。同时，多元化的知识还可以增加区域创新体系中创新知识的储备，提供了高效、专业化和深入解决问题的机会，从而有助于企业自主创新能力的提升(Glassman，2001)。如 Masaaki 等(2007)研究发现跨国知识转移有助于美国制药企业创新绩效的提升。另一方面，由于创新的累积性和路径依赖导致了知识“锁定”(Michie，1998；Redding，2002)，有可能造成母国陷入“引进—落后—再引入”的恶性循环，削弱其自主创新能力(Song，2003)。由于知识不同于具有排他性和有限性的物质产品，是一种不会损耗、可重复性使用和共享的资源，以研发合作为代表的知识转移在组织内可有效形成知识“重叠”，进而有助于组织竞争力的提升(David 等，1996)。现有文献大多是基于跨国公司的战略管理案例，探讨跨国知识转移对企业本身创新绩效或生产效率的影响，很少从研发合作的视角探讨跨国知识转移对本国全要素生产率的影响，也忽略了不同企业或者地区吸收能力的差异。且目前学术界对知识转移的评估或定量研究极少，在研究知识转移的效果时，只是借助一些相关指标加以映射，缺乏足够信度和效度。而如何从定量角度分析跨国知识转移对中国全要素生产率的影响？其知识外溢效应的大小和方向是什么样的？且有效外溢的发生必须包含对国外先进知识的学习和吸收，不仅与知识本身的内容与性质密切相关，而且与接受地区的研发能力、人力资本、金融环境和经济发展水平等多方面的社会环境因素有关(Abramovitz，1986)。在此，我们假设知识内容基本能有效转移，基于这个前提，本章从研发合作的视角检验跨国知识转移对中国全要素生产率的影响，同时分析国内研发能力、人力资本、金融环境、基础设施、对外开放以及经济发展水平等吸收能力因素对跨国知识转移的作用大小和方向。

几十年来发展中国家的实践表明，除了自主研发外，国外先进技术转移已经成为其技术积累的重要途径(Keller，2004)。陈继勇和盛杨怿(2008)利用中国 29 个省级区划 1992—2006 年的面板数据，采用面板变截距和变系数的计量方法检验了区域 R&D 投入、FDI 的知识溢出对地区技术进步的影响，结果表明 FDI 渠道传递的外国 R&D 资本对技术进步的确能起到促进作用，但它与地区自身的经济、科技发展水平有着密切的关系。此外，Globerman(1979)对加拿大的研究、Blomstrom(1986)对墨西哥的研究也都发现 FDI 促进了东道国的生产效率和技术水平的提高。而知识创新又是技术创新的基础(Fan 等，2019)，无论是自主研发还是对国际先进技术的吸收，只有在后发国家有一定的创新知识积累的基础上，才能对发达国家的技术进行更有效率的模仿、吸收和再创新。然而，关于国际技术外溢的研究大量集中在国际技术溢出对全要素生产率的影响，而较少的考虑创新知识对技术的支撑作用，即国际技术溢出是否在跨国知识转移与全要素生产率之间起到中介作用？此外，在溢出发生渠道方面，现有的研究几乎只关注进口和外国直接投资(FDI)的溢出效应(Chang 等，2013)，只有少数研究同时检查了两个或更多的国际溢出渠道。在大多数情况下，国际技术溢出是由所有渠道并行发生的，因此，本章基于 FDI、OFDI、对外出口、对外进口以及无形共 5 个国际技术溢出渠道(Zhang 等，2018)，检验其可能存在的中介效应。

对于方法而言，大多数文献都是将跨国知识转移或国际技术溢出作为外生变量来处理，然而知识与技术的转移与东道国的知识积累、技术进步以及经济增长之间很可能存在着某种内生性关系(Sun 等，2012)。Frankel 和 Romer(1999) 认为经济增长较快的国家其开放度也较高，最终知识创新能力的提升又会进一步提高本国的技术水平和经济水平，可见应该将当期的跨国知识转移视为一个内生变量。基于此，本章的研究思路如下：以中国 31 个省级区划为研究样本，首先将跨国知识转移视为内生变量，运用系统 GMM 估计方法，分析跨国知识转移对中国全要素生产率的影响，分别从国内研发投入、人力资本、金融环境、基础设施、对外开放和经济发展水平六个维度探讨吸收能力对跨国技术转移的动态吸收效应。其次，验证 FDI、OFDI、对外出口、对外进口以及无形五个国际技术溢出渠道可能存在的中介效应，对中国寻找跨国高端知识转移的有效机制，提高全要素生产率，促进经济可持续发展具有重要意义。

15.1 变量与数据说明

15.1.1 被解释变量：全要素生产率

经济增长质量的核心是效率，效率变革则主要依赖于全要素生产率的提升，推动经济发展的质量变革，关键是提高全要素生产率(刘帅，2019)。本章参考(刘秉镰，2009)的指标体系，用 DEA-Malmquist 指数的方法测度中国 31 个省级区划的全要素生产率。

15.1.2 核心解释变量：跨国知识转移

合著科研论文是科研合作最直接的体现形式(Glanzel，1996)，也是跨国知识转移的重要通道之一，它使得科研人员在进行知识交流的同时共享彼此的资源，以获得创新所需要的知识，实现知识互补与知识共享(Audretsch，1996)。因此，本章采用中国各省(市、区)与国外科研论文合作篇数衡量跨国知识转移。

15.1.3 吸收能力

(1)研发能力：本章选择 R&D 支出占 GDP 的比重(%)衡量中国各省(市、区)的研发能力。知识转移的路径依赖性决定了知识的转移必须以一定的知识基础为前提条件(Cohen 和 Levinthal，1989)。对国外的知识吸收也是建立在现有知识水平的基础上实现的，如果初始知识存量与技术水平过低，即使增大了与国外研发合作获取知识外溢的可能性，但由于落后国家自身没有足够的研发能力，不能充分吸收国外先进知识从而无法实现有效知识外溢。因此，我们预期，母国研发能力的强弱对来自跨国知识转移的层次与水平有着显著的影响。

(2)人力资本：本章选择 R&D 人员总数(万人)衡量国内各省(市、区)的人力资本。知识扩散过程应是一种“学习”活动，知识只有经过接受者的学习与理解被其掌握，才能真正转化为接受者自己的知识。而对于个体而言，并非每个人在领悟同一类知识上所消耗的时间和精力都一样，而知识的使用规模无疑与接受者的学习能力密切相关，接受者积累的知识越丰富，学习能力越强，知识的转移成本越低，而知识的使用规模就会越大。因此，人力资本是影响跨国知识转移的一个重要因素，拥有低水平人力资本的地区可能无法充分吸收来自跨国知识转移获得的创新知识(Datta 和 Mohtadi，2006)。

(3)金融环境：本章选择金融业产值占 GDP 比重(%)衡量各省份的金融环境。一国金融环境是跨国知识转移与经济增长之间长期稳定关系的重要纽带(Azman-Saini，2011)。一方面，发达的金融市场可以有效降低企业融资成本，为企业知识技术引进、吸收和再创新的过程提供资金支持，健全的金融体系能够有效监督资金用途、提高投资效率，进而提高与国际研发合作相关的吸收能力(Hermes 和 Lensink，2003)。另一方面，由于信贷约束，发达的金融市场则可以优化劳动者的学习和工作的时间配置，使经济主体减少接受教育的时间而增加劳动时间，有利于人力资本积累进而促进跨国知识的外溢。

(4)基础设施：本章选择基础设施投资占固定资产投资的比重(%)衡量各省(市、区)基础设施的建设水平。基础设施是保证社会经济活动正常进行的公共服务系统，而基础设施建设水平与知识转移的溢出效应关系密不可分。根据国家统计局相关统计数据，中国沿海和内陆地区的基础设施投资占全社会固定资产投资的比重分别约为 37%和 27%，我们采用这个比例计算各省份基础设施投资额，进而衡量各省市基础设施的完善程度(张建清和刘诺，2018)。

(5)开放程度：本章选择进出口总额占 GDP 的比重(%)衡量各省份的开放程度。开放程度直接影响国内创新主体与不同国家的联系，开放水平较高的国家，有助于创新经济主体之间进行更多的学术交流和研发合作，因而也将对知识转移的效果产生影响（Coe，1995）。然而，开放程度的提高也可能对母国经济主体的自主创新形成挤出作用。因此这一变量的估计系数可能为正，也可能为负，取决于知识溢出效应和挤出效应的相对大小。

（6）经济发展：本章选择人均 GDP（元）衡量各省份的经济发展。由于发达国家因具备较强的技术经济实力、完善的信息网络和法律体系而在知识创新与知识扩散方面较之发展中国家具有比较优势（李梅和柳士昌，2012）。因此，母国的经济发展水平会直接影响知识传递与扩散的范围和速率，进而会对跨国知识转移产生重要影响。

15.1.4　中介变量：国际技术溢出

参考 Zhang 等（2018）的研究，本章将国外 R&D 存量分为进口贸易（R_{it}^{import}）、FDI（R_{it}^{FDI}）、无形（R_{it}^{direct}）、出口贸易（R_{it}^{export}）和对外直接投资（R_{it}^{OFDI}）以计算国际技术外溢水平。本章首先借鉴 Griliches（1980）和美国 R&D 卫星账户的测算方法，采用永续盘存法测算各国国内 R&D 存量（李梅和柳士昌，2012）。

在具体的吸收能力测度上，考虑到国际技术外溢实际效果取决于技术外溢强度和国内吸收能力，本章引入每 100 万人中研发人员数代表中国和各国的人力资本 H_0、H_j，得到以下进口吸收能力：

$$R_{ct}^{\text{import}} = \sum_j \frac{m_{jt}}{V_{jt}} \cdot e^{\min\left[0,\ \frac{H_0}{H_j}-1\right]} \times K_t \tag{15-1}$$

其中 m_j 是中国从国家 j 的进口额，V 表示工业部门的工业增加值。将上式中m_j 替换成中国对国家 j 的出口额 ex_j，即为出口贸易外溢 R&D 存量（R^{export}）。

同理，FDI 外溢 R&D 存量（R^{FDI}）的测算模型如下所示，其中 FDI_j 是国家 j 在中国的实际 FDI 投资额，K 表示资本形成总额。替换式（12-6）中 FDI_j 为中国对国家 j 的对外直接投资额 OFDI_j，可以得到对外直接投资外溢 R&D 存量（R^{OFDI}）。

$$R_{ct}^{\text{FDI}} = \sum_j \frac{\text{FDI}_{jt}}{K_{jt}} \cdot e^{\min\left[0,\ \frac{H_0}{H_j}-1\right]} \times K_t \tag{15-2}$$

由于数据可得性限制，本章采用间接法测算我国各省份吸收的国际性技术外溢。利用各地进口额占全国的比重构建权重，如下所示：

$$R_{it}^{\text{import}} = \frac{m_{it}}{\sum_{i=1}^{30} m_{it}} \times K_t \tag{15-3}$$

其中 m_{it} 是 i 省在 t 时期的进口额。同理可利用各省份出口额、FDI 和 OFDI 构建相应的权重测算其通过出口贸易、FDI、对外直接投资渠道获得的国外 R&D 溢出。

本章以技术相似度和外资占比之积衡量技术外溢可能性，即在无形技术外溢中考模型中引入“技术势能”概念，选用全要素生产率差异来表示技术相似度，以索洛余值法估算，即 $\text{TFP} = Y/(K^{\alpha} L^{1-\alpha})$，其中 Y、K、L 分别表示国内生产总值、资本存量和就业人数，α 是资本的产出弹性。本章以 2003—2017 年数据回归获取各国的资本产出弹性。技术势能的计算公式如下，其中z_{ct} 是我国实际利用外资总额，z_{jt} 是来自 j 国的投资额，TFP_{ct}、TFP_{jt} 分别表示我国和 j 国 t 期的全要素生产率：

$$\text{pz}_{jt} = \frac{\min[\text{TFP}_{ct},\ \text{TFP}_{jt}]}{\max[\text{TFP}_{ct},\ \text{TFP}_{jt}]} \cdot \frac{z_{jt}}{z_{ct}} \tag{15-4}$$

人员的跨国流动是国际技术外溢的重要载体之一，本章以 t 期国家 j 到中国旅游人数(d_{jt}) 占中国接待外国游客人员总数(d_{ct}) 的份额代替 Lee (2005)模型中的专利引用相对份额，记为 pd_{jt}。Balasubramanyam 等(1996)的研究表明，一个地区基础设施建设水平与高地区技术溢出吸收能力的关系密不可分，因此本章选取第三产业增加值占地区生产总值比重作为吸收能力的代理变量，分别用f_{ct}、f_{jt} 表示。于是本章提出无形外溢 R&D 存量测算公式如下：

$$R_{ct}^{\text{direct}} = \sum_{j} \text{pz}_{jt} \cdot \text{pd}_{jt} \cdot f_{ct} \cdot f_{jt} \cdot K_t \tag{15-5}$$

假设各省份宽带户数的数量越大，从国外获取的无形外溢 R&D 存量越多，则各地获得的无形外溢 R&D 存量为：

$$R_{it}^{\text{direct}} = \frac{\text{net}_{it}}{\sum_{i=1}^{31} \text{net}_{it}} \times K_t \tag{15-6}$$

15.1.5 数据说明

由于数据可得性，本章选择 2004—2017 年，中国 31 个省份为研究样本，具体数据选择和说明如表 15-1 所示。

表 15-1　数据选择和描述

变量类型	指标选择	变量名称	描　述	数据来源
被解释变量	全要素生产率	lnTFP	经济要素的投入和产出	使用 DEA-Malmquist 方法计算
核心解释变量	国家间知识转移	lnKT	中国 31 个省与 211 个国家(或地区)之间的科研论文合作	在 Web of Science (WOS) 中通过 python 提取
控制变量	研发支出占 GDP 的比例	lnRD	研发支出/GDP	《中国统计年鉴》(2005—2018 年)
	研发人员总数	lnHum	研发人员的数量	
	金融业产值占 GDP 的比重	lnFin	金融业产值/GDP	
	基础设施投资占固定资产的比例	lnFra	基础设施投资/固定资产投资	
	进出口总额占 GDP 的比例	lnOpen	进出口总额/GDP	
调节变量	人均 GDP	lnEco	常住人口/国内生产总值	中国统计年鉴(2005—2018 年)世界银行数据库国际货币基金组织数据库
	外国直接投资技术溢出	R^{FDI}	用公式(12-1)至公式(12-6)计算	
	对外直接投资技术溢出	R^{OFDI}		
	进口贸易技术溢出	R^{Import}		
	出口贸易技术溢出	R^{Export}		
	直接技术溢出	R^{Direct}		

15.2　实证模型

15.2.1　系统 GMM

由于严重的内生性会使得最小二乘估计量不再是一致的或最优的估计量，一般的处理方法是选取适当的工具变量以减少随机项和内生解释变量之间的相关性，然而很难找到与跨国知识转移相关又与全要素生产率完全不相关的合适变量。系统 GMM 估计法最初是为了估计动态面板而提出来的(Arellano 和 Bover，1995)，它可以利用内生解释变量的水平值和差分值作为工具变量来克服解释变量的内生性问题，而不需要寻求其他的工具变量。相对于差分 GMM，Blundell 和 Bond(1998)证明系统 GMM 估计法比一阶差分 GMM 估计法有更好的有限样本性质，在很大程度上可以降低由一阶差分 GMM 估计法带来的偏误，因此本章选用系统 GMM 估计法来解决全球知识转移研究中的内生性问题。

一国对外来技术的吸收能力是国际知识扩散的重要因素，而吸收能力又与国内研发(RD)、人力资本(Hum)、金融发展(Fin)、经济发展(Eco)、基础设施(Fra)以及对外开放程度(Open)紧密相关，因此本章用以下所列的模型分别检验了上述各个因素对跨国知识转移的影响。考虑到知识对技术的促进有一个滞后过程，同时为了减弱变量内生性的影响，本章将解释变量作滞后一期处理，公式(15-7)检验了跨国知识转移对全要素生产率的影响：

$$\begin{aligned}\ln(\mathrm{TFP}_{it}) = {} & \beta_1\ln(\mathrm{KT}_{i,t-1}) + \beta_2\ln(\mathrm{RD}_{i,t-1}) + \beta_3\ln(\mathrm{Hum}_{i,t-1}) + \\ & \beta_4\ln(\mathrm{Fin}_{i,t-1}) + \beta_5\ln(\mathrm{Eco}_{i,t-1}) + \beta_6\ln(\mathrm{Fra}_{i,t-1}) + \\ & \beta_7\ln(\mathrm{Open}_{i,t-1}) + u_{1i,t} + \varepsilon_{1i,t}\end{aligned} \tag{15-7}$$

上述模型中 TFP 为全要素生产率，KT 为全球知识转移，β 是各个变量的弹性系数，u 是个体效应，ε 是随机扰动项，下文与之类似。为了同时检验国内研发、人力资本、金融发展、经济发展、基础设施和对外开放程度对全球知识转移吸收能力的动态演变，本章在上述模型中引入了全球知识转移和各因素的交叉项，以及全球知识转移和各因素平方的交叉项，可以用公式(15-8)检验国内研发对全球知识转移的动态吸收效应：

$$\begin{aligned}\ln(\mathrm{TFP}_{it}) = {} & \beta_1\ln(\mathrm{KT}_{i,t-1}) + \beta_2\ln(\mathrm{RD}_{i,t-1}) + \beta_3\ln(\mathrm{Hum}_{i,t-1}) + \\ & \beta_4\ln(\mathrm{Fin}_{i,t-1}) + \beta_5\ln(\mathrm{Eco}_{i,t-1})\beta_6\ln(\mathrm{Fra}_{i,t-1}) + \\ & \beta_7\ln(\mathrm{Open}_{i,t-1}) + \beta_8\ln(\mathrm{KT}_{i,t-1}) \times \ln(\mathrm{RD}_{i,t-1}) + \\ & \beta_9\ln(\mathrm{KT}_{i,t-1}) \times (\ln(\mathrm{RD}_{i,t-1}))^2 + u_{2i,t} + \varepsilon_{2i,t}\end{aligned} \tag{15-8}$$

同理，分别检验人力资本、金融环境、基础设施、对外开放和经济发展对全球知识转移的动态吸收效应。

15.2.2　中介效应模型

为了避免变量之间的内生性，仍采用上文所述的 SYS-GMM 模型，利用递归分析方法(Baron 和 Kenny，1988)分步检验国际技术溢出对知识转移的中介效应。首先，用公式(15-7)检验跨国知识转移对全要素生产率的综合效应，估计方程中暂不加入国际技术溢出变量。其次，为了识别跨国知识转移是否通过国际技术溢出对全要素生产率产生中介效应，构建方程如式(15-9)和式(15-10)所示：

$$\ln(R_{it}) = \alpha_0\ln(KT_{i,\ t-1}) + \beta_2\ln(RD_{i,\ t-1}) + \beta_3\ln(Hum_{i,\ t-1}) + \beta_4\ln(Fin_{i,\ t-1}) + \beta_5\ln(Eco_{i,\ t-1}) + \beta_6\ln(Fra_{i,\ t-1}) + \beta_7\ln(Open_{i,\ t-1}) + u_{8i,\ t} + \varepsilon_{8i,\ t} \tag{15-9}$$

$$\ln(TFP_{it}) = \alpha_1\ln(R_{i,\ t-1}) + \beta_2\ln(RD_{i,\ t-1}) + \beta_3\ln(Hum_{i,\ t-1}) + \beta_4\ln(Fin_{i,\ t-1}) + \beta_5\ln(Eco_{i,\ t-1}) + \beta_6\ln(Fra_{i,\ t-1}) + \beta_7\ln(Open_{i,\ t-1}) + u_{9i,\ t} + \varepsilon_{9i,\ t} \tag{15-10}$$

其中，R_{it} 分别代表 FDI(R_{it}^{FDI})、OFDI(R_{it}^{OFDI})、进口贸易(R_{it}^{import})、出口贸易(R_{it}^{export}) 和无形(R_{it}^{direct}) 国际技术外溢。如果估计系数α_0 α_0 和α_1 两个系数均显著，则表明存在中介效应。反之，二者中任何一个系数不显著，则不存在中介效应。最后，检验国际技术外溢是否为完全中介效应，即检验是否还存在跨国知识转移对全要素生产率的直接效应，建立方程(15-11) 如下：

$$\ln(TFP_{it}) = \alpha_1\ln(R_{i,\ t-1}) + \alpha_0\ln(KT_{i,\ t-1}) + \beta_2\ln(RD_{i,\ t-1}) + \beta_3\ln(Hum_{i,\ t-1}) + \beta_4\ln(Fin_{i,\ t-1}) + \beta_5\ln(Eco_{i,\ t-1}) + \beta_6\ln(Fra_{i,\ t-1}) + \beta_7\ln(Open_{i,\ t-1}) + u_{10i,\ t} + \varepsilon_{10i,\ t} \tag{15-11}$$

若估计系数 α_0 在统计意义上显著，则说明国际技术外溢存在部分中介作用，此时，跨国知识转移对全要素生产率存在直接影响。反之，国际技术溢出存在完全中介作用。

15.3 实 证 分 析

15.3.1 基于系统 GMM 模型的国际知识吸收能力检验

系统 GMM 估计中的 Sargan 检验用于判断估计过程中是否存在过度识别约束，原假设为模型中工具变量的选取是有效的，而 Abond(2)检验用于判断差分方程的残差项是否存在二阶序列相关，原假设为差分方程的残差项不存在序列相关。在 1%的显著性水平下，表 15-2 中模型(7)-(13)的 Sargan 检验统计量和 Abond(2)检验统计量均不显著，即两个检验都应该接受原假设，说明系统 GMM 估计中工具变量是有效的，而且差分方程的残差项不存在序列相关。

表 15-2 国际知识吸收能力检验结果

变量	(7)	(8)	(9)	(10)	(11)	(12)	(13)
L. lnKT	0. 1602*** (5. 19)	0. 0945*** (4. 64)	0. 0874*** (4. 31)	0. 1107*** (3. 10)	0. 0963*** (3. 22)	0. 0232*** (3. 81)	0. 1227*** (3. 91)
L. lnRD	0. 0536*** (8. 17)	0. 0295*** (6. 41)	0. 0315*** (7. 03)	0. 0472*** (5. 07)	0. 0494*** (6. 51)	0. 0515** (5. 83)	0. 0410** (5. 06)
L. lnHum	-0. 0019 (-0. 77)	0. 0081 (1. 21)	0. 0064 (1. 02)	0. 0025 (0. 40)	0. 0024 (0. 41)	0. 0014*** (0. 39)	0. 0034 (5. 04)
L. lnFin	-0. 0255*** (-5. 05)	-0. 0207*** (-5. 90)	-0. 0177*** (-5. 25)	-0. 0267*** (-6. 57)	-0. 0020*** (-5. 93)	-0. 0270*** (-5. 79)	-0. 0799*** (-3. 68)
L. lnEco	0. 0895*** (8. 49)	0. 0929*** (11. 70)	0. 0973 (11. 89)	0. 0811*** (6. 46)	0. 0997*** (8. 04)	0. 0989*** (9. 33)	0. 0723*** (4. 97)
L. lnFra	-0. 0717*** (-12. 75)	-0. 0620*** (-9. 08)	-0. 0643*** (-9. 65)	-0. 0696*** (-11. 28)	-0. 0749*** (-10. 57)	-0. 0705*** (-9. 06)	-0. 0660*** (-11. 92)
L. lnOpen	0. 1270** (2. 21)	0. 1776*** (4. 63)	0. 1384*** (4. 61)	0. 1319 (1. 42)	0. 0772 (1. 07)	-0. 0398*** (-0. 04)	0. 1190*** (3. 18)
L. lnKT * L. lnRD		0. 0006 (0. 07)					
L. lnKT * (L. lnRD)^2		0. 0025* (1. 70)					
L. lnKT * L. lnHum			-0. 147 (-1. 17)				
L. lnKT * (L. lnHum)^2			0. 0019* (1. 74)				
L. lnKT * L. lnFin				0. 0091 (0. 63)			
L. lnKT * (L. lnFin)^2				0. 0008 (0. 42)			
L. lnKT * L. lnFra					0. 0281* (1. 88)		
L. lnKT * (L. lnFra)^2					-0. 0002 (-1. 27)		

续表

变量	(7)	(8)	(9)	(10)	(11)	(12)	(13)
L. lnKT * L. lnOpen						2.249*** (8.02)	
L. lnKT * (L. lnOpen)^2						−6.091*** (−11.80)	
L. lnKT * L. lnEco							−0.0217* (−1.89)
L. lnKT * (L. lnEco)^2							0.0416* (1.77)
Sargan	28.4183 (0.9995)	27.2542 (0.9997)	26.8434 (0.9998)	26.3443 (0.9998)	27.0924 (0.9997)	27.2340 (0.9997)	26.3127 (0.9998)
Abond(2)	0.1492	0.1816	0.1481	0.1278	0.1054	0.1797	0.1378
N	420	420	420	420	420	420	420

注：*** 表示 1%水平上显著，** 表示 5%水平上显著，* 表示 10%水平上显著。

由表 15-2 中模型(7)的实证结果可知，跨国知识转移对中国的全要素生产率产生了显著的正向作用，说明跨国知识转移带来的知识溢出效应有助于中国全要素生产率的提升。可见在知识经济时代，知识取代资本、土地和劳动力等传统资源而成为占主导地位的资源要素，有效的跨国知识转移可以提高知识要素的经济效益，为中国创新型国家的建设提供丰富的知识储备。考虑到类似于中国这样的发展中国家的知识存量主要来自于国外，这都意味着国内的研发能力、人力资本、金融环境、基础设施、对外开放以及经济发展水平对知识创新的作用可能与中国同世界各国的知识转移紧密相关，因此本章用模型(8)—(13) 检验了上述六个因素对跨国知识转移的动态影响。

模型(8)检验了国内研发能力对跨国知识转移的动态影响。可以发现，国内研发能力与跨国知识转移的交互项系数为正，但不显著；国内研发能力的平方项与跨国知识转移的交互项系数显著为正。说明国内研发能力的创新作用和学习效应可以促进国内对国际知识的吸收再应用，转化为较强的知识创新能力，而较强的国内研发基础也意味着国内企业拥有较强的研发能力，从而使国内企业对知识拥有更强的吸收能力。同时，实证结果也说明了一个国家只有拥有较高的国内研发能力才能显著提高跨国知识转移的吸收能力，即国内研发能力存在一个门槛值，计算得知门槛值为6.0754。当国内研发能力较低时，国内研发对跨国知识转移存在正向但不显著的积极作用，只有当国内研发能力的对数值超过6.0754，国内研发的增加对跨国知识转移的促进作用才会逐步增强，即国内研发对跨国知识转移的影响不断提升。

模型(9)检验了国内人力资本对跨国知识转移的动态影响。可以发现，国内人力资本与跨国知识转移的交互项系数为负，但不显著；人力资本的平方项与跨国知识转移的交互项系数显著为正。模型(9)的实证结果表明，当人力资本水平较低时，人力资本对知识转移存在不显著的负面作用，只有当人力资本的对数值超过12.0541，人力资本的增加对跨国知识的吸收作用才会逐步增强，最终促进技术进步和经济增长。可见人力资本对国际知识的吸收是一个递增的过程，类似于一个“U”形结构。

模型(10)检验了国内金融环境对跨国知识转移的动态影响。可以发现，国内金融环境与跨国知识转移的交互项以及其交互项的平方项系数均为正，但不显著。说明金融环境对跨国知识转移的正向作用不明显，这可能与中国的金融制度环境有关，国有银行占垄断地位的金融格局导致金融效率和竞争力较低，因此导致了一些高新产业的融资困难，进而对跨国知识转移的影响不明显。模型(11)检验了国内基础设施对跨国知识转移的影响。可以发现，国内基础设施与跨国知识转移的交互项系数显著为正，而其平方项与国际技术转移的交互项不显著。说明国内基础设施的完善可以显著提高对跨国知识的吸收能力，进而促进中国的经济增长。模型(12)检验了国内开放程度对跨国知识转移的动态影响。可以发现，无论是国内开放程度还是其平方项与跨国知识转移均存在显著的正向作用。说明国内开放程度有助于中国对国际创新知识的吸收能力，并且这种正向作用会随着国内开放程度的提升而不断增强。

模型(13)检验了国内经济发展对跨国知识转移的影响。可以发现，国内经济发展与跨国知识转移的交互项显著为负，而其平方项与跨国知识转移的交互项显著为正。说明国内经济发展水平较低时，经济发展对跨国知识转移存在不显著的负面作用，只有经济发展的对数值超过11.0054，经济发展水平的提高才会对跨国知识转移存在显著的正面作用。而较高的经济发展水平一般会促进跨国知识的转移，因为较高的经济发展水平同时也意味着较强的研发能力、较高的人力资本水平、良好的金融环境以及较为完善的基础设施建设和开放的经济环境，在一定程度上可以代表上述因素对跨国知识转移的总影响，越高的经济发展水平可在一定程度上优化知识链中各个环节间的有机联系，提高知识转移的效率，降低知识的转移成本，并促进知识使用规模进一步扩大。

15.3.2　国际技术溢出对知识转移的中介效应检验

为了检验国际技术溢出对跨国知识转移的中介效应，采用 SYS-GMM 对模型(14)至(16)依次进行回归，控制变量为上述六个吸收能力因素。由表 15-3 可知，在 1%的显著性水平下，模型(14)—(16)的 Sargan 检验统计量和 Abond(2)检验统计量均不显著，即两个检验都应该接受原假设，说明系统 GMM 估计中工具变量是有效的，而且差分方程的残差项不存在序列相关。

表 15-3　国际技术溢出的中介效应检验

变量	FDI 技术外溢				OFDI 技术外溢			
	(7)	(14)	(15)	(16)	(7)	(14)	(15)	(16)
KT	0.1602*** (5.19)	1.5366*** (2.21)		0.1443*** (6.19)	0.1602*** (5.19)	1.9122 (1.38)		0.1272*** (3.10)
M			0.0120*** (6.17)	0.0031*** (2.67)			−0.0246 (−1.36)	−0.0017*** (−1.92)
Control	YES	YES	YES	YES	YES	YES	YES	YES
Sargan	28.4183 (0.9995)	27.2243 (0.9875)	29.0817 (0.9756)	27.6612 (0.9952)	28.4183 (0.9995)	27.7529 (0.9847)	26.6236 (0.9901)	28.6788 (0.9788)
Abond(2)	0.1492	0.8098	0.1481	0.7521	0.1492	0.5658	0.8911	0.7458
变量	进口贸易技术外溢				出口贸易技术外溢			
	(7)	(14)	(15)	(16)	(7)	(14)	(15)	(16)
KT	0.1602*** (5.19)	0.2299*** (8.86)		0.1366*** (5.95)	0.1602*** (5.19)	0.0198* (1.76)		0.1788*** (6.67)
M			−0.0031* (−1.83)	−0.0094*** (−8.86)			−0.0065*** (−4.59)	−0.0067*** (−2.72)

续表

变量	FDI 技术外溢				OFDI 技术外溢			
	(7)	(14)	(15)	(16)	(7)	(14)	(15)	(16)
Control	YES	YES	YES	YES	YES	YES	YES	YES
Sargan	28.4183 (0.9995)	29.5590 (0.9716)	25.0604 (0.9950)	27.0914 (0.9881)	28.4183 (0.9995)	29.7245 (0.9700)	27.0917 (0.9881)	27.3622 (0.9868)
Abond(2)	0.1492	0.9716	0.9395	0.5972	0.1492	0.7860	0.6537	0.6817
变量	无形技术外溢							
	(7)	(14)	(15)	(16)				
KT	0.1602*** (5.19)	0.1250*** (4.59)		0.1431*** (4.06)				
M			0.0013* (1.83)	0.0019** (2.33)				
Control	YES	YES	YES	YES				
Sargan	28.4183 (0.9995)	29.2532 (0.9742)	27.4336 (0.9865)	26.3443 (0.9868)				
Abond(2)	0.1492	0.2941	0.1481	0.7603				

注：***表示1%水平上显著，**表示5%水平上显著，*表示10%水平上显著。

由表15-3可知，当OFDI技术溢出作为中介变量时，模型(14)中跨国知识转移对OFDI技术溢出的影响不显著，模型(15)中，OFDI技术溢出对全要素生产率的影响也不显著，据此可以判定OFDI技术溢出并非中介变量的判断标准。当出口贸易技术溢出作为中介变量时，模型(7)中跨国知识转移的系数相对于模型(16)有所上升，据此可以判定出口贸易技术溢出并非跨国知识转移影响全要素生产率的中介变量。对于FDI技术溢出、进口贸易技术溢出、无形技术溢出这三个潜在的中介变量，模型(7)中跨国知识转移系数显著为正，模型(14)中跨国知识转移对技术溢出均显著，模型(15)中技术溢出对全要素生产率的影响也都显著，而模型(16)中跨国知识转移的系数有所下降，符合中介变量的判断标准。因此，可以得出如下结论：在跨国知识转移对全要素生产率的影响中，FDI 技术溢出、进口贸易技术溢出和无形技术溢出起到部分中介的作用，且进口贸易技术溢出的中介效应最大。说明中国目前主要的技术溢出渠道仍然是基于贸易进口和 FDI，且以信息技术为代表的无形技术溢出也逐渐发挥了重要的作用，为促进科技人员之间的交流创造了可能性。国际贸易和无形溢出可以促进先进技术在国际间的传播，减少后发国家的研究开发费用，从而间接达到后发国家资本积累的目的，有助于全要素生产率的提升。而 OFDI 技术溢出和出口贸易技术溢出的中介作用并不显著，说明中国目前吸收的国际技术溢出大多是正向技术溢出，而基于 OFDI 和出口贸易的逆向技术溢出效应不明显。跨国知识转移对这三个中介变量都具有显著的正向作用，其中对 FDI 技术溢出的正向作用最大，表明国际创新知识有助于模仿和吸收来自发达国家或地区的技术转移，为中国的技术进步提供了丰富的创新知识库储备，有利于中国全要素生产率的提升。

15.4　本章小结

随着知识经济的到来，知识已成为最重要的生产要素。本章利用 SYS-GMM 估计法，在考虑跨国知识转移内生性的情况下，分析了跨国知识转移对中国 31 个省(市、区)全要素生产率的影响以及中国对国外知识吸收能力的动态演变，并检验了 FDI 技术溢出、OFDI 技术溢出、进口贸易技术溢出、出口贸易技术溢出以及无形技术溢出五种国际技术溢出渠道在跨国知识转移与全要素生产率之间可能存在的中介效应。实证结果表明：(1)跨国知识转移对中国全要素生产率的提升存在直接的正向作用，并对 FDI 技术溢出、进口贸易技术溢出、出口贸易技术溢出以及无形技术溢出产生了积极影响。(2)国内基础设施建设水平的提升，有助于提升跨国知识转移的吸收能力，而只有当国内研发能力的对数值超过 6.0754，人力资本的对数值超过 12.0541，经济发展的对数值超过 11.0054，才会对跨国知识转移产生积极影响；开放水平的提升对跨国知识转移的吸收作用最强，且吸收能力会随着开放水平的提高而不断增强。(3)FDI 技术溢出、进口贸易技术溢出和无形技术溢出在跨国知识转移与全要素生产率之间起到部分中介的作用，且进口贸易技术溢出的中介效应最强。

第16章　技术转移对城市全要素生产率的影响

随着中国创新型国家建设进程的不断推进，中国城市之间技术流动加快，技术交易市场日益活跃，完善技术市场经济是释放高校等科研院所基础创新活力、增强科技供给能力，优化全社会技术要素配置的重要路径之一(洪银兴等，2017)。技术转移的过程，也是科技成果转移转化的过程，而提升全要素生产率的关键在于提高科技成果转移转化效率、发挥科技创新成果的市场价值，提升科技创新对经济增长的贡献。那么，中国城市之间的技术转移对全要素生产率的影响如何？技术转入与技术转出对全要素生产率的影响是否具有异质性？本地区的技术水平会影响技术转移与全要素生产率之间的关系吗？中国已经形成以城市群为主导的城市技术转移空间演化格局，技术在城市群区域内部的转移与非城市群区域的转移对全要素生产率的影响是否存在差异性与空间异质性？

为了对上述问题进行回答，本章介绍了技术转移对城市全要素生产率影响的实证研究方法与数据说明，采用2005—2019年中国283个地级及以上城市的面板数据，将高校异地机构的设立作为一次准自然实验，运用双重差分模型研究技术转入、技术转出对城市全要素生产率的影响。分析技术转移对城市全要素生产率影响的双重差分基准模型回归结果，并进行平行趋势检验、PSM-DID检验、内生性检验以及排除创新型城市试点政策、国家科技成果转移转化示范区政策、空间相关性对回归结果可能造成的干扰等一系列稳健性检验，验证本章双重差分基准模型回归结果的稳健性。将技术转入、技术转出的流量数据同时引入双重差分基准模型，探讨城市技术转入、技术转出对全要素生产率的异质性影响。除此之外，进一步分析在城市群经济发展模式下，技术转入、技术转出对城市全要素生产率的影响，并与非城市群经济发展模式下城市技术转移对全要素生产率的作用效果进行对比。

16.1 技术转移对城市全要素生产率影响的研究方法

16.1.1 双重差分基准模型的设定

(1)准自然实验的设定

本部分将高校异地机构的设立作为一次准自然实验，利用双重差分模型评估技术转移对城市全要素生产率的影响。从理论层面来讲，大学和公共机构的技术转移模式一直是技术转移相关理论关注的焦点(邹波等，2013)。其中，最著名的是Etzkowitz和Leydesdorff(2000)提出的政府、企业与大学等科研机构三者之间的“产学官”三螺旋理论。该理论认为在市场机制的作用下，政府、企业和大学等科研机构是构成当今社会创新制度环境的三大基本要素，这三大基本要素会基于市场的需求导向变化而相互联结，进而形成相互影响的三螺旋关系(方卫华，2003；庄涛等，2013)。该理论的核心在于随着科技创新在经济发展中的地位愈加重要，大学等科研机构的科研成果有了更高的经济价值，同时也是知识资产的拥有者，大学等科研机构在市场机制的作用下与经济活动主体企业建立了良好的沟通渠道、与政府共同建立了良好的创新制度环境，在地区范围内发挥了重要的知识溢出与创新辐射作用(孙耀吾等，2009)。在中国技术转移体系中，高校和科研机构是生产知识的地方，是知识创新的主体；企业把大学等科研机构的创新知识转化为具有市场价值和经济价值的产品，是技术创新的主体(吴敏，2006；胡曙虹等，2010)。因此，大学等科研机构在自主创新中的“技术转移”有助于企业完善、打通创新链条、加速科技成果产品化产业化(蔡翔等，2010)，深化创新驱动对经济增长的贡献，即促进区域全要素生产率的提升。因此，高校在技术转移市场中可以发挥其知识密集的优势(柳岸，2011)，在政府的支持下展开大量的基础创新研究，有效促进了新技术的发明与创造。因此，高校异地科研机构的设立不仅有助于打通异地高校—政府—高校之间的技术转移通道，同时有助于打通异地高校—政府—企业之间的技术转移通道，可以在理论层面上促进不同地区之间的技术转移。

从现实层面来讲，高校是中国技术转移体系中的重要环节(李世超、苏竣，2006)。为进一步提升高校科技成果转移转化能力，科技部、教育部研究制定了《关于进一步推进高等学校专业化技术转移机构建设发展的实施意见(2020)》。由此表明，在国家技术转移体系建设中，高校是重要组成部分，不仅可以促进高校归属地与高校异地机构地的技术转移，还可以促进高校与本地区企业、高校与异地企业的技术转移。2017 年，中国政府公布首批 137 所世界一流大学和世界一流学科建设高校及建设学科名单，即“双一流”建设高校。其中，北京市 34 所、江苏省 15 所、上海市 14 所、陕西省 8 所、湖北省 7 所占据所有“双一流”高校的 56.93%，而这些地区也是中国技术转移较为集中的区域。根据中国 137 所“双一流”高校的官方网站资料查询，在 2005—2019 年研究期内，中国“双一流”高校共有 103 个异地科研机构建设，其中异地机构建设主要集中于苏州、深圳、青岛等城市。基于此，无论是从理论角度还是现实角度，中国高校异地科研机构的设立与技术转移有直接的相关关系，但是对城市的全要素生产率并没有直接的影响。因此，本章选择高校异地机构建设作为一次准自然实验，采用双重差分模型探究技术转移对城市全要素生产率的作用效果。

(2)双重差分基准模型的设定

本章采用 2016—2019 年中国 283 个地级及以上面板数据，将设立高校异地机构的城市作为处理组，将没有设立高校异地机构的城市作为对照组，采取多期双重差分模型的方法进行研究(孙元元和杨壮，2021)，模型设定如下：

$$\mathrm{TFP}_{it} = \alpha_0 + \alpha_1 \mathrm{DIDT}\, r_{it} + \alpha_2 X_{it} + \varepsilon_{it} + \lambda_i + \mu_t \tag{16-1}$$

$$\mathrm{TFP}_{it} = \alpha_0 + \alpha_1 \mathrm{DIDT}\, c_{it} + \alpha_2 X_{it} + \varepsilon_{it} + \lambda_i + \mu_t \tag{16-2}$$

其中，TFP_{it} 为被解释变量，全要素生产率。下标 i 和 t 分别代表第 i 个城市和第 t 年。DIDTr_{it} 与 DIDTc_{it} 为核心解释变量，分别是技术转入与处理组虚拟变量的乘积、技术转出与处理组虚拟变量的乘积。其设定方法为，设立高校异地校区的城市为 1，未设立的取 0。γ_t、μ_i 分别代表时间、个体固定效应。在模型的设定中，X_{it} 为一系列控制变量，ε_{it} 为残差项。

16.1.2 研究变量选取

(1)被解释变量：全要素生产率。采用 DEA-Malmquist 指数的方法测度中国 20016—2019 年 283 个地级及以上城市的全要素生产率。

(2)解释变量：①技术转入。净转入本地区的专利总量，代表该城市的技术需求。②技术转出。净转出本地区的专利数据，代表该城市的科技成果转化能力与技术交易市场活跃程度。

(3)控制变量：①智力资本：城市的研发人员数也可以在一定程度上代表城市的智力资本(范斐等，2012)。因此，本章采用城市科技人员从业数占城市总人口的比重衡量城市的智力资本，进而控制本地区城市的智力资本对全要素生产率的影响。②研发能力：由于创新活动具有回报周期长、风险较高的特点，中国的科技经费构成中政府科技经费投入占比较大(Fan 等，2020)。因此，本章采用科技经费支出占财政支出的比重(%)衡量城市的研发能力，进而控制城市研发经费对全要素生产率的影响。③产业规模：全要素生产率的提升有赖于工业生产技术的革新。因此，本章采用工业产值占 GDP 的比重(%)衡量城市的产业规模，控制城市工业发展对全要素生产率的影响。④交通规模：地区的创新能力与本地区的基础设施建设息息相关。高水平的基础设施建设不仅吸引人才，还可以提高生产活动的效率(余永泽，2012)。因此，本章采用城市道路面积(平方千米)衡量城市的交通基础设施水平，控制基础设施建设对城市全要素生产率的影响。⑤开放水平：外商直接投资是城市对外开放水平最直接的体现，采用外商直接投资金额(万元)占城市 GDP 的比重(%)作为开放水平的代理变量(Ke 等，2021)，进而控制吸收国外技术对城市全要素生产率的影响。

16.1.3 数据来源

本章选取 2005—2019 年中国 283 个地级及以上城市的面板数据进行实证分析，所涉及的变量描述和数据来源详见表 16-1。

表 16-1 技术转移对城市全要素生产率影响的数据说明

变量	指标	符号	描述	来源
被解释变量	全要素生产率	TFP	经济增长中产出的增长去掉要素投入的增长之外的剩余	由 DEA-Malmquist 计算方法测算所得
解释变量	技术转入	Ttr	城市专利转入量	国家知识产权局专利检索及分析平台爬虫获取
	技术转出	Ttc	城市专利转出量	

续表

变　量	指　标	符号	描　述	来　源
控制变量	智力资本	RDp	科技人员从业数	《中国统计年鉴》(2006—2020年)《中国城市统计年鉴》(2006—2020年)
	研发能力	RDm	政府科技经费支出	
	产业规模	Indu	工业产值占GDP的比重	
	交通规模	Tra	城市道路面积	
	开放水平	Open	外商投资金额占GDP的比重	

16.2 技术转移对城市全要素生产率影响的实证结果与分析

16.2.1 双重差分基准模型回归结果分析

(1)技术转入

本部分采用逐步回归的方法，依次加入控制变量，根据研究设计中的双重差分基准模型考察技术转入对城市全要素生产率的影响，Housman回归结果显示，采用固定效应模型，技术转入对城市全要素生产率双重差分基准模型回归结果如表16-2所示，并在列(1)到列(6)中采用城市聚类稳健的标准误。

表16-2 技术转入对城市全要素生产率的双重差分基准模型回归结果

指标	(1)	(2)	(3)	(4)	(5)	(6)
DIDTr	0.0320*** (2.95)	0.0261** (2.38)	0.0239** (2.34)	0.0247** (2.51)	0.0238*** (2.80)	0.0217*** (2.61)
Rdp		0.0344 (1.59)	0.0322 (1.60)	0.0300 (1.60)	0.0205 (1.41)	0.0196 (1.41)
Rdm			2.0596*** (3.67)	2.5429*** (6.75)	1.5278*** (5.31)	1.2915*** (4.94)

续表

指标	(1)	(2)	(3)	(4)	(5)	(6)
Indu				0.6105*** (4.95)	0.4777*** (3.85)	0.5756*** (4.00)
Tra					0.4744*** (6.55)	0.4361*** (4.78)
Open						0.0654*** (2.55)
Constant	6.6944*** (5.95)	6.6556*** (7.72)	6.4827*** (5.94)	2.9420*** (4.15)	-0.3400 (-0.51)	-1.1809* (-1.72)
City-FE	Yes	Yes	Yes	Yes	Yes	Yes
Year-FE	Yes	Yes	Yes	Yes	Yes	Yes
R^2	0.3081	0.2881	0.3897	0.4102	0.5613	0.5814
Obs	4245	4245	4245	4245	4245	4245

注：表格中括号内为 *t* 值，***、**、* 表示 1%、5%、10% 水平的显著性；本章所有的表格注释下同，对其余表格不再赘述。

表 16-2 的估计结果表明，在列(1)到列(6)中，核心解释变量 DIDTr 都在 1%—5%的显著性水平上显著为正，且系数范围在 0.0217—0.0320。表明技术转入与城市全要素生产率之间存在正向相关关系，即技术转入可以显著提升城市的全要素生产率，对城市全要素生产率具有积极影响。究其原因，技术产生以来，无论是通过直接的方式还是间接的方式，技术无时无刻都会在地区间传播或转移；一个地区的自然禀赋比较优势和技术比较优势并不是一成不变的，全国各地区的科技发展水平也是不平衡的，即使在创新能力较高的北京、上海、深圳等城市，某些领域可能也会存在技术盲点，需要技术市场的交易以获得关键环节的创新技术，提高产品的附加值和生产效率。其次，技术转入的城市，正是需要某项技术的城市，输入地城市通过技术转入可以调整本地区的产业结构，增加产品品种，打通产业链的堵点与关键环节，降低企业的技术研发成本与时间成本，提升产业与企业的技术水平与生产效率，进而提升城市的全要素生产率。除此之外，地区全要素生产率的提升，必须使本地区的创新要素得到充分有效的利用，技术的转入有助于协调中国各地区的创新要素，优化各地区间的创新要素配置，提高中国各地区各行业之间的协调和内在联系，加快地区的

产业变革与技术水平的提升，以最大限度地调动市场活力和经济性，统筹各地区间的人力、自然、信息资源，进而减少资源的扭曲和错配，促进区域整体全要素生产率的提升。

智力资本(Rdp)所代表的科研人员对城市的全要素生产率提升具有不显著的正向影响。区域的智力资本也是该区域的人才储备，技术的扩散过程也是技术接受地区的学习过程。创新的知识和技术只有经过接受者地区的学习理解才能掌握，才能转化为接受者自己的知识和技能并应用于经济活动生产中。但是对于每个个体而言，并非每个人的学习能力与领悟能力都具备同等水平，相对而言知识储备越丰富、越专业接受者其学习能力也更强，技术的转移成本和知识的使用规模就会越大，进而促进地区全要素生产率的提升。在本章的回归结果中，智力资本虽然与城市全要素生产率之间存在正向的相关关系，但是智力资本对城市全要素生产率的促进作用并不显著，说明中国城市整体的创新人力资本还有待提升。研发能力(Rdm)对城市全要素生产率的影响显著为正。技术转移的路径依赖性决定了知识、技术的转移一定要以一定的科研基础作为前提条件。尤其是落后地区向发达地区的技术吸收也是建立在现有科研水平上实现的，如果该地区没有任何科研基础，即使增大了向该地区的技术转移和知识转移，但由于没有足够的研发能力，也无法实现引进消化吸收再创新，无法提升本地区的自主创新能力，提升技术水平。产业规模(Indu)对城市全要素生产率具有显著的正向影响。这是中国经济的快速发展正是由于快速的工业化进程，工业经济发展水平较高的城市也同时拥有更高的产业创新能力，因此，城市的产业规模与全要素生产率之间存在正向相关关系。交通规模(Tra)对全要素生产率具有显著的正向影响，这是由于四通八达的基础设施建设为技术转移活动创造了良好的基础设施环境，同样加快了技术交易相关服务平台的建设、技术人员的流动，因此有助于城市全要素生产率的提升。开放水平(Open)对城市全要素生产率具有显著的正向影响。开放程度直接影响国内创新主体与不同国家的联系，开放水平较高的国家，有助于创新主体之间进行更多的学术交流和研发合作，有助于本地区企业向国外学习先进的技术知识和管理经验，有助于中国企业自主创新能力的提升，进而提高整体的技术水平，促进全要素生产率的提升。

(2)技术转出

本部分依然采用逐步回归的方法，依次加入控制变量，根据研究设计中的双重差分基准模型研究技术转出对城市全要素生产率的影响，Housman 回归结果显示，采用固定效应模型，技术转出对城市全要素生产率双重差分基准回归结果如表 16-3 所示，并在列(1)到列(6)中采用城市层面聚类稳健的标准误。

表 16-3 技术转出对城市全要素生产率的双重差分基准模型回归结果

指 标	(1)	(2)	(3)	(4)	(5)	(6)
DIDTc	0.0298***	0.0248**	0.0230**	0.0238**	0.0229***	0.0210***
	(2.89)	(2.42)	(2.47)	(2.70)	(3.16)	(2.91)
RDp		0.0345	0.0323	0.0301	0.0205	0.0196
		(1.59)	(1.60)	(1.60)	(1.41)	(1.41)
RDm			2.0599***	2.5432***	1.5281***	1.2917***
			(3.67)	(6.75)	(5.31)	(4.94)
Indu				0.6105***	0.4777***	0.5756***
				(4.95)	(3.85)	(4.00)
Tra					0.4744***	0.4361***
					(6.55)	(4.78)
Open						0.0654***
						(2.55)
Constant	6.6944***	6.6555***	6.4826***	2.9420***	-0.3399	-1.1810*
	(6.66)	(7.70)	(5.87)	(4.15)	(-0.51)	(-1.72)
City-FE	Yes	Yes	Yes	Yes	Yes	Yes
Year-FE	Yes	Yes	Yes	Yes	Yes	Yes
R^2	0.3084	0.2880	0.3899	0.4110	0.5616	0.5815
Obs	4245	4245	4245	4245	4245	4245

表 16-3 的估计结果表明，在列(1)到列(6)中，核心解释变量 DIDTc 都在 1%—5%的显著性水平上显著为正，且系数范围在 0.0210—0.0298。表明技术转出与城市全要素生产率之间存在正向相关关系，即技术转出可以显著提升城市的全要素生产率，对城市全要素生产率具有积极影响。从回归系数来看，技术转入对全要素生产率的提升作用要大于技术转出。可以发现，无论是技术转出还是技术转入作为核心被解释变量，其都对城市全要素生产率具有正向影响，说明技术转移可以显著促进城市全要素生产率的提升。这是由于技术转移的迅速发展，中国城际之间的技术转移加快，有力地促进了各地区技术进步与生产效率的提升。因此，无论是技术

转入方还是技术转出方都可以获得巨大的经济效益，技术转移成为城市全要素生产率提升的强大推动力。城市全要素生产率的提升，关键在于加快技术进步、改善技术效率、实现规模经济。技术转出可以通过技术贸易、扩大本地区企业生产经营，可以充分利用各地区的资源与市场，获取规模经济效应。其次，技术转出地还可以巩固已有的市场份额，开辟新的市场，同时克服进入新市场的障碍，利用本地区的技术优势加强地区之间的合作。除此之外，通过技术转出，还可以开发技术转出地的能源、人力资源等，提高生产要素在区域间的配置效率，进而对全要素生产率的提升产生积极影响。从控制变量来看，研发能力(RDm)、产业规模(Indu)、交通规模(Tra)与开放水平(Open)对城市全要素生产率具有显著的正向作用，而智力资本(RDp)对城市全要素生产率的影响依然为正，但不显著。可以发现，无论是技术转入还是技术转出，控制变量的回归结果较为接近。可能的原因是由于科技产业较为发达的城市不单为社会提供科学技术，并且也是技术转入的集聚地，因此技术转入和转出的数量较为相近，因此控制变量的回归结果比较近似。

16.2.2 平行趋势检验

为了进一步保证本章双重差分基准模型回归结果的有效性，本部分就技术转移对城市全要素生产率影响的平行趋势进行检验，检验结果如表16-4所示。

表16-4 双重差分基准模型的平行趋势检验

指标	(1)	(2)
DIDTr-2	0.0130 (1.01)	
DIDTr-1	0.0152 (1.34)	
DIDTr+1	0.0212*** (2.92)	
DIDTr+2	0.0175*** (2.98)	
DIDTc-2		0.0100 (0.98)

续表

指　标	(1)	(2)
DIDTc-1		0. 0140 (1. 25)
DIDTc+1		0. 0200*** (2. 89)
DIDTc+2		0. 0170*** (3. 02)
Control	Yes	Yes
City-FE	Yes	Yes
Year-FE	Yes	Yes
Obs	4245	4245

在表 16-4 中，列(1)表示技术转入对城市全要素生产率影响的平行趋势检验；列(2)是技术转出对城市全要素生产率影响的平行趋势检验；以技术转入为例，本部分核心自变量的设置中，在高校异地机构设立冲击的前两年设置为 DIDTr-2=1，其他年份是 0；冲击前一年设置为 DIDTr-1=1，其他年份是 0；冲击后一年 DIDTr-1=1，其他年份是 0；冲击后两年 DIDTr-2=1，其他年份是 0，技术转出以此类推。本部分的回归结果表明，无论是技术转出还是技术转入，高校异地机构的设立对城市全要素生产率的冲击前系数并不显著；而冲击后系数显著为正；说明本章的双重差分基准模型满足平行趋势假定，即本章的回归结果具有稳健性。

16. 2. 3　稳健性检验

(1)基于 PSM-DID 的稳健性检验

为保证本章双重差分模型中对照组与实验组的特征最大程度相似，本部分采用倾向匹配得分的方法对样本进行重新分组，回归结果如表 16-5 所示。其中，列(1)与列(2)表示对处理组进行 1∶3 的有抽样匹配的回归结果；列(3)与列(4)表示对处理组进行 1∶1 的无放回匹配回归结果。列(1)到列(4)的回归结果表明，本部分在基于 PSM-DID 方法检验了可能存在的样本选择偏误后，无论是技术转入还是技术转出对城市全要素生产率的正向影响依然显著，表明回归结果稳健。

表 16-5 基于 PSM-DID 的稳健性检验回归结果

指 标	(1)	(2)	(3)	(4)
DIDTr	0. 0215** (2. 45)		0. 0228*** (2. 76)	
DIDTc		0. 0195*** (2. 78)		0. 0212*** (3. 05)
Control	Yes	Yes	Yes	Yes
City-FE	Yes	Yes	Yes	Yes
Year-FE	Yes	Yes	Yes	Yes
R^2	0. 5902	0. 5902	0. 5870	0. 5871
Obs	4245	4245	4245	4245

(2)排除其他因素的干扰的稳健性检验

上述双重差分估计策略可能存在的问题是，除了高校异地办学机构这一准自然实验之外，可能存在其他相关区域政策处理组和对照组对城市全要素生产率产生了不一致的影响，进而导致回归结果出现偏误。因此，本部分检验了创新型城市试点政策、国家科技成果转移转化示范区政策对本章回归结果可能造成的影响。

①创新型城市试点政策。

为进一步推进世界科技强国与创新型国家建设，中国于 2008 年批复深圳成为首个国家创新型城市试点，而后创新型城市数量不断增加，共有 78 个受科技部批准成为试点城市。创新型城市是中国在不同区域设定的，以自主创新、科技进步为动力，主要依靠知识、技术、人才等创新要素驱动发展的城市，旨在营造良好的创新氛围与制度环境，带动区域整体科技水平的进步。创新型试点政策可能会影响城市的创新水平进而对技术转移造成间接的影响。因此，本章将构造创新型城市试点政策的虚拟变量 InCity，如果城市 i 在 t 年批复为创新型试点城市，那么城市在 t 年以及之后年份取 1，否则取 0。表 16-6 是排除创新型城市试点政策干扰的回归结果，列(1)表示加入了创新型城市试点政策虚拟变量的技术转入对全要素生产率的影响，列(2)表示加入了创新型城市试点政策虚拟变量的技术转出对全要素生产率的影响。如表 16-6 所示，技术转入与技术转出对城市全要素生产率的弹性系数虽然有所下降，但回归结果依然显著为正。

表 16-6　排除创新型城市试点政策干扰的稳健性检验回归结果

指　标	(1)	(2)
DIDTr	0.0193** (2.01)	
DIDTc		0.0148** (2.42)
InCity	0.0076* (1.78)	0.0077* (1.78)
Control	Yes	Yes
City-FE	Yes	Yes
Year-FE	Yes	Yes
R^2	0.6023	0.6013
Obs	4245	4245

②国家科技成果转移转化示范区政策。

国家科技成果转移转化示范区是创新科技成果转移转化机制的试验田。国家科技成果转移转化示范区建设的时间、名称和具体城市如表 16-7 所示。

基于表 16-7，本书构造国家科技成果转移转化示范区政策下属 42 个城市的虚拟变量 TecCity，如果城市 i 在 t 年批复为所属的国家科技成果转移转化示范区，那么城市在 t 年以及以后年份的 TecCity 取 1，否则取 0。列(1)表示加入了国家科技成果转移转化示范区政策虚拟变量的技术转入对全要素生产率的影响，列(2)表示加入了国家科技成果转移转化示范区政策虚拟变量的技术转出对全要素生产率的影响，回归结果如表 16-8 所示，相对于基准回归，技术转入与技术转出对城市全要素生产率的弹性系数与显著性程度变化不大，并且依然对城市全要素生产率的提升具有显著的正向作用，回归结果依然稳健。国家科技成果转移转化示范区政策对城市的全要素生产率出现了不显著的正向促进作用，主要的原因在于，中国于 2016 年首次批复河北京南国家科技成果转移转化示范区、宁波国家科技成果转移转化示范区后，在 2016 年到 2018 年陆续批复了 7 个国家科技成果转移转化示范区建设，至今大多数示范区仅仅处于刚刚建成的阶段，而科技成果从发明到转移转化需要一定的时效性，因此，目前国家科技成果转移转化示范区政策对城市全要素的提升作用并不显著。

表 16-7 国家科技成果转移转化示范区建设概况

时间	名　　称	城　　市
2016 年 9 月	河北京南国家科技成果转移转化示范区	北京市、石家庄市、保定市、廊坊市、衡水市、沧州市
2016 年 9 月	宁波国家科技成果转移转化示范区	宁波市
2016 年 11 月	浙江国家科技成果转移转化示范区	舟山市、杭州市、嘉兴市、温州市、宁波市、绍兴市、湖州市、丽水市、台州市、金华市、衢州市
2017 年 10 月	山东济青烟国家科技成果转移转化示范区	青岛市、济南市、烟台市
2017 年 10 月	上海闵行国家科技成果转移转化示范区	上海市
2017 年 10 月	江苏苏南国家科技成果转移转化示范区	南京市、无锡市、常州市、镇江市、苏州市
2018 年 5 月	吉林长吉图国家科技成果转化示范区	长春市、吉林市、延吉市
2018 年 5 月	四川成德绵国家科技成果转移转化示范区	成都市、德阳市、绵阳市
2018 年 5 月	广东珠三角国家科技成果转移转化示范区	广州市、深圳市、东莞市、惠州市、珠海市、中山市、江门市、佛山市、肇庆市

表 16-8 排除国家科技成果转移转化示范区政策干扰的稳健性检验回归结果

指　标	(1)	(2)
DIDTr	0.0213** (2.40)	
DIDTc		0.201*** (2.89)
TecCity	0.0034 (0.87)	0.0034 (0.88)
Control	Yes	Yes
City-FE	Yes	Yes

续表

指　标	(1)	(2)
Year-FE	Yes	Yes
R^2	0.5890	0.5821
Obs	4245	4245

(3)考虑空间相关性影响的稳健性检验

在研究期内，本章样本考虑的 103 个高校所建立的异地科研机构，学校主体主要位于北京、上海、武汉、南京等“双一流”高校集聚的区域，而异地科研机构主要来自就近建立，或者是集聚于深圳、青岛等经济发展较好的东部城市。可见，高校的异地科研机构建设可能存在空间相关性。可能是由于地理距离相近的“就近”建设，也可能是经济联系紧密，即经济距离相近的“就近”建设。除此之外，技术转移也具有空间相关性，这种空间相关性可能体现在地理距离上的“就近”转移，也可能体现在经济距离上的“就近”转移。因此，城市空间相关性可能会影响城市技术转入、技术转出的选择。因此，对于技术转移而言，如果不能够控制城市之间经济距离或者地理距离的空间相关性，普通的固定效应模型可能会造成回归结果的偏误。因此，本部分采用广义空间计量模型，列(1)与列(2)采用城市地理距离矩阵，列(3)与列(4)采用经济距离矩阵，基于空间 DID 模型考察地理相关性和经济相关性对回归结果的影响。回归结果如表 16-9 所示，可见，在地理距离与经济距离的两种空间权重矩阵下，空间自回归系数显著为正，技术转入、技术转出都对城市全要素生产率具有显著的促进作用，回归结果也与双重差分基准模型保持一致。

表 16-9　考虑空间相关性的稳健性检验回归结果

指标	(1)	(2)	(3)	(4)
DIDTr	0.0209*** (3.45)		0.0212** (2.01)	
DIDTc		0.0152*** (3.88)		0.0163** (2.32)
Control	Yes	Yes	Yes	Yes
City-FE	Yes	Yes	Yes	Yes

续表

指标	(1)	(2)	(3)	(4)
Year-FE	Yes	Yes	Yes	Yes
R^2	0.5902	0.5902	0.5870	0.5870
Rho	1.0705*** (3.03)	1.0704*** (3.03)	0.0678** (2.09)	0.0677** (2.10)
Log	2372.0608	2370.6936	2112.4094	2110.0691
Obs	4245	4245	4245	4245

(4)内生性检验

本部分将采用工具变量法，基于2SLS模型检验可能存在的内生性问题。回归结果如表16-10所示，其中列(1)为工具变量IV的回归结果，列(2)与列(3)分别是技术转入、技术转出的2SLS模型回归结果。

表16-10 基于工具变量的内生性检验回归结果

指 标	第一阶段 (1)	2SLS (2)	2SLS (3)
DIDTr		0.0213** (2.29)	
DIDTc			0.0204** (2.33)
IV	0.0095** (2.08)		
Control	Yes	Yes	Yes
City-FE	Yes	Yes	Yes
Year-FE	Yes	Yes	Yes
R^2	0.4601	0.5895	0.5892
Obs	4245	4245	4245

全要素生产率越高的地区，往往是创新水平较高、人才集聚、“双一流”高校较多的区域，也是技术集聚和扩散的集散地。一方面，中国“双一流”高校大都位于直辖市或者是省会城市；省会或直辖市的确立很大程

度上取决于其历史沿革，样本期内城市的经济发展不会对其造成显著影响。本部分工具变量的选择参考孙元元和杨壮(2021)，将城市是否为直辖市或者省会城市的虚拟变量作为工具变量。可以发现，表 16-10 的回归结果显示，内生性问题不会干扰本章的双重差分基准模型的回归结果。

(5)其他形式的稳健性检验

首先，去掉四个一线城市样本。中国的一线城市为北京、上海、深圳、广州四个城市，而其中北京、上海市的很多高校都在深圳、广州设立异地科研机构。中国的一线城市是地区的经济、创新中心，与其他城市相比具有明显的政策优势、区位优势和经济优势。因此，本部分剔除一线城市样本后再进行检验，回归结果如表 16-11 中列(1)与列(2)所示。其次，改变本书全要素生产率的计算方法。采用 Solow 余值法对本文的全要素生产率结果重新计算，回归结果如表 16-11 中列(3)与列(4)所示。根据回归结果可知，无论是技术转入还是技术转出，都对城市全要素生产率具有显著的促进作用，可见在剔除中国一线城市样本、改变全要素生产率的计算方法后，回归结果依然与基准双重差分回归结果保持一致。

表 16-11　其他形式的稳健性检验回归结果

指　标	(1)	(2)	(3)	(4)
DIDTr	0.0211** (1.99)		0.0219*** (2.61)	
DIDTc		0.0197*** (2.22)		0.0209*** (3.01)
Control	Yes	Yes	Yes	Yes
City-FE	Yes	Yes	Yes	Yes
Year-FE	Yes	Yes	Yes	Yes
R^2	0.5502	0.5502	0.5814	0.5814
Obs	4185	4185	4245	4245

16.2.4　进一步分析

(1)将技术转入与技术转出同时引入基准双重差分回归模型

本部分采用逐步回归的方法，考虑到城市的技术转入与技术转出往往是同时发生的，区别于前文净转入(转出)的数据，将城市发生技术转出与技术转入流量数据同时引入基准的双重差分回归模型，探讨城市技术转入、技术转出对全要素生产率的异质性影响，回归结果如表 16-12 所示。

表 16-12 技术转移对城市全要素生产率的双重差分模型回归结果

指标	(1)	(2)	(3)	(4)	(5)	(6)
DIDTr	0.0283*** (3.12)	0.0271*** (2.99)	0.0262*** (2.98)	0.0259*** (2.94)	0.0256*** (2.85)	0.0244*** (2.69)
DIDTc	0.0081* (1.89)	0.0079* (1.82)	0.0065* (1.79)	0.0059* (1.81)	0.0044* (1.75)	0.0035* (1.76)
Rdp		0.0345 (1.59)	0.0323 (1.60)	0.0301 (1.60)	0.0205 (1.41)	0.0196 (1.41)
Rdm			2.0599*** (3.67)	2.5432*** (6.75)	1.5281*** (5.30)	1.2917*** (4.94)
Indu				0.6105*** (4.95)	0.4780*** (3.85)	0.5756*** (3.99)
Tra					0.4745*** (6.55)	0.4361*** (4.78)
$Open_t$						0.0654*** (2.55)
Constant	6.6945*** (6.66)	6.6555*** (7.70)	6.4826*** (5.87)	2.9420*** (4.15)	−0.3340 (−0.51)	−1.1811* (−1.72)
City-FE	Yes	Yes	Yes	Yes	Yes	Yes
Year-FE	Yes	Yes	Yes	Yes	Yes	Yes
R^2	0.3085	0.2882	0.3840	0.4110	0.5616	0.5815
Obs	4245	4245	4245	4245	4245	4245

表 16-12 的估计结果表明，在列(1)到列(6)中，核心解释变量技术转入(DIDTr)都在 1%的显著性水平上显著为正，且系数范围在 0.0244—0.0283；核心解释变量技术转出(DIDTc)在 1%的显著性水平上显著为正，且系数范围在 0.00316—0.0081。说明将技术转入和技术转出的流量数据同时引入基准回归模型，考虑技术转入与技术转出同时对城市全要素生产率的影响，回归结果表明证实其对城市全要素生产率依然具有正向影响，且技术转入的正向影响大于技术转出。主要的原因在于相对于技术转出，

地区的技术转入说明本地区企业对技术的需求度较高，且具有一定的技术存量，可以打通企业生产环节的技术堵点，积极研发具有竞争力的新产品，带动区域全要素生产率的提升。从控制变量来看，研发能力(Rdm)、产业规模(Indu)、交通规模(Tra)与开放水平(Open)对城市全要素生产率具有显著的正向作用，而智力资本(Rdp)对其影响并不显著；控制变量的回归结果与基准模型的回归结果保持一致。

(2)调节效应分析

企业对先进技术和知识的学习、吸收和掌握，需要具备一定的技术基础，即吸收能力。因此，本部分将城市发明专利数量的对数值作为技术水平(Tec)的代理变量，把城市技术水平与技术转入的交互项(Tec * Dtr)、城市技术水平与技术转出的交互项(Tec * Dtc)加入基准回归模型，探讨技术水平对技术转移可能存在的调节效应，回归结果如表 16-13 所示。

表 16-13　技术水平调节效应的回归结果

指　标	(1)	(2)
DIDTr	0.0213** (2.40)	
DIDTc		0.201*** (2.89)
Tec * Dtr	-0.0108** (-2.03)	
Tec * Dtc		0.0134* (1.88)
Control	Yes	Yes
City-FE	Yes	Yes
Year-FE	Yes	Yes
R^2	0.5890	0.5821
Obs	4245	4245

表 16-13 的估计结果表明，列(1)表示技术水平对技术转入与全要素生产率的调节效应，其交互项在 5%的显著性水平上显著为负，即技术水平对城市技术转入与全要素生产率的关系产生了负向的调节作用；本部分这一结论与吴虹仪等(2021)保持一致，表明技术转入对城市全要素生产

率的影响可能是非对称的，城市的自身创新能力越强，技术转入对全要素生产率的正向作用越小，甚至可能会在技术存量超过一定水平之后产生负向影响。列(2)表示技术水平对城市技术转出与全要素生产率的调节效应，其交互项在10%的显著性水平上显著为正，即技术水平对城市技术转出与全要素生产率的关系产生了正向的调节作用，这一结论表明城市技术转出得越多，那么很可能由于城市自身的创新能力较强，并且通过技术转出向其他城市转移本地区不需要的技术，同时也在不断转出过程中扩大了创新的经济效应，并激励了城市自主创新与技术转出的正向循环积累效应。

(3)区域异质性分析

本部分基于中国城市群经济发展的空间格局，进一步考察城市群经济发展模式下，技术转移对中国五大城市群全要素生产率的影响差异，并且探讨这种影响对非城市群经济发展模式的异质性。

①技术转入。

如表16-14所示，列(1)到列(5)分别估计了中国五大城市群技术转入对全要素生产率的影响，列(6)是非五大城市群区域的其他样本城市。

表16-14 技术转入对城市全要素生产率的区域异质性回归结果

指标	(1)	(2)	(3)	(4)	(5)	(6)
	京津冀	长三角	珠三角	成渝	长江中游	其他城市
DIDTr	0.0107**	0.0133**	-0.0027**	0.0048**	-0.0079***	0.0094*
	(2.12)	(2.08)	(-2.11)	(2.10)	(-2.15)	(1.72)
Control	Yes	Yes	Yes	Yes	Yes	Yes
City-FE	Yes	Yes	Yes	Yes	Yes	Yes
Year-FE	Yes	Yes	Yes	Yes	Yes	Yes
R^2	0.8610	0.7253	0.7922	0.7376	0.7683	0.5905
Obs	195	390	135	240	420	2865

②技术转出。

如表16-15所示，列(1)到列(5)分别估计了中国五大城市群技术转出对全要素生产率的影响，列(6)是非五大城市群区域的其他样本城市。

表 16-15　技术转出对城市全要素生产率的区域异质性回归结果

指标	(1) 京津冀	(2) 长三角	(3) 珠三角	(4) 成渝	(5) 长江中游	(6) 其他城市
DIDTc	0.0045** (2.10)	0.0076** (2.09)	-0.0011** (-2.05)	0.0029** (2.03)	-0.0032** (-2.18)	0.0017* (1.73)
Control	Yes	Yes	Yes	Yes	Yes	Yes
City-FE	Yes	Yes	Yes	Yes	Yes	Yes
Year-FE	Yes	Yes	Yes	Yes	Yes	Yes
R^2	0.8825	0.7242	0.7921	0.7362	0.7680	0.5815
Obs	195	390	135	240	420	2865

由表 16-14、表 16-15 可知，无论是技术转出还是技术转入，中国五大城市群技术转移对城市全要素生产率回归结果的显著性要大于其他城市，说明技术转移在城市群经济范围内的技术转移大于非城市群区域。究其原因，城市群空间范围内的经济增长模式有助于要素在特定空间范围内的集聚，降低了知识与技术传播交流的成本，提高了创新主体向市场主体科技成果转移转化的效率。因此，在城市群经济发展模式下，技术转移对城市全要素生产率的作用效果更加显著。从中国五大城市群回归结果的差异性来看，技术转入与技术转出可以显著促进长三角、京津冀、成渝城市群内部城市全要素生产率的提升，且技术转入对城市全要素生产率的弹性系数大于技术转出；其中，技术转入与技术转出对长三角城市群内部城市全要素生产率的提升作用最大、其次分别是京津冀、成渝城市群。技术转入与技术转出不利于珠三角、长江中游城市群内部城市全要素生产率的提升，且技术转入与技术转出对长江中游城市群内部城市全要素生产率的负面效应大于珠三角城市群。

中国五大城市群内部城市的技术转入与技术转出对全要素生产率的影响具有异质性。究其原因，在不同城市群的空间结构、产业布局、技术水平具有差异性。城市群经济发展模式是中国新型城镇化高阶发展阶段的区域空间形态，其发展优势在于可以打破要素流动的行政壁垒，在一定区域内通过人流、信息流、知识流等资源的整合，实现资源高效配置优势互补的区域经济发展格局。在空间结构合理的城市群，可以发挥多层级中心城市对经济发展、科技创新的溢出效应与扩散效应，以区域中心城市带动周边城市发展，以此提升技术交易市场活力，促进科技成果转移转化。

长三角城市群包括以上海、江苏南京、苏州、无锡、常州，浙江杭州、宁波，安徽合肥等区域中心城市为主要空间结构的 26 个城市，占据中国城市群经济发展规模首位，城市群工业发展基础雄厚，对外贸易发达，基本形成了互联互通的基础设施建设和产学研相融合的技术转移协同创新体系，各区域之间的技术关联和信息交流，降低了技术转移的成本，形成了技术效率的规模报酬递增效应，有助于城市群内部城市全要素生产率的提升。相对而言，京津冀城市群内部虽然各城市间规模等级差距较大，但是随着北京非首都功能的进一步疏解，技术随着高校的异地校区、产业的承接转移向其他区域扩散，大大优化了其经济与科技发展的空间结构，形成了以北京、天津为核心的技术转移网络，大大提高了科技资源的配置效率。借助得天独厚的区域条件和国家发展政策的支持，成渝城市群内部技术转移对全要素生产率的提升作用相对较小，但是未来进一步发展空间和潜力依然巨大。然而，在区域空间结构发展不平衡、产业分工不协调的城市群，中心城市对经济发展产生了较大的虹吸作用，进一步挤压了非中心城市的发展空间，扩大了区域经济发展的差距。比如长江中游城市群仍需要进一步提升城市群内部的互联互通基础设施建设，在加强技术联系的同时提升中心城市发展对周围城市的扩散效应，发挥其贯穿南北、承东启西的区位优势，进一步加强创新要素在区域的流动与扩散，提升城市群科技发展的一体化水平。对于珠三角城市群而言，其内部经济发展结构相对集中，主要由广州、深圳带动周边城市形成了中心-边缘的城市群经济发展模式，但是相对于京津冀与长三角城市群，珠三角的科教优势相对较弱，虽然城市群内部创新联系较为紧密，但是与其他区域的交流相对较少；未来应该重点搭建与科技发展较好的区域联合共建的产业创新技术孵化基地，构建多元创新主体科技交流平台，在全球范围内引进高水平创新人才，以不断增强科教实力促进城市全要素生产率的提升。

16.4 本章小结

本章根据理论分析对技术转移对全要素生产率的作用效果进行实证检验。以高校异地机构的建立作为一次准自然实验，以中国 2005—2019 年 283 个城市面板数据建立双重差分模型，分别检验技术转入对全要素生产率的影响、技术转出对全要素生产率的影响，并且通过多种稳健性检验证明本章回归结果的稳健性。建立空间计量模型，分别检验技术转入、空间知识溢出对全要素生产率的影响，技术转出、空间知识溢出对全要素生产率的影响，并且通过多种稳健性检验证明本章回归结果的稳健性。相关研究结论可归纳为：

(1)双重差分基准回归结果显示，技术转入对城市全要素生产率具有显著的提升作用，加入控制变量后，其弹性系数为 0.0217，且在 1%的显著性水平上显著为正，表明技术转入与城市全要素生产率之间存在正向相关关系，即技术转入对城市全要素生产率具有积极影响；技术转出对城市全要素生产率具有显著的提升作用，加入控制变量后，其弹性系数为 0.0210，且在 1%的显著性水平上显著为正，表明技术转出与城市全要素生产率之间存在正向相关关系，即技术转出对城市全要素生产率也具有积极影响。可以发现，城市技术转移加快了科研成果的转移转化效率，提高了创新要素在区域之间的配置效率，无论是技术转出还是技术转入，都有助于城市全要素生产率的提升。

(2)本章采用多种稳健性检验的方法，以保障回归结果的稳健性。首先，本文对样本进行了平行趋势检验、PSM-DID 方法对样本组和处理组进行重新匹配，回归结果均具有稳健性；其次，本章分别加入创新型城市试点政策的虚拟变量、国家科技成果转移转化示范区政策的虚拟变量作为本章双重差分基准模型的控制变量，排除创新型城市试点政策、国际科技成果转移转化试验区政策对本章回归结果的干扰，实证回归结果依然稳健；再次，本章考虑到城市之间地理距离对回归结果的影响，采用考虑空间相关性的空间 DID 模型进行再检验，结果表明空间自回归系数显著为正，技术转入、技术转出都对城市全要素生产率具有显著的促进作用，即使存在空间相关性，本章的实证回归结果也具有稳健性。除此之外，为了解决可能存在的内生性问题，本章采用城市是否为省会城市或直辖市的虚拟变量作为工具变量，回归结果显示，相对于双重差分基准模型，基于工具变量的回归结果并没有明显的改变，这说明在考虑内生性问题后，基准双重差分的回归结果依然是稳健的；最后，本章还进行了其他形式的稳健性检验，即去掉一线城市样本、替换全要素生产率的计算方式，回归结果依然与基准双重差分回归结果保持一致，再次证明了本章回归结果的稳健性。

(3)在本章的进一步分析中，首先，区别于前文净转入(转出)的数据，将城市技术转出与技术转入流量数据同时引入基准的双重差分回归模型；考虑技术转入与技术转出同时对城市全要素生产率的影响，回归结果表明其对城市全要素生产率依然具有正向影响，且技术转入的正向影响大于技术转出。其次，为了探讨技术水平可能存在的调节效应，本部分将城市发明专利数量的对数值作为技术水平的代理变量，将城市技术水平与技术转入的交互项、城市技术水平与技术转出的交互项加入基准回归模型，发现技术水平有助于加强技术转出对全要素生产率的促进作用，减弱技术转入对全要素生产率的积极效应。最后，本章考察技术转移对城市全要素生产率的区域异质性。实证回归结果表明，无论是技术转入还是转出，在城市群经济发展空间形态下对全要素生产率促进作用的显著性大于非城市群区域；技术转移对长三角、京津冀、成渝城市群内部全要素生产率具有正向作用；而对珠三角、长江中游城市群内部城市全要素生产率的提升具有负向作用。

第 17 章　结论及启示

17.1　主 要 结 论

17.1.1　区域间协同创新

(1)区域协同创新能力结构。总体来讲，在国家建设“创新型国家”的战略背景下，研究期内省级区域的创新能力都呈现上升趋势，但区域整体综合创新能力东、中、西阶梯分布的格局并没有改变，且地带间的综合创新能力差异有逐步扩大的趋势。具体到知识创新、技术创新、产业创新、服务创新以及环境创新五种创新能力结构，创新能力增长的驱动力因地域特色的不同而呈现出增长模式的差异。原有节点之间的强化以及原有节点与其他节点之间形成新的关系，成为推动省级区域创新能力结构耦合度网络不断复杂化与成熟化的重要因素。省级区域创新能力结构耦合度网络发展具有十分明显的空间不平衡性，存在明显的空间分层现象与核心-边缘空间分异格局。

(2)区域创新供给系统与需求系统的协同演化。从全国整体来看，创新供给和创新需求水平在 2011—2019 年不断提高，但空间异质性明显，高创新供给和需求的区域主要集中在东部沿海地区。创新供给系统作为主要的参量对于系统整体的演化发挥了关键的作用。运动方程的结果显示系数 a 为负，创新需求有所增长，需求提高的速度比较快，对于创新供给发挥正向的作用，系数 b 为正表示各省市利用创新资源促进创新供给。从区域创新供需系统的协同性来看，创新供需系统协同的差异性逐年增加，说明中国目前还面临着很强的创新要素供需不平衡的问题，尤其是东部和西部。

(3)区域协同创新与区域创新效率。中国城市创新效率存在着显著的空间溢出性，各城市创新效率明显受邻近城市创新效率的影响，同样也影响着邻近城市创新效率。因此在分析其影响因素时，与一般面板数据回归模型相比，空间计量模型在考虑空间滞后项与空间误差项的综合作用后，能够更加准确地提取出中国城市创新效率的显著影响因素，且时空固定形式下的空间杜宾模型对其模拟最优。区域内部协同创新和区域之间协同创新对于区域创新效率的提升都具有促进作用，但区域协同创新对于创新效率的影响主要是通过区域内部创新主体间的协同创新进行的，内因是影响区域创新效率的主要原因。

17.1.2 产学研协同创新

(1)产学研协同创新绩效的收敛机制与空间溢出效应。在研究期内，“学转研”绩效在波动中呈现下降趋势，而“研转产”绩效则表现出波动上涨的变化趋势，产学研协同创新整体绩效表现出先下降后上涨的U形变化趋势。中国城市产学研协同创新的“学转研”绩效、“研转产”绩效及整体绩效大体都以长江为界，呈现出北高南低的空间格局，并在研究期末表现出连片集聚化分布的空间特征，地带差异性明显。“学转研”绩效的空间关联性相对较低，“研转产”绩效的空间关联相对较强，产学研协同创新整体绩效在“学转研”和“研转产”绩效的共同约束下呈现较为稳定的变化。就中国城市产学研协同创新绩效的发展现状而言，“学转研”绩效、“研转产”绩效及整体绩效已形成多样化的发展模式，所处的发展阶段也不尽相同，且不同城市协同创新所依托的区位条件、创新资源禀赋也存在较大差异，应根据不同城市产学研协同创新绩效的发展模式和发展阶段，因地制宜提出促进城市产学研协同创新发展的策略，从而促进中国城市产学研协同创新水平的整体提升。

从中国城市产学研协同创新绩效的 σ 收敛来看，“学转研”绩效呈现平稳的周期性波动变化趋势，不同城市之间“学转研”绩效不断形成极化—涓滴效应，而“研转产”绩效在2008年之前主要呈现上升趋势，而在2008年以后则大幅下降，在“学转研”绩效和“研转产”绩效的双重约束下，产学研协同创新整体绩效呈现出速率略有波动的逐步收敛趋势，中国城市产学研协同创新绩效的差距不断减小。中国城市产学研协同创新绩效在不同阶段上均呈现出绝对 β 收敛趋势，且呈现明显的东、中、西部地理空间俱乐部收敛趋势。基于条件 β 收敛显示，开放程度促进了“学转研”绩效的收敛，而市场环境和产业结构则促进了“研转产”绩效和整体绩效的收敛；此外，城市规模对整体绩效收敛起到了正向作用，而环境规制则抑制了整体绩效的收敛。

中国城市各阶段协同创新绩效具有显著的空间溢出效应，其中“研转产”绩效及整体绩效的空间溢出效应强于“学转研”绩效的空间溢出效应。当不考虑空间溢出效应时，仅产业结构在三种空间权重矩阵下都对中国城市的协同创新整体绩效具有显著影响。而考虑溢出效应后，产业结构及城市规模都在三种空间权重矩阵下对中国城市协同创新整体绩效持续表现出显著影响。研究期内中国城市产学研协同创新绩效仍为极化效应主导，作为协同创新增长极的科技创新中心城市与区域性创新高地尚未形成有效的涓滴效应，辐射带动区域创新发展的能量源作用尚待进一步强化。在全国城市层面，市场环境与城市规模对“学转研”绩效影响的间接效应大于直接效应，更多地表现为对于周边城市“学转研”绩效的影响，市场环境、产业结构、开放程度及城市规模对中国城市“研转产”绩效的间接效应同样大于直接效应。从对中国城市产学研协同创新整体绩效的直接效应来看，环境规制、产业结构及城市规模都对本地区整体绩效具有显著的促进作用，产业结构、开放程度及城市规模对邻近地区产学研协同创新整体绩效的间接效应以及总效应都具有显著的促进作用。

(2)产学研政策协同与企业创新绩效。政策部门协同、政策措施协同及核心代表“政策协同”的政策整体协同指标，均会对企业创新绩效有显著的正向促进作用，且这一从产学研视角出发的政策协同创新效应结论得到了多种稳健性检验的印证。基于地方财政科学技术支出和企业社会责任的调节机制检验结果表明，外部科学技术支持能从资源提供等方面助力政策协同对企业创新的作用效果、内部社会责任则能强化政策驱动下的企业可持续创新导向，即地方财政科学技术支出越多、企业内部的社会责任感越强，政策协同就越能够提高企业的创新能力。进一步异质性分析发现，政策协同对技术创新的激励效应对位于政策整体协同度较高、政府干预程度较小、科技资源禀赋较充足地区及处在高技术密集型和非污染密集型行业的企业更为明显。

17.1.3　协同创新效率与政治周期

来自党代会换届的政治激励形成了地方官员之间的相互政治竞争氛围，显著地刺激了城市在创新领域的效率提升。创新驱动引领地区经济社会可持续发展，创新驱动作为推动地方经济高质量发展的重要表现方面，政治激励在其中产生了显著的助推作用，因此地方政府和官员对于政绩和仕途的追逐是形成地区创新效率增长及其他经济长期可持续发展表现的重要政治原因。具体地，研究发现：(1)城市的协同创新效率呈现随党代会召开时间而变化的政治周期性特征。党代会召开前两年、前一年以及当年，城市内部协同创新效率和城市综合协同创新效率上升，党代会召开结束后一年，城市协同创新效率未发生显著变化；在变化程度上，城市综合协同创新效率的提升幅度要高于城市内部创新效率，城市综合协同创新效率对党代会政治周期性的反应较敏感于城市内部创新效率。城市协同创新效率的表现说明，党代会的换届效应带来的不仅仅是单方面依靠加大要素投入实现的 GDP 增长率上的提升，也展现了依靠科技进步、提高生产要素的质量和使用效率实现的、由创新驱动的高质量增长。党代会召开前夕，面对潜在的政治晋升与交流的机会的激励，换届效应推动了城市协同创新效率的显著增长；党代会召开之后，政府换届举措对官员的政治激励削弱，官员工作作风更偏好于细水长流，宏观政策趋于稳定，当地协同创新效率回归平稳。经检验，在引入非规律官员流动变量与官员个人特征变量后，党代会的换届效应带来的城市协同创新效率的政治周期性变动依然具有稳健性。

(2)进一步对地级市行政"一把手"——市委书记和市长的非规律性官员流动进行分析，得出市委书记职位的人事更替对当地协同创新效率存在负面影响，但未发现市长的职位更替对当地协同创新效率产生影响。原因可能在于，首先，官员"非规律性调动"与规律性政治事件"地方党代会召开"两个因素之间不可一概而论。一方面，前者由于时间不确定性，发生行政级别变动时间突然，官员在其调任前，对调动具体时间的可预知能力弱，因此传达的政治激励程度十分有限；而地方党代会的召开是时间相对固定的政治事件，官员对其换届活动的预期准确且政治竞争程度强烈，基于此，官员会在政治竞争与激励下，提前做出利于自己政治仕途的决策行为。同时，政策从草拟到执行要求一定周期，在非规律性官员调任前，既定政策难以在计划时间前逐一落实。而另一方面，市委书记相较市长，行政级别和政治次序更高，书记拥有更强的政策导向型，因而在表现上更为明显。其次，在非党代会期间不规律的人事变动中，可供考察职位更替的官员范围仅局限于地级市最高领导人，即市委书记、市长，并未包含其他利于创新活动开展及提供相关服务的行政部门官员，因而使政治激励与竞争在城市创新协同创新效率方面的刺激作用表现较为有限。这也表明除了单独的行政政策，政府多个机构协同颁布的技术创新政策更利于当地协同创新效率的提高。

(3)在机制分析章节中，发现在面对来自党代会换届的政治竞争和政治激励时，具有异地交流经验的官员，即上一行政职务与当前职务地理差异性越大，其在城市创新效率提升的助力表现上越出色。通过对任期异质性的探究，本章发现任期过长或任期过短即交流频繁都不利于官员主观能动性的发挥。任期过长，职业前景弱化对官员个人的政治激励可能失去效力；交流频繁，一是若新官上任对当地实际发展状况还未能做到足够熟悉就高频率调任，不利于工作的有序展开。二是官员在任期间颁布的政策在实施周期内可能未能得到逐一落实或充分见效就被调离，而接任的官员却未必能完全领会、延续并贯彻上一任官员的行政安排。在此情况下，极易造成政策浪费或政策重复。

(4)面对政治竞争环境的变化，职业前景的差异会导致地方官员接受政治竞争与政治激励程度的差异，从而反映在城市协同创新效率表现中。公共人力资源管理理论关于人的假定中不再做出经济学中“理性经济人”的基本假设，而是因时制宜的“复杂人”，行为动因上官员的公共利益优先于私人利益。

17.1.4　城市技术转移

(1)城市技术转移的时空格局及其影响因素。首先，城市技术转移总体差异大，基尼系数长期高于 0.7。技术转入的差异在研究期下降明显，中国的东北和中部地区技术转移的组内基尼系数小，而地理距离较远地区之间的组间基尼系数大。其次，城市技术转移空间集聚特征日益增强，存在显著正向空间自相关，各影响因素具有较强的空间异质性。其次，收敛检验结果表明，全国以及中国的东部、中部和西部地区存在 σ 收敛，东北地区不存在 σ 收敛。全国存在 β 绝对收敛和 β 条件收敛，4 个区域均存在绝对俱乐部收敛和条件俱乐部收敛。在对技术转移影响因素的分析中，纳入时空维度的 GTWR 模型比系统 GMM 回归模型更能反映现实。回归结果显示，除西部地区、黄河和长江中上游等创新活跃度较低的城市外，外商直接投资对中国城市技术转入和转出均有显著的负向影响。研发投入和地区经济发展水平对于多数城市技术转移具有显著的正向影响。人力资本对于多数城市技术转入具有负向的影响，但对于城市技术引进的平均影响为正。区域范围内不同城市间人力资本水平的差异影响了城市技术吸收和扩散效果。对于发展配套较好的东南沿海地区，交通设施的优化进一步促进了地区技术引入，有利于技术成果的转换。最后，在研究期内创新基础、研发投入、地区经济基础始终是技术转移的主导因素。随时间推移，地区经济发展水平和研发投入逐渐成为了影响城市技术转入的主导因子。

地区发展水平与其他因子的交互作用增强了城市技术转移，特别是与人力资本、产业规模和外商直接投资的交互作用明显增强。地区的 R&D 支出也显著促进外商直接投资溢出效应的产生。

(2)技术转移网络与城市创新能力。第一，城市在技术转移网络中中心性及结构洞丰富度的提高会促进城市创新能力的提升。城市的网络中心性越高、所占据的结构洞越丰富，意味着城市能够从外部互动中获取的资源越多，从而越有利于城市创新活动的提升。第二，技术转移伙伴创新水平越高，城市可利用外部知识存量越大；城市知识吸收能力越高，其从外部环境中吸收信息并转化为创新绩效的能力越高，从而技术转移伙伴创新水平及知识吸收能力正向调节技术转移网络对城市创新能力的影响。嵌入知识网络能够优化创新环境，促进创新资源的有效利用，从而更能促进城市创新的提升。第三，我国各城市的技术转移及创新活动存在显著的空间相关性，城市间技术转移不仅能促进本地的创新活动，同时能通过其引致的空间知识溢出，使具有相似空间特征的城市受益。这表明，与距离相近及经济发展水平相近的城市之间的专利转移联系将有利于本城市创新活动的增长。

本章为理解区域创新网络的效应提供了相关的理论启示。本章对网络中心性的研究表明，节点城市度中心性及特征向量中心性的提高将促进城市创新能力的提升，这与 Yao 等(2020)的研究结论是相类似的。Jin 等(2022)认为中心性显著促进了发达城市的创新质量，这与本章的看法相一致，但本章发现中心性对欠发达城市的创新同样具有显著的促进作用。相较于以往研究对城市主体的研究，本章综合运用多个指标测度了城市嵌入结构网络的特征，更为全面地捕获了城市在技术转移网络中不同强度的联系。此外，许多研究从微观个人或企业、国家角度探究嵌入创新网络对绩效的影响(Bell，2005；Pappas 和 Wooldridge，2007；Nordensvard 等，2018)，本章虽然从城市层面出发，但同样观察到了网络中心性对创新绩效的正向影响，进一步扩展了对这一关系的理解。

本章对节点城市占据结构洞的研究表明，丰富的结构洞将促进城市获得非冗余的信息，从而提升创新能力，这一结论支持了 Burt 提出的结构洞理论(Burt，1992；1997；2004)。同时，与相关对企业及国家的研究得出的结论相类似，本章也认为组织可以通过填补结构洞促进绩效的提升(Ahuja，2000；Zaheer 和 Bell，2005；Zaheer 和 Soda，2009；Gonzalez-Brambila 等，2013)。Rost(2011)对结构洞的研究则得出了与本章不同的结论。Rost 认为占据结构洞对知识创新具有收益递减的性质，可能的原因在于其从个人引用出发构造创新网络，相比于城市数据量更大，个体之间的差异更大，当个体所占据结构洞超过一定程度，将面临更高的协调成本，从而造成对创新绩效产生负面影响。此外，本章的理论启示还在于，整合了网络结构嵌入与知识嵌入对创新绩效的影响，同时实证研究了技术转移的空间传导机制，识别了技术转移网络的空间知识溢出对其他城市创新的影响。

(3)专利转移的边界效应。基准回归发现，专利转移的“边界效应”确实存在，省界使得省内专利转移相当于省际专利转移数量的2.05倍，市界则使这一效应扩大到18.42倍，即同一城市内部微观主体之间专利转移的规模较大。稳健性与异质性分析表明，专利转移数量具有“地理衰减”及从东向西的衰减趋势，即“边界效应”随距离增大及“自东向西”而增大，分区域的研究还表明了中东部地区跨板块一体化水平的增强。与省界效应相反，我们发现市界效应在东部地区更强。从“有为政府”视角对专利转移的考察中发现，知识产权司法保护、行政保护及数字经济路径均会强化城市内部的专利转移，仅有司法保护可以有效弱化省级边界效应。

(4)创新要素的集聚和流动与区域创新效率。无论是直接效应还是空间溢出效应，中国城市层面的创新知识要素集聚对城市创新效率都有显著的正向影响，这说明区域创新知识要素集聚不仅可以促进本地区创新效率的提高，也可以有效的带动其他地区创新效率的提高。整体回归结果来看，区域创新技术要素集聚对创新效率存在显著的正向直接效应和负向的空间溢出效应。这说明区域创新技术在特定区域的集聚，有助于本地区创新效率的提升，但不利于其他地区创新效率的提高。分类别回归结果来看，创新型城市的技术要素集聚都对创新效率存在显著的正向直接效应和空间溢出效应，而非创新型城市技术要素集聚对创新效率的影响不显著。无论是整体回归结果还是分类别回归结果显示，创新人员流动和创新资本流动权重矩阵空间计量模型回归结果的空间回归系数均显著为正。表明创新人员和创新资本在区域创新系统之间的流动，有助于区域创新效率的空间外溢和整体水平的提升。区域创新资本要素流动对创新效率的正向溢出效应要大于创新人员流动，且在创新型城市之间的动态流动对区域创新效率的提升更为显著。创新要素集聚主要通过区域创新系统的开放水平、生态环境、信息交流、制度因素影响区域创新效率，而区域经济发展的中介作用并不显著。

(5)粤港澳大湾区知识创新网络及其外部性。粤港澳城市群是中国创新发展最为活跃的地区之一，中国政府力图把粤港澳大湾区建设成为一个多中心、开放性的国际科技创新中心。以论文发表数据为知识创新指标进行的实证分析结果显示，粤港澳城市群创新实力不断增强，创新网络密度不断提高，但尚未形成政府规划中的四个中心的创新网络格局，广州、香港地区一直以来都是粤港澳地区的创新中心，深圳在2012年以后快速发展，现已成为接近香港的另一个创新中心，但澳门地区在创新上的实力较弱，距规划中的第四个创新中心相差较远。创新外部环境对于创新发展具有显著影响，粤港澳城市群复杂的制度环境使得该地区的创新合作面临较大挑战。尽管香港具有优越的创新实力，但在制度、文化差异影响下，其与内地城市的创新合作较为有限，仅与广州和深圳之间产生了较多的创新合作关联。城市群中大部分的城际创新合作都发生在广州和同省其他城市之间，尤其是广州与深圳之间的创新合作最多，由此导致粤港澳城市群创新合作网络的空间格局高度集中于广州、深圳和香港，并且呈现显著的负外部性。其他城市并没有在创新网络中得到积极的借用规模，反而处于中心城市的集聚阴影之中，甚至差距越来越大。粤港澳城市群创新合作网络格局的负外部性与政府规划和预期背道而驰，在粤港澳的未来发展中，重视和调整创新空间差异，扭转负外部性是实现空间良性互动，提升整体创新实力的重要内容。

17.1.5 全要素生产率

(1)跨国知识转移与全要素生产率。跨国知识转移对中国全要素生产率的提升具有积极影响，说明知识要素对经济发展具有直接的推动作用。国内研发能力、人力资本、对外开放以及经济发展水平对跨国知识转移存在门槛效应，即只有研发能力的对数值超过6.0754、经济发展水平的对数值超过11.0054，其对跨国知识才具有正向的吸收作用；对外开放对跨国知识转移的正向作用最大，且随着对外开放水平的提升，其对跨国知识的吸收能力不断增强；人力资本对跨国知识转移的影响类似于一个正U形结构，只有当人力资本的对数值超过12.0541，人力研发的增加对跨国知识转移的促进作用才会逐步增强。国内基础设施水平的提升，有助于跨国知识转移的吸收，而国内金融环境对跨国知识转移的影响并不显著。其次，本章检验了国际技术溢出对于跨国知识转移与TFP之间的中介效应。研究发现，跨国知识转移对FDI技术溢出、进口贸易技术溢出、出口贸易技术溢出以及无形技术溢出都存在正向影响。FDI技术溢出、进口贸易技术溢出和无形技术溢出起到部分中介的作用，进口贸易的中介效应最大，且跨国知识转移对其有显著的正向作用，而OFDI技术溢出和出口贸易技术溢出的中介作用并不显著。可以发现，在知识经济的背景下，知识创新已经成为技术创新的源头。

（2）技术转移对城市全要素生产率的影响。从双重差分模型的回归结果来看，技术转入对城市全要素生产率具有显著的提升作用，其弹性系数为 0.0217；技术转出对城市全要素生产率也具有显著的提升作用，其弹性系数为 0.0210，且技术转入对城市全要素生产率的提升作用略大于技术转出；除此之外，将城市技术转出与技术转入流量数据同时引入基准的双重差分回归模型，技术转入、技术转出依然对城市的全要素生产率具有显著的提升作用，并且技术转入对城市全要素生产率的提升作用大于技术转出。在技术转移对城市全要素生产率影响的进一步分析中，排除创新型城市试点政策、国家科技成果转移转化试验区政策、城市之间地理距离、内生性问题等对回归结果的干扰，城市技术转移依然有助于全要素生产率的提升。其次，技术水平减弱了技术转入对城市全要素生产率的提升作用，而增强了对技术转出对城市全要素生产率的促进作用，说明随着城市技术水平的提升，城市的技术转出更有助于实现创新成果的经济效益，有助于城市全要素生产率的提升。技术转移对城市全要素生产率的影响具有区域差异。无论是技术转入还是转出，都可以显著促进京津冀、长三角、成渝城市群样本组内城市全要素生产率的提升，但不利于珠三角与成渝城市群样本城市全要素生产率的提升。说明珠三角城市群与成渝城市群不仅需要提升其区域内核心城市的技术集散能力，还应该注重创新要素在区域内的流动与分配，加强边缘地区对先进技术的学习吸收能力。

17.2 政策启示

17.2.1 提升区域协同创新能力

一是优化区域协同创新能力结构。各省级区域应打破空间阻隔，充分利用区域内不同城市处在城市生命周期不同阶段的特征，深化自身的创新能力比较优势，促进产业的技术转移和学习，实现创新要素在区域内的自由流动。因地制宜，构建各具特色、协调发展的区域创新体系，大力推动协同创新，建立与产业、区域经济紧密结合的技术研发和成果转化机制，提升高校和科研院所服务国家重大需求、支撑产业结构调整和促进区域可持续发展的能力。各地区应结合区域经济社会发展的特色和优势，加快区域创新能力布局建设，构建运行高效的区域创新网络，鼓励创新资源密集的区域率先实现创新驱动发展，支持具有特色创新资源的区域加快提高创新能力。地带内的区域更应该重视区域协同创新，通过联系起来的区域间行为主体，包括研究机构和大学之间的合作，人员之间的联系，专家之间的互相访问，以及各种各样的项目等等，来促进技术学习和技术转移，从而促进地带内区域间的创新活动。

二是提高区域创新供给系统和需求系统的协调度。政府一方面要优化创新资源的配置。良好的交通基础设施和创新资源作为区域创新重要的基础条件，制约着中上游省市创新产出的水平。在加强基础设施建设和畅通信息化沟通的基础上，以合理的区域产业发展政策为导向，引导创新人力和资金往中西部地区有序倾斜，鼓励东北和中西部地区依据地区实际和主导产业推动关联产业的配套和承接，促进创新供给推动创新系统内部优化。另一方面是要引导创新需求。创新供给要与创新需求适配，鼓励创新主体利用现有的资源禀赋进行创新活动。同时配套好区域创新环境支撑，引导技术人才和高新技术产业留在本地，促进创新主体在创新系统不同阶层中的自由流动。其次，以现有创新示范区为依托，推动创新项目的跨区域合作，实现区域整体创新需求的提升。着眼于整体创新要素配置效率的提升，把握区域创新合作的契机，通过城市群和经济圈等形式的区域合作促进创新资源的自由流动，资源集聚程度较高的地区和创新供给冗余的区域要以周边新型创新城市为依托点向中小城市辐射和扩散，推动整体创新能力的提升。其次，对于创新要素供给充足但创新需求不适配的区域，要进一步留住创新人才和深化企业招商引资政策，推动区域创新环境不断优化，促使区域创新供需系统逐渐走向更加协同的状态。目前存在着创新资源过分供给与供给不足双重矛盾的问题，东西部梯级差异明显，应该完善创新市场的运作机制，依靠合理的政策工具来适配创新资源。其次，推动区域信息交流平台的建设，减少各创新主体供给与需求之间因信息不对称和流通受阻而导致的不匹配问题。面对区域内创新需求差异较大的问题，引导各创新主体树立创新空间协同和开放的发展理念，构建多创新主体协作、多元共生的创新空间，配套好区域中小城市创新发展的软环境，促进创新需求规模与创新供给协调。

17.2.2 优化产学研协同创新

一是增强产学研政策协同度。政府政策制定，既要注重各部门联合联动，又要注重差异化内容措施组合。地方政府作为区域创新政策体系的主要制定者，不仅要将宏观调整政策的有效性和微观主体政策的效果性作为政策实施主体的选择标准，还应在充分整合各部门的资源要素的基础上，加强对区域发展水平、目标定位、资源优势的认识、兼顾各政策部门整体性及各部门利益、明晰牵头部门与参与部门的权责清单、破除行政壁垒和体制性障碍，并辅助以多部门联合行政培训等措施来促成政策部门的跨区域协同，使政策效果得到最优化显现。随着科技进步和技术发展，企业创新行为需要的创新要素和资源也越加复杂，这对政策措施的内容涉及面提出了新的要求。同时，由于单一的政策内容落实面有限，而政策措施协同可通过优势互补效应及相互激发效果来组合发力，有效降低政策落实中的制度履行成本，最终形成适应创新需要和发展要求的政策内部协同。因此，推进差异化内容措施组合不仅可行，还有必要。具体而言，其做法包括但不限于利用政府采购、贸易管制等增强需求型政策措施的需求拉动作用，结合人才培养、基础设施建设等方式充分发挥供给型政策工具的杠杆作用，适度提高环境型政策措施中税收优惠和金融服务在政策条款中的占比，为科技创新活动营造良好氛围等。

二是合理利用政策激励促进产学研协同创新。为了城市经济实现集约型增长、协同创新效率的增长能够经久不息，有必要进一步优化官员晋升的激励结构，不断完善政府在创新平台供给中的服务职能。不仅要改变官员长久以来面对的“唯 GDP 论英雄”的评价准则，更要从围绕资金和资源投入实现短期地区经济增长的一元竞争模式，向纳入城市创新能力、生态治理、社会公平等多元的竞争体系转变；鼓励在政治激励体系下，地区依靠生产要素的优化组合和科技进步，形成高质量发展的长期路径，从根本上引导地方官员的行为方式从而利于当地持续发展。同时，政府应发挥服务功能，营造有利于激发企业、高等院校、科研机构等各个主体从事创新活动的公共环境；强化科技创新在经济的引领作用，通过政策供给助力科技创新平台搭建，使城市之间各类主体加强交流，促进人才、知识和经验的交互学习，增强 1+1>2 的协同效应。有必要规律化地方官员交流升迁机制，如提前明确官员交流的方向、任务和时限等，避免给地方官员经济政治治理带来扰动和障碍。在政府官员交接工作中，注意政策之间的连贯性，政府相关部门应在政策过程的所有阶段发挥核心作用，并应确保既定政策的实施与执行。完善官员问责机制，加强政府和第三方组织在政策协调和政策监督过程中的地位和作用。地区要提高创新效率，逐步实现自主创新能力，政府在制定与实施创新政策过程中，需要注意各种政策措施与目标的协同效应，尽量放大正向效应，优化执行各部门间的联合政策；同时尽量消除负向效应，避免政策重复、低效投入。在异地交流机制中，应有意识地将已实现地区向可持续的、创新驱动发展方式转变的地方官员调任到集约型经济增长仍出现难题的地区，复制、推广发展地方经济、助力城市创新的成功经验，利用官员个人主观能动性加快当地创新驱动经济发展的进程。任期时长的平衡需依照职位的行政等级与当地发展存在的特殊问题，结合任期延长的边际收益与边际成本多重分析，探寻合理的任期空间与交流频率；建立政策效果的动态追踪评估制度，保障现行政策的长期效果，杜绝官员“流寇”现象发生。

17.2.3 促进跨区域技术转移

一是构建更加完善的技术转移网络。充分调动地方政府的积极性，推进与更多城市合作关系的建立，注重提升城市内部的创新质量而不仅仅是创新数量。着眼于地区发展实际引进技术，关注核心城市对中西部地区创新溢出的作用。特别是注重寻求认知结构较为相似城市作为合作伙伴，建立更高质量、更多数量、认知对等的合作关系，对于区域整体创新能力的提升至关重要。其次，实现技术转移在高水平收敛的目标，政府应针对不同区域的收敛特征和不同因子的影响，加强顶层设计，构建技术创新协同联动机制，促进区域范围技术转移的互联互通，增进技术成果的溢出，促进科技创新低水平区域提质增效。各城市应加强自身在技术转移网络中的核心地位，进一步拓展网络关系的覆盖范围，积极参与城市之间的技术转移，同时加强与高节点度中心性城市的联系，充分发挥网络中心性及结构洞丰富度的提高对提升城市创新能力的作用。此外，充分挖掘网络潜在连接缺口，提升本城市在技术交流中的中介与桥梁作用，充分发挥现有区域创新网络的信息、资源及控制优势。其次，知识嵌入对城市创新活动的促进作用表明，城市应充分利用转移伙伴的创新资源禀赋，同时注重自身知识获取、吸收、转化和利用外部知识的能力，将外部资源内化为自身创新效益的提升。同时，不能一味依靠技术转移网络所带来的位置优势，实现自身创新能力的被动改进，应积极主动扩展外部知识存量及自身知识吸收能力，以应对不断变化的市场条件，始终保持竞争优势。最后，各城市在制定政策以进行专利转移促进本区域创新发展时，不仅需要关注自身的发展条件，同时需要统筹具有相关联系的邻近地区及经济发展水平相似的地区，加强交流与合作，通过空间知识溢出，有效利用其资源要素，推动本城市创新发展，同时促进区域城市整体创新能力的提升。推动构建互联互通的技术交易市场。以落实国家创新驱动发展战略为先导，深入推进区际协同创新水平。聚力打造区域创新高地，持续强化高水平主体跨区域配置创新资源能力，用足用好数字经济平台优势，推动形成开放包容的区域创新格局。

二是增强创新要素的集聚和流动。在区域创新系统的建设中，既要不断提升区域知识创新与技术创新能力，还应充分发挥创新要素的“组合效益”，以促进区域创新效率的整体提升。同时，要进一步强化创新型城市的创新要素集聚功能，增强创新型城市对周围城市的溢出效应，进而推进创新型国家建设。应进一步发挥市场在资源配置过程中的决定性作用，破除区域间创新人员和创新资本等创新要素流动的体制机制障碍，努力营造有利于创新要素流动的外部环境。此外，进一步完善区域创新人员的福利待遇和工作条件，拓宽创新资本的投资渠道，降低投资风险，将有利于地区吸引更多的创新人员和资本，从而扩大创新生产规模，改善创新生产结构，促进区域创新活动的开展和创新效率的提升。在区域创新系统的建设过程中，还应该不断优化区域创新环境，可以通过提高区域开放水平，优化区域生态环境，提高区域间信息交流的能力，减少区域创新系统的行政壁垒等方式，加强区域间的科技创新合作，以推动科技设施联通、创新平台互通、人才资源流通，进而促进区域创新效率的整体提升。

三是加快创新要素流动，促进知识空间溢出。技术转出和技术转入都可以通过知识的空间溢出促进城市全要素生产率的提升，且技术转入对城市全要素生产率的积极效应更大；说明在市场机制的作用下，加快以技术转移为载体的创新要素流动，通过知识的空间溢出，提升区域整体全要素生产率。因此，要加快创新要素流动，应促进人才顺畅有序流动、优化要素市场配置、增强科技成果流动性。促进人才顺畅有序流动。人才流动是推动人才资源合理配置，优化人才队伍结构，提高人才资源使用效率的重要方式。因此，需要加强创新型人才的培养，强化区域间人才流动，提倡知识交流与扩散，释放和激发人才创新活力。

四是充分利用知识创新网络外部性。做好顶层制度建设，减少内地与港澳地区创新合作的制度障碍，促进内地城市与港澳之间创新要素的自由流动。由于香港地区和澳门地区是高度自治的特别行政区，与大湾区9个内地城市之间互不隶属，内地9市与港澳合作主要靠政府推动，但目前跨境合作的机制尚不健全，阻碍了创新合作的开展和要素自由流动（陈映雄，2020）。为此，在创新人才方面，可以通过解决人才跨城和跨境工作生活的身份认证、便捷通关、医疗服务等方面的问题，促进人才跨城和跨境交流和工作。在科研设备方面，建立先进仪器设备、生物样本等跨境流动和使用的管理机制，推动科研数据的开放共享，改善科研条件落后地区在进行科学研究上的短板。依托特色产业和地区优势，加强粤港澳之间在知识研发上的优势互补。当前粤港澳城市群的创新资源分布不均，创新能力差异较大，导致创新外部性不佳。但是，各城市在创新特色和产业基础方面存在较大互补性，可以从优势互补的角度展开创新合作。香港的基础研发能力较强，但技术专利和制造业等相对较弱，可以通过实行“香港孵化+广东产业化”的方式，将香港的科研优势与深圳的技术优势，以及东莞、中山等地区的产业优势相结合。深圳在技术研发方面具有比知识创新更为显著的优势，可以加强深圳与其他城市在技术专利方面的合作，通过技术专利转移带动其他地区产业发展和技术进步。而广州是粤港澳地区内地高等院校最为集中的城市，具有较大的创新人才储备优势，广州要在加强与香港的人才交流与科研合作的同时，加强对创新基础薄弱地区在人才培养上的帮助(龙建辉，2018)。对于其他城市而言，要注重弥补和完善互联网和研究设备等与科技研发相关的基础设施建设，改善自身的创新硬环境，吸引创新人才的流入。

加强知识产权保护，促进粤港澳在知识产权的创造、使用、保护和贸易方面的合作，健全知识产权跨境协作机制。充分发挥香港地区在知识产权保护方面的经验和优势，在香港建立区域性知识产权保护和交易中心。同时，建立大湾区知识产权信息交换机制和共享平台，促进知识产权的合理有效流通。

澳门地区的创新发展而言，澳门特区政府部门中至今都没有科技主管部门，大湾区 9 个内地城市仅与澳门的科学技术发展基金会签署了科技创新交流合作安排，却没有建立日常沟通协调机制，使得实际上的科技研发合作难以展开。因此，澳门特区政府需要加强对创新的重视，推动和落实跨区域创新合作(范旭和刘伟，2020)。其次，澳门研发投入资金较少，产业基础薄弱，且高等教育发展较晚，1981 年澳门成立第一所现代大学——澳门大学，与香港、广州的高等教育和基础研究实力相比差距较大(崔世平，2019)。在这一现实条件下，澳门一方面要加强同香港、广州等高等院校较多地区的科研合作和人才交流，提升自身在基础研究上的实力，另一方面也要加强与大湾区西岸珠海、中山、江门等城市的合作，推动科研成果的产业化转变，充分利用粤港澳大湾区政策优惠条件，尽快推动澳门知识创新实力的提高。

17.2.4 促进城市全要素生产率全面提升

一是大力发展全要素生产率。科技创新的关键除了提高科学研究成果的转化能力外，特别需要提高知识创新能力，要加强与国内外高等院校及研发机构的合作，进而促进全要素生产率的提高。一方面，要加强创新型人才培养，提升高等教育的质量，也包括各类人才的继续教育，使之不断获取最新的相关领域的最新知识。另一方面，在提高自主创新能力的同时，要注重人力资本的积累，优化地区的金融环境、增强基础设施建设、扩大对外开放，从而可以更有效地对跨国知识进行消化、吸收和再创新。要进一步提高中国的对外开放水平，进一步扩大FDI、进口贸易技术溢出渠道的传统优势，还要加强计算机和信息机技术的应用，建立最为先进的信息传输通道和国际信息共享制度，使科技人员获取当代最为前沿的相关领域的信息，加强与世界各国的研发合作，增强无形技术溢出渠道的溢出效应。也要鼓励中国企业积极开展技术获取型OFDI，改善对外直接投资与出口贸易结构，并建立健全OFDI服务体系，给相关企业提供丰富的信息服务支持和优惠的金融服务支持。

二是以加快城市技术转移，促进全要素生产率。技术转入和技术转出都有助于城市全要素生产率的提升，且技术转入对城市全要素生产率的积极效应大于技术转出；说明技术转移有助于推进科技成果转移转化，提高创新成果的经济效益，加大科技创新对经济增长的贡献份额。因此，应加快推进产学研用深度融合、着力破除阻碍体制机制障碍、强化技术转移市场化平台建设等促进科技成果转化为现实生产力。加快推进产学研用深度融合。着力破除体制机制障碍。政府宏观调控和市场主体调节双管齐下，发挥各创新主体的优势，有助于调动各方参与创新活动的积极性。强化科技成果转移转化市场化服务。

三是以差异化的技术引进方式，强化创新驱动发展战略。技术转移在不同城市的要素禀赋结构下，对全要素生产率具有门槛效应。随着要素禀赋结构不断提升，技术转入对全要素生产率的积极作用不断减弱，而技术转出对全要素生产率的积极作用不断增强。因此，不同地区应因地制宜，发挥其要素禀赋结构所决定的产业结构的比较优势，制定差异化的技术引进策略，以最大限度地发挥创新的经济效益，提升全要素生产率。充分发挥技术引进对创新增长的积极作用。对于落后地区而言，促进技术吸收能力提升是当前的战略重点，应着力突破吸收能力门槛，发挥追赶效应，缩小与先进技术地区的差距，全面提升技术消化吸收能力。对于发达地区而言，应继续加大对基础创新的研发投入，提升原创性科研成果的质量，增强地区经济发展的核心竞争力，抢占全球科技的制高点。

17.2.5 优化区域创新空间布局

科技成果只有得以扩散与应用，才能更大价值地发挥其经济效益。目前，中国基本形成以京津冀、长三角、珠三角、成渝、长江中游城市群为主导的技术转移空间格局，本书的实证分析也再次证明城市群内部的技术转移更有助于区域全要素生产率的提升。根据本书第四章中国城市技术转移的现状分析、第五章到第七章技术转移对中国五大城市群城市全要素生产率的区域异质性分析，提出应加快区域创新高地建设，完善区域创新基础设施、加强区域创新合作等方式优化区域创新空间布局。

加快区域创新高地建设。国际经验表明，科技创新是驱动世界城市群发展内在动力。具体而言，中国五大城市群中各城市科技创新发展现状以及科技创新资源空间分布特点存在着显著的差异。因此，加快建设以重庆、武汉、上海、广州、北京等创新型城市为核心的成渝、长江中游、长三角、珠三角、京津冀创新高地；围绕国家发展目标和战略需求，依托科创中心优势优先应用一批国内外领先的重大科技成果，优先布局一批全球高端智库项目以及科技创新项目，加快区域内技术转移，加快区域科技成果转移转化效率。

完善区域创新基础设施建设。技术转移依赖于区域创新的基础设施建设，应在上海、北京、深圳、重庆、武汉等区域创新核心城市加强大型科研装置与国家实验室的部署，辐射带动提升长三角、珠三角、长江中游、成渝、京津冀等城市群的创新基础设施水平。此外，加快5G网络规模化应用，促进千兆光纤接入网络全面覆盖，提升互联网、大数据、先进计算、区块链等关键核心技术水平，加快区域间的信息要素流动，服务城市群科技创新基础设施建设。

加强区域创新合作。一方面，加强区域创新的国际合作，在中国企业国际化的过程中，中国可以支持实力雄厚的企业积极进行海外投资，加快融入全球创新体系，借此吸收国外先进的知识与技术，构建相对稳定的国际技术转移渠道。另一方面，加强区域创新的国内合作，推动城市群间协调发展与政策互动，促使创新要素在城市群间自由流动，提升资源配置效率，通过城市群间技术援助、帮扶等手段促进城市群内部开展技术交流，增强科技成果在区域内的流动性，加强科技成果对邻近区域的知识溢出效应。

参考文献

[1]Acemoglu D, Aghion P, Zilibotti F. Distance to Frontier, Selection, and Economic Growth [J]. Journal of the European Economic Association, 2006,4(1): 37-74.

[2]Acemoglu D, Gancia G, Zilibotti F. Offshoring and directed technical change[J]. American Economic Journal: Macroeconomics, 2015,7(3): 84-122.

[3]Acemoglu D, Zilibotti F. Productivity Differences[J]. The Quarterly Journal of Economics, 2001,116(2): 563-606.

[4]Acemoglu D. Theory, general equilibrium, and political economy in development economics[J]. Journal of Economic Perspectives, 2010,24(3): 17-32.

[5]Acs Z J, Anselin L, Varga A. Patents and innovation counts as measures of regional production of new knowledge[J]. Research Policy, 2002, 31(7): 1069-1085.

[6]Aghion P, Howitt P, Brant-Collett M, et al. Endogenous Growth Theory [M]. Cambridge: Mit Press, 1998.

[7]Aghion P, Howitt P. A Model of Growth through Creative Destruction [J]. Econometrica, 1992,60(2): 323-351.

[8]Aghion P, Howitt P. Joseph Schumpeter Lecture Appropriate Growth Policy: A Unifying Framework [J]. Journal of the European Economic Association, 2006, 4(2-3): 269-314.

[9]Agogué M, Berthet E, Fredberg T, Le Masson P, Segrestin B, Stoetzel M, Yström A. Explicating the role of innovation intermediaries in the "unknown": A contingency approach [J]. Journal of Strategy and Management, 2017,10 (1): 19-39.

[10]Ahuja, G. Collaboration networks, structural holes, and innovation: A

longitudinal study[J]. Administrative Science Quarterly, 2000,45(3): 425-455.

[11]Aidt T S, Mooney G. Voting suffrage and the political budget cycle: Evidence from the London Metropolitan Boroughs 1902 - 1937[J]. Journal of Public Economics, 2014, 112: 53-71.

[12]Aidt T S, Veiga F J, Veiga L G. Election Results and Opportunistic Policies: A New Test of The Rational Political Business Cycle Model[J]. Public Choice, 2011, 148(1-2):21-44.

[13]Aiken L S, West S G. Multiple regression: Testing and interpreting interactions[M]. Thousand Oaks, CA: Sage Publications, 1991.

[14]Akcigit U, Kerr W R. Growth through Heterogeneous Innovations[J]. Journal of Political Economy, 2018,126(4):1374-1443.

[15] Ake C. Social Contract Theory and Problem of Politicization-Case of Hobbes[J]. Western Political Quarterly, 1970, 23(3):463-470.

[16]Aken J E, Weggeman M P. Managing leaming in informal innovation networks: overcoming the Daphne-dilernma[J].R&D Management, 2000, 9(30):204-237.

[17]Alegre J, Chiva R. Linking entrepreneurial orientation and firm performance: The role of organizational learning capability and innovation performance[J]. Journal of Small Business Management, 2013, 51(4): 491-507.

[18] Alesina A, Roubini N. Political Cycles in OECD Economies[J]. The Review of Economic Studies, 1992, 59(4):663-688.

[19] Alesina A. Macroeconomic Policy in A 2-Party System as a Repeated Game[J]. Quarterly Journal of Economics, 1987, 102(3):651-678.

[20]Alonso W. Urban zero population growth[M]. Daedalus,1973:191-206.

[21]Alsleben, Christoph. The Downside of Knowledge Spillovers: An Explanation for the Dispersion of High-Tech Industries[J]. Journal of Economics, 2005,84 (3): 217-248.

[22]Anderson J E, Wincoop E. Gravity with gravitas: A solution to the border puzzle[J]. American Economic Review, 2003, 93(1): 170-192.

[23] Anne L J, Ter Wal. The Dynamics of the Inventor Network in German Biotechnology: Geographical Proximity versus Triadic Closure [J]. Journal of Economic Geography, 2013, 14 (3): 589-620.

[24] Anselin L. Spatial econometrics: Methods and models [J]. Springer Science & Business Media, 1988,4.

[25] Arellano M, Bover O. Another look at the instrumental variable estimation of error-components models[J]. Journal of Econometrics, 1995, 68(1): 29-51.

[26] Argyris C. Organization Man-Rational and Self-Actualizing[J]. Public Administration Review, 1973, 33 (4):354-357.

[27] Armanios D E, Eesley C E, Li J, et al. How Entrepreneurs Leverage Institutional Intermediaries in Emerging Economies to Acquire Public Resources[J]. Strategic Management Journal, 2017, 38(7): 1373-1390.

[28] Arrow K J. Economic Welfare and the Allocation on Resources for Invention [M]//Nelson R R. The Rate and Direction of Inventive Activity NBER Princeton. University of Chicago Press, 1962.

[29] Demsetz H. Information and Efficiency: Another Viewpoint[J]. Journal of Law and Economics, 1966, 12(1):121-122.

[30] Asheim B, Isaksen A. Location, agglomeration and innovation: Toward regional innovation systems in Norway[J]. European Planning Studies, 1997, 5 (3): 299-330.

[31] Asheim B T. Smart specialisation, innovation policy and regional innovation systems: What about new path development in less innovative regions[J]. Innovation: The European Journal of Social Science Research, 2019,32(1): 8-25.

[32] Au C C, Henderson J V. Are Chinese cities too small[J]. The Review of Economic Studies, 2006, 73(3): 549-576.

[33] Audretsch D B, Feldman M P. R&D Spillovers and the Geography of Innovation and Production[J]. American Economic Review, 1996,86: 630-640.

[34] Autant-Bernard C, Fadairo M, Massard N. Knowledge diffusion and innovation policies within the European regions: Challenges based on recent empirical evidence[J]. Research Policy, 2013,42 (1): 196-210.

[35] Autio E. Evaluation of RTD in regional systems of innovation [J]. European Planning Studies, 1998, 6(2):131-140.

[36] Bai C E, Hong M, Pan W. Spatial spillover and regional economic growth in China[J]. China Economic Review, 2012,23(4):982-990.

[37] Bai J. On regional innovation efficiency: Evidence from panel data of China's different provinces[J]. Regional Studies, 2013,47(5):773-788.

[38] Bai J H, Jiang F X. Synergy innovation, spatial correlation and regional innovation performance[J]. Economic Research Journal, 2015,50(7): 174-187.

[39] Bai O, Wei J, Yang X, Chen R. Third-party relational governance and collaborative innovation performance: The role of IPR protection[J]. International Journal of Innovation Studies, 2020,4 (1): 1-15.

[40] Balasubramanyam V N, Sapsford S D. Foreign Direct Investment and Growth in EP and is Countries[J]. The Economic Journal, 1996, 106 (434): 92-105.

[41] Baldwin R E, Venables A J. Regional economic integration[J]. Handbook of International Economics, 1995,3:1597-1644.

[42] Balland P A, Rigby D. The Geography of Complex Knowledge[J]. Economic Geography, 2017,93(1): 1-23.

[43] Balland P A, Belso-Martínez J A, Morrison A. The dynamics of technical and business knowledge networks in industrial clusters: Embeddedness, status, or proximity[J]. Economic Geography, 2016,92(1):35-60.

[44] Barboza G A, Pede V O. A Spatial Econometric Analysis of Cultural Dimensions, Technology Knowledge and Economic Growth[J]. Review of Development Economics, 2012,16 (2): 262-275.

[45] Baron L F, Gomez R. Relationships and connectedness: Weak ties that help social inclusion through public access computing[J]. Information Technology for Development, 2013,19(4): 271-295.

[46] Baron R M, Kenny D A. The Moderator-Mediator Variable Distinction in Social Psychological Research: Conceptual, Strategic, and Statistical Considerations[J]. Journal of Personality and Social Psychology, 1986, 51: 1173-1182.

[47] Barro R J, Sala-I-Martin X. Convergence[J]. Journal of Political Economy, 1992,100(2): 223-251.

[48] Basak G K, Ghosh M K, Mukherjee D. A stochastic model with inflation, growth and technology for the political business cycle[J]. Computational Economics, 2019, 53(1): 125-140.

[49] Bathelt H, Feldman M, Kogler D F. Beyond territory: dynamic

geographies of innovation and knowledge creation[J]. Routledge, 2012, 47.

[50] Batten D F. Network cities: creative urban agglomerations for the 21st century[J]. Urban studies, 1995,32(2): 313-327.

[51] Battese G E, Coelli T J. A model for technical inefficiency effects in a stochastic Frontier production function for panel data [J]. Empirical Economics, 1995, 20(2):325-332.

[52] Beck T, Levine R, Levkov A. Big Bad Banks? The Winners and Losers from Bank Deregulation in The United States [J]. The Journal of Finance, 2010, 65(5): 1637-1667.

[53] Beckman C M, Haunschild P R. Network learning: The effects of partners' heterogeneity of experience on corporate acquisitions[J]. Administrative Science Quarterly, 2002,47(1): 92-124.

[54] Bell G G. Clusters, networks, and firm innovativeness [J]. Strategic management journal, 2005,26(3): 287-295.

[55] Bellamy M A, Ghosh S, Hora M. The influence of supply network structure on firm innovation[J]. Journal of Operations Management, 2014, 32(6): 357-373.

[56] Benedetti R, Palma D, Postiglione P. Modeling the Impact of Technological Innovation on Environmental Efficiency: A Spatial Panel Data Approach[J]. Geographical Analysis, 2019,0: 1-23.

[57] Bengt H. Managerial incentive problems: A dynamic perspective[J]. The review of Economic Studies, 1999, 66 (1): 169-182.

[58] Bercovitz J, Feldman M. Entrepreneurial Universities and Technology Transfer: A Conceptual Framework for Understanding Knowledge-Based Economic Development[J]. The Journal of Technology Transfer, 2006, 31 (1):175-188.

[59] Bereskin F L, Campbell T L, Hsu P H. Corporate philanthropy, research networks, and collaborative innovation[J]. Financial Management, 2016, 45(1): 175-206.

[60] Bergek M, Hekkert S, Jacobsson J, et al. Technological innovation systems in contexts: Conceptualizing contextual structures and interaction dynamics[J] Environmental Innovation and Societal Transitions, 2015, 16:51-64.

[61] Bergstrand J H, Larch M, Yotov Y V. Economic integration agreements, border effects, and distance elasticities in the gravity equation [J]. European Economic Review, 2015, 78: 307-327.

[62] Besley T, Coate S. Centralized versus decentralized provision of local public goods: A political economy approach [J]. Journal of public economics, 2003, 87(12): 2611-2637.

[63] Bettencourt L M A, Lobo J, Strumsky D. Invention in the City: Increasing Returns to Patenting as a Scaling Function of Metropolitan Size [J]. Research Policy, 2007, 36: 107-120.

[64] Bianchi C, Galaso P, Palomeque S. The Trade-offs of Brokerage in Inter-City Innovation Networks[J]. Regional Studies, 2023, 57(2):1-14.

[65] Blind K. The influence of regulations on innovation: A quantitative assessment for OECD countries[J]. Research Policy, 2012, 41 (2):391-400.

[66] Blomstrom M. Foreign Investment and Productive Efficiency: The Case of Mexico[J]. Journal of Industrial Economics, 1986, 35 (1): 97-110.

[67] Blomström M, Kokko A. Multinational Corporations and Spillovers [J]. Journal of Economic Surveys, 1998, 12(3): 247-277.

[68] Blundell R, Bond S. Initial conditions and moment restrictions in dynamic panel data models[J]. Journal of Econometrics, 1998, 87(1):115-143.

[69] Bo Z Y. Chinese provincial leaders: Economic performance and political mobility since 1949[J]. China Review International, 2002, 9(2):366-370.

[70] Bolli T, Somogyi F. Do Competitively Acquired Funds induce Universities to increase Productivity[J]. Research Policy, 2011, 40(1): 136-147.

[71] Bonacich P, Holdren A C, Johnston M. Hyper-edges and multidimensional centrality[J]. Social networks, 2004, 26(3): 189-203.

[72] Bonfatti A, Forni L. Fiscal Rules to Tame the Political Budget Cycle: Evidence from Italian Municipalities [J]. European Journal of Political Economy, 2019, 60:101800.

[73] Borgatti S P, Foster P C. The network paradigm in organizational research: A review and typology [J]. Journal of management, 2003, 29 (6):991-1013.

[74] Borrás S, Edquist C. The choice of innovation policy instruments [J].

Technological forecasting and social change, 2013, 80(8): 1513-1522.

[75]Boschma R. Proximity and innovation: A critical assessment [J]. Regional Studies, 2005, 39 (1): 61-74.

[76]Boschma R A, Frenken K. The spatial evolution of innovation networks: A proximity perspective [M]. The handbook of evolutionary economic geography, 2010:120-135.

[77]Boschma R A, Ter Wal A L. Knowledge networks and innovative performance in an industrial district: The case of a footwear district in the South of Italy[J]. Industry and innovation, 2007, 14(2): 177-199.

[78]Boschma R, Capone G. Institutions and diversification: Related versus unrelated diversification in a varieties of capitalism framework [J]. Research Policy, 2015, 44(10): 1902-1914.

[79]Bottazzi L, Peri G. Innovation and spillovers in regions: Evidence from European patent data[J]. Eur. Econ. Rev, 2003,47: 687-710.

[80]Branstetter L G, Fisman R, Foley C F. Do Stronger intellectual Property Rights increase international Technology Transfer? Empirical Evidence from Us Firm-Level Panel Data[J]. The Quarterly Journal of Economics, 2006,121(1): 321-349.

[81]Brender A, Drazen A. How do budget deficits and economic growth affect reelection prospects? Evidence from a large panel of countries [J]. American Economic Review, 2008, 98(5): 2203-20.

[82]Brender A, Drazen A. Political budget cycles in new versus established democracies[J]. Journal of monetary Economics, 2005, 52(7): 1271-1295.

[83]Breschi S, Lissoni F. Mobility of skilled workers and co-invention networks: An anatomy of localized knowledge flows [J]. Journal of Economic Geography, 2009, 9 (4): 439-468.

[84]Brown J S, Duguid P. Organizational Learning and Communities of Practice: Towards a Unified View of Working [J]. Learning and Organization. Organization Science, 1991, 2: 40-57.

[85]Brueggemann J, Crosetto P, Meub L, Bizer K. Intellectual property rights hinder sequential innovation. Experimental evidence [J]. Res. Policy, 2016,45: 2054-2068.

[86]Brunsdon C, Fotheringham A S, Charlton M. Some Notes on Parametric

Significance Tests for Geographically Weighted Regression[J]. Journal of Regional Science, 1999, 39(3): 497-524.

[87]Buera F J, Oberfield E. The Global Diffusion of Ideas[J]. Econometrica, 2020,88 (1): 83-114.

[88]Burger M J, Kounetas K, Napolitano O, Stavropoulos S. Do innovation and Human Capital Actually Narrow The Technology Gap? Champions and Laggards of European Regional Productive Performance [J]. Regional Studies, 2021, 56(10): 1-16.

[89] Burt R S. Structural holes: The social structure of competition [M]. Harvard University Press, 1995.

[90]Burt R S. Administrative science quarterly[M]. Routiedge, 2000.

[91]Burt R S. Structural holes and good ideas [J]. American journal of sociology, 2004,110(2): 349-399.

[92]Buysse K, Verbeke A. Proactive environmental strategies: A stakeholder management perspective [J]. Strategic Management Journal, 2003, 24 (5): 453-470.

[93]Buzard K, Carlino G. The geography of research and development activity in the U.S.[M]//Giarratani F, Hewings G, McCann P. Handbook of Economic Geography and Industry Studies. Edward Elgar, 2013.

[94]Cabrer-Borrás B, Serrano-Domingo G. Innovation RD spillover effects in Spanish regions: a spatial approach[J]. Research Policy, 2007, 36(9): 1347-1371.

[95]Caccamo M. Leveraging innovation spaces to foster collaborative innovation [J]. Creativity and Innovation Management, 2020, 29(1): 178-191.

[96]Candel J J L, Biesbroek R. Toward a processual understanding of policy integration[J]. Policy Sciences, 2016, 49: 211-231.

[97]Caniëls M C, Verspagen B. Barriers to Knowledge Spillovers and Regional Convergence in An Evolutionary Model [J]. Journal of Evolutionary Economics, 2001, 11(3): 307-329.

[98]Cantner U, Pyka A. Classifying technology policy from an evolutionary perspective[J]. Research Policy, 2001, 30(5): 759-775.

[99]Cao X, Zeng G, Teng T, Si Y. The best spatial scale of firm innovation networks: Evidence from Shanghai high-tech firms [J]. Growth and Change, 2018,49: 696-711.

[100] Cao X, Zeng G, Ye L. The structure and proximity mechanism of formal innovation networks: Evidence from Shanghai high-tech ITISAs [J]. Growth and Change, 2019,50: 569-586.

[101] Capaldo A. Network structure and innovation: The leveraging of a dual network as a distinctive relational capability [J]. Strategic management journal, 2007,28(6): 585-608.

[102] Capano G, Howlett M. The knowns and unknowns of policy instrument analysis: Policy tools and the current research agenda on policy mixes[J]. Sage Open, 2020, 10(1): 2158244019900568.

[103] Capello R, Caragliu A, Fratesi U. Breaking down the border: Physical, institutional and cultural obstacles[J]. Economic Geography,2018, 94: 485-513.

[104] Capello R, Lenzi C. The dynamics of regional learning paradigms and trajectories[J]. Journal of Evolutionart Economics, 2018.,28 (4): 727-748.

[105] Capello R, Lenzi C. Regional innovation patterns from an evolutionary perspective[J]. Regional Studies, 2018, 52 (2): 159-171.

[106] Caragliu A, Del Bo C F. Smart innovative cities: The impact of Smart City policies on urban Innovation [J]. Technological Forecasting and Social Change, 2019, 142:373-383.

[107] Caragliu A. Better together: Untapped potentials in Central Europe[J]. Papers in Regional Science, 2022,101: 1051-1085.

[108] Carayannis E G, Meissner D. Glocal targeted open innovation: Challenges, opportunities and implications for theory, policy and practice[J]. The Journal of Technology Transfer, 2017, 42(2): 236-252.

[109] Carrère C. Revisiting the effects of regional trade agreements on trade flows with proper specification of the gravity model [J]. European Economic Review, 2006,50 (2): 223-247.

[110] Casas R, Gortari R, Santos M J. The building of knowledge spaces in Mexico: A regional approach to networking [J]. Research Policy, 2000, 29 (2): 225-241.

[111] Castells M. The rise of the network society[M]. Oxford: Blackwell, 1996.

[112] Castells M. The space of flows[J]. The Rise of the Network Society, 1996,1: 376-482.

[113] Castro M. Are there political cycles hidden inside government expenditures [J]. Applied Economics Letters, 2016, 23(1): 34-37.

[114] Chang X, Fu K, Low A, et al. Non-executive employee stock options and corporate innovation[J]. Journal of financial economics, 2015, 115(1): 168-188.

[115] Chang C, Chen S, Mcaleer M. Globalization and knowledge spillover: International direct investment, exports and patents[J]. Economics of Innovation and New Technology, 2013,22(4): 329-352.

[116] Chen S H. Taiwanese IT firms' offshore R&D in China and the connection with the global innovation network[J]. Research Policy, 2004, 33(2):337-349.

[117] Chen Z F, Guan J C. The impact of small world on innovation: An empirical study of 16 countries[J]. Journal of Informetrics, 2010, 4(1): 97-106.

[118] Chen Z, Yu B, Yang C. An extended time series (2000-2018) of global NPP-VIIRS-like nighttime light data from a cross-sensor calibration[J]. Earth System Science Data, 2021, 13(3):889-906.

[119] Chen K H, Guan J C. Measuring the efficiency of China's regional innovation systems: An application of network DEA[J]. Regional Studies, 2012, 46: 355-377.

[120] Chen W Y, Hsu B F, Wang M L, Lin Y Y. Fostering knowledge sharing through Human resource management in R&D teams[J]. International Journal of Technology Management, 2011,53 (2-3): 309-330.

[121] Chen Y, Huang L. A scaling approach to evaluating the distance exponent of the urban gravity model[J]. Chaos, Solitons & Fractals, 2018,109: 303-313.

[122] Cheng J Y, Sheng Y Y. Knowledge Spillover of FDI and Regional Economic Growth in China[J]. Economic Research Journal, 2008, 43 (12): 39-49.

[123] Chesbrough H, Lim K, Yi R. Open Innovation and Patterns of R&D Competition[J]. International Journal of Technology Management, 2010, 52(3/4):295-321.

[124] Chesbrough H W. Open innovation: The new imperative for creating and profiting from technology[J]. Harvard Business Press, 2003.

[125] Chesbrough H, Vanhaverbeke W. Open innovation and public policy in Europe [D]. ESADE Business School, 2011.

[126] Chiesa V, Manzini R. Managing Knowledge Transfer Within Multinational Firms[J]. International Journal of Technology Management, 1996, 12 (4): 462-476.

[127] Chkir I, Hassan B E H, Rjiba H, et al. Does corporate social responsibility influence corporate innovation? International evidence[J]. Emerging Markets Review, 2021, 46: 100746.

[128] Cho D W, Shenkoya T. Technology Transfer: Economic Factors That influence Transferor and Transferee's Choice[J]. Technology Analysis & Strategic Management, 2020,32(6): 621-633.

[129] Chuang Y C. Learning by doing, the technology gap, and growth[J]. International Economic Review, 1986, 76(1): 697-721.

[130] Coe D T, Helpman E. International R&D Spillovers [J]. European Economic Review, 1995,39 (5): 859-887.

[131] Cohen J, Cohen P, West S G, et al. Applied multiple regression and correlation for the behavioral sciences [M]. Mahwah, NJ: Lawrence Erlbaum Associates, 2003.

[132] Cohen W M, Levinthal D A. Absorptive Capability: A New Perspective on Learning and Innovation [J]. Administrative Science Quarterly, 1990, 35:128-152.

[133] Cooke P, Asheim B, Boschma R, Martin R, Schwartz D, T_dtling F. Handbook of regional innovation and growth [M]. Edward Elgar Publishing, 2011.

[134] Cosh A, Hughes A. Never mind the quality feel the width: University-industry links and government financial support for innovation in small high-technology businesses in the UK and the USA[J]. The Journal of Technology Transfer, 2010, 35(1): 66-91.

[135] Costa-Campi M T, Duch-Brown N, Garcia-Quevedo J. R&D Drivers and Obstacles to Innovation in the Energy Industry [J]. Energy Economics, 2014 (46): 20-30.

[136] Coughlin C C, Novy D. Estimating Border Effects: The Impact of Spatial

Aggregation[J]. Int. Econ. Rev. 2021, 62: 1453-1487.

[137] Crépon B, Duguet E, Mairesse J. Research, Innovation and Productivity: An Econometric Analysis at the Firm Level[J]. Economics of Innovation and New Technology, 1998, 7(2): 115-158.

[138] Crescenzi R, Gagliardi L. The innovative Performance of Firms in Heterogeneous Environments: The interplay Between External Knowledge and internal Absorptive Capacities[J]. Research Policy, 2018, 47(4): 782-795.

[139] Crespo J, Vicente J. Proximity and Distance in Knowledge Relationships: from Micro to Structural Considerations Based on Territorial Knowledge Dynamics (Tkds)[J]. Regional Studies, 2016, 50(2): 202-219.

[140] Czarnitzki D, Licht G. Additionality of public R&D grants in a transition economy[J]. Economics of Transition, 2006, 14(1): 101-131.

[141] Dalgin M, Trindade V, Mitra D. Inequality, non-homothetic preferences, and trade: a gravity approach[J]. Southern Economic Journal, 2004, 74 (3): 747-774.

[142] Dang J, Motohashi K. Patent statistics: A good indicator for innovation in China? Patent subsidy program impacts on patent quality [J]. China Economic Review, 2015, 35: 137-155.

[143] Datta A, Hamid M. Endogenous Imitation and Technology Absorption in a Model of North-South Trade[J]. International Economic Journal, 2006, 20 (4): 431-459.

[144] David C M, Oanne E O, Brian S S. Strategic Alliances and Interfirm Knowledge Transfer[J]. Strategic Management Journal, 1996, 17: 77-91.

[145] Davis J P, Aggarwal V A. Knowledge Mobilization in the Face of Imitation: Micro foundations of Knowledge Aggregation and Firm-Level Innovation[J]. Strategic Management Journal, 2020, 41 (11): 1983-2014.

[146] De La Tour A, Glachant M, Ménière Y. Innovation and international technology transfer: The case of the Chinese photovoltaic industry[J]. Energy policy, 2011, 39(2): 761-770.

[147] Demircioglu M A, Audretsch D B. Public sector innovation: The effect of universities[J]. The Journal of Technology Transfer, 2019, 44(2):

596-614.

[148]Desmet K, Hansberg E R. Spatial Development[J]. American Economic Review, 2014, 104 (4): 1211-1243.

[149]Dessyllas P, Hughes A. R & D and patenting activity and the propensity to acquire in high technology industries[M]. ESRC Centre for Business Research, University of Cambridge, 2005.

[150]Diaz M A, Sánchez R. Firm size and productivity in Spain: a stochastic frontier analysis[J]. Small Business Economics, 2008, 30(3): 315-323.

[151]Direction S. The innovation high ground: Winning tomorrow's customers using sustainability-driven innovation[J]. Strateg. Dir, 2006, 22: 35-37.

[152]Dodgson M. Technological Collaboration in Industry: Strategy, Policy and Internationalization in Innovation[M]. London: Routledge, 1993: 165.

[153]Dolfsma W, Velde G V D. Industry innovativeness, firm size, and entrepreneurship: Schumpeter mark III [J]. Journal of Evolutionary Economics, 2014, 24 (4): 713-736.

[154]Dong M C, Liu Z, Yu Y, Zheng J H. Opportunism in distribution networks: The role of network embeddedness and dependence [J]. Production and Operations Management, 2015, 24(10): 1657-1670.

[155]Drazen A, Eslava M. Electoral manipulation via voter-friendly spending: Theory and evidence[J]. Journal of development economics, 2010, 92 (1): 39-52.

[156]Drejera I, JØgensenb B H. The Dynamic is Creation of Knowledge: Analysing Public-Private Collaborations [J]. Technovation, 2005, 25: 83-94.

[157]Driessen P H, Hillebrand B, Kok R A, Verhallen T M. Green New Product Development: The Pivotal Role of Product Greenness[J]. Ieee Transactions on Engineering Management, 2013, 60(2): 315-326.

[158]Drucker P F, Noel J L. Innovation and entrepreneurship: Practices and principles[J]. Public Productivity Review, 1985, 7 (1): 77-78.

[159]Duin H, Jaskov J, Hesmer A, Thoben K-D. Towards a framework for collaborative innovation [M]. Boston: Springer, 2008.

[160]Dyer J H, Nobeoka K. Creating and Managing a High-Per formance Knowledge-Sharing Network: The Toyota Case [J]. Strategic Management Journal, 2000 (3): 345-367.

[161]Eaton J, Kortum S. Technology, Geography, and Trade [J]. Econometrica, 2002, 70: 1741-1779.

[162]Egger P H, Lassmann A. The Causal Impact of Common Native Language on International Trade: Evidence from a Spatial Regression Discontinuity Design[J]. The Economic Journal, 2015, 125: 699-745.

[163]Eisingerich A B, Bell S J, Tracey P. How can clusters sustain performance? The role of network strength, network openness, and environmental uncertainty[J]. Research policy, 2010, 39(2): 239-253.

[164]Elhorst J P. Matlab software for spatial panels [J]. International Regional Science Review, 2014, 37(3): 389-405.

[165]El-Khatib R, Fogel K, Jandik T. CEO network centrality and merger performance[J]. Journal of Financial Economics, 2015, 116(2): 349-382.

[166]Ellin N. Thresholds of fear: Embracing the urban shadow[J]. Urban studies, 2001, 38(5-6): 869-883.

[167]Ellison G, Glaeser E L. Geographic concentration in US manufacturing industries[J]. Journal of Political Economy, 1997, 5(5): 79-927.

[168]Emden Z, Calantone R J, Droge C. Collaborating for new product development: selecting the partner with maximum potential to create value[J]. Journal of Product Innovation Management, 2006, 23: 330-341.

[169]Engel C, Rogers J H. How Wide Is the Border[J]. The American Economic Review, 1996, 86: 1112-1125.

[170]Engel J S. Global clusters of innovation: Lessons from Silicon Valley[J]. California Management Review, 2015, 57(2): 36-65.

[171]Eric C W. R&D Efficiency and Economic Performance: A Cross-country Analysis Using the Stochastic Frontier Approach[J]. Journal of Policy Modeling, 2007, 29(2): 345-360.

[172]Etzkowitz H, Leydesdorff L. The Dynamics of Innovation: from National Systems and 'Mode 2' to a Triple Helix of University-industry-government Relations [J]. Research Policy, 2000, 29(2): 109-123.

[173]Evans C L. The economic significance of national border effects[J]. Am. Econ. Rev, 2003, 93: 1291-1312.

[174]Fagerberg J. A technology gap approach to why growth rates differ[J].

Research Policy, 1987, 16(2-4): 87-99.

[175] Fagerberg J. Technological progress, structural change and productivity growth: a comparative study [J]. Structural Change & Economic Dynamics, 2000, 11(4): 393-411.

[176] Fagerberg J, Srholec M. National innovation systems, capabilities and economic development [J]. Research Policy, 2008, 37 (9): 1417-1435.

[177] Fallick B, Fleischman C A, Rebitzer J B. Job Hopping in Sillicon Valley: Some Evidence Concerning the Micro foundations of a High-Technology Cluster[J]. Review of Economics and Statistics, 2006, 88 (3): 472-481.

[178] Fan F, Lian H, Liu X Y. Can environmental regulation promote urban green innovation Efficiency? An empirical study based on Chinese cities[J]. Journal of Cleaner Production, 2021, 287(3): 1-10.

[179] Fan F, Lian H, Wang S. Can regional collaborative innovation improve innovation efficiency? An empirical study of Chinese cities[J]. Growth and Change, 2020, 51: 440-463.

[180] Fan Z, Liu Y. Tax compliance and investment incentives: Firm responses to accelerated depreciation in China[J]. Journal of Economic Behavior & Organization, 2020, 176: 1-17.

[181] Fan F, Dai S, Zhang K, Ke H. Innovation agglomeration and urban hierarchy: Evidence from Chinese cities[J]. Applied Economics, 2021, 53(54): 6300-6318.

[182] Fan F, Du D, Wang X. The measure and characteristics of spatial-temporal evolution of China's science and technology resource allocation efficiency[J]. Journal of Geographical Sciences, 2014, 24(3): 492-508.

[183] Fan F, Zhang J Q, Yang G Q. Research on spatial spillover effect of regional science and technology resource allocation efficiency under the environmental constraints[J]. China Soft Science, 2016, 12(4): 71-80.

[184] Fan F, Zhang X R, Wang X L. Are there political cycles hidden inside collaborative innovation efficiency? An empirical study based on Chinese cities[J]. Science and Public Policy, 2022, 49(3).

[185] Fang Y P, Xie M. The effect of innovation elements agglomeration on

regional innovation output: based on Chinese provinces and Cities's ESDA-GWR Analysis[J]. Economic Geography, 2012, 32(9): 8-14.

[186] Farahmand S, Akbari N, Abootalebi M. Spatial effects of localization and urbanization economies on urban employment growth in Iran[J]. Journal of Geography and Regional Planning, 2012, 5(4): 115.

[187] Fare, R., Grosskopf, S., Norris, M. Productivity growth, technical progress and efficiency change in industrialized countries [J]. American Economic Review, 1994, 84: 66-83.

[188] Feldman M P. The Geography of Innovation [M]. Dordrecht: Kluwer academic, 1994.

[189] Feldman M P, Audretsch D B. Innovation in cities: science-based diversity, specialization and localized competition [J]. European Economic Review, 1999, 43(2): 409-429.

[190] Ferriani S, Cattani G, Baden-Fuller C. The relational antecedents of project-entrepreneurship: Network centrality, team composition and project performance[J]. Research Policy, 2009, 38(10): 1545-1558.

[191] Filippetti A, Archibugi D. Innovation in times of crisis: national systems of innovation, structure, and demand [J]. Research Policy, 2011, 40(2): 179-192.

[192] Fischer M M, Varga A. Technological Innovation and Inter-firm Cooperation: an exploratory analysis using survey data from manufacturing firms in the metropolitan region of Vienna[J]. International Journal of Technology Management , 2002, 24(7-8): 724-742.

[193] Fischer M M, Varga A. Spatial knowledge spillovers and university research: Evidence from Austria[J]. The Annals of Regional Science, 2003(2): 303-322.

[194] Fleming L, King C I, Juda A I. Small worlds and regional innovation[J]. Organization Science, 2007, 18(6): 938-954.

[195] Fleming L, Marx M. Managing creativity in small worlds[J]. California Management Review, 2006, 48(4): 6-27.

[196] Florida R. The Rise of the Creative Class: And How It's Transforming Work, Leisure, Community and Everyday Life[M]. New York: Basic Books, 2002.

[197] Folke C, Hahn T, Olsso P, Norberg J. Adaptive governance of social-

ecological knowledge[J]. AnnualReview of Environment and Resources, 2005, 30: 441-473.

[198] Foray D, Lundvall B A. The economic impact of knowledge [M]. Routledge, 1998.

[199] Fornahl D, Brenner T. Geographic concentration of innovative activity in Germany[J]. Structural Change and Economic Dynamics, 2009, 20: 163-182.

[200] Foxon T J. Technological lock-in and the role of innovation. In Handbook of sustainable development[M]. Edward Elgar Publishing, 2014.

[201] Frank W G, Rob P J M R. Socio-cognitive Evolution and Co-evolution in Competing Technical Trajectories: Biogas Development in Denmark (1970-2002) [J]. World Ecology, 2007(14): 63-77.

[202] Freeman C, Soete L. The Economics of Industrial Innovation [M]. London and Washington, 1997.

[203] Freeman C. Technology Policy and Economic Performance: Lessons from Japan [M]. London: Pinter Publishers, 1987.

[204] Freeman C. Technology Policy and Economic Performance[M]. London: Pinter Publishers Great Britain, 1989.

[205] Freeman L C. Centrality in social networks: Conceptual clarification. Social network: critical concepts in sociology[M]. Londres: Routledge, 2002, 1: 238-263.

[206] Friedman J, Silberman J. University Technology Transfer: Do incentives, Management, and Location Matter [J]. The Journal of Technology Transfer, 2003, 28(1): 17-30.

[207] Fritsch M, Kauffeld-Monz M. The Impact of Network Structure on Knowledge Transfer: An Application of Social Network Analysis in The Context of Regional innovation Networks [J]. The Annals of Regional Science, 2010, 44(1): 21-38.

[208] Fu X. Foreign Direct investment, Absorptive Capacity and Regional innovation Capabilities: Evidence from China[J]. Oxford Development Studies, 2008, 36(1): 89-110.

[209] Fujita M, Mori T. Structural stability and evolution of urban systems[J]. Regional science and urban economics, 1997, 27(4-5): 399-442.

[210] Fujita M, Thisse J F. Does geographical agglomeration foster economic

growth? And who gains and loses from it[J]. The Japanese Economic Review, 2003, 54(2): 121-145.

[211] Furkovά A. Spatial spillovers and European Union regional innovation activities[J]. Central European Journal of Operations Research, 2019, 27: 815-834.

[212] Gaile G L. The spread-backwash concept[J]. Regional Studies, 1980, 14(1): 15-25.

[213] Gallent N. The rural-urban fringe: a new priority for planning policy[J]. Planning, Practice & Research, 2006, 21(3): 383-393.

[214] Galliė E P. Is Geographical Proximity Necessary for Knowledge Spillovers within a Cooperative Technological Network? The Case of the French Biotechnology Sector[J]. Regional Studies, 2009, 43(1): 33-42.

[215] Galor O. Convergence? Inferences from Theoretical Models[J]. The Economic Journal, 1996, 106(437): 1056-1069.

[216] Gama A, Maret I, Masson V. Endogenous heterogeneity in duopoly with deterministic one-way spillovers[J]. Annals of Finance, 2018: 1-21.

[217] Gander J P. Cooperative research, government involvement, and timing of innovations[J]. Technological Forecasting and Social Change, 1985, 28(2): 159-172.

[218] Gao K, Yuan Y. Government intervention, spillover effect and urban innovation performance: Empirical evidence from national innovative city pilot policy in China[J]. Technology in Society, 2022, 70: 102035.

[219] Gao X, Guo X, Guan J. An analysis of the patenting activities and collaboration among industry-university-research institutes in the Chinese ICT sector[J]. Scientometrics, 2014, 98: 247-263.

[220] García F, Jin B, Salomon R. Does inward foreign Direct investment Improve The innovative Performance of Local Firms[J]. Research Policy, 2013, 42(1): 231-244.

[221] Garcia-Macia D, Hsieh C T, Klenow P J. How Destructive Is Innovation[J]. ECTA, 2019, 87: 1507-1541.

[222] Gardet E, Mothe C. The Dynamics of Coordination in Innovation Networks[J]. European Management Review, 2011, 8: 213-229.

[223] Garriga E, Melé D. Corporate social responsibility theories: Mapping the territory[J]. Journal of Business Ethics, 2004, 53: 51-71.

[224] Geisler E. Industry-university technology cooperation: A theory of inter-organizational relationships [J]. Technology Analysis & Strategic Management, 1995, 7(2): 217-229.

[225] Gilbert A, Chakraborty J. Using Geographically Weighted Regression for Environmental Justice Analysis: Cumulative Cancer Risks from Air toxics in Florida[J]. Social Science Research, 2011, 40(1): 273-286.

[226] Gil-Pareja S, Llorca-Vivero R, Martinez-Serrano J A, Oliver-Alonso J. The border effect in Spain[J]. World Econ, 2005, 28: 1617-1631.

[227] Gilsing V, Nooteboom B, Vanhaverbeke W, Duysters G, Van Den Oord A. Network embeddedness and the exploration of novel technologies: Technological distance, betweenness centrality and density[J]. Research Policy, 2008, 37(10): 1717-1731.

[228] Giua M. Spatial Discontinuity for the Impact Assessment of the EU Regional Policy: The Case of Italian Objective 1 Regions[J]. Journal of Regional Science 2017, 57: 109-131.

[229] Giuliani B M. The Micro-determinants of Meso-level Learning and Innovation: Evidence from a Chilean Wine Cluster [J]. Research Policy, 2005, 34(1): 47-68.

[230] Glaeser E L, Kallal H D, Scheinkman J A, Shleifer A. Growth in cities[J]. Journal of Political Economy, 1992, 100(6): 1126-1152.

[231] Glanzel W, Czerwon H J. A new Methodological Approach to Bibliography Coupling and its Application to National Regional and Institutional Level[J]. Scientometrics, 1996, 37(2): 195-221.

[232] Glass A J, Saggi K. International Technology Transfer and The Technology Gap[J]. Journal of Development Economics, 1998, 55(2): 369-398.

[233] Glassman O. Multicultural Teams: Increasing Creativity and Innovation by Diversity[J]. Creativity and Innovation Management, 2001, 10(2): 88-95.

[234] Globerman S. Foreign Direct Investment and 'Spillover' Efficiency Benefits in Canadian Manu-Facturing Industries[J]. Canadian Journal of Economics, 1979, 12 (1): 42-56.

[235] Goldsmith-Pinkham P, Sorkin I, Swift H. Bartik instruments: What, when, why, and how[J]. American Economic Review, 2020, 110(8):

2586-2624.

[236] Gonzalez-Brambila C N, Veloso F M, Krackhardt D. The impact of network embeddedness on research output[J]. Research Policy, 2013, 42(9): 1555-1567.

[237] Gorodnichenko Y, Tesar L L. Border Effect or Country Effect?: Seattle May Not Be so Far from Vancouver after All[J]. American Economic Journal: Macroeconomics, 2009, 1(1).

[238] Granovetter M. Economic action and social structure: The problem of embeddedness[J]. American journal of sociology, 1985, 91(3): 481-510.

[239] Granovetter M S. The Strength of Weak Ties[J]. American Journal of Sociology, 1973, 78(6): 1360-1380.

[240] Greer S L, Lillvis D F. Beyond leadership: Political strategies for coordination in health policies[J]. Health Policy, 2014, 116(1): 12-17.

[241] Grossman G, Helpman E. Innovation and growth in the world economy[M]. Cambridge, MA: MIT Press, 1991.

[242] Grossman G M, Helpman E. Trade, Knowledge Spillovers, and Growth[J]. European Economic Review, 1991, 35(2-3): 517-526.

[243] Guan J C, Yam R C M. Effects of government financial incentives on firms' innovation performance in China: Evidences from Beijing in the 1990s[J]. Research Policy, 2015, 44(1): 273-282.

[244] Guan J C, Chen K H. Measuring the Innovation Production Process: A Cross-region Empirical Study of China's High-tech Innovation [J]. Technovation, 2010, 30(5/6): 348-358.

[245] Guan J C, Mok C K, Yam R C, Chin K S, Pun K F. Technology transfer and innovation performance: Evidence from Chinese firms [J]. Technological Forecasting and Social Change, 2006, 73(6): 666-678.

[246] Guan J, Zhang J, Yan Y. The impact of multi-level networks on innovation[J]. Research Policy, 2015, 44(3): 545-559.

[247] Guan J C, Zuo K R, Chen K H, Yam R C M. Does country-level R&D efficiency benefit from the collaboration network structure[J]. Research Policy, 2016, 45(4): 770-784.

[248] Guena A, Muscio A. The governance of university knowledge transfer: a

critical review of the literature [J]. Minerva, 2009, 47: 93-114.

[249] Gui Q, Du D, Liu C. The Geography of intercity Technology Transfer Networks in China [J]. Regional Studies, Regional Science, 2019, 6 (1): 395-398.

[250] Gulati R, Sytch M, Tatarynowicz A. The rise and fall of small worlds: Exploring the dynamics of social structure [J]. Organization Science, 2012, 23(2): 449-471.

[251] Gulati R. Alliances and networks [J]. Strategic management journal, 1998, 19(4): 293-317.

[252] Gulbrandaena M, Smebyb J C. Industry Funding and University Porfessors[J]. Research Performance, Research Policy, 2005, 35: 932-950.

[253] Guo G. Retrospective Economic Accountability under Authoritarianism: Evidence from China[J]. Political Research Quarterly, 2007, 60(3): 378-390.

[254] Guoxing Z, Jiaxue L, Xin G. Evolution analysis of inter-ministerial cooperation based on energy-saving and emission-reduction policies[J]. Management Review, 2019, 31(12): 250.

[255] Hagedoorn J, Cloodt M. Measuring innovative performance: Is there an advantage in using multiple indicators[J]. Research Policy, 2003, 32 (8): 1365-1379.

[256] Haken H. Synergetics: An Introduction [M]. Berlin: Spring-Verlag, 1983.

[257] Hall B H, Harhoff D. Recent research on the economics of patents[J]. Annu. Rev. Econ., 2012, 4(1): 541-565.

[258] Hall B H, Griliches Z, Hausman J A. Patents and R& D: Is there a lag[J]. International Economic Review, 1986, 27 (2): 265-283.

[259] Hall B, Jaffe A, Trajtenberg M. Market value and patent citations[J]. Rand Journal of Economics, 2005, 36: 16-38.

[260] Hamidi S, Zandiatashbar A. Does urban form matter for innovation productivity? A national multi-level study of the association between neighbourhood innovation capacity and urban sprawl[J]. Urban Studies, 2019, 56(8): 1576-1594.

[261] Han S L, Lee J W. Does corporate social responsibility matter even in the

B2B market? Effect of B2B CSR on customer trust [J]. Industrial Marketing Management, 2021, 93: 115-123.

[262] Hansen M T. The search-transfer problem: The role of weak ties in sharing knowledge across organization subunits [J]. Administrative Science Quarterly, 1999, 44(1): 82-111.

[263] Hanusch H, Pyka A. Principles of neo-Schumpeterian Economics [J]. Cambridge Journal of Economics, 2007, 31(2): 275-289.

[264] Hardeman S, Frenken K, Nomaler O, Ter Wal A L J. Characterizing and comparing innovation systems by different "modes" of knowledge production: a proximity approach [J]. Science & Public Policy, 2014, scu070.

[265] Harris R, Robinson C. Productivity impacts and spillovers from foreign ownership in the United Kingdom [J]. National Institute Economic Review, 2004, 187(1): 58-75.

[266] Harrisson D, Laberge M. Innovation, Identities and Resistance: The Social Construction of An Innovation Network [J]. Journal of Management Studies, 2002, 39(4): 497-521.

[267] Haschka R E, Herwartz H. Innovation efficiency in European high-tech industries: Evidence from a Bayesian stochastic frontier approach [J]. Research Policy, 2020, 49(8): 104054.

[268] Hashimoto A, Haneda S. Measuring the change in R&D efficiency of the Japanese pharmaceutical industry [J]. Research Policy, 2008, 37(10): 1829-1836.

[269] Haupt R, Kloyer M, Lange M. Patent indicators for the technology life cycle development [J]. Research Policy, 2007, 36(3): 387-398.

[270] Hayes A F. Introduction to mediation, moderation, and conditional process analysis: A regression-based approach [M]. Guilford Press, 2013.

[271] He J J, Tian X. The dark side of analyst coverage: The case of innovation [J]. Journal of Financial Economics, 2013, 109(3): 856-878.

[272] Head K, Mayer T. Illusory border effects: Distance mismeasurement inflates estimates of home bias in trade [M]//Van Bergeijk P A G, Brakman S. The Gravity Model in International Trade. Cambridge

University Press, 2002: 165-192.

[273] Heckelman J C. The econometrics of rational partisan theory[J]. Applied Economics, 2001, 33 (3): 417-426.

[274] Heil S, Bornemann T. Creating shareholder value via collaborative innovation: The role of industry and resource alignment in knowledge exploration[J]. R&D Management, 2018, 48 (4): 394-409.

[275] Heller M A, Eisenberg R S. Can patents deter innovation? The anticommons in biomedical research[J]. Science, 1998, 280: 698-701.

[276] Helsley R, Strange W. Innovation and input sharing[J]. Journal of Urban Economics, 2002, 51(1): 25-45.

[277] Henderson J V. Will homeowners impose property taxes[J]. Regional Science and Urban Economics, 1995, 25(2): 153-181.

[278] Henderson V. Externalities and industrial development[J]. Journal of Urban Economics, 1997, 42(3): 449-470.

[279] Henry M, Kneller R, Milner C. Trade, Technology Transfer and National Efficiency in Developing Countries[J]. European Economic Review, 2009, 53(2): 237-254.

[280] Hepworth M. Telecommunications and the future of London[J]. Policy Studies, 1992, 13(2): 31-45.

[281] Herzberg F. Mental-Health in Industry[J]. Personnel Psychology, 1959, 12(1): 175-177.

[282] Hesse M. On borrowed size, flawed urbanisation and emerging enclave spaces: The exceptional urbanism of Luxembourg, Luxembourg[J]. European Urban and Regional Studies, 2016, 23(4): 612-627.

[283] Hicks D. Performance-based university research funding systems[J]. Research Policy, 2012, 41 (2): 251-261.

[284] Hirschman A O. Interregional and international transmission of economic growth[J]. The Strategy of Economic Development, 1958, cap, 6.

[285] Hitt M A, Pisano V. The Cross-Border Merger and Acquisition Strategy: A Research Perspective[J]. Management Research, 2003, 1(2): 133-144.

[286] Hong J, Hong S, Wang L, et al. Government grants, private R&D funding and innovation efficiency in transition economy[J]. Technology Analysis & Strategic Management, 2015, 27(9): 1068-1096.

[287] Hood C, Margetts H. The tools of government in the digital age[M]. Bloomsbury Publishing, 2007.

[288] Hospers G J. Governance in innovative cities and the importance of branding[J]. Innovation-Management Policy & Practice, 2008, 10(2-3): 224-234.

[289] Hossain L. Effect of organisational position and network centrality on project coordination[J]. International Journal of Project Management, 2009, 27(7): 680-689.

[290] Hou J, Li B. The Evolutionary Game for Collaborative Innovation of the IoT Industry under Government Leadership in China: An IoT Infrastructure Perspective[J]. Sustainability, 2020, 12(9): 3648.

[291] Hou Y, Brewer G A. Substitution and supplementation between co-functional policy instruments: Evidence from state budget stabilization practices[J]. Public Administration Review, 2010, 70(6): 914-924.

[292] Howard M, Steensma H K, Lyles M, Dhanaraj C. Learning to collaborate through collaboration: How allying with expert firms influences collaborative innovation within novice firms[J]. Strategic Management Journal, 2016, 37: 2092-2103.

[293] Howells J, Bessant J. Introduction: innovation and economic geography: A review and analysis[J]. Journal of Economic Geography, 2012, 12(5): 929-942.

[294] Howells J R. Tacit knowledge, innovation and economic geography[J]. Urban Studies, 2002, 39(5-6): 871-884.

[295] Howlett M. Governance modes, policy regimes and operational plans: A multi level nested model of policy instrument choice and policy design[J]. Policy Science, 2009, 42(1): 73-89.

[296] Hsieh C, Klenow P J. Development Accounting[J]. American Economic Journal: Macroeconomics, 2010, 2(1): 207-223.

[297] Hsu D W, Shen Y C, Yuan B J, Chou C J. Toward Successful Commercialization of University Technology: Performance Drivers of University Technology Transfer in Taiwan[J]. Technological forecasting and Social Change, 2015, 92: 25-39.

[298] Hu M C, Mathews J A. China's national innovative capacity[J]. Research Policy, 2008, 37(9): 1465-1479.

[299] Hu Z, Li G, Cao J. Air pollution regional linkage control and prevention from the perspective of environmental regulation-the scheme design, state evaluation and influencing factors analysis[J]. China Ind Econ, 2019, 5: 24-42.

[300] Hu M C, Mathews J A. National innovative capacity in East Asia [J]. Research Policy, 2005, 34: 1322-1349.

[301] Huang B, Wu B, Barry M. Geographically and Temporally Weighted Regression for Modeling Spatio-Temporal Variation in House Prices[J]. International Journal of Geographical information Science, 2010, 24(3): 383-401.

[302] Hughes C E, Ritter A, Mabbitt N. Drug policy coordination: Identifying and assessing dimensions of coordination[J]. International journal of drug policy, 2013, 24(3): 244-250.

[303] Hwang I. The effect of collaborative innovation on ICT-based technological convergence: A patent-based analysis[J]. PloS one, 2020, 15(2): e0228616.

[304] Ibrahim S E, Fallah M H. Knowledge Spillover and innovation in Technological Clusters[C]. Washington, D. C. Iamot 2004 Conference, 2004.

[305] Intarakumnerd P, Goto A. Role of public research institutes in national innovation systems in industrialized countries: The cases of Fraunhofer, NIST, CSIRO, AIST, and ITRI [J]. Research Policy, 2018, 47 (7): 1309-1320.

[306] Jacek P, Rafał Z. TFP Spillover Effects via Trade and FDI Channels[J]. Economic Research-Ekonomska Istraživanja, 2020, 33 (1): 2509-2525.

[307] Jenks A E. Economic Man-A Definition[J]. American Anthropologist, 1902, 4 (2): 201-206.

[308] Ji H, Miao Z, Zhou Y. Corporate social responsibility and collaborative innovation: The role of government support [J]. Journal of Cleaner Production, 2020, 260: 121028.

[309] Jiang L, Bai Y. Strategic or substantive innovation? The impact of institutional investors' site visits on green innovation evidence from China[J]. Technology in Society, 2022, 68: 101904.

[310] Jiang Q, Yang S, Tang P, et al. Promoting the polluters? The Competing objectives of energy efficiency, pollutant emissions, and economic performance in Chinese municipalities[J]. Energy Research & Social Science, 2020, 61: 101365.

[311] Jin H, Qian Y, Weingast B R. Regional decentralization and fiscal incentives: Federalism, Chinese style[J]. Journal of Public Economics, 2005(89): 1719-1742.

[312] Jin P, Mangla S K, Song M. The power of innovation diffusion: How patent transfer affects urban innovation quality[J]. Journal of Business Research, 2022, 145: 414-425.

[313] Jofre-Monseny J, Marín-López R, Viladecans-Marsal E. The determinants of localization and urbanization economies: Evidence from the location of new firms in Spain[J]. Journal of Regional Science, 2014, 54(2): 313-337.

[314] John Friedmann. A general theory of polarized development[M]//Hansen Nijkamp Peter. Growth Centers in Regional Economic Development. Free Press, New York, 1972: 82.

[315] Juan F S, Eduardo V. Cooperation for innovation in developing countries and its effects: evidence from Ecuador[J]. Journal of Technology Management & Innovation, 2017, 12(3): 48-57.

[316] Jugend D, Jabbour C J C, Scaliza J A A. Relationships among open innovation, innovative performance, government support and firm size: Comparing Brazilian firms embracing different levels of radicalism in innovation[J]. Technovation, 2018(74-75): 54-65.

[317] Jung J, López-Bazo E. Factor Accumulation, Externalities, and Absorptive Capacity in Regional Growth: Evidence from Europe[J]. Journal of Regional Science, 2017, 57 (2): 266-289.

[318] Kahn M E, Li P, Zhao D. Water pollution progress at borders: the role of changes in China's political promotion incentives[J]. American Economic Journal: Economic Policy, 2015, 7(4): 223-242.

[319] Kandilov I T, Grennes T. The determinants of service offshoring: Does distance matter[J]. Japan and the World Economy, 2012, 24 (1): 36-43.

[320] Kathuria V. Productivity Spillovers from Technology Transfer to Indian

Manufacturing Firms[J]. Journal of international Development, 2000, 12(3): 343-369.

[321] Kauder B, Potrafke N. Government ideology and tuition fee policy: evidence from the German states[J]. CESifo Economic Studies, 2013, 59 (4): 628-649.

[322] Kedia B L, Bhagat R S. Cultural Constraints on Transfer of Technology Across Nations: Implications for Research in international and Comparative Management[J]. Academy of Management Review, 1988, 13(4): 559-571.

[323] Kelejian H, Piras G. Spatial Econometrics[M]. London: Academic Press, Elsevier, 2017.

[324] Keller W. International Technology Diffusion[J]. Journal of Economic Literature, 2004, 42(3): 752-782.

[325] Keller W, Yeaple S R. The Gravity of Knowledge[J]. American Economic Review, 2013, 103 (4): 1414-1444.

[326] Kergroach S. National innovation policies for technology upgrading through GVCs: a cross-country comparison[J]. Technological Forecasting & Social Change, 2019, 145(8): 258-272.

[327] Kim D. Do Gubernatorial Elections Influence the Local Housing Market and Stocks of Local Companies in South Korea? Research on Political Business Cycle in South Korea from 2010 to 2016[J]. 연구방법논총, 2018, 3(2): 33-65.

[328] Kim H R, Lee M, Lee H T, et al. Corporate social responsibility and employee-company identification[J]. Journal of business ethics, 2010, 95: 557-569.

[329] Kim S, Lee J. Citizen participation, process, and transparency in local government: An exploratory study[J]. Policy Studies Journal, 2019, 47 (4): 1026-1047.

[330] Koberg M, Levien T, Harman. Interpretative Barriers to Successful product Innovation in Large Firms[J]. The Journal of Product Innovation Management, 2004, 3(2): 179-202.

[331] Kodama M. Collaborative innovation: Developing health support ecosystems[M]. New York: Routledge, 2015.

[332] Kogan L, Papanikolaou D, Seru A, Stoffman N. Technological

Innovation, Resource Allocation, and Growth[J]. Q. J. Econ. 2017, 132: 665-712.

[333] Koschatzky K. Innovation Networks of Industry and Business-related Services-Relations Between Innovation Intensity of Firms and Regional Inter-firm Cooperation [J]. European Planning Studies, 1999, 7 (6): 737-757.

[334] Koski H, Pajarinen M. The role of business subsidies in job creation of start-ups, gazelles and incumbents [J]. Small Business Economics, 2013, 41: 195-214.

[335] Kwon S. How does patent transfer affect innovation of firms[J]. Technol. Forecast. Soc. Chang, 2020, 154: 119959.

[336] Lai J H K. Gap theory based analysis of user expectation and satisfaction: The case of a hostel building[J]. Building and Environment, 2013, 69: 183-193.

[337] Landry C. The creative city: A toolkit for urban innovators [M]. London: Earth scan Publications, Ltd., 2000.

[338] Lawson C, Lorenz E. Collective learning, tacit knowledge and regional innovative capacity[J]. Regional Study, 1999, 33 (4): 305-317.

[339] Lee C Y. The differential effects of public R&D support on firm R&D: Theory and evidence from multi-country data[J]. Technovation, 2011, 31(5-6): 256-269.

[340] Lee C, Lee D, Shon M. Effect of efficient triple-helix collaboration on organizations based on their stage of growth[J]. Journal of Engineering and Technology Management, 2020, 58: 101604.

[341] Lee G. Direct Versus Indirect International R&D Spillovers [J]. Information Economics and Policy, 2005, 17 (3): 334-348.

[342] Leenders R T A J, Dolfsma W A. Social Networks for Innovation and New Product Development[J]. Journal of Product Innovation Management, 2016, 33 (2): 123-131.

[343] Lefebvre V A. Social Man Vs Conscientious Man[J]. Behavioral and Brain Sciences, 1989, 12(4): 714-714.

[344] Leiponen A, Helfat C E. Innovation objectives, knowledge sources, and the benefits of breadth[J]. Strategic Management Journal, 2010, 31 (2): 224-236.

[345] Lenihan H, Mcguirk H, Murphy K R. Driving innovation: public policy and human capital[J]. Research Policy, 2019, 48(9): 103791.

[346] Leonard-Barton D. Core capabilities and core rigidities: A paradox in managing new product development[J]. Strategic Management Journal, 1992, 13: 111-125.

[347] LeSage J, Pace R K. Introduction to spatial econometrics [M]. New York: CRC Press, 2009: 27-41.

[348] LeSage J P. An introduction to spatial econometrics [J]. Revue D'économie Industrielle, 2008(123): 19-44.

[349] Letchumanan R, Kodama F. Reconciling The Conflict Between Thepollution-Haven 'hypothesis and an Emerging Trajectory of international Technology Transfer[J]. Research Policy, 2000, 29(1): 59-79.

[350] Lewbel A. Using heteroscedasticity to identify and estimate mismeasured and endogenous regressor models[J]. Journal of Business & Economic Statistics, 2012, 30(1): 67-80.

[351] Leydesdorff L, Etzkowitz H. The transformation of university-industry-government relations[J]. Electronic Jounal of Socidogy, 2001.

[352] Leydesdorff L, Zawdie G. The triple helix perspective of innovation systems[J]. Technology Analysis & Strategic Management, 2010, 22(7): 789-804.

[353] Li C, Xia W, Wang L. Synergies of green policies and their pollution reduction effects: Quantitative analysis of China's green policy texts[J]. Journal of Cleaner Production, 2023, 412: 137360.

[354] Li H, Zhou L. Political Turnover and Economic Performance: The Incentive Role of Personnel Control in China [J]. Journal of Public Economics, 2005, 89: 1743-1762.

[355] Li J, Ye S. Regional policy synergy and haze governance—empirical evidence from 281 prefecture-level cities in China [J]. Environmental Science and Pollution Research, 2021, 28: 10763-10779.

[356] Li L X, Shen G J. Special Economic Zones, Comparative Advantage, and Industrial Structural Transformation [J]. China Economic Quarterly, 2015, 14(3): 885-910(in Chinese).

[357] Li X, Li B Z, Wu X Y. Social network of intergovernmental relations and

policy instruments in the innovative cities [J]. Studies in Science of Science, 2020, 38(12): 2258-2270.

[358] Li X. Behind the recent surge of Chinese patenting: An institutional view [J]. Research Policy, 2012, 41(1): 236-249.

[359] Li Z, Yang S. Paradox of government support in innovation activities: Theoretical analysis and empirical test[J]. Economic Science, 2018, 2: 88-100.

[360] Li H C, Lee W V, Ko B T. What determines misallocation in innovation? A study of regional innovation in China [J]. Journal of Macroeconomics, 2017, 52: 221-237.

[361] Li M, Liu S C. Regional Differences and Threshold Effects of Reverse Technology Spillovers from Foreign Direct Investment-Threshold Regression Analysis Based on China's Provincial Panel Data [J]. Management World, 2012, 1: 21-32.

[362] Liao Z. Environmental policy instruments, environmental innovation and the reputation of enterprises[J]. Journal of Cleaner Production, 2018, 171: 1111-1117.

[363] Lichtenthaler U, Lichtenthaler E. Technology Transfer Across Organizational Boundaries: Absorptive Capacity and Desorptive Capacity[J]. California Management Review, 2010, 53(1): 154-170.

[364] Linton J D. De-babelizing the language of innovation[J]. Technovation, 2009, 29(11): 729-737.

[365] Liu H, Zhou Y. Research on China's Technology Transfer Policy System and Its Cooperative Operation Mechanism [J]. Science Research Management, 2012, 33(3): 105-112.

[366] Liu B L, Li Q B. The Dynamic Analysis of China's City TFP: 1990-2006-Based on the Malmquist Index and DEA Model[J]. Nankai Economic Studies, 2009(3): 139-152.

[367] Liu C, Gui Q, Duan D, Du D. Structural heterogeneity and proximity mechanism of global scientific collaboration network based on co-authored papers[J]. Acta Geographica Sinica, 2017, 72 (4): 737-752.

[368] Liu N, Fan F. Threshold effect of international technology spillovers on China's regional economic growth[J]. Technology Analysis & Strategic Management, 2020, 32(8): 923-935.

[369] Liu S. Regional Differences and Stochastic Convergence of China's Economic Growth Quality [J]. Journal of Quantitative & Technical Economics, 2019, 36(9): 24-41.

[370] Liu S L, Jiang X, Peng Y Q. Characteristics and evolution of three stages of technological innovation in China's high-tech industries [J]. The Journal of Quantitative & Technical Economics, 2016, 7(5): 104-116.

[371] Liu X, Serger S S, Tagscherer U, Chang A Y. Beyond catch-up-can new innovation policy help China overcome the middle-income trap [J]. Science Public Policy, 2017, 44 (5): 656-669.

[372] Liu Y C. An empirical study on the technological innovation efficiency of China's high-tech industries in three stages: analysis and evolution based on DEA method[J]. Macroeconomics, 2016, 5(2): 43-48.

[373] Liu Z. Foreign Direct investment and Technology Spillover: Evidence from China[J]. Journal of Comparative Economics, 2002, 30(3): 579-602.

[374] Liyanage S, Mitchell H. Strategic management of interactions at the academic-industry interface [J]. Technovation, 1994, 14 (10): 641-655.

[375] Liyanage S. Breeding innovation clusters through collaborative research networks[J]. Technovation, 1995, 15(9): 553-567.

[376] Löfsten H, Lindelöf P. R&D networks and product innovation patterns—academic and non-academic new technology-based firms on Science Parks[J]. Technovation, 2005, 25(9): 1025-1037.

[377] Lomi A, Robins G, Tranmer M. Introduction to multilevel social networks[J]. Social Networks, 2016, 100(44): 266-268.

[378] Long J C, Cunningham F C, Braithwaite J. Bridges, brokers and boundary spanners in collaborative networks: A systematic review [J]. BMC Health Services Research, 2013, 13: 158.

[379] Lööf H, Nabavi P. The joint impact of innovation and knowledge spillovers on productivity and growth for exporting firms[J]. The World Economy, 2015, 38(4): 730-750.

[380] Love J H, Roper S. Location and Network Effects on Innovation Success: Evidence for UK, German and Irish Manufacturing Plants [J]. Research Policy, 2001 (30): 643-661.

[381] Lu J, Wang T, Liu X. Can environmental governance policy synergy reduce carbon emissions[J]. Economic Analysis and Policy, 2023, 80.

[382] Lu W M, Kweh Q L, Huang C L. Intellectual capital and national innovation systems performance [J]. Knowledge-Based Systems, 2014, 71: 201-210.

[383] Lu W, Wu H, Yang S, Tu Y P. Effect of environmental regulation policy synergy on carbon emissions in China under consideration of the mediating role of industrial structure[J]. J. Environ. Manag. 2022, 322, 116053.

[384] Lucas R E. On the mechanics of economic development[J]. Journal of Monetary Economics, 1988, 22(1) : 3-42.

[385] Lundvall B A. Product Innovation and User-Producer Interaction[J]. The Learning Economy and the Economics of Hope, 1985, 19: 19-60.

[386] Ma L. Political ideology, social capital, and government innovativeness: evidence from the US states[J]. Public Management Review, 2017, 19 (2): 114-133.

[387] Ma Y, Sha Y, Wang Z, et al. The effect of the policy mix of green credit and government subsidy on environmental innovation [J]. Energy Economics, 2023, 118: 106512.

[388] Ma H. Evolutionary Networks of interurban Technological Collaboration Across Chinese City-Regions. Regional Studies [J]. Regional Science, 2022, 9(1): 457-460.

[389] Ma H, Wei Y D, Dai L, Xu X. The Proximity and Dynamics of intercity Technology Transfers in The Guangdong-Hong Kong-Macau Greater Bay Area: Evidence from Patent Transfer Networks [J]. Environment and Planning A: Economy and Space, 2022, 54(7).

[390] Ma J, Xu Y. The opportunity-driven innovation catching-up from China in engineering and technical services industry: does technology gap generate opportunity gap in innovation [J]. International Journal of Technology Management, 2019, 80(3): 292.

[391] Mansfield, Edwinetal. Imitation Costs and Patents: An Empirieal Study[J]. Economie Journal, 1981, 91(364): 907-918.

[392] Mάrquez-Ramos L, Martínez-Zarzoso I. The effect of technological innovation on international trade[J]. Economics the Open Access Open

Assessment E Journal, 2010, 4: 1-37.

[393] Masaaki K, Ronaldo P, Denise R D. Determinants of Cross-National Knowledge Transfer and its Effect on Firm Innovation[J]. Journal of International Business Studies, 2007, 38(2): 1-24.

[394] Maskell P, Malmberg A. Localised Learning and industrial Competitiveness[J]. Cambridge Journal of Economics, 1999, 23(2): 167-185.

[395] Massa S, Testa S. Innovation and SMEs: Misaligned perspectives and goals among entrepreneurs, academics, and policy makers [J]. Technovation, 2008(7): 393-407.

[396] Maximilian, von Zedtwitz, Oliver Gassmann. Market Versus Technology Drive in R&D Internationalization: Four Different Patterns of Managing Research and Development[J]. Research Policy, 2002, 31 (4): 569-588.

[397] Mccallum J. National Borders Matter-Canada-Us Regional Trade Patterns[J]. Am. Econ. Rev. 1995, 85: 615-623.

[398] McCann P, Simonen J. Innovation, knowledge spillovers and local labour markets[J]. Papers in Regional Science, 2005, 84 (3): 465-485.

[399] McDonnell L M, Elmore R F. Getting the job done: Alternative policy instruments[J]. Educational Evaluation and Policy Analysis, 1987, 9 (2): 133-152.

[400] McGregor D. The Human Side of Enterprise[M]. Readings and Exercises in Organizational Behavior, Academic Press, 1985: 28-35.

[401] Mêgnigbêto E. Modelling the Triple Helix of university-industry-government relationships with game theory: Core, Shapley value and nucleolus as indicators of synergy within an innovation system[J]. Journal of Informetrics, 2018, 12(4): 1118-1132.

[402] Meijers E. Polycentric urban regions and the quest for synergy: is a network of cities more than the sum of the parts[J]. Urban studies, 2005, 42(4): 765-781.

[403] Meijers E J, Burger M J, Hoogerbrugge M M. Borrowing size in networks of cities: City size, network connectivity and metropolitan functions in Europe[J]. Papers in Regional Science, 2016, 95(1): 181-198.

[404] Meng J, Liu J, Yi K, et al. Origin and radiative forcing of black carbon aerosol: production and consumption perspectives[J]. Environmental

science & technology, 2018, 52(11): 6380-6389.

[405] Mergel I, Desouza K C. Implementing Open Innovation in the Public Sector: The Case of Challenge. Gov[J]. Public Administration Review, 2013, 73(6): 882-890.

[406] Michael Fritsch. Cooperation and the efficiency of regional R&D activities[J]. Cambridge Journal of Economics, 2004, 28(6): 829-846.

[407] Mohnen P, DeBresson C, Shiqing X. Explaining and estimating propensities to innovate in China in 1993[C]. The 14th Interna-tional Conference on Input-Output Techniques, 2002.

[408] Molina-Morales F X, Belso-Martínez J A, Mάs-Verdú F, Martínez-Chάfer L. Formation and dissolution of inter-firm linkages in lengthy and stable networks in clusters[J]. Journal of Business Research, 2015, 68(7): 1557-1562.

[409] Moomaw R L. Agglomeration economies: Are they exaggerated by industrial aggregation [J]. Regional Science and Urban Economics, 1998, 28(2): 199-211.

[410] Moore J F. Predators and prey: A new ecology of competition[J]. Harvard Business Review, 1993, 71(3): 75-86.

[411] Moreno-Serrano R, Paci R, Usai S. Spatial spillovers and innovation activity in European regions[J]. Environment & Planning A, 2005, 37(1): 1793-1812.

[412] Morse J J, Lorsch J W. Beyond Theory-Y[J]. Harvard Business Review, 1970, 48(3): 61.

[413] Mowery D C, Oxley J E. Inward technology transfer and competitiveness: the role of national innovation systems [J]. Cambridge journal of economics, 1995, 19(1): 67-93.

[414] Mugwagwa J, Edwards D, de Haan S. Assessing the implementation and influence of policies that support research and innovation systems for health: the cases of Mozambique, Senegal, and Tanzania[J]. Health Research Policy and Systems, 2015, 13: 21.

[415] Myerson, Hamilton. Technology, Management and Systems of Innovation [J]. International Journal of Innovation Management, 2005, 4(1): 33-49.

[416] Narayanan V K, Pinches G E, Kelm K M, et al. The influence of

voluntarily disclosed qualitative information [J]. Strategic Management Journal, 2000, 21(7): 707-722.

[417] Nasierowski W, Arcelus F J. On the efficiency of national innovation systems[J]. Socio-Economic Planning Sciences, 2003, 37: 215-234.

[418] Natalicchio A, Petruzzelli P, Cardinali S, et al. Open innovation and the human resource dimension: An investigation into the Italian manufacturing sector [J]. Management Decision, 2018, 56(6): 1271-1284.

[419] Needham D. Market Structure and Firms' R&D Behavior[J]. Journal of Industrial Economics, 1975, 23: 241-255.

[420] Nelson R. National Innovation Systems: A Comparative Analysis[M]. New York: Oxford University Press, 1993.

[421] Neumann O, Matt C, Hitz-Gamper B S, Schmidthuber L, Stürmer M. Joining forces for public value creation? Exploring collaborative innovation in smart city initiatives[J]. Government Information Quarterly, 2019, 36 (4): 101411.

[422] Nie H H, Jiang M J. Wang, X H. The impact of political cycle: Evidence from coalmine accidents in China[J]. Journal of Comparative Economics, 2013, 41(4): 995-1011.

[423] Niki L, Panagiotis K, Sofia P, et al. Hybrid Synergy for Virtual Knowledge Working [J]. Handbook of Research on Electronic Collaboration and Organizational Synergy, 2009(2): 83-102.

[424] Ning L, Wang F, Li J. Urban innovation, regional externalities of foreign direct investment and industrial agglomeration: Evidence from Chinese cities[J]. Research Policy, 2016, 45 (4): 830-843.

[425] Nitsch V, Berlin B. National borders and international trade: evidence from the European Union[J]. Can. J. Econ. -Rev. Can. Econ, 2000, 33: 1091-1105.

[426] Nordensvard J, Zhou Y, Zhang X. Innovation core, innovation semi-periphery and technology transfer: The case of wind energy patents[J]. Energy Policy, 2018, 120: 213-227.

[427] Nordhaus W D. The political business cycle[J]. The review of economic studies, 1975, 42(2): 169-190.

[428] Oleg S, Dmitriy V. Political cycles and corruption in Russian regions[J].

European Journal of Political Economy, 2018, 52: 55-74.
[429] Olper A, Raimondi V. Agricultural market integration in the OECD: A gravity-border effect approach[J]. Food Policy, 2008, 33: 165-175.
[430] Opper S, Nee V, Brehm S, Homophily in the career mobility of China's political elite [J]. Social Science Research, 2015(54): 332-352.
[431] Paci R, Usai S. Technological enclaves and industrial districts: An analysis of the regional distribution of innovative activity in Europe[J]. Regional Studies, 2000: 34 (2): 97-114.
[432] Pakes A, Schankerman, M. Rates of obsolescence of knowledge, research gestation lags, and the private rate of return to research resources[M]//Griliches Z. R&D, patents and productivity. Chicago: University of Chicago Press, 1984: 73-88.
[433] Pan T W, Hung S W, Lu W M. DEA performance measurement of the national innovation system in Asia and Europe [J]. Asia-Pacific Journal of Operational Research, 2010, 27: 369-392.
[434] Pan W Q. Spillover effects of foreign investment on China's industrial sector: a panel data analysis [J]. The Journal of World Economics, 2003, 3(6): 37-80.
[435] Pang S, Dou S, Li H. Synergy effect of science and technology policies on innovation: Evidence from China[J]. PloS one, 2020, 15(10): e0240515.
[436] Pappas J M, Wooldridge B. Middle managers' divergent strategic activity: An investigation of multiple measures of network centrality[J]. Journal of Management Studies, 2007, 44(3): 323-341.
[437] Parent O, Lesage P J. Using the variance structure of the conditional autoregressive spatial specification to model knowledge spillovers [J]. Journal of Applied Econometrics, 2008, 23(2): 235-256.
[438] Parr J B. Agglomeration economies: ambiguities and confusions [J]. Environment and Planning A, 2002, 34(4): 717-731.
[439] Parsley D C, Wei S J. Explaining the border effect: the role of exchange rate variability, shipping costs, and geography[J]. J. Int. Econ., 2001, 55: 87-105.
[440] Patanakul P, Pinto J K. Examining the roles of government policy on innovation[J]. Journal of High Technology Management Research, 2014,

25(2): 97-107.

[441] Paul M R. Human Capital and Growth: Theory and Evidence [J]. Carnegie Rochester Conference Series on Public Policy, 1990, 32 (1): 251-286.

[442] Pavitt K, Wald S. The conditions for success in technological innovation [M]. Pairs: OECD, 1971.

[443] Pekkarinen S, Harmaakorpi V. Building regional innovation networks: The definition of an age business core process in a regional innovation system[J]. Regional Studies, 2006, 40(4): 401-413.

[444] Pfeffer J, Salancik G R. The external control of organizations: A resource dependence perspective[M]. Stanford University Press, 2003.

[445] Phelps N A. On the edge of something big: Edge-city economic development in Croydon, South London [J]. Town Planning Review, 1998, 69(4): 441.

[446] Phelps N A, Fallon R J, Williams C L. Small firms, borrowed size and the urban-rural shift[J]. Regional Studies, 2001, 35(7): 613-624.

[447] Pinto H, Guerreiro J. Innovation regional planning and latent dimensions: the case of the Algarve region [J]. The Annals of Regional Science, 2010, 44(2): 315-329.

[448] Polanyi M. Personal Knowledge: Towards A Post-Critical Philosophy [M]. Chicago: University of Chicago Press, 2015.

[449] Ponds R, Oort F, Frenken K. innovation, Spillovers and University-industry Collaboration: An Extended Knowledge Production Function Approach[J]. Journal of Economic Geography, 2009, 10 (2): 231-255.

[450] Porter M E. The competitive advantage of nations [J]. Harvard Business Review, 1990, 68(2): 73-93.

[451] Porter M. The Competitive Advantage of Nations[M]. New York: The Free Press, 1990.

[452] Porter M, Stern S. National innovative capacity[J]. Research Policy, 2002, 31(6): 899-933.

[453] Porter M E. Clusters and the new economics of competition[J]. Boston: Harvard Business Review, 1998, 76(6): 77-90.

[454] Porter M E. The Competitive Advantage of Nations[M]. Macmillan,

London, 1990.

[455] Porter M, Kramer M. Strategy and Society: The Link between Competitive Advantage and Corporate Social Responsibility[J]. Harv. Bus. Rev, 2006, 84: 78-92.

[456] Porto-Gome I, Zabala-Iturriagagoitia J M, Leydesdorf L. Innovation systems in México: A matter of missing synergies [J]. Technological Forecasting and Social Change, 2019, 148: 119721.

[457] Powell W W, Koput K W, Smith-Doerr L. Interorganiza- tional Collaboration and the Locus of Innovation: Networks of Learning in Biotechnology[J]. Administrative Science Quarterly, 1996, 41: 116-145.

[458] Powers J B. R&D Funding Sources and University Technology Transfer: What Is Stimulating Universities to Be More Entrepreneurial [J]. Research in Higher Education, 2004, 45(1): 1-23.

[459] Prato G D, Nepelski D. Global R&D network. Network analysis of international R & D centers[J]. Jrc Working Papers, 2012, 46(3): 1796-1803.

[460] Qin M, Wang X, Hu Y, et al. Formation of particulate sulfate and nitrate over the Pearl River Delta in the fall: Diagnostic analysis using the Community Multiscale Air Quality model[J]. Atmospheric environment, 2015, 112: 81-89.

[461] Rajan R G, Zingales L. The great reversals: The politics of financial development in the twentieth century[J]. Journal of financial economics, 2003, 69(1): 5-50.

[462] Redding S. Path Dependence, Endogenous Innovation and Growth[J]. International Economic Review, 2002, 43 (4): 1215-1248.

[463] Reddy N M, Zhao L. International Technology Transfer: A Review[J]. Research Policy, 1990, 19(4): 285-307.

[464] Rink D R, Swan J E. Product Life Cycle Research: A Literature Review[J]. Journal of Business Research, 1979, 7(3): 219-242.

[465] Rogoff K, Sibert A. Elections and Macroeconomic Policy Cycles[J]. The Review of Economic Studies, 1988, 55(1): 1-16.

[466] Romão J, Nijkamp P. Impacts of innovation, productivity and specialization on tourism competitiveness-a spatial econometric analysis on

European regions[J]. Current Issues in Tourism, 2019, 22 (10): 1150-1169.

[467] Romer P M. Endogenous Technological Change[J]. Journal of Political Economy, 1990, 98 (5): 71-102.

[468] Rost K. The strength of strong ties in the creation of innovation[J]. Research policy, 2011, 40(4): 588-604.

[469] Rothwell R. Successful Industrial Innovation: Critical factors for the 1990s[J]. R&D Management, 1992, 22 (3): 221-239.

[470] Rousseau S, Rousseau R. Data envelopment analysis as a tool for constructing scientometric indicators [J]. Scientometrics, 1997, 40: 5-56.

[471] Rowley T, Behrens D D, Krackhardt D. Redundant governance structures: An analysis of structural and relational embeddedness in the steel and semiconductor industries[J]. Strategic Management Journal, 2000, 21: 369-386.

[472] Roy Rothwell, Walter Zegveld. Industrial Innovation and Public Policy: Preparing for the 1980s and the 1990s[J]. American Political Science Review, 1982, 76(3): 699-700.

[473] Roy J R. Spatial Interaction Modeling: A Regional Science Context[M]. Springer-Verlag, Berlin, Heidelberg, New York, 2004.

[474] Rycroft R W. Does cooperation absorb complexity? Innovation networks and the speed and spread of complex technological innovation[J]. Technological forecasting and social change, 2007, 74(5): 565-578.

[475] Saad M, Guermat C, Brodie L. National innovation and knowledge performance: the role of higher education teaching and training[J]. The Journal of Higher Education Studies, 2015, 4 (7): 1194-1209.

[476] Sáenz J, Aramburu N, Blanco C E. Knowledge sharing and innovation in Spanish and Colombian high-tech firms[J]. Journal of Knowledge Management, 2012, 16(6): 919-933.

[477] Sáez L, Sinha A. Political cycles, political institutions and public expenditure in India, 1980-2000[J]. British Journal of Political Science, 2010, 40(1): 91-113.

[478] Saggi K. Trade, foreign Direct investment, and international Technology Transfer: A Survey[J]. The World Bank Research Observer, 2002, 17

(2): 191-235.

[479]Samara E, Georgiadis P, Bakouros I. The impact of innovation policies on the performance of national innovation systems: A system dynamics analysis[J]. Technovation, 2012, 32 (11): 624-638.

[480] Sammarra A, Biggiero L. Heterogeneity and Specificity of Inter-Firm Knowledge Flows in Innovation Networks[J]. Journal of Management Studies, 2008, 45(4): 200-809.

[481] Samsom K J, Gurdon M A. University scientists as entrepreneurs: A special case of technology transfer and high-tech venturing [J]. Technovation, 1993, 13(2): 63-71.

[482]Santamaría M A, Ventura J, Yeşilbayraktar U. Borders within Europe[R]. National Bureau of Economic Research, 2021.

[483]Santoro M D, Gopalakrishnan S. Relationship Dynamics Between University Research Centers and Industrial Firms: Their Impact on Technology Transfer Activities[J]. The Journal of Technology Transfer, 2001, 26(1): 163-171.

[484] Scherngell T, Hu Y. Collaborative Knowledge Production in China: Regional Evidence from a Gravity Model Approach[J]. Regional Studies, 2011, 45 (6): 755-772.

[485]Scherngell T, Lata R. Towards an integrated European Research Area? Findings from Eigenvector spatially filtered spatial interaction models using European Framework Programme data [J]. Papers in Regional Science no-no, 2012, 92(3).

[486]Schilling M A, Phelps C C. Interfirm collaboration networks: The impact of large-scale network structure on firm innovation [J]. Management Science, 2007, 53(7): 1113-1126.

[487]Schumpeter J. The Theory of Economic Development[M]. Cambridge: Harvard University Press, 1949.

[488] Schumpeter J A. Capitalism, Socialism and Democracy [M]. Unwin: London, 1942.

[489]Scott A J. New Industrial Spaces: Flexible Production Organization and Regional Development in North American and Western Europe [M]. Pion, London, 1988.

[490]Scuotto V, Beatrice O, Valentina C, Nicotra M, Di Gioia L, Briamonte

M F. Uncovering the micro-foundations of knowledge sharing in open innovation partnerships: An intention-based perspective of technology transfer[J]. Technological Forecasting and Social Change, 2020, 152: 119906.

[491]Seufert A, Von Krogh G, Bach A. Towards knowledge networking[J]. Journal of Knowledge Management, 1999, 3(3).

[492]Sharma S, Thomas V J. Inter-country R&D efficiency analysis: An application of data envelopment analysis[J]. Scientometrics, 2008, 76(3): 483-501.

[493]Shi X, Wu Y, Fu D. Does university-industry collaboration improve innovation efficiency? Evidence from Chinese Firms [J]. Economic Modelling, 2020, 86: 39-53.

[494]Shyu J Z, Chiu Y C, Yuo C C. A cross-national comparative analysis of innovation policy in the integrated circuit industry [J]. Technology in Society, 2001, 23: 227-240.

[495] Sidorkin O, Vorobyev D. Political cycles and corruption in Russian regions[J]. European Journal of Political Economy, 2018, 52: 55-74.

[496]Sieg G. A model of an opportunistic-partisan political business cycle[J]. Scottish Journal of Political Economy, 2006, 53(2): 242-252.

[497]Simmie J. Innovative cities [M]. London: Spon Press, 2011.

[498]Sivak R, Caplánová A, Hudson J. The impact of governance and infrastructure on innovation[J]. Post-Communist Economies, 2011, 32(2): 203-217.

[499] Sleuwaegen L, Ramboer S. Regional competitiveness and high growth firms in the EU: The creativity premium[J]. Applied Economics, 2020, 52(22): 2325-2338.

[500] Sol J, Beers P J, Wals A E. Social learning in regional innovation networks: trust, commitment and reframing as emergent properties of interaction[J]. Journal of cleaner production, 2013, 49: 35-43.

[501]Song G, Dyer. Synergies between Information Technology and Managerial and Organizational Cognition: the Role of Knowledge Management [J]. Technovation, 2003, 19(4): 219-231.

[502]Song Y, Elsner W, Zhang Z, et al. Collaborative innovation and policy support: The emergence of trilateral networks[J]. Applied Economics,

2020, 52(34): 3651-3668.

[503]Song Y, Li Z, Yang T, et al. Does the expansion of the joint prevention and control area improve the air quality? —Evidence from China's Jing-Jin-Ji region and surrounding areas [J]. Science of the Total Environment, 2020, 706: 136034.

[504]Song J, Almeida P, Wu G. Learning-by-hiring: When is Mobility More Likely to Facilitate Interfirm Knowledge [J]. Management Science, 2003, 49 (4): 351-365.

[505]Srdjevic B, Medeiros Y D, Porto R L . Data envelopment analysis of reservoir system performance [J]. Computers & Operations Research, 2005, 32: 3209-3226.

[506]Sternberg R J. Successful intelligence: How practical and creative intelligence determine success in life [M]. New York, NY: Simon & Schuster, 1996.

[507] Sternberg R. Innovation networks and regional development—evidence from the European Regional Innovation Survey (ERIS) [J]. European Planning Studies, 2000, 8: 389-407.

[508] Sturgeon T. Modular production networks: a new American model of industrial organization[J]. Industrial and Corporate Change, 2002, 11 (3): 451-496.

[509]Suh N P. University-industry interaction for the innovation of new products and processes: A U. S. model[J]. Robotics and Computer-Integrated Manufacturing, 1990, 7(1-2): 15-25.

[510]Sun C, Wan S, Zou W, Wang Z. Estimating the efficiency of complex marine systems in China's coastal regions using a network Data Envelope Analysis model [J]. Ocean & Coastal Management, 2017, 139: 77-91.

[511] Sun Y Y, Zhang J Q. Endogenous Foreign Technology Spillovers and Dynamic Characteristics of Absorptive Ability: A Research Based on the System GMM Estimation[J]. Economic Review, 2012, 6: 74-83.

[512]Tang D, Li Y, Zheng H, et al. Government R&D spending, fiscal instruments and corporate technological innovation[J]. China Journal of Accounting Research, 2022, 15(3): 100250.

[513]Tao Y. The Rationalization of Political Business Cycle in China[C]. The International Conference on "The Rise of China Revisited: Perception

and Reality", Institute of International Relations in National Chengchi University, 2003.

[514]Tao J, Ho C Y, Luo S, Sheng Y. Agglomeration economies in creative industries[J]. Regional Science and Urban Economics, 2019, 77: 141-154.

[515]Taylor P J. Specification of the world city network[J]. Geographical Analysis, 2001, 33 (2): 181-194.

[516]Taylor P J, Hoyler M, Verbruggen R. External urban relational process: Introducing central flow theory to complement central place theory[J]. Urban Studies, 2010, 47(13): 2803-2818.

[517]Teece D J. Technology Transfer by Multinational Firms: There Source Cost of Transferring Technological Know-how[J]. The Economic Journal, 1977, 87(6): 242-261.

[518]Tekic A, Willoughby K W. Configuring intellectual property management strategies in co-creation: a contextual perspective[J]. Innovation, 2020, 22(2): 128-159.

[519]Ter Wal A L, Boschma R A. Applying social network analysis in economic geography: framing some key analytic issues[J]. The Annals of Regional Science, 2009, 43: 739-756.

[520]Tian Z H. Tian Y F. Political incentives, Party Congress, and pollution cycle: Empirical evidence from China[J]. Environment and Development Economics, 2021, 26(2): 188-204.

[521]Tobler W R. A computer movie simulating urban growth in the detroit region[J]. Economic Geography, 1970, 46 (Supp 1): 234-240.

[522]Tobler W R. Lattice tuning[J]. Geographical Analysis, 1979, 11(1): 36-44.

[523]Tone K. A slacks-based measure of efficiency in data envelopment analysis[J]. European Journal of Operational Research, 2001, 130(3): 498-509.

[524]Tong T W, He W, He Z L, et al. Patent regime shift and firm innovation: Evidence from the second amendment to China's patent law[C]// Academy of Management Proceedings. Briarcliff Manor, NY 10510: Academy of Management, 2014(1): 14174.

[525]Trencher G P, Yarime M, Kharrazi A. Co-creating sustainability: Cross

sector university collaborations for driving sustainable urban transformations [J]. Journal of Cleaner Production, 2013, 50: 40-55.

[526] Trippl M. Scientific Mobility and Knowledge Transfer at The interregional and intraregional Level [J]. Regional Studies, 2013, 47 (10): 1653-1667.

[527] Tsai P H. Fiscal incentives and political budget cycles in China [J]. International Tax Public Finance, 2016, 23: 1030-1073.

[528] Usai S, Moreno R, Paci R. Spatial spillovers and innovation activity in European regions [J]. Social Science Electronic Publishing, 2005, 37 (10): 1793-1812.

[529] Uzzi B. The sources and consequences of embeddedness for the economic performance of organizations: The network effect [J]. American Sociological Review, 1996, 61(4): 674-698.

[530] Uzzi B. Social structure and competition in interfirm networks: The paradox of embeddedness [J]. Administrative Science Quarterly, 1997, 42(1): 35-67.

[531] Valerie Illingworth. The Penguin Dictionary of Physics [M]. Beijing: Foreign Language Press, 1996: 92-93.

[532] Valero A, Van Reenen, J. The economic impact of universities: evidence from across the globe [J]. Economics of Education Review, 2018, 68: 53-67.

[533] Varga A. University Research and Regional in Innovation [M]. Boston: Kluwer Academic Publishers, 1998.

[534] Vernon R. The product cycle hypothesis in a new international environment [J]. Oxford Bulletin of Economics and Statistics, 1979, 41 (4): 255-267.

[535] Verspagen B, Schoenmakers W. The spatial dimension of knowledge spillovers in Europe [J]. Journal of Economic Geography, 2004, 4(1): 23-42.

[536] Villani E, Rasmussen E, Grimaldi R. How intermediary Organizations Facilitate University-industry Technology Transfer: A Proximity Approach [J]. Technological forecasting and Social Change, 2017, 114: 86-102.

[537] Wade R H. The American paradox: ideology of free markets and the

hidden practice of directional thrust [J]. Cambridge Journal of Economics, 2017, 41(3): 859-880.

[538] Wakasugi R, Koyata F. R&D, Firm Size and Innovation Outputs: Are Japanese Firms Efficient in Product Development[J]. Journal of Product Innovation Management, 1997, 14(5): 383-392.

[539] Waldman D A, Vaulont M J, Balven R M, Siegel D S, Rupp D E. The Role of Justice Perceptions in formal and informal University Technology Transfer[J]. Journal of Applied Psychology, 2022, 107(8): 1397.

[540] Wallis J, North D. Measuring the Transaction Sector in the American Economy, 1870-1970[M]//Engerman S L, Gallman R E. Long-Term Factors in American Economic Growth. Chicago: University of Chicago Press, 1986: 95-148.

[541] Wang B, Peng C, Wu J, et al. The impact of political connections on corporate green innovation: the mediating effect of corporate social responsibility and the moderating effect of environmental public opinion[J]. Sustainability, 2022, 14(8): 4708.

[542] Wang E C. R&D efficiency and economic performance: A cross-country analysis using the stochastic frontier approach [J]. Journal of Policy Modeling, 2007, 29(2): 345-360.

[543] Wang J, Ma X, Zhao Y, et al. Impact of scientific and technological innovation policies on innovation efficiency of high-technology industrial parks-a dual analysis with linear regression and QCA[J]. International Journal of Innovation Studies, 2022, 6(3): 169-182.

[544] Wang M Y, Chou L C. Political cycle and the financial lending scale[J]. Applied Economics Letters, 2022, 29(6): 534-539.

[545] Wang Q J, Feng G F, Chen Y E, et al. The impacts of government ideology on innovation: What are the main implications[J]. Research Policy, 2019, 48(5): 1232-1247.

[546] Wang X, Liu S, Tao Z, et al. The impact of industrial policy and its combinations on the innovation quality of wind power enterprises: A study from the perspective of financing modes[J]. Renewable Energy, 2022, 188: 945-956.

[547] Wang X, Zou H, Zheng Y, et al. How will different types of industry policies and their mixes affect the innovation performance of wind power

enterprises? Based on dual perspectives of regional innovation environment and enterprise ownership [J]. Journal of environmental management, 2019, 251: 109586.

[548] Wang C, Rodan S, Fruin M, Xu X. Knowledge networks, collaboration networks, and exploratory innovation [J]. Academy of Management Journal, 2014, 57(2): 484-514.

[549] Wang E C. R&D efficiency and economic performance: A cross-country analysis using the stochastic frontier approach [J]. Journal of Policy Modeling, 2003, 29(2): 345-360.

[550] Wang E C, Huang W. Relative efficiency of R&D activities: A cross-country study accounting for environmental factors in the DEA approach [J]. Research Policy, 2007, 36: 260-273.

[551] Wang F, Chen K. Do product imitation and innovation require different patterns of organizational innovation? Evidence from Chinese firms [J]. Journal of Business Research, 2020c, 106: 60-74.

[552] Wang S, Wang X, Lu F, Fan F. The impact of collaborative innovation on ecological efficiency-empirical research based on China's regions [J]. Technology Analysis & Strategic Management, 2020, 33 (2): 242-256.

[553] Wang S, Zhang J, Fan F, Lu F, Yang L. The symbiosis of scientific and technological innovation efficiency and economic efficiency in China-an analysis based on data envelopment analysis and logistic model [J]. Technology Analysis & Strategic Management, 2019, 31 (1): 67-80.

[554] Wang X, Wang L, Wang S, Fan F, Ye X. Marketization as a Channel of International Technology Diffusion and Green Total Factor Productivity: Research on the Spillover Effect from China's First-Tier Cities [J]. Technology Analysis & Strategic Management, 2021, 33(5): 491-504.

[555] Wei J, Liu Y. Government support and firm innovation performance: Empirical analysis of 343 innovative enterprises in China [J]. Chinese Management Studies, 2015, 9(1): 38-55.

[556] Wernsdorf K, Nagler M, Watzinger M. ICT, collaboration, and innovation: Evidence from BITNET [J]. Journal of Public Economics, 2022, 211: 104678.

[557] Wheeler C. Search, sorting, and urban agglomeration [J]. Journal of Labor Economics, 2001(19): 879-899.

[558] Winsley P. Technological Innovation and Culture-New-Zealand Technology for Business Growth Program [J]. Journal of Scientific & Industrial Research, 1991, 50 (10): 704-709.

[559] Woolthuis R K, Lankhuizen M, Gilsing V. A system failure framework for innovation policy design [J]. Technovation, 2005, 25 (6): 609-619.

[560] Wu H, Hu S. The impact of synergy effect between government subsidies and slack resources on green technology innovation [J]. Journal of Cleaner Production, 2020, 274: 122682.

[561] Xi T Y, Yao Y, Zhang M Y. Capability and opportunism: Evidence from city officials in China [J]. Journal of Comparative Economics, 2018, 46 (4): 1046-1061.

[562] Xu N N, Ding Y X, Guo J H. Do Smart City policies make cities more innovative: Evidence from China [J]. Journal of Asian Public Policy, 2022, 15(1): 1-17.

[563] Xu L, Yan J, Xiong J. Network characteristics and organizational innovation capability: A study of the inter-organizational collaboration network of new drug development in Shanghai, China [J]. Strategic Change, 2019, 28: 499-506.

[564] Yang X M. Capacity structure and economic cooperation between east and west regions [M]. Beijing: China social science press, 2007.

[565] Yang G S, Gu X. Research on the flow of innovation elements among regional innovation systems [J]. Science & Technology Progress and Policy, 2011, 28(23): 60-64.

[566] Yao L, Li J, Li J. Urban innovation and intercity patent collaboration: a network analysis of China's national innovation system [J]. Technological Forecasting and Social Change, 2020(160): 120185.

[567] Yasunaga Y, Watanabe M, Korenaga M. Application of technology roadmaps to governmental innovation policy for promoting technology convergence [J]. Technological Forecasting and Social Change, 2009, 76 (1): 61-79.

[568] Ye X S, Liu J. The influence of government support and marketization on technological progress in manufacturing [J]. Economic Research, 2020, 55(5): 83-98.

[569] Yeung H W, Coe N. Toward a dynamic theory of global production

networks[J]. Economic geography, 2015, 91(1): 29-58.

[570] Yli-Renko H, Autio E, Sapienza H J. Social capital, knowledge acquisition, and knowledge exploitation in young technology-based firms[J]. Strategic Management Journal, 2001, 22(6-7): 587-613.

[571] You D, Zhang Y, Yuan B. Environmental regulation and firm eco-innovation: Evidence of moderating effects of fiscal decentralization and political competition from listed Chinese industrial companies[J]. Journal of cleaner production, 2019, 207: 1072-1083.

[572] Yström A, Agogué M. Exploring practices in collaborative innovation: Unpacking dynamics, relations, and enactment in-between spaces[J]. Creativity and Innovation Management, 2020, 29(1): 141-145.

[573] Yu J, Zhou L A, Zhu G. Strategic interaction in political competition: Evidence from spatial effects across Chinese cities[J]. Regional Science and Urban Economics, 2016, 57: 23-37.

[574] Yu H C, Zhang J Q, Zhang M Q, Fan F. Cross-national knowledge transfer, absorptive capacity, and total factor productivity: the intermediary effect test of international technology spillover [J]. Technology Analysis & Strategic Management, 2022, 34(6): 625-640.

[575] Yu Y Z, Liu D Y. The agglomeration of innovation elements and the spatial spillover effect of scientific and technological innovation [J]. Science Research Management, 2013, 34(1): 46-54.

[576] Yuan T, Wu J G, Qin N, et al. Being nice to stakeholders: The effect of economic policy uncertainty on corporate social responsibility [J]. Economic Modelling, 2022, 108: 105737.

[577] Yue Z, Yu L I U, Jiang Y U. Research on the evolution and effectiveness of the policy coordination of China's IC industry[J]. Science Research Management, 2023, 44(7): 21.

[578] Zaheer A, Bell G G. Benefiting from network position: firm capabilities, structural holes, and performance [J]. Strategic Management Journal, 2005, 26(9): 809-825.

[579] Zaheer A, Soda G. Network evolution: The origins of structural holes[J]. Administrative Science Quarterly, 2009, 54(1): 1-31.

[580] Zahra S A, George G. Absorptive capacity: A review, reconceptualization, and extension[J]. Academy of Management Review, 2002, 27

(2): 185-203.

[581]Zhang G P, Guan J C, Liu X L. The impact of small world on patent productivity in China[J]. Scientometrics, 2011, 90(2): 943-960.

[582]Zhang G P, Zhou J H. The effects of forward and reverse engineering on firm innovation performance in the stages of technology catch-up: An empirical study of China [J]. Technological Forecasting and Social Change, 2016, 104: 212-222.

[583]Zhang S P, Wang X H, Zhang B. The policy effects of innovative city pilot on the dual efficiency of industry-university-research knowledge flow[J]. Technology Analysis & Strategic Management, 2022, 34(9): 1038-1049.

[584]Zhang Y. "Promotion tournament 2. 0": Why local cadres expand health-care provision in China[J]. Governance-an International Journal of Policy Administration and Institutions, 2020, 33(4): 97-914.

[585]Zhang G, Duan H, Zhou J. Investigating Determinants of inter-Regional Technology Transfer in China: A Network Analysis with Provincial Patent Data[J]. Review of Managerial Science, 2016, 10(2): 345-364.

[586]Zhang Y M, Li K. Research on spatial correlation of innovation output in inter-provincial regions[J]. Studies in Science, 2008, 23(3): 659-665.

[587]Zhao Y, Bai Y X. Knowledge spillover: a literature review[J]. Economic Research Journal, 2009, 44(1): 144-156.

[588]Zheng Y, Lu M, Li J. Internal circulation in China: Analyzing market segmentation and integration using big data for truck traffic flow[J]. Econ. Model, 2022, 115: 105975.

[589]Zhou H, Wang Q, Zhao X. Corporate social responsibility and innovation: A comparative study [J]. Industrial Management & Data Systems, 2020, 120(5): 863-882.

[590]Zhou H T, Zhang Z G. Research on the guiding effect of government science and technology funds on enterprise innovation decision-making behavior: based on micro panel data of Guangdong high-tech enterprises[J]. China Soft Science, 2016, 12(6): 110-120.

[591]Zukin S, DiMaggio P. Structures of capital: The social organization of the economy[J]. CUP Archive, 1990, 15(1-2).

[592]安虎森. 新区域经济学[M]. 大连: 东北财经大学出版社, 2015.

[593]白俊红，王林东. 创新驱动是否促进了经济增长质量的提升[J]. 科学学研究，2016，34（11）：1725-1735.
[594]白俊红，江可申，李婧. 应用随机前沿模型评测中国区域研发创新效率[J]. 管理世界，2009(10)：51-61.
[595]白俊红，蒋伏心. 协同创新、空间关联与区域创新效率[J]. 经济研究，2015，50(7)：174-187.
[596]毕娟. 跨区域科技协同创新的影响因素分析[J]. 中国市场，2016(26)：65-71.
[597]毕娟. 跨区域科技协同创新系统的特性及运行机制研究[J]. 中国市场，2016(39)：55-59.
[598]卞元超，吴利华，白俊红. 财政科技支出竞争是否促进了区域创新绩效提升？——基于研发要素流动的视角[J]. 财政研究，2020(1)：45-58.
[599]步丹璐，狄灵瑜. 官员交流与地方政府职能转变——以地区招商引资为例[J]. 财经研究，2018，44(9)：137-152.
[600]才国伟，陈思含，李兵. 全国大市场中贸易流量的省际行政边界效应——来自地级市增值税发票的证据[J]. 经济研究，2023，58(3)：59-77.
[601]蔡昉. 中国经济增长如何转向全要素生产率驱动型[J]. 中国社会科学，2013，205(1)：56-71，206.
[602]曹霞，于娟. 绿色低碳视角下中国区域创新效率研究[J]. 中国人口·资源与环境，2015，25(5)：10-19.
[603]曾刚，王秋玉，曹贤忠. 创新经济地理研究述评与展望[J]. 经济地理，2018，38（4）：19-25.
[604]陈傲，柳卸林. 空间知识溢出影响因素的作用机制[J]. 科学学研究，2011（6）：48-55.
[605]陈波. 论创新驱动的内涵特征与实现条件——以“中国梦”的实现为视角[J]. 复旦学报(社会科学版)，2014，56（4）：124-133.
[606]陈丹宇. 长三角区域创新系统中的协同效应研究[D]. 杭州：浙江大学，2010.
[607]陈刚，李树. 官员交流、任期与反腐败[J]. 世界经济，2012，35(2)：120-142.
[608]陈劲，张学文. 中国创新驱动发展与科技体制改革(2012—2017)[J]. 科学学研究，2018，12（36）：2116-2121.

[609]陈劲. 协同创新[M]. 杭州：浙江大学出版社，2012.
[610]陈骏宇，王慧敏，刘钢，等. “水-能-粮”视角下杭嘉湖区域生态系统服务供需测度及政策研究[J]. 长江流域资源与环境，2019，28(3)：542-553.
[611]陈黎. 区域创新能力的形成与提升机理研究[D]. 武汉：华中科技大学，2011.
[612]陈丽娟. 跨城市创新合作空间结构、合作网络及与区域经济增长关系研究[D]. 沈阳：辽宁大学，2023.
[613]陈强远，林思彤，张醒. 中国技术创新激励政策：激励了数量还是质量[J]. 中国工业经济，2020(4)：79-96.
[614]陈冉冉. 面板数据固定效应模型的检验[D]. 北京：北京工业大学，2020.
[615]陈卫东，苗文龙. 政府换届、经济政策与政治经济周期[J]. 经济经纬，2010(4)：14-19.
[616]陈绪群，赵立群. 试论实行领导干部交流制度的理论依据[J]. 党建研究，1996(4)：31-33.
[617]陈学光. 网络能力，创新网络及创新绩效关系研究[D]. 杭州：浙江大学，2007.
[618]陈艳艳，罗党论. 宏观环境变化、政治关联与现金持有[J]. 财贸研究，2015，26(4)：131-140.
[619]陈映雄. 粤港澳大湾区的创新动力与发展机制研究[J]. 改革与战略，2020，36(1)：110-117.
[620]陈玉，孙斌栋. 京津冀存在“集聚阴影”吗——大城市的区域经济影响[J]. 地理研究，2017，36(10)：1936-1946.
[621]陈昭，刘珊珊，邬惠婷，等. 创新空间崛起、创新城市引领与全球创新驱动发展差序格局研究[J]. 经济地理，2017，37 (1)：23-31，39.
[622]陈振明. 公共管理学[M]. 北京：中国人民大学出版社，2017.
[623]陈子凤，官建成. 合作网络的小世界性对创新绩效的影响[J]. 中国管理科学，2009，17(3)：115-120.
[624]程强，石琳娜. 基于自组织理论的产学研协同创新的协同演化机理研究[J]. 软科学，2016，30 (4)：22-26.
[625]程叶青，王哲野，马靖. 中国区域创新的时空动态分析[J]. 地理学报，2014，69 (12)：1779-1789.
[626]池仁勇，虞晓芬，李正卫. 我国东西部地区技术创新效率差异及其

原因分析[J]. 中国软科学, 2004(8): 128-131, 127.
[627]崔世平. 粤港澳大湾区科技创新走廊中澳门的机遇和担当[J]. 科技导报, 2019, 37(23): 6-10.
[628]邓羽, 司月芳. 西方创新地理研究评述[J]. 地理研究, 2016, 35(11): 2041-2052.
[629]杜德斌. 全球科技创新中心: 动力与模式[M]. 上海: 上海人民出版社, 2015.
[630]段德忠, 杜德斌, 谌颖, 等. 中国城市创新技术转移格局与影响因素[J]. 地理学报, 2018, 73 (4): 738-754.
[631]段德忠, 杨凡, 胡璇. 中国城市技术转移的空间溢出效应与经济增长[J]. 科研管理, 2020, 41(6): 90-97.
[632]段晶晶. 产学研协同创新绩效提升路径研究——一个理论分析框架[J]. 内蒙古社会科学(汉文版), 2014, 35(2): 119-123.
[633]段润来. 中国省级政府为什么努力发展经济[J]. 南方经济, 2009(8): 16-25, 55.
[634]段云龙, 乐念, 王墨林. 产学研区域共生系统协同创新效率研究[J]. 中国科技论坛, 2019 (7): 34-43.
[635]樊杰, 刘汉初. "十三五"时期科技创新驱动对我国区域发展格局变化的影响与适应[J]. 经济地理, 2016, 36 (1): 1-9.
[636]樊杰, 吕昕, 杨晓光, 等. (高)科技型城市的指标体系内涵及其创新战略重点[J]. 地理科学, 2002, 22 (6): 641-648.
[637]樊杰, 王亚飞, 梁博. 中国区域发展格局演变过程与调控[J]. 地理学报, 2019, 74 (12): 2437-2454.
[638]樊琦, 韩民春. 政府 R&D 补贴对国家及区域自主创新产出影响绩效研究——基于中国 28 个省域面板数据的实证分析[J]. 管理工程学报, 2011, 25(3): 183-188.
[639]范柏乃. 城市技术创新透视: 区域技术创新研究的一个新视角[M]. 北京: 机械工业出版社, 2004.
[640]范斐, 杜德斌, 李恒, 等. 中国地级以上城市科技资源配置效率的时空格局[J]. 地理学报, 2013, 68 (10): 1331-1343.
[641]范斐, 杜德斌, 游小珺. 基于能力结构关系模型的区域协同创新研究[J]. 地理科学, 2015, 35 (1): 66-74.
[642]范斐, 连欢, 王雪利, 等. 区域协同创新对创新效率的影响机制研究[J]. 地理科学, 2020, 40 (2): 165-172.

[643]方创琳，马海涛，王振波，等. 中国创新型城市建设的综合评估与空间格局分异[J]. 地理学报，2014，69（4）：459-473.

[644]方创琳. 中国城市群研究取得的重要进展与未来发展方向[J]. 地理学报，2014，69（8）：1130-1144.

[645]方杰，温忠麟，梁东梅，等. 基于多元回归的调节效应分析[J]. 心理科学，2015，38(3)：715-720.

[646]冯锋，汪良兵. 协同创新视角下的区域科技政策绩效提升研究——基于泛长三角区域的实证分析[J]. 科学学与科学技术管理，2011，32(12)：109-115.

[647]傅朝阳，陈煜. 中国出口商品比较优势：1980—2000[J]. 经济学(季刊)，2006，5(2)：579-590.

[648]高辉. 中国情境下的制度环境与企业创新绩效关系研究[D]. 长春：吉林大学，2017.

[649]辜胜阻，曹冬梅，杨嵋. 构建粤港澳大湾区创新生态系统的战略思考[J]. 中国软科学，2018(4)：1-9.

[650]顾伟男，申玉铭. 我国中心城市科技创新能力的演变及提升路径[J]. 经济地理，2018，38(2)：113-122.

[651]何仁伟，樊杰，李光勤. 环京津贫困带的时空演变与形成机理[J]. 经济地理，2018，38（6）：1-9.

[652]何郁冰. 产学研协同创新的理论模式[J]. 科学学研究，2012，30(2)：165-174.

[653]贺灵. 区域协同创新能力测评及增进机制研究[D]. 长沙：中南大学，2013.

[654]洪银兴，安同良. 产学研协同创新研究[M]. 北京：人民出版社，2015.

[655]洪银兴. 论创新驱动经济发展战略[J]. 经济学家，2013(1)：5-11.

[656]胡冬雪，陈强. 促进我国产学研合作的法律对策研究[J]. 中国软科学，2013(2)：154-174.

[657]胡其玉，陈松林. 基于生态系统服务供需的厦漳泉地区生态网络空间优化[J]. 自然资源学报，2021，36(2)：342-355.

[658]胡杨，李郇. 多维邻近性对产学研合作创新的影响——广州市高新技术企业的案例分析[J]. 地理研究，2017，36（4）：695-706.

[659]胡钰. 创新型城市建设的内涵、经验和途径[J]. 中国软科学，2007(4)：32-38，56.

[660]华坚，胡金昕. 中国区域科技创新与经济高质量发展耦合关系评价[J]. 科技进步与对策，2019，36(8)：19-27.

[661]黄彩虹. 城市群协同创新的网络结构演化及经济效应研究[D]. 济南：山东师范大学，2021.

[662]黄菁菁. 产学研协同创新效率及其影响因素研究[J]. 软科学，2017，31 (5)：38-42.

[663]黄宁. 能力结构与经济合作的关系模型研究——以东亚经济合作为例[J]. 当代经济，2008(19)：108-110.

[664]霍云福，陈新跃，杨德礼，等. 企业创新网络研究[J]. 科学学与科学技术管理，2002，23(10)：4.

[665]纪志宏，周黎安，王鹏，赵鹰妍. 地方官员晋升激励与银行信贷——来自中国城市商业银行的经验证据[J]. 金融研究，2014(1)：1-15.

[666]季良玉. 技术创新影响中国制造业转型升级的路径研究[D]. 南京：东南大学，2016.

[667]蒋德权，姜国华，陈冬华. 地方官员晋升与经济效率：基于政绩考核观和官员异质性视角的实证考察[J]. 中国工业经济，2015(10)：21-36.

[668]金凤君，王姣娥，杨宇，等. 东北地区创新发展的突破路径与对策研究[J]. 地理科学，2016，36 (9)：1285-1292.

[669]金智. 官员异地交流、政绩诉求与公司会计政策选择[J]. 会计研究，2013(11)：31-37，95.

[670]巨拴科. 基于能力结构关系模型的欠发达与发达区域经济合作研究[J]. 中国软科学，2010，25(5)：99-107.

[671]赖明勇.《区域经济协同发展：动态评估、驱动机制及模式选择》评介[J]. 地理学报，2018，73 (9)：1823.

[672]黎文靖，郑曼妮. 实质性创新还是策略性创新？——宏观产业政策对微观企业创新的影响[J]. 经济研究，2016，51(4)：60-73.

[673]李丹丹，汪涛，魏也华，等. 中国城市尺度科学知识网络与技术知识网络结构的时空复杂性[J]. 地理研究，2015，34 (3)：525-540.

[674]李丹丹，汪涛，周辉. 基于不同时空尺度的知识溢出网络结构特征研究[J]. 地理科学，2013，33 (10)：1180-1187.

[675]李二玲，崔之珍. 中国区域创新能力与经济发展水平的耦合协调分析[J]. 地理科学，2018，38(9)：1412-1421.

[676]李国平，王春杨. 中国省域创新产出的空间特征和时空演化——基

于探索性空间数据分析的实证[J]. 地理研究, 2012, 31(1): 95-106.
[677]李婧, 谭清美, 白俊红. 中国区域创新生产的空间计量分析——基于静态与动态空间面板模型的实证研究[J]. 管理世界, 2010(7): 43-55, 65.
[678]李琳, 刘莹. 中国区域经济协同发展的驱动因素——基于哈肯模型的分阶段实证研究[J]. 地理研究, 2014, 33(9): 1603-1616.
[679]李平. 技术扩散理论及实证研究[M]. 太原: 山西经济出版社, 1999.
[680]李文辉, 李青霞, 丘芷君. 基于专利计量的粤港澳大湾区协同技术创新演化研究[J]. 统计研究, 2019, 36(8): 74-86.
[681]李习保. 区域创新环境对创新活动效率影响的实证研究[J]. 数量经济技术经济研究, 2007(8): 13-24.
[682]李政, 杨思莹. 财政分权、政府创新偏好与区域创新效率[J]. 管理世界, 2018, 34(12): 29-42, 110, 193-194.
[683]连玉君, 王闻达, 叶汝财. Hausman 检验统计量有效性的 Monte Carlo 模拟分析[J]. 数理统计与管理, 2014, 33(5): 830-841.
[684]连远强. 国外创新网络研究述评与区域共生创新战略[J]. 人文地理, 2016(1): 26-32.
[685]梁琦. 空间经济学: 过去、现在与未来——兼评《空间经济学: 城市、区域与国际贸易》[J]. 经济学(季刊), 2005(3): 1067-1086.
[686]林志帆, 刘诗源. 税收激励如何影响企业创新? ——来自固定资产加速折旧政策的经验证据[J]. 统计研究, 2022, 39(1): 91-105.
[687]刘本义. 党政领导干部交流的实践与探索[J]. 组织人事学研究, 1998(3): 8-10.
[688]刘承良, 管明明. 基于专利转移网络视角的长三角城市群城际技术流动的时空演化[J]. 地理研究, 2018, 37(5): 981-994.
[689]刘承良, 牛彩澄. 东北三省城际技术转移网络的空间演化及影响因素[J]. 地理学报, 2019, 74(10): 2092-2107.
[690]刘凤朝, 傅瑶, 孙玉涛. 基于专利的美国技术创新领域分布结构演变[J]. 科学学研究, 2013, 31 (7): 1086-1092.
[691]刘凤朝, 沈能. 基于专利结构视角的中国区域创新能力差异研究[J]. 管理评论, 2006(11): 43-47, 64.
[692]刘凤朝. 国家创新能力测度方法及其应用[M]. 北京: 科学出版社, 2009.

[693]刘和东，刘童. 区域创新驱动与经济高质量发展耦合协调度研究[J]. 科技进步与对策，2020，37(16)：64-71.
[694]刘洪，蔡伟. 基于熵值 TOPSIS 模型的各地区科教实力综合评价[J]. 科技进步与对策，2014，31(22)：118-121.
[695]刘凌燕，王慧敏，刘钢，等. 供需视角下水—能源—粮食系统风险的驱动机理与政策仿真——面向东北三省的系统动力学分析[J]. 软科学，2020，34(12)：52-60.
[696]刘民婷，孙卫. 基于 DEA 方法的产学研合作效率评价研究——以陕西省制造业为例[J]. 科学学与科学技术管理，2011，32 (3)：11-15.
[697]刘瑞明，金田林. 政绩考核、交流效应与经济发展——兼论地方政府行为短期化[J]. 当代经济科学，2015(3)：9-18，124.
[698]刘帅. 中国经济增长质量的地区差异与随机收敛[J]. 数量经济技术经济研究，2019，36(9)：24-41.
[699]刘顺忠，官建成. 区域创新系统创新绩效的评价[J]. 中国管理科学，2002(1)：76-79.
[700]刘顺忠. 知识密集型服务业在创新系统中作用机理研究[J]. 管理评论，2004(3)：58-61，64.
[701]刘友金，易秋平，贺灵. 产学研协同创新对地区创新绩效的影响——以长江经济带 11 省市为例[J]. 经济地理，2017，37 (9)：1-10.
[702]刘志彪. 从后发到先发：关于实施创新驱动战略的理论思考[J]. 产业经济研究，2011，4：1-7.
[703]柳卸林，葛爽. 探究 20 年来中国经济增长创新驱动的内在机制——基于新熊彼特增长理论的视角[J]. 科学学与科学技术管理，2018，39(11)：3-18.
[704]柳卸林，高太山. 中国中部地区创新能力报告 2016——创新驱动与产业转型升级[M]. 北京：知识产权出版社，2015.
[705]柳卸林，高雨辰，丁雪辰. 寻找创新驱动发展的新理论思维——基于新熊彼特增长理论的思考[J]. 管理世界，2017(12)：8-19.
[706]柳卸林，胡志坚. 中国区域创新能力的分布与成因[J]. 科学学研究，2002(5)：550-556.
[707]龙建辉. 粤港澳大湾区协同创新的合作机制及其政策建议[J]. 广东经济，2018(2)：62-65.
[708]陆大道. 中速增长：中国经济的可持续发展[J]. 地理科学，2015，35 (10)：1207 -1219.

[709]陆铭，陈钊. 分割市场的经济增长——为什么经济开放可能加剧地方保护[J]. 经济研究，2009，44(3)：42-52.
[710]罗俊，马燕坤. 基于城镇化视角的环京津贫困带减贫研究[J]. 经济师，2015(2)：65-66.
[711]吕国庆，曾刚，顾娜娜. 经济地理学视角下区域创新网络的研究综述[J]. 经济地理，2014，34(2)：1-8.
[712]吕海萍，池仁勇，化祥雨. 创新资源协同空间联系与区域经济增长——基于中国省域数据的实证分析[J]. 地理科学，2017，37(11)：1649-1658.
[713]吕拉昌，何爱，黄茹. 基于知识产出的北京城市创新职能[J]. 地理研究，2014，33（10）：1817-1824.
[714]吕拉昌，黄茹，廖倩. 创新地理学研究的几个理论问题[J]. 地理科学，2016，36（5）：653-661.
[715]吕拉昌，孙飞翔，黄茹. 基于创新的城市化——中国270个地级及以上城市数据的实证分析[J]. 地理学报，2018 ，73（10）：1910-1922.
[716]吕拉昌，李勇. 基于城市创新职能的中国创新城市空间体系[J]. 地理学报，2010，65(2)：177-190.
[717]马海涛，黄晓东，李迎成. 粤港澳大湾区城市群知识多中心的演化过程与机理[J]. 地理学报，2018，73（12）：2297-2314.
[718]马海涛，卢硕，张文忠. 京津冀城市群城镇化与创新的耦合过程及机理[J]. 地理研究，2020，39（2）：303-318.
[719]马双，曾刚. 多尺度视角下中国城市创新网络格局及邻近性机理分析[J]. 人文地理，2020，35(1)：95-103.
[720]梅冬州，王子健，雷文妮. 党代会召开、监察力度变化与中国经济波动[J]. 经济研究，2014，49(3)：47-61.
[721]倪鹏飞，白晶，杨旭. 城市创新系统的关键因素及其影响机制——基于全球436个城市数据的结构化方程模型[J]. 中国工业经济，2011(2)：16-25.
[722]牛欣，陈向东. 城市创新跨边界合作与辐射距离探析——基于城市间合作申请专利研究[J]. 地理科学，2013，33（6）：659-667.
[723]潘爱玲，刘昕，邱金龙，等. 媒体压力下的绿色并购能否促使重污染企业实现实质性转型[J]. 中国工业经济，2019(2)：174-192.
[724]彭芳梅. 粤港澳大湾区及周边城市经济空间联系与空间结构——基于改进引力模型与社会网络分析的实证分析[J]. 经济地理，2017，

37(12)：57-64.

[725]彭纪生，仲为国，孙文祥. 政策测量、政策协同演变与经济绩效：基于创新政策的实证研究[J]. 管理世界，2008(9)：25-36.

[726]丘海雄，徐建牛. 产业集群技术创新中的地方政府行为[J]. 管理世界，2004(10)：36-46.

[727]邱坚坚，刘毅华，陈浩然，高枫. 流空间视角下的粤港澳大湾区空间网络格局[J]. 经济地理，2019，39(6).

[728]冉冉. 中国地方环境政治：政策与执行之间的距离[M]. 北京：中央编译出版社，2015：102.

[729]任胜钢，彭建华. 基于因子分析法的中国区域创新能力的评价及比较[J]. 系统工程，2007(2)：87-92.

[730]申小莉. 创新网络中知识转移的影响因素研究——基于中小企业实证样本的分析[J]. 科学学研究，2011，29(3)：432-441.

[731]沈必扬，池仁勇. 企业创新网络：企业技术创新研究的一个新范式[J]. 科研管理，2005，26(3)：8.

[732]盛彦文，马延吉. 区域产学研创新系统耦合协调度评价及影响因素[J]. 经济地理，2017，37（11）：10-18，36.

[733]石忆邵，卜海燕. 创新型城市评价指标体系及其比较分析[J]. 中国科技论坛，2008(1)：22-26.

[734]史丹，叶云岭，于海潮. 双循环视角下技术转移对产业升级的影响研究[J]. 数量经济技术经济研究，2023，40(6)：5-26.

[735]史烽，陈石斌，蔡翔. 论协同创新的内涵及空间效应[J]. 技术经济与管理研究，2017(3)：32-36.

[736]司月芳，曾刚，曹贤忠，等. 基于全球——地方视角的创新网络研究进展[J]. 地理科学进展，2016，35（5）：600-609.

[737]宋周莺，车姝韵，王姣娥. 东北地区的创新能力演化及其经济带动作用分析[J]. 地理科学，2016，36(9)：1388-1396.

[738]苏常禄. 官员激励、政府治理与权力监督[D]. 天津：南开大学，2013.

[739]孙冰，赵健. 技术创新协同研究综述[J]. 情报杂志，2011，30(11)：76-81.

[740]孙冰. 企业技术创新动力研究[D]. 哈尔滨：哈尔滨工程大学，2003.

[741]孙才志，高扬，韩建. 基于能力结构关系模型的环渤海地区海陆一

体化评价[J]. 地域研究与开发, 2012, 31(6): 28-33.
[742]孙才志, 王雪利, 王嵩. 环境约束下中国技术进步偏向测度及其空间效应分析[J]. 经济地理, 2018, 38 (9): 38-46.
[743]孙人明, 原毅军. 空间外溢视角下的协同创新与区域产业升级[J]. 统计研究, 2019, 36 (10): 100-114.
[744]孙东琪, 张京祥, 胡毅, 周亮, 于正松. 基于产业空间联系的"大都市阴影区"形成机制解析[J]. 地理科学, 2013, 33(9): 1043-1050.
[745]孙九霞, 周尚意, 王宁, 等. 跨学科聚焦的新领域: 流动的时间、空间与社会[J]. 地理研究, 2016, 35(10): 1801-1818.
[746]孙久文, 苏玺鉴. 新时代区域高质量发展的理论创新和实践探索[J]. 经济纵横, 2020(2): 2, 6-14.
[747]覃成林, 刘迎霞, 李超. 空间外溢与区域经济增长趋同——基于长江三角洲的案例分析[J]. 中国社会科学, 2012 (5): 76-94, 206.
[748]谭俊涛, 张平宇, 李静. 中国区域创新绩效时空演变特征及其影响因素研究[J]. 地理科学, 2016, 36 (1): 39-46.
[749]唐睿, 刘红芹. 从 GDP 锦标赛到二元竞争: 中国地方政府行为变迁的逻辑——基于 1998—2006 年中国省级面板数据的实证研究[J]. 公共管理学报, 2012, 9(1): 9-16, 121-122.
[750]陶然, 苏福兵, 陆曦, 等. 经济增长能够带来晋升吗?——对晋升锦标竞赛理论的逻辑挑战与省级实证重估[J]. 管理世界, 2010(12): 13-26.
[751]滕堂伟, 方文婷. 新长三角城市群创新空间格局演化与机理[J]. 经济地理, 2017, 37 (4): 66-75.
[752]田妮, 张宗益. 政治激励和薪酬激励是互补的吗[J]. 上海经济研究, 2012, 24(11): 26-33.
[753]田文佳, 余靖雯, 龚六堂. 晋升激励与工业用地出让价格——基于断点回归方法的研究[J]. 经济研究, 2019, 54(10): 89-105.
[754]佟家栋, 谢丹阳, 包群, 等. "逆全球化"与实体经济转型升级笔谈[J]. 中国工业经济, 2017(6): 5-59.
[755]涂振洲, 顾新. 基于知识流动的产学研协同创新过程研究[J]. 科学学研究, 2013, 31(9): 1381-1390.
[756]万勇. 区域技术创新与经济增长研究[D]. 厦门: 厦门大学, 2009.
[757]汪涛, 丁雪, 杜根旺. 国内外区域创新能力研究综述与未来展望[J]. 技术经济, 2014, 33(9): 43-48.

[758]王帮娟，王涛，刘承良．中国技术转移枢纽及其网络腹地的时空演化[J]．地理学报，2023，78(2)：293-314.
[759]王荄祥，韩周．创新体系五力模型原理及方法[J]．中国软科学，2019（4）：142-151.
[760]王方方，李香桃．粤港澳大湾区城市群空间结构演化机制及协同发展——基于高铁网络数据[J]．城市问题，2020(1)：5.
[761]王缉慈．创新的空间[M]．北京：北京大学出版社，2001.
[762]王凯，邹晓东．由国家创新系统到区域创新生态系统——产学协同创新研究的新视域[J]．自然辩证法研究，2016，32（9）：97-101.
[763]王凯．区域创新生态系统情景下产学知识协同创新机制研究[D]．杭州：浙江大学，2016.
[764]王盟迪．粤港澳大湾区科技创新能力空间结构演变与影响因素探究[J]．科技管理研究，2019(18)：1.
[765]王明友．知识经济与技术创新[M]．北京：经济管理出版社，1999.
[766]王如玉，梁琦，李广乾．虚拟集聚：新一代信息技术与实体经济深度融合的空间组织新形态[J]．管理世界，2018，34(2)：13-21.
[767]王嵩，张建清，范斐，周雅慧．科学技术有效流动与区域间非行政壁垒[J]．科技进步与对策，2019，36(22)：35-42.
[768]王贤彬，徐现祥，李郇．地方官员更替与经济增长[J]．经济学(季刊)，2009，8(4)：1301-1328.
[769]王贤彬，徐现祥．地方官员晋升竞争与经济增长[J]．经济科学，2010(6)：42-58.
[770]王贤彬，徐现祥．地方官员来源、去向、任期与经济增长——来自中国省长省委书记的证据[J]．管理世界，2008(3)：16-26.
[771]王贤彬，张莉，徐现祥．辖区经济增长绩效与省长省委书记晋升[J]．经济社会体制比较，2011(1)：110-122.
[772]王向华．基于三螺旋理论的区域智力资本协同创新机制研究[D]．天津：天津大学，2013.
[773]王欣亮，兰宇杰，刘飞．协同环境、军民融合与创新要素空间配置[J]．科技进步与对策，2020，37(19)：141-150.
[774]王业强，郭叶波，赵勇，等．科技创新驱动区域协调发展：理论基础与中国实践[J]．中国软科学，2017（11）：86-100.
[775]王铮，马翠芳，王莹，等．区域间知识溢出的空间认识[J]．地理学报，2003，58(5)：773-780.

[776]王志宝，孙铁山，李国平. 区域协同创新研究进展与展望[J]. 软科学，2013，27(1)：1-9.

[777]魏后凯，年猛，李玏. “十四五”时期中国区域发展战略与政策[J]. 中国工业经济，2020(5)：5-22.

[778]魏守华，吴贵生，吕新雷. 区域创新能力的影响因素——兼评我国创新能力的地区差距[J]. 中国软科学，2010(9)：76-85.

[779]魏玮，刘婕，郝威亚. 政府换届、资本要素错配与经济波动——基于中国34个大中型城市的实证研究[J]. 西安交通大学学报(社会科学版)，2017，37(1)：25-30，130.

[780]温忠麟，侯杰泰，张雷. 调节效应与中介效应的比较和应用[J]. 心理学报，2005(2)：268-274.

[781]文雁兵. 包容型政府行为逻辑、治理模式与经济绩效研究[D]. 杭州：浙江大学，2014.

[782]文雁兵. 新官上任三把火：存在中国式政治经济周期吗[J]. 财贸经济，2014(11)：111-124.

[783]翁钰栋. 创新驱动产业结构升级与区域经济增长[D]. 长春：吉林大学，2023.

[784]吴延兵. 企业规模，市场力量与创新：一个文献综述[J]. 经济研究，2007，42(5)：14.

[785]吴玉鸣. 空间计量经济模型在省域研发与创新中的应用研究[J]. 数量经济技术经济研究，2006(5)：74-85，130.

[786]吴悦，顾新. 产学研协同创新的知识协同过程研究[J]. 中国科技论坛，2012(10)：17-23.

[787]项后军，巫姣，谢杰. 地方债务影响经济波动吗[J]. 中国工业经济，2017(1)：43-61.

[788]肖洁，龚六堂，张庆华. 财政支出的政治周期与激励机制[J]. 财政研究，2015(7)：6-16.

[789]肖洁，龚六堂，张庆华. 分权框架下地方政府财政支出与政治周期——基于地级市面板数据的研究[J]. 经济学动态，2015(10)：17-30.

[790]肖泽磊，朱威鹏，范斐，魏伟. 城市群创新投入的空间格局与创新绩效研究——以长江经济带所辖城市群为例[J]. 人文地理，2017，32(3)：61-67.

[791]谢花林，王伟，姚冠荣，等. 中国主要经济区城市工业用地效率的时

空差异和收敛性分析[J]. 地理学报, 2015, 70(8): 1327-1338.
[792]徐现祥, 王贤彬, 舒元. 地方官员与经济增长——来自中国省长、省委书记交流的证据[J]. 经济研究, 2007(9): 18-31.
[793]徐业坤, 马光源. 地方官员变更与企业产能过剩[J]. 经济研究, 2019, 54(5): 129-145.
[794]徐宜青, 曾刚, 王秋玉. 长三角城市群协同创新网络格局发展演变及优化策略[J]. 经济地理, 2018, 38(11): 133-140.
[795]许彩侠. 区域协同创新机制研究——基于创新驿站的再思考[J]. 科研管理, 2012, 33(5): 19-25.
[796]许培源, 吴贵华. 粤港澳大湾区知识创新网络的空间演化——兼论深圳科技创新中心地位[J]. 中国软科学, 2019(5): 8.
[797]许庆瑞, 谢章澍. 企业创新协同及其演化模型研究[J]. 科学学研究, 2004, 22(3): 327-332.
[798]严成樑, 龚六堂. 熊彼特增长理论: 一个文献综述[J]. 经济学(季刊), 2009, 8(3): 1163-1196.
[799]颜莉. 我国区域创新效率评价指标体系实证研究[J]. 管理世界, 2012(5): 174-175.
[800]杨海生, 陈少凌, 罗党论, 等. 政策不稳定性与经济增长——来自中国地方官员变更的经验证据[J]. 管理世界, 2014(9): 13-28, 187-188.
[801]杨海生, 罗党论, 陈少凌. 资源禀赋、官员交流与经济增长[J]. 管理世界, 2010(5): 17-26.
[802]杨继东, 罗路宝. 产业政策、地区竞争与资源空间配置扭曲[J]. 中国工业经济, 2018(12): 5-22.
[803]杨其静, 郑楠. 地方领导晋升竞争是标尺赛、锦标赛还是资格赛[J]. 世界经济, 2013, 36(12): 130-156.
[804]杨省贵, 顾新. 区域创新体系间创新要素流动研究[J]. 科技进步与对策, 2011, 28(23): 60-64.
[805]杨先明. 能力结构与东西部区域经济合作[M]. 北京: 中国社会科学出版社, 2007.
[806]杨耀武, 张仁开. 长三角产业集群协同创新战略研究[J]. 中国软科学, 2009, 24(S2): 136-139.
[807]易兰, 杨历, 张治河. 阿吉翁和豪伊特对熊彼特增长理论的贡献——科睿维安"引文桂冠奖"得主学术贡献评介[J]. 经济学动态, 2018

(2)：130-145.
[808]游小珺，赵光龙，杜德斌，等. 中国高等教育经费投入空间格局及形成机理研究[J]. 地理科学，2016，36(2)：180-187.
[809]余道先，刘海云. 技术创新的贸易效应研究：一个文献综述[J]. 财贸研究，2007(5)：65-72.
[810]余靖雯，郭凯明，龚六堂. 宏观政策不确定性与企业现金持有[J]. 经济学(季刊)，2019，18(3)：987-1010.
[811]余靖雯，肖洁，龚六堂. 政治周期与地方政府土地出让行为[J]. 经济研究，2015，50(2)：88-102，144.
[812]余泳泽，刘大勇. 我国区域创新效率的空间外溢效应与价值链外溢效应——创新价值链视角下的多维空间面板模型研究[J]. 管理世界，2013(7)：6-20，70，187.
[813]张尔升. 地方官员的企业背景与经济增长——来自中国省委书记、省长的证据[J]. 中国工业经济，2010(3)：129-138.
[814]张晖明，丁娟. 美国企业技术战略联盟发展新动向与启示[J]. 世界经济研究，2006(8)：74-78.
[815]张建伟，杜德斌，姜海宁. 江苏省科技人才区域差异演变研究[J]. 地理科学，2011，31(3)：378-384.
[816]张京祥，庄林德. 大都市阴影区演化机理及对策研究[J]. 南京大学学报(自然科学版)，2000，36(6)：687-692.
[817]张军，高远. 官员任期、异地交流与经济增长——来自省级经验的证据[J]. 经济研究，2007(11)：91-103.
[818]张来武. 论创新驱动发展[J]. 中国软科学，2013(1)：1-5.
[819]张佩，赵作权. 如何培育世界级竞争力集群？——以挪威为例[J]. 科学学研究，2020，38(2)：218-226.
[820]张同斌，李金凯，高铁梅. 技术差距变动、研发资源驱动与技术进步效应[J]. 中国人口·资源与环境，2016，26(1)：131-139.
[821]张协奎，邬思怡. 基于“要素-结构-功能-环境”的城市创新力评价研究——以 17 个国家创新型试点城市为例[J]. 科技进步与对策，2015，35 (2)：138-144.
[822]张翼鸥，谷人旭. 中国城市知识复杂性的空间特征及影响研究[J]. 地理学报，2018，73(8)：1421-1432.
[823]张玉臣. 长三角区域协同创新研究[M]. 北京：化学工业出版社，2009.

[824]张在群. 政府引导下的产学研协同创新机制研究[D]. 大连：大连理工大学，2013.
[825]张子龙，薛冰，陈兴鹏，等. 中国工业环境效率及其空间差异的收敛性[J]. 中国人口·资源与环境，2015，25(2)：30-38.
[826]张宗和，彭昌奇. 区域技术创新能力影响因素的实证分析——基于全国30个省市区的面板数据[J]. 中国工业经济，2009(11)：35-44.
[827]赵继军，胡兆霞. 城市创新系统的结构与演化——基于代理的建模[J]. 科学学与科学技术管理，2010 (1)：65-71.
[828]赵晶，迟旭，孙泽君. "协调统一"还是"各自为政"：政策协同对企业自主创新的影响[J]. 中国工业经济，2022(8)：175-192.
[829]赵黎明，李振华. 城市创新系统的动力学机制研究[J]. 科学学研究，2003，23 (1)：97-100.
[830]赵学兵. 官员晋升与税收分成：中国地方政府激励机制研究[D]. 长春：吉林大学，2019.
[831]赵增耀，章小波，沈能. 区域协同创新效率的多维溢出效应[J]. 中国工业经济，2015(1)：32-44.
[832]甄峰，黄朝永，罗守贵. 区域创新能力评价指标体系研究[J]. 科学管理研究，2000(6)：5-8.
[833]郑石明. 政治周期、五年规划与环境污染——以工业二氧化硫排放为例[J]. 政治学研究，2016(2)：80-94，127-128.
[834]周黎安，赵鹰妍，李力雄. 资源错配与政治周期[J]. 金融研究，2013(3)：15-29.
[835]周黎安. 中国地方官员的晋升锦标赛模式研究[J]. 经济研究，2007(7)：36-50.
[836]周密. 技术差距理论综述[J]. 经济社会体制比较，2009(3)：186-191.
[837]周强，张勇. 基于突变级数法的绿色供应链绩效研究[J]. 中国人口·资源与环境，2008，18(5)：108-111.
[838]周锐波，刘叶子，杨卓文. 中国城市创新能力的时空演化及溢出效应[J]. 经济地理，2019，39 (4)：85-92.
[839]周志太. 基于经济学视角的协同创新网络研究[D]. 长春：吉林大学，2013.
[840]朱桂龙，张艺，陈凯华. 产学研合作国际研究的演化[J]. 科学学研究，2015，33 (11)：1669-1686.